MOMENT MAL ...

ein handlungsorientiertes Politikbuch

Peter J. Schneider
Manfred Zindel

Neue Rechtschreibung

ISBN 3-8045-
3032-X

4., überarbeitete Auflage, 1998

Winklers Verlag
Gebrüder Grimm
Darmstadt

30321

Vorwort

Politik ist uninteressant ... eine weit verbreitete Meinung – doch ... ist das auch wirklich so???

Unsere Demokratie gibt uns die Möglichkeit bei grundlegenden Fragen mitzubestimmen und mitzuwirken. Den meisten Bürgerinnen und Bürgern in den neuen Bundesländern war dies lange versagt. Sie erhielten diese Rechte und Freiheiten erst nach der Revolution im Jahre 1989, in der um Freiheiten und Rechte gekämpft wurde, die in den alten Bundesländern schon so selbstverständlich waren, dass sie von vielen kaum wahrgenommen wurden.

In anderen Gebieten wird um diese Freiheiten gekämpft, Gesundheit oder gar Menschenleben geopfert. Unser System ist gut, es gibt uns einen hohen Lebensstandard, große Freiheiten, soziale Absicherung ... dennoch dürfen wir nicht aufhören, es zu verbessern, auf Missstände und Fehler hinzuweisen, die Regierenden zu kontrollieren, noch besser, das System selbst mitzugestalten ...

Hierzu wollen die Verfasser mit diesem Buch einen Beitrag leisten. Eine solche Aufgabe ist interessant, aber auch schwierig. Wir wollen mit diesem Buch erreichen, dass Sie sich für politische Probleme interessieren, darüber hinaus wollen wir Sie zur Diskussion reizen. Wir wollen Sie dabei nicht bevormunden oder beeinflussen, sondern Sie lediglich zur Meinungsbildung anregen – unabhängig und überparteilich, mit dem Ziel für die parlamentarische Demokratie zu werben. Eine kritische Betrachtung, ein offenes Ansprechen von Problemen, ein Aufzeigen von Konflikten, ein evtl. Einbringen von Verbesserungsvorschlägen – das alles gehört dazu.

Es wird uns dabei immer bewusster, dass es nicht mehr genügt, nur die eigenen Probleme zu beleuchten. Wir haben eine globale Verantwortung, gegenüber anderen, uns selbst und unseren Kindern.

Der Weg zur Wiedervereinigung Deutschlands, die Friedens- und Abrüstungsbemühungen der Weltmächte, aber auch die nach wie vor bestehenden Spannungsfelder der Weltpolitik mit ihren vielen noch ungelösten Fragen gehören zu den Themen, die in diesem Buch besonders berücksichtigt wurden.

Zu den globalen Problemen, die als Schwerpunktthemen behandelt werden, gehören auch der Umweltschutz (mit aktuellen Beiträgen zur Rettung der Regenwälder und zur Ausbreitung des Ozonloches) sowie die Entwicklungspolitik.

Die Medien als Kontrollorgane, aber auch als mögliche Instrumente zur Manipulation, sollten bei einer politischen Betrachtung nicht fehlen. Allein aus Platzgründen – aber auch wegen oftmals fehlender Aktualität – können in einem Schulbuch nicht alle Probleme umfassend dargestellt und von den verschiedenen Seiten beleuchtet werden. So wird hier eine exemplarische Auswahl geboten, die jederzeit von den Schülerinnen und Schülern oder den Unterrichtenden vor allem durch aktuelle Beiträge aus den Medien ergänzt werden sollte.

Die Verfasser haben zusammen mit der Grafikerin Delia Henss versucht das Buch interessant und schülernah zu gestalten. So wurden u. a. zahlreiche Karikaturen aufgenommen. Karikaturen übertreiben – in der Übertreibung liegt ihre Anschaulichkeit. Sie sollen Anstöße geben, neugierig machen und die Leser/innen reizen sich zu informieren, zu diskutieren und ggf. zu handeln.

30322L

Mit diesem Zeichen  haben wir unsere Arbeits- und Diskussionsvorschläge gekennzeichnet. Gewählt haben wir dieses Zeichen, da der „runde Tisch“ in der Folge der Ereignisse in der ehemaligen DDR zum Inbegriff von Bürgerbeteiligung und demokratischer Mitbestimmung und Handlung wurde. Möge es noch zahlreiche „runde Tische“ geben, an denen Konflikte und Spannungen bewältigt, Probleme diskutiert und gelöst und gerechte Ausgleichsmöglichkeiten zwischen den unterschiedlichen Interessen gefunden werden.

Die Nummerierung am Rand hat keine Gliederungsfunktion, sie soll Ihnen ermöglichen in Diskussionen in der Klasse, bei Gruppen- oder Partnerarbeit u. a. Texte leichter und schneller zu finden.

Wir wünschen Ihnen viel Spaß bei der Arbeit mit diesem Buch. Für Anregungen, Kritik und Verbesserungsvorschläge sind wir dankbar.

In der vorliegenden 4. Auflage wurden die Kapitel durchgehend aktualisiert und Anregungen sowie Vorschläge der Benutzer/innen aufgenommen.

Neuental-Zimmersrode und Berkatal-Frankenhain,
Frühjahr 1998 — Die Verfasser

Inhaltsverzeichnis

THEMENKREIS 2: Politik und Recht 51

THEMENKREIS 3: Freie Information und Meinungsbildung – ein wesentlicher Bestandteil unserer Demokratie 74

THEMENKREIS 4: Wirtschaft und Politik 88

 30326L

THEMENKREIS 1:
Der Einzelne in der Gesellschaft

Schon mit seiner Geburt wird der Mensch Mitglied von Gemeinschaften. Er gehört einer Familie, einer Gemeinde, einem Staat an. Diese Gemeinschaften stellen letztlich Gruppen mit mehr oder weniger engem inneren Zusammenhalt dar. Im Laufe des weiteren Lebens bleibt dem einzelnen Menschen in zunehmendem Maße die Wahl der Zugehörigkeit zu bestimmten Gruppen überlassen. Er kann aus einzelnen Gemeinschaften austreten, in andere Gruppen überwechseln oder selbst die Initiative ergreifen und neue Vereinigungen gründen.

Vieles wird davon abhängen, welche Verhaltensmaßstäbe (Normen) und Verhaltenserwartungen in den jeweiligen Gemeinschaften vorherrschen.

Die menschliche Gemeinschaft besteht aus einer Vielzahl von einzelnen und Gruppen, die sich zumindest durch ihre Aufgabe und Stellung in der Gesellschaft voneinander unterscheiden. Diesen Tatbestand nennt man Pluralismus (lat. pluralis = Mehrzahl).

Die pluralistische Struktur der Bundesrepublik Deutschland zeigt sich in mehreren Punkten:

- **Vielfalt von Interessengruppen**
  Jede Interessengruppe ist zuständig für ein spezielles Gebiet; ihre Ziele können unterschiedlichster, evtl. auch gegensätzlicher Natur sein.
- **Vielfalt von Weltanschauungen**
  Jeder Mensch hat nach der Verfassung der Bundesrepublik Deutschland das Recht auf freie Meinungsbildung und -äußerung. Die Weltvorstellungen der Menschen müssen nicht unbedingt mit denen des Staates übereinstimmen, Nachteile dürfen niemandem aus einer anderen Weltanschauung oder einem anderen Weltbild erwachsen.
- **Vielfalt der Machtträger**
  Die Staatsgewalt ist aufgeteilt; eine Vielzahl von staatlichen Institutionen, Organen und Behörden regiert und verwaltet den Staat und seine Einrichtungen.

Jeder Einzelne hat naturbedingte eigene Interessen, die nach Möglichkeit verwirklicht werden sollen. Gelingt ihm das als Einzelperson nicht, schließt er sich mit Menschen zusammen, die gleiche oder ähnliche Interessen, Aufgaben oder Stellungen in der menschlichen Gesellschaft haben.

In jeder Gruppe werden sich trotz aller Übereinstimmung Konflikte nie ganz vermeiden lassen. Dieses Problem wird umso größer, je mehr Mitglieder eine Gruppe hat, da sich das Bild der Interessen und Ziele der einzelnen Personen mit steigender Anzahl immer stärker auffächert und differenziert.

Der Mensch ist ein soziales Wesen; kann im Grunde genommen nur in der Gesellschaft, im Kontakt zu anderen Menschen leben.

Die dabei entstehenden Voraussetzungen für das Zusammenleben in Gruppen, das Auftreten und die Bewältigung von Konflikten sowie die Suche nach eventuellen Lösungs- und Verbesserungsmöglichkeiten müssen immer unter dem Gesichtspunkt der Verwirklichung höchster Werte gesehen werden. Solche Werte sind die Freiheit des Einzelnen, die Anerkennung seiner Menschenwürde und die Durchsetzung der Gerechtigkeit.

1 Sind wir nur gemeinsam stark?

Jens kommt nicht klar. Nicht mit sich selbst, nicht mit seinen Eltern. Mit den Lehrern steht er auf „Kriegsfuß“, aus der Klassengemeinschaft fühlt er sich ausgeschlossen, weil er keinen Ausbildungsplatz hat. Jens ist einer von Tausenden, die, wie er selbst sagt, „in die Röhre geguckt“ haben. Dabei lag es nur daran, dass ihm das gewisse Quäntchen Glück gefehlt hat. Die Noten waren gar nicht so schlecht und Jens wird auch von seinen Lehrern als „überdurchschnittlich intelligent“ beurteilt. Endgültig auf die „Rutschbahn“ kam er, als sich die Eltern trennten und er von zu Hause auszog. Damit war der letzte Halt verloren gegangen. „Wenn schon die Gegenwart nicht viel bringt, was soll dann der Blick in die Zukunft?“ ist einer seiner Lieblingssprüche.

Nachdem auch noch seine Freundschaft „in die Brüche“ ging, schöpft er seine Kraft nicht zuletzt aus seinem Aussehen und seinen Freunden, die er einfach „Kumpels“ nennt. Wenn schon nicht wie die anderen, dann sollen es aber auch alle sehen, begründet er seinen Irokesenhaarschnitt und sein bewusst nach Kleidersammlung oder „secondhand“ aussehendes Äußeres. Wenn er mit seiner Clique zusammensteht, spürt man förmlich, wie die anderen einen Bogen um sie machen. Vielleicht schreckt nur das Äußere ab, vielleicht auch die Bierflaschen oder das lautstarke alkoholisierte Grölen der Gruppe. In jedem Falle erzeugt die Stärke der Gruppe Angst bei den anderen. Allein ist Jens ganz anders, vielleicht sogar hilflos. Dies sagt zumindest seine frühere Freundin, die ihn auch schon mal hat weinen sehen ...

Jens ist kein Einzelfall. Es gibt viele, die an die Stelle von Jens treten könnten ... Vielleicht kennen Sie auch einen?

Rollenspiel:
Bilden Sie mehrere Gruppen. In jeder Gruppe nimmt einer die Rolle von Jens ein. Versuchen Sie in einer gruppeninternen Diskussion herauszufinden, warum nicht alle Menschen gleich sind und nicht gleich sein können. Versuchen Sie mit „Jens“ zu diskutieren, was dazu führen kann, dass sich jemand von dem gesellschaftlichen Umfeld abwendet und wie die Gesellschaft (in diesem Falle Sie) damit umgehen bzw. umgehen sollten, um auch dem Einzelnen zu helfen.

Irgendwann hat es wahrscheinlich jeder schon einmal gespürt: das große Gefühl einig mit anderen zu sein. In der Disco, auf dem Rummelplatz, in der Jugendgruppe, auf einer Demo, im Fanclub, vielleicht auch in der Klasse.

In friedlicher Absicht oder im Streit. Dazu gehört auch die Kehrseite, das Alleinsein. Verlassen von der Freundin oder dem Freund, von der Familie, von Bekannten, von jemandem, von dem man es eigentlich nicht erwartet hätte. Verlassen aber vielleicht auch von der Überzeugung in der Gruppe das Richtige zu tun.

Dies gilt nicht zuletzt auch für die Klassengemeinschaft oder für die Schule schlechthin. Auch hier gibt es Gruppen, aber es gibt auch Außenseiter mit dem Streber, dem Klassenkasper und dem Anführer, gegen den keiner ankommt. Das Rollenbewusstsein entwickelt sich schon früh.

Gruppen können dem Einzelnen viel bieten, Gruppen können aber auch einengen, weil sie einzelne Personen sowohl einschließen als auch ausschließen können. Hinzu kommt, dass nicht immer über die Gruppenzugehörigkeit frei entschieden werden kann.

2 Rollen und Rollenverhalten

Allgemein wird unter „Rolle“ **die Summe aller Verhaltenserwartungen, die eine Person in einer bestimmten Situation zu erfüllen hat,** verstanden. Sie kann aber auch als ein Bündel von Rechten und Pflichten jeder einzelnen Person verstanden werden. Häufig ist ein bestimmtes Rollenverhalten vorgeprägt, oftmals aber auch das Ergebnis eines bestimmten Erziehungsprozesses. Deshalb sind Rollen nicht unveränderbar, sondern wandlungs- und anpassungsfähig.

2.1 Jeder spielt (s)eine Rolle!

Es ist schwierig, von **der** Rolle eines Menschen zu sprechen. Dafür sind die Menschen zu verschieden. Jeder Einzelne spielt eine und damit auch seine eigene Rolle. Das eigene Verhalten wird durch die Umwelt geprägt, aber es prägt auch selbst das Umfeld des Menschen. Eine Rollenbeschreibung kann nur beispielhaft erfolgen.

Nachfolgend werden die Rollen von drei Personen beschrieben. Dies geschieht jedes Mal unter einem besonderen Blickwinkel.
Lesen Sie die Beschreibungen und versuchen Sie die Rollen der drei Personen zu charakterisieren.
Diskutieren Sie über die Ergebnisse.
Versuchen Sie anschließend Ihre eigene Rolle zu beschreiben oder einen Ihrer Mitschüler in seinem Rollenverhalten zu charakterisieren.

1

KLAUS ist wohl der bekannteste Mensch in unserer Kleinstadt. Zwar steht sein Name nur bei uns in der Zeitung, nicht in den Meldungen der Blätter, die überall in der Bundesrepublik gelesen werden. Aber überall wird von ihm berichtet: Klaus liegt nämlich mit der Stadtverwaltung im Clinch. Die wollen von ihm Müllabfuhrgebühr bezahlt haben. Aber Klaus will nicht zahlen. Weil er meint, man muss nur solche städtischen Leistungen bezahlen, die man auch in Anspruch nimmt.

Und Klaus nimmt die Müllabfuhr nicht in Anspruch. Verpackungen lässt er gleich im Laden. Wenn die alles drei- und viermal verpacken wollen, sollen die sich auch um die Verpackungsabfälle kümmern – wahrscheinlich vergeht ihnen dann mit der Zeit unsinniges Verpacken. Altpapier sortiert er nach Zeitungen, weißem holzfreien Papier, Kartons, sonstigem Altpapier und stellt es zur Altpapierabfuhr an die Straße. Getränke kauft er in Pfandflaschen. Und wenn mal eine Einwegflasche oder ein Marmeladenglas dabei ist, bringt er das Glas in den Container. Kunststoffverpackungen und Dosen kauft er gar nicht erst – er hat schnell herausgekriegt, dass es auch anders geht. Für Batterien hat er sich ein Wiederaufladegerät gekauft. Und für alle organischen Abfälle hat er einen kleinen Komposthaufen angelegt. Klaus produziert keinen Müll. Wofür soll er die Müllabfuhr bezahlen?

2 DANIELA hatte Angst. Acht Meter hoch vor ihr der Bug des Frachters. Sie mit den anderen in diesem winzigen Schlauchboot. Eine falsche Bewegung da oben und es war vorbei mit ihnen. Das musste nicht einmal Absicht sein. So 'n Ding lässt sich nun mal nicht steuern wie ein Auto. Daniela wünschte sehnlichst, sie wäre zu Hause geblieben. Worauf hatte sie sich da nur eingelassen. Natürlich musste man sich für die Umwelt einsetzen. Aber das hatte sie doch getan, bei jeder Gelegenheit. Sie hatte an Versammlungen teilgenommen, Flugblätter verteilt, AKW-Demonstrationen mitgemacht.

Und dann? Die Arbeit in der Umweltgruppe machte ihr Spaß. Endlich konnte sie mit ihrer Freizeit etwas anfangen. Unheimlich viele Leute hatte sie kennen gelernt. Manchmal wusste sie gar nicht mehr, ob ihr Einsatz der Umwelt mehr nützte oder ihr selbst. Als sie sich das wieder einmal fragte, hatte sie sich entschlossen mehr zu tun, mehr einzusetzen. Zu zeigen, sich selbst und anderen zu zeigen, dass ihr Umweltengagement mehr war als Freizeitbeschäftigung, dass das biologische Gleichgewicht der Nordsee, wenn es noch zu retten ist, eine Existenzfrage ist, für sie und für die anderen. Vor dem acht Meter hohen Bug dachte Daniela daran, wie sie hierher gekommen war. Daniela hatte Angst. Aber sie war froh, dass sie hier war, dass sie etwas tat, wovon sie überzeugt war. Gefühle der Ohnmacht, Überzeugung und des Stolzes wechselten sich ab.

3 BERND war zum fünften Mal in den letzten beiden Monaten bei einer Demonstration eingesetzt. Auf seinem Zeiterfassungsbogen standen für diese beiden Monate schon 38 Überstunden. Und jetzt wieder wer weiß wie viele. Und das am Samstag. Wo die Freunde Karten hatten für die Bundesliga. Bernd war sauer. Idioten. Feine Bürgersöhnchen; die hatten Zeit zum Demonstrieren. Papa zahlt ja regelmäßig. Mein Vater hat kein Geld gehabt mich fürs Randalieren zu bezahlen. Und für die kann ich mir jetzt meine Freizeit um die Ohren schlagen. Steine flogen. Neben Bernd wurde einer getroffen, verletzt, nicht schwer, aber es reichte. Bernd kriegte eine unheimliche Wut. Der Befehl kam Gewalttäter festzunehmen. Endlich gehts zur Sache. Dahinten, der mit dem roten Pullover, der hat doch eben so eine Armbewegung gemacht. Bernd zog den Schlagstock und lief auf ihn zu. Der andere haute ab. Bernd ihm nach. In einer Seitenstraße holte er ihn ein; der andere war gestolpert. Kein Mensch in der Nähe. Bernd war über ihm. „Scheißbulle" hörte Bernd und wollte zuschlagen. Er hätte ihn umbringen können.

Und wenn er wirklich zu hart zuschlagen würde? Keine Maske, kein Helm – wenn der Junge vielleicht gar keinen Stein geworfen hatte? Hatte er sich selbst nicht manchmal gesagt, da müsste man doch auf die Straße gehen? Sicher – die Demonstration war gewalttätig geworden. Aber war er der Richter? Wollte er Gewalt verhindern oder wollte er sich nur rächen für den verlorenen Samstag? Zuschlagen – war das eine Lösung? Den Griff hatten sie oft genug geübt. Er konnte ganz schön wehtun, musste er aber nicht. Bernd fasste zu, ohne dass es dem anderen wehtat.

Quelle: PZ „Keiner lebt für sich allein", Bonn, 1989, S. 5–8 (Ausschnitte)

303210L

2.2 Gesellschaftliche Rangordnung – soziale Schichtung

„Auf dem Weg nach oben ...“

Der gesellschaftliche Aufbau ist durch verschiedene Merkmale gekennzeichnet. Dazu gehört auch der Versuch, die Bevölkerung nach bestimmten Kriterien einzuteilen, d. h. ihre soziale Schichtzugehörigkeit zu erfassen. Häufig ist diese mit einem bestimmten Rangverhalten verbunden.

Die Gesellschaft im vorigen Jahrhundert konnte nach Karl Marx in zwei Klassen eingeteilt werden, die sich feindlich gegenüberstanden: **Bourgeoisie** (= Bürgertum = Kapitalisten: Diese verfügen über die Produktionsmittel.) und **Proletarier** (= Arbeiterklasse: Der Arbeiter muss seine Arbeitskraft dem Besitzenden zur Verfügung stellen, um zu überleben.).
Diese marxistische Klassentheorie wird von den meisten Wissenschaftlern in unserer Zeit abgelehnt. Sie sprechen stattdessen von **sozialen Schichten,** die erkennbar seien, aber der ständige Wandel der Gesellschaft verändere auch die Zuordnung zu den einzelnen Schichten. Für die **Schichtenzugehörigkeit des Einzelnen** sind objektive Positionsmerkmale entscheidend, wie: **berufliche Stellung, Herkunft, Bildung, Einkommen, Sprache.**
Da Schichten im Unterschied zu den Klassen fließende Übergänge aufweisen und die heutige Gesellschaft zu vielfältig ist, um ein starkes Schichtensystem anzubieten, gibt es zurzeit kein einheitliches, überall anwendbares Schichtenmodell der Gesellschaft in der Bundesrepublik Deutschland.

Quelle: Diwald, H., Geschichte der Deutschen, S. 275

1. Legen Sie Ihre Gedanken, die Sie beim Betrachten des Bildes „Auf dem Weg nach oben" haben, in mindestens fünf Stichworten dar. Vergleichen Sie dies dann mit dem, was Ihr Nachbar als wesentlich empfand und versuchen Sie dann zunächst mit ihm, später mit der ganzen Klasse in einem Satz zusammenzufassen, was das Bild aussagen soll oder aussagen könnte.
Nehmen Sie sich fünf beliebige „Figuren" aus der Kommode heraus und charakterisieren Sie deren dargestellte Rolle. Wie beurteilen Sie die Frage der Gerechtigkeit in diesem Schubladensystem" und die Frage der Chancengleichheit auf dem Weg nach oben? Stellen Sie die wichtigsten Gesichtspunkte so in einer Übersicht dar, dass Sie diese an der Tafel oder auf einer Folie vor- bzw. gegenüberstellen können.

2. Mit dem A-cappella-Song „Du musst ein Schwein sein in dieser Welt ..." haben die Prinzen, eine Musikgruppe aus Leipzig, Mitte der Neunzigerjahre für Aufsehen gesorgt. Sollte das nur ein frech-ironisches Lied sein oder handelte es sich um eine Botschaft an die jungen Leute, wie man sich am besten auch ohne Leistung durchs Leben hangelt?

Auszüge aus einem Interview mit den „Prinzen":

„...Wie fast alle unsere Lieder hat auch dieses zwei Ebenen. Man kann sie bitterernst nehmen oder auch ironisch. Wir haben es in diesem Falle ironisch gemeint, wobei wir auch sagen wollen, dass es die Lauten und Frechen leider oft weit und manchmal viel zu weit bringen. Grundsätzlich meinen wir natürlich nicht, dass man ein Ehrgeizling oder ein Schwein sein muss, um in dieser Welt zu Ansehen zu kommen." Aber manches ist eben leichter, wenn man nach unten tritt und sich nach oben schieben lässt ... „Man muss einfach nur gut sein. Wer gut ist, macht seinen Weg ... Man darf nie den Mut verlieren, muss immer daran glauben, dass man es schafft. Dranbleiben, wenn es beim fünfzehnten Mal mit der Bewerbung nicht geklappt hat, muss man es eben noch ein sechzehntes Mal versuchen. Ich komme mir bei diesem Rat zwar vor wie ein weißer Uhu, aber ich meine, dies ist die einzige Möglichkeit, die es gibt ...

Zu diesem Thema passt ein Buch von Tagesthema-Moderator Ulrich Wickert mit dem Titel „Der Ehrliche ist immer der Dumme" verfasst. Eine gewisse Ähnlichkeit mit dem beschriebenen Song der „Prinzen" ist unverkennbar.

Wenn Sie das Buch kennen, fällt Ihnen die folgende Aufgabe leicht, wenn nicht, ist sie umso spannender:

Phase 1: **Nehmen Sie ein Blatt Papier und schreiben Sie auf, welche Inhalte Sie in dieses Buch hineinbringen würden.**

Phase 2: **Tauschen Sie Ihre Gedanken aus, diskutieren Sie darüber und entwickeln Sie eine kritische Gesamtposition zu den für Sie wichtig erscheinenden gesellschaftlichen Vorgängen. Stichwort: *Wie stelle ich mir die Gesellschaft der Zukunft vor?***

3. In welche gesellschaftliche Rangordnung würden Sie die folgenden Personen bringen?

– Chefarzt	– Lehrer	– Landwirt
– Obdachlose	– Gelegenheitsarbeiter	– Schüler/in
– Facharbeiter	– Asylsuchender	– ungelernter Arbeiter

Begründen Sie Ihre Einordnung. Diskutieren Sie, welchen Sinn solche Eingruppierungen überhaupt haben.

303212L

2.3 Rangverhalten als Spiegelbild der Gesellschaft?

Mit der sozialen Schichtzuteilung ist schon eine erste Rollenverteilung und damit nicht selten auch ein bestimmtes Rangverhalten verbunden und vorgeprägt.
Rollen werden mitunter schon sehr früh verteilt bzw. von der Gesellschaft zugeordnet. In einer Studie zum Rollenverhalten im Kindergarten kommen Wissenschaftler zu dem Ergebnis, dass sich bereits hier ein Spiegelbild der Gesellschaft abzeichnet:

1

Mit fünf Jahren schon „Manager“

Das Rangverhalten im Kindergarten entspricht dem in der Gesellschaft

Schon im Kindergarten gibt es kleine „Manager“ und „Macher“, aber auch „Gewerkschaftsführer“, „Anwälte“ und viele „Arbeitslose“, die nur zuschauen (wollen oder dürfen), wenn sich in der Gruppe ein mannigfaches Sozialleben entfaltet. Rangordnung und Rangverhalten von drei bis sechs Jahre alten Kindern wurden systematisch erforscht.
Per Monitor wurden die miteinander spielenden Kinder beobachtet und in ihrem Sozialverhalten bewertet. Die Ergebnisse unterscheiden sich kaum bei verschiedenartigen Erziehungsmethoden und Kulturen. Für die Studie wurden verschiedene Kindergärten ausgewählt.
In jeder dieser Gruppen stand eine relativ kleine Zahl von ranghohen Kindern einer Mehrheit rangmittlerer und rangtiefer gegenüber. Das heißt: Nur wenige Kinder fanden viel, aber viele nur wenig Aufmerksamkeit. Überraschend dabei, dass die ranghöchsten Kinder durchaus nicht die aggressivsten sind. Typisch für diejenigen, die von den anderen am meisten beachtet und um Rat gefragt werden, sind vielmehr Verhaltensweisen wie Organisieren, Auffordern, Verbieten, Erlauben und Belehren. Der Aggressor folgt in dieser Rangordnung an zweiter Stelle. Er droht, vertreibt, schlägt oder stößt die anderen, nimmt ihnen Spielsachen weg oder zerstört sie. Rangtiefere Kinder weichen aus, ranghöhere stellen sich fast immer der Herausforderung, auch wenn sie körperlich unterlegen sind. Weitere ranghohe – also mit hohem Aufmerksamkeitswert belegte – Verhaltensrollen sind die des Beschützers, Streitschlichters und Gruppenvertreters.
Rangtiefere Kinder zeigen grundsätzlich andere Verhaltensmuster verschiedener Art. Der „Imitator“ ahmt eine Sprechweise, eine Tätigkeit oder ein Spiel durchaus ernsthaft nach und stimmt Vorschlägen zu. Das freundliche Kind bietet Hilfe oder Geschenke an, gehorcht Aufforderungen und zeigt, wenn es bedroht wird, ein beschwichtigendes Lächeln. Das Anerkennung suchende Kind fragt, was es tun darf, erzählt viel und zeigt, was es gerade macht. Am bezeichnendsten für rangtiefe Kinder ist das Zuschauen. Es zeigt sich besonders an Neulingen im Kindergarten, die meist an unterster Stelle der Rangordnung stehen. Diese Kinder beobachten, häufig mit dem Rücken zur Wand und mit den Händen an einem Stuhl oder Tisch festgeklammert, das Treiben der anderen. Sie behalten stets die Ranghöheren im Auge und informieren sich über deren Aktivitäten. Einige halten sich aber auch immer in einiger Entfernung von der Gruppe auf – die typischen Außenseiter der Gesellschaft.
Konflikte werden nach kindereigenen Regeln ausgetragen. Ein Mitarbeiter der Forschungsgruppe machte da eine interessante Beobachtung: „Wenn Erwachsene in einen Streit eingreifen, dauert es gewöhnlich länger, bis wieder Frieden einkehrt. Da Erwachsene oft die Situation nicht voll überblicken, wird ihre Hilfe als Störung oder sogar als Ungerechtigkeit empfunden.“
Die Forschungsgruppe wertet diese Rangordnung in Kindergärten als Ausdruck einer angeborenen Verhaltensposition, wie sie sich ähnlich auch bei höheren, sozial lebenden Tierarten nachweisen lässt. Eine These, über die sich gewiss vorzüglich streiten lässt. Ist unsere gesamte Gesellschaft tatsächlich derart vorgeprägt, also im Wesentlichen unveränderbar?

Quelle: Hessisch-Niedersächsische Allgemeine, 26. Mai 1989

Zeichnung: Stauber

Die Studie lässt viele Schlüsse zu. Offensichtlich werden schon im Kindergarten Rollen verteilt oder in Anspruch genommen, sie werden gespielt und eingeübt. Sie sind das erste Ergebnis oder der Ausgangspunkt der viel beschriebenen „Hackordnung" in der Gesellschaft.

2 *Meine Mutter schimpft,*
weil das Baby den ganzen Tag schreit. Sie schimpft, weil mein Bruder dauernd rumquengelt. Sie schimpft, weil sie mir bei den Rechenaufgaben helfen soll. Meine Mutter schimpft, weil Sie es satt hat, den ganzen Tag zu Hause zu sitzen. Sie hätte lieber heute einen Schaufensterbummel gemacht. Und dann geht ihr heute aber auch alles quer.
Meine Mutter ist sauer.
Deshalb
schreit sie mich an,
deshalb haut sie mir eine runter,
deshalb kann sie mich heute nicht riechen.

Mein Vater schimpft,
weil es heute mit der Arbeit nicht geklappt hat. Er schimpft, weil sein Chef ihn angepflaumt hat. Er schimpft, weil das Essen nicht pünktlich auf dem Tisch steht. Mein Vater würde sich gern ein bisschen aufs Ohr legen. Aber das traut er sich nicht, weil Mutter sich auch nicht aufs Ohr legen kann. Und außerdem machen wir Kinder solchen Krach.
Mein Vater ist sauer.
Deshalb
schreit er mich an,
deshalb haut er mir eine runter,
deshalb kann er mich heute nicht riechen.

Aber ich, ich bin auch sauer:
Ich darf meinen Vater nicht anschrein.
Ich darf meine Mutter nicht anschrein.
Ich darf meinem Vater keine runterhaun.
Ich darf meiner Mutter keine runterhaun.
Dabei kann ich meine Eltern heute nicht riechen.
Ich kann nur schimpfen, ganz für mich, leise, dass es niemand hört: auf die Scheißarbeit, die wir in der Schule geschrieben haben. Ich glaube, ich hab viele Fehler. Fertig geworden bin ich auch nicht.

303214L

Auf den Gerd, der mich nicht hat abgucken lassen.
Und da komm ich nach Hause und alles ist genauso beschissen wie in der Schule. Die Eltern schrein rum, haun mir eine runter.
Ich bin sauer. Ich hab eine Sauwut.
Und ich weiß jetzt, was ich mache. Ich muss irgendetwas machen, damit ich nicht mehr so wütend bin.
Ich geh zu meinem kleinen Bruder.
Ich brülle meinen Bruder an.
Ich schmiere meinem Bruder eine.
Ich kann heute alle nicht riechen.

Quelle: G. Stiller/S. Kilian: Hinterher ist man schlauer. Nein-Buch für Kinder, S. 5 f.

...und dann...??? 3

Gewalt in der Gesellschaft

Unsere Gesellschaft wird immer brutaler. Auf diesen ganz einfachen Nenner hier kann man die Ergebnisse von Untersuchungen bringen, die an Schulen durchgeführt wurden. Aber es wurde nicht nur befragt, sondern auch beobachtet. Hinzu kamen Statistiken aus den Polizeiakten. Danach werden die Kriminellen immer brutaler und vor allem immer jünger. 1997 griffen Räuber und andere Straftäter in 13479 Fällen zur Schusswaffe, um auf diese Weise ihre Forderungen bei den verängstigten Opfern durchzusetzen. Das waren 12 % mehr als 1995.

Die Jugendkriminalität steigt fast dramatisch an:

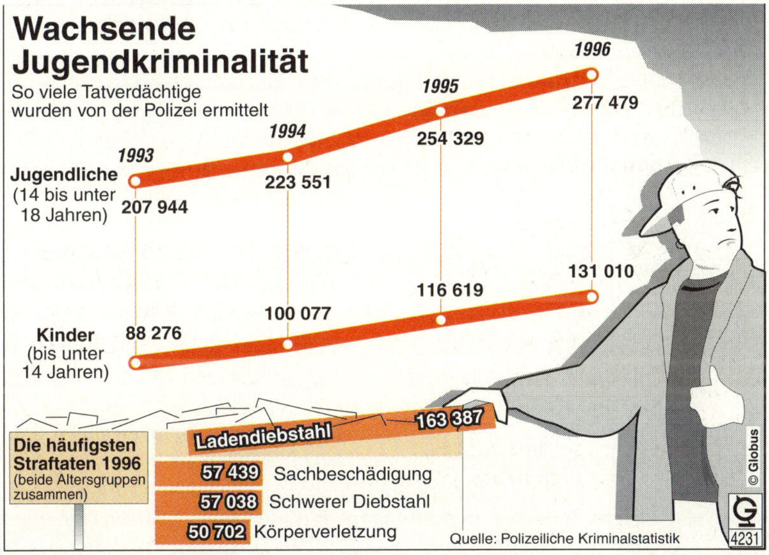

32-jähriger Mann brutal erschlagen

Weil sie eine Spritztour mit seinem Auto machen wollten, aber von dem Besitzer entdeckt wurden, musste ein 32-Jähriger aus Bochum sterben. Drei Jugendliche am 7. Juli 1997 im Alter von 15, 16 und 17 Jahren brachten ihn brutal um. Die durch wuchtige Schläge entstellte Leiche wurde in einem Gebüsch nahe der Autobahn gefunden.

Erpressungen in Schulen nehmen zu

Immer mehr Kinder werden in Schulen erpresst. Ausgesucht werden die Opfer, von denen man annimmt, dass sie Geld haben. Manchmal geht es aber auch nur um teure Markenkleidung. Die Erpresser drohen mit Schlägen, wenn sich das Opfer nicht fügt oder wenn es von der Tat etwas erzählt. „Man nimmt sich, was man selbst nicht hat und hat nicht einmal ein schlechtes Gewissen dabei", so ein Polizeisprecher.

1. Der Text „Rangverhalten im Kindergarten" endet mit einer Frage. Versuchen Sie diese Frage persönlich zu beantworten. Beziehen Sie dabei auch die Darstellung zur familiären (und damit auch gesellschaftlichen) „Hackordnung" ein.

2. Welche Schlussfolgerungen ziehen Sie daraus?

3. Vorschlag zur Projektarbeit:

Worin können die Ursachen für die zunehmende Gewaltbereitschaft Jugendlicher, aber auch der Gesellschaft allgemein liegen?

Schritt 1: **Listen Sie im Rahmen von spontanen Meinungsäußerungen zunächst alle Gründe auf, die Ihnen einfallen.**

Schritt 2: **Fassen Sie die spontanen Einzeläußerungen zusammen (z.B. Familiensituation, Freizeit usw.) und bilden Sie dann Arbeitsgruppen, die sich mit dem jeweiligen Thema näher beschäftigen.**

Wenn Sie es für sinnvoll erachten, sollten Sie überlegen, ob Sie nicht an Ihrer Schule einmal eine Umfrage über das Thema „Gewalt" durchführen. Fragen Sie die Schulleitung, die Verbindungslehrer nach Erfahrungen oder Problemen, die man in der Schule mit dem Thema Gewalt gemacht hat.
Sie können nach Rücksprache mit der Schulleitung aber auch einen Vertreter der Polizei einladen, um das Thema zu diskutieren.

4. Erstellen Sie ein Plakat (oder eine Wandzeitung) zum Thema „Gewalt in der Schule – wie tritt sie auf, was kann man dagegen tun?"

5. Vorschlag zum Rollenspiel:

Versetzen Sie sich in folgende Situation:

Sie fahren mit Ihrer Freundin zusammen abends um 23:15 Uhr in der U-Bahn nach Hause. In Ihrem Abteil sitzen noch einige wenige Mitfahrer. Auffallend sind einige ca. 14- bis 17-jährige (kurzgeschorene) Jugendliche, die grölend und trinkend „Randale machen". Kurz nachdem der Zug angefahren ist, steht einer der Jugendlichen auf und belästigt mit sehr eindeutigen obszönen Sprüchen eine etwa 22-jährige Frau in dem Abteil. Als die Frau sich wehren will, fallen die Jugendlichen über sie her und beginnen ihr die Kleider herunterzureißen.
Sie selbst wissen nicht, was Sie tun sollen. Körperlich fühlen Sie sich überlegen, um es auch mit den drei Jugendlichen „aufzunehmen". Sie wissen aber nicht, ob die „Horde" auch Waffen, Messer oder Schlaginstrumente dabei hat. Sie fühlen sich verpflichtet zu helfen, weil die junge Frau ja auch Ihre Freundin sein könnte ...
Aber Ihre Freundin hat auch Angst um Ihre eigene Gesundheit. Der nächste Bahnhof ist ca. 5 Minuten entfernt. Weder eine Schaffner noch die Bahnpolizei sind in der Nähe ... Was passiert mit Ihrer Freundin, wenn Sie eingreifen und unterlegen sind. Wird sie dann auch ein Opfer der Bande?

In den wenigen Sekunden, die Sie jetzt noch Zeit haben, gibt es nur eine Überlegung: eingreifen oder wegsehen?

303216L

2.4 Zur Rolle der Geschlechter – oder: typisch Mann – typisch Frau!?

FALL 1

Das ideale Paar

1

Ein typischer Ehemann

Sehen wir uns zunächst einmal Hans Müller etwas genauer an. Wir alle kennen ihn. Er ist ein typischer Mann, männlich in jeder Hinsicht.

Hans Müller ist etwa 35 Jahre alt, wohnt am Rande einer Großstadt und hat eine gute Position bei einer Baufirma.

Der Herr im Haus

Er hat eine Frau und drei Kinder. Nach seiner Vorstellung vom guten Familienvater werden alle Familienangelegenheiten von ihm allein geregelt. Auseinandersetzungen gibt es nur selten, denn Hans ist eindeutig

Herr im Hause. Er bestimmt über das Geld und trifft alle wichtigen Entscheidungen – wohin man im Sommer fährt, welchen Wagen man kauft, wie das Geld eingeteilt wird und sogar – was sie freilich nicht an die große Glocke hängen –, wem er und seine Frau bei der Wahl ihre Stimme geben. Alle diese Entscheidungen sind kein Problem, denn Anne, seine Frau, akzeptiert sie. Und warum? „Nun, er ist ja schließlich der Mann", sagt sie. Und: „Es gibt eben Dinge, über die Männer besser Bescheid wissen als Frauen."

Die wöchentliche Pokerrunde

Hans und Anne haben gemeinsame Freunde. Aber Hans hat außerdem noch seine eigenen Freunde, mit denen er jeden Dienstagabend zum Pokern zusammenkommt. Zwei von ihnen kennt seine Frau kaum. Diese sieht sie nur, wenn sich die Runde mal in der Wohnung von Hans trifft. Anne stellt an solchen Abenden etwas zur Erfrischung bereit und geht dann mit ihren Freundinnen aus.

Männliche Gewohnheiten
Hans hat seine festen Gewohnheiten. Beim Zeitunglesen fängt er mit dem Sportbericht an und in den letzten fünf Jahren hat er noch keine Fernsehübertragung vom Fußball versäumt. Mit seinen Freunden kommt er regelmäßig zum Pokern zusammen; am Wochenende pusselt er gern am Motor seines Wagens herum. Er geht gerne mit einigen seiner Freunde auf Jagd und für sich allein zum Angeln. Nur ungern redet er mit seiner Frau über alles, was mit der Wohnungseinrichtung zu tun hat. „Das ist deine Sache", sagt er und so bleiben diese Dinge ihr überlassen.

Eine typische Frau
Anne ist fünf Jahre jünger als ihr Mann. Sie erkennt ihn als den älteren an, der mehr Erfahrung hat, und schätzt seine männliche Energie. Sie ist immer noch schlank und hübsch. Ihr blondes Haar dunkelt zwar schon etwas nach, aber ihr Gesicht ist jugendlich und ebenso ihre Figur.

Von Beruf Hausfrau
Anne ist überzeugt, dass sie mit Hans eine glückliche Ehe führt. In allen wichtigen Fragen überlässt sie die Entscheidung ihm; aber sie versteht es auch, ihren Willen durchzusetzen, ohne dass er es merkt. Sie hat eine gut eingerichtete Wohnung, die ihr ganzer Stolz ist. Seit ihrer Heirat ist sie nicht mehr berufstätig, empfindet dies aber durchaus nicht als Mangel. Ihr Beruf sind für sie der Haushalt und die Kinder; und hier macht sie ihre Sache auch wirklich gut. So verbringt sie die meiste Zeit mit Putzen, Kochen, Einkaufen, also der Versorgung von Mann und Kindern.

Weibliche Interessen
Anne hat andere Gewohnheiten als ihr Mann. Wenn sie die Zeitung liest, schlägt sie zuerst die Seite für die Frau und den Unterhaltungsteil auf. Für den Abend, an dem ihr Mann mit seinen Freunden zusammenkommt, besorgen sich Anne und einige ihrer Freundinnen Babysitter und besuchen ein Konzert oder eine Bildergalerie.

Partysitten
Wenn die beiden auf den Abend Gäste eingeladen haben, freut sich Anne auf den Moment, wo die Frauen allein zusammensitzen, um sich über Kleider, Haushalt und Kinder zu unterhalten, während die Männer in einer anderen Ecke des Zimmers über Politik, Geschäft und Sport debattieren. – Kurz, wir finden bei Anne alles, was für Frauen als typisch, als echt weiblich gilt.

Eine harmonische Ehe
Und so sind denn auch beide der Meinung, dass sie wunderbar zusammenpassen. „Wir ergänzen uns einfach gegenseitig", sagt Anne. „Hans hat alles das, was mir fehlt. Er packt alles ganz nüchtern an. Ich kann mich immer auf ihn verlassen. Und ich selber mache gerade alle die Dinge gern, um die er sich sowieso nicht kümmert. Deshalb kommen wir gut miteinander aus. Wir passen eben zusammen. Jeder hat das, was der andere braucht."

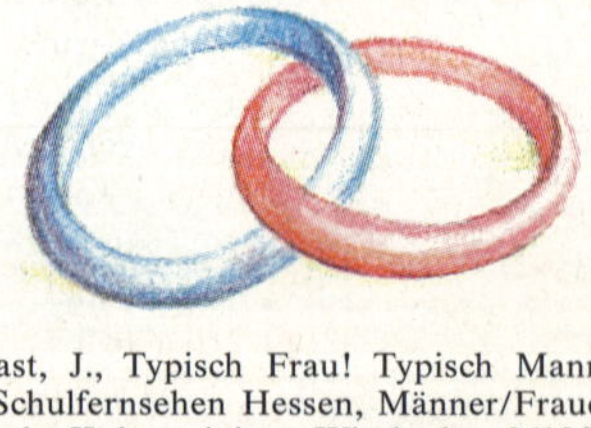

Quelle: Fast, J., Typisch Frau! Typisch Mann! Reinbek 1977, in: Schulfernsehen Hessen, Männer/Frauen. (Hrsg.): Der Hessische Kultusminister, Wiesbaden, 9/1987, S. 9

FALL 2

2

Kennen Sie Frieda? Frieda ist 28 Jahre alt. Sie ist verheiratet, ihr Mann ist von Beruf Zahntechniker. Beide haben zwei Kinder im Alter von 5 und 2 ½ Jahren. Der Große geht in den Kindergarten, das Mädchen ist schon angemeldet. Frieda lebt mit ihrer Familie in einer 3½-Zimmer-Wohnung, etwas außerhalb.
Frieda hat eine kaufmännische/kauffrauliche (?) Ausbildung aber jetzt, wo die Kinder noch so klein sind, ist sie doch lieber den ganzen Tag zu Hause. Sie ist selbstbewusst, schick und modisch gekleidet. Manchmal fragt sie ihr Mann, was sie den ganzen Tag so macht.

Sie macht das Frühstück.
Sie räumt die Teller weg.
Sie zieht die Kinder an.
Sie bringt den Großen in den Kindergarten.
Sie macht den Abwasch.
Sie macht die Betten.
Sie räumt auf.
Sie macht sauber.
Sie füllt die Waschmaschine.
Sie macht die Wäsche.
Sie geht einkaufen.
Sie holt den Großen vom Kindergarten ab.
Sie macht das Essen.
Sie räumt den Tisch ab.
Sie macht den Abwasch.
Sie legt die Kleine zum Schlafen hin.
Sie spielt mit dem Großen.
Sie geht mit beiden auf den Spielplatz.
Sie steckt beide in die Badewanne.
Sie räumt auf.
Sie macht das Abendbrot.
Sie bringt die Kinder ins Bett.
Sie räumt den Abendbrottisch ab.
Sie macht noch schnell den Abwasch.

Sie ist müde. Ihr Mann sagt abends, dass er einen anstrengenden Tag hatte und: „So gut wie du möchte ich es auch einmal haben." Frieda findet, dass sie auch gearbeitet hat. Hausarbeit eben. Friedas Mann findet, dass es keine Arbeit ist. Arbeit ist, wenn es bezahlt wird. Was Frieda macht, wird nicht bezahlt. Also ist es auch keine Arbeit. Und jetzt will er sein Bier und das Fernsehprogramm.

Er hat schließlich gearbeitet.

Zeichnung: Leger

Quelle: Schulfernsehen Hessen, Männer/Frauen, Wiesbaden 1987/88, Seite 39

Sie werden mit gewisser Skepsis der Frage nachgegangen sein, ob es „typische" Eigenschaften und Verhaltensweisen von Männern und Frauen gibt. Die folgenden Anzeigen werden mögliche Zweifel eher verstärken … 3

- KENNEN LERNEN/LIEBEN LERNEN möchte ich eine schlanke, hübsche junge Dame bis 28 J. aus gutem Hause für eine gemeinsame Zukunft; mehr rechts als links, aus dem Raum H–HH–HL–BS. Geboten werden: Junggeselle, schlank, sportl., beruflich erfolgreich, 1,81/74 kg/r.-k., der nach einer harten Arbeitswoche gern das Wochenende am Wasser (eigenes Ferienhaus, reiten/segeln) zusammen mit „Ihr" verbringen möchte. Versuchen Sie es mit einer (Bild-)Zuschrift unter Postfach Hamburg.

- **Zahnarzt,** Pilot, 34/1,80/79, led., sportl., gut aussehend, dunkelhaarig, Schnäuzer, mit Scharm und Sinn f. Ästhetik, Landleben, Pferde, Kunst, Musik, Reisen, in bester Pos., sucht adäquate, fröhl., weltoffene u. gut aussehende Partnerin ohne Anhang mit Scharm, Herzensbildg. u. Erotik, evtl. Koll., blond, aus bestem Stall. Bildzuschrift an …

Quelle: Schulfernsehen Hessen, a.a.O., S. 11

● **42/1,78/72,** Dustin-Hoffman-Typ, dunkel, schlank, gesch., warmherzig, verlässlich in jeder Situation, mit wachen Sinnen und klarem Verstand, weltbereist, kinderlieb, musisch, Schweizer Akademiker in Topposition, im Raume Basel, sucht ausgespr. zärtliche, liebebedürftige, mädchenhaft-zierliche, attraktive Partnerin zw. 25-30 Jahren, die Geborgenheit finden, viel erleben, reisen und mit ihm zusammen eine echte, liebevolle Partnerschaft aufbauen möchte. Bei entsprechender Zuneigung Heirat und Kinder erwünscht. Volle Diskretion (Selbstinserent). Welche sensible Frau schreibt mir mit Bild (gar. umgehend zurück) und Telefon? Postfach, Hamburg.

● *Du bist zärtlich,* kannst dich einfühlen, dich öffnen und wirklich freuen, aber auch in dir ruhen und nachdenklich sein. Du hast eine natürliche und weibliche Ausstrahlung. Deine Erotik ist Teil deiner Zärtlichkeit. Du stehst zu deinen Gefühlen und Zielen und misstraust aufgesetzten Selbstdarstellungen. Und du hast den Wunsch mir (36, 1,79, 76; Prof.) zu begegnen, der mit dir – vielleicht – viele Gemeinsamkeiten hat. Möglicherweise können wir dann miteinander so umgehen, als würden wir uns – bei aller Spannung der Begegnung – irgendwie schon immer kennen. Bildzuschriften. Postfach

1. Rollenspiel

Die Wissenschaft forscht auf Hochtouren und glaubt, dass es schon bald möglich sein könnte, dass auch Männer Kinder gebären können. Damit hofft man auf der einen Seite, dass damit auch die letzte Bastion derjenigen, die bisher immer auf den geschlechtlichen Unterschied von Mann und Frau verwiesen, fallen wird, während andere hier die Grenzen ethischer Grundwerte weit überschritten sehen. Dass zur Zeugung von Kindern kein menschlicher Kontakt mehr vorhanden sein muss, hat man ja schon erreicht...

Versuchen Sie, zahlenmäßig etwa gleich große Arbeitsgruppen zu bilden, die sich mit der Rolle der Geschlechter beschäftigen. Interessant wäre eine geschlechtsspezifische Gruppenbildung mit entsprechenden Rollen. Wenn Sie wollen, können Sie auch gemischte Gruppen bilden. Sollte weder das eine noch das andere funktionieren, stellen Sie die Gruppen anhand des Klassenbuches willkürlich z.B. alphabetisch zusammen. Unter dem Arbeitsthema „Gleichberechtigung trotz oder wegen der Rollenverteilung“ sollen Sie alles zusammentragen, was Ihnen zur Rolle der Geschlechter einfällt. Übertragen Sie das folgende Schema in ihr Heft oder auf ein Blatt Papier und versuchen Sie ganz spontan Rolleneintragungen vorzunehmen. Wichtig ist, dass Sie dies wirklich so tun, wie es Ihnen spontan einfällt. Diskutieren sollen Sie später darüber:

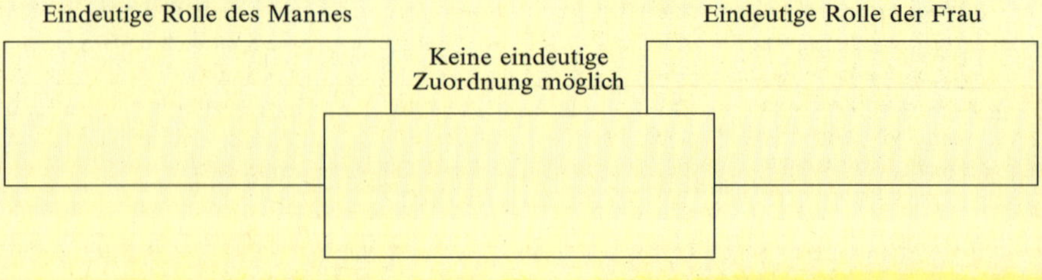

303220L

2. **Die geschlechtsspezifische Rollenverteilung wird häufig auch mit der Erziehung in Zusammenhang gebracht, d. h., dass davon auszugehen ist, dass bewusst oder unbewusst schon im frühen Kindesalter eine Rollenprägung vorgenommen wird.**

   In den letzten zwei Jahrzehnten hat sich diesbezüglich vieles gewandelt. Untersuchen Sie deshalb den folgenden (aus dem Jahre 1973 stammenden) Beitrag besonders kritisch und merken Sie an, in welchen Teilen Sie die Aussagen für
   - **zeitunabhängig,**
   - **überholt,**
   - **nach wie vor gültig erachten.**

   Diskutieren Sie abschließend die Schlussfolgerungen.

4

Von Anfang an behandelt man in unserer Gesellschaft Jungen und Mädchen verschieden. Das beginnt bei der Geburt, wo die Freude viel größer ist, wenns ein Junge ist, und hört auf damit, dass man einem Mädchen das Leben verpatzt, weil es – im Gegensatz zu dem Bruder – keine Ausbildung erhält. Dazwischen liegt eine Vielzahl von Erziehungsmaßnahmen, die fast ganz unmerklich das Mädchen auf seine spätere Rolle als Hausfrau und Mutter hin erziehen und ihm jede Aktivität für eigene Interessen wegnehmen. Da ist das verschiedenartige Spielzeug, für den Jungen technisches Spielzeug, Autos, Baukasten usw., die ihn zur Auseinandersetzung mit der Welt anregen, beim Mädchen Puppen, Haushaltsgegenstände, Stofftiere, die es für ein Leben im Haus außerhalb der Gesellschaft vorbereiten, die Passivität fördern und verhindern, dass es später seine Situation aktiv zu verändern versucht, sei es nun am Arbeitsplatz oder bei sonstigen Gelegenheiten. In diesem Sinne geht die Erziehung weiter. Das Mädchen wird zur Sauberkeit angehalten, der Junge darf sich schmutzig machen. Das Mädchen muss von früh an der Mutter im Haushalt helfen, der Junge darf unterdessen spielen, herumtollen, Kleider zerreißen. Mädchen sollen brav, wohlerzogen, anständig sein, Jungen dürfen meist frech, grob und wild sein. Jungen dürfen später am Abend weg, Mädchen müssen zu Hause bleiben. Aber mehr noch als durch alle diese Erziehungsmaßnahmen lernen die Kinder am Beispiel ihrer Eltern, wie sie sich zu verhalten haben. Das Mädchen sieht, wie die Mutter den Vater und die Söhne bedient, wie sie den ganzen Haushalt schmeißt und trotzdem noch zur Arbeit geht, sieht, wie für sie keine Zeit bleibt zum Zeitunglesen; auch für Politik bringt die Mutter keine Zeit mehr auf, selbst wenn es um so grundlegende Angelegenheiten ihres eigenen Lebens geht wie den Abtreibungsparagrafen oder die Mütterrente. Der Vater kommt nach Hause, liest Zeitung, setzt sich vor den Fernseher und lässt die Frau für sich sorgen. Wenn ihm die Kinder zu laut sind, soll die Mutter gefälligst für Ruhe sorgen, und wenn es sonst irgendwelche Probleme gibt, so ist die Mutter für die Ausführung der Entscheidung verantwortlich, die der Vater trifft. Und da für das Mädchen die Mutter das Vorbild ist, mit dem es sich identifiziert, nimmt es die gleichen Verhaltensweisen an wie die Mutter, und der Sohn macht den Vater nach.

Quelle: A. Kunstmann, Frauenemanzipation und Erziehung, in: H. D. Bamberg/M. Bosch (Hrsg.), Politisches Lesebuch für Arbeiter, Schüler, Lehrlinge, Sozialarbeiter, Gewerkschafter und progressive Lehrer. Starnberg 1973 (S. 117 f.)

5 Für Dreckarbeit eignen sich Mädchen besser", bekannte freimütig der zehnjährige Peter, der wie 2 439 Schülerinnen und Schüler zu folgendem Thema befragt wurde: „Wer muss mehr bei den Hausarbeiten helfen – Jungen oder Mädchen?" Mädchen werden danach eindeutig mehr zur Hausarbeit angehalten, als ihre Brüder. Der elfjährige Bastian wird in seiner Abneigung gegen Hausarbeit von seinem Vater bestärkt. Dieser hätte gesagt, es gäbe Arbeiten, die seien seit „urkundlichen Zeiten" für die Frauen da, „zum Beispiel Kaffee kochen, Sahne schlagen, Eintopfsuppe, Betten machen, Fenster putzen, Hausputz". Wenn Hausputz sei, sollten Männer möglichst nicht im Hause sein, weil sie dann stören. „Ich mache nur Sachen, die männlich sind. Bei einigen Sachen kann man sich streiten", sagte Bastian. Ähnlich wie er denkt auch der zehnjährige Dieter: „Ich helfe gern meinen Eltern wie meine Schwester, aber ich mache keine Arbeit, die für Mädchen ist. Ich mache das, wo man ziemlich viel Kraft braucht und denken muss."
Über die ungerechte Aufteilung der Hausarbeit unter den Geschwistern klagte auch die neun Jahre alte Beate: „Ich habe zwei Brüder. Die haben noch nie gespült oder die Betten gemacht. Ich muss alles übernehmen. Ich muss sogar die Fransen am Teppich geradebürsten." (...)

In den Augen des zehn Jahre alten Malte ist seine Schwester für das Helfen im Haushalt „besser geeignet". „Ich kann besser andere Sachen. So kommt es, dass ich kaum was zu tun brauche", schilderte Malte die häusliche Situation. „Kochen, spülen, putzen würde ich nie machen. Dafür habe ich kein Händchen. Ich mache da doch alles verkehrt", argumentierte der zwölf Jahre alte Hartmut. Sein Vater sei da der gleichen Meinung. „Wir Männer haben bei so was zwei linke Hände. Da ich keine Schwester habe, ist das Problem bei uns ziemlich klar gelöst. Solche Sachen macht Mutter", fügt er hinzu.

Quelle: Den Mädchen bleibt weiter die Hausarbeit; in: Frankfurter Neue Presse v. 31. Okt. 1978, S. 3

Karikatur: Thomas Plaßmann

Es bleibt aber nicht nur bei der Rolle im Haushalt. Auch im Beruf und in der Politik treffen Frauen nicht selten auf unterschiedliche Chancen. 6

Frauen haben in vielen Fällen eine schlechtere Ausbildung und sind deshalb in den oberen Lohngruppen weniger zahlreich vertreten. Ihre Lohnkarriere wird überdies häufig durch Heirat oder Kinder unterbrochen.

Frauen sind beim beruflichen Aufstieg deutlich schlechter dran als Männer. Im mittleren Management in der Wirtschaft findet man Frauen selten und in Führungspositionen kann fast von Fehlanzeige gesprochen werden. Solange es nicht bessere Möglichkeiten gibt, Familie und Beruf zu vereinbaren und solange nicht mehr Partnerschaft in der Familie verwirklicht ist, wird sich daran nur wenig ändern. Frauen sind im Beruf oft behindert durch: • geringere Mobilität • geringere Qualifikation • weniger Vollzeitarbeit • weniger Fort- und Weiterbildung • familiäre Pflichten.

Viele Frauen möchten beides: erwerbstätig sein und Familie haben.
Darin unterscheiden sie sich zwar nicht von den Männern, aber für Frauen wirkt es sich bisher negativer aus, da sie es sind, die heute die Verantwortung für die Familie und die Kinder immer noch weitgehend alleine tragen. Verantwortlich dafür ist sicher auch die Politik. Auch hier sind Frauen unterrepräsentiert.

Quelle: Politik für Frauen, Hrsg.: Presse- und Informationsamt der Bundesregierung, Bonn 1990 (Auszüge)

Nun, werden die einen sagen, Frauen „verlieren“ durch Schwangerschaften und Kindererziehungen ohnehin beruflich viel mehr Zeit als die Männer durch den Wehr- oder Zivildienst. Was sind schon ein paar Monate gegen viele Jahre ...?
Anderseits geht es aber um Gleichberechtigung und die schließt eine Gleichverpflichtung nicht aus ...!

1. **Das Problem der Gleichberechtigung von Mann und Frau wird häufig zurückgeführt auf die verschiedenen naturgegebenen Rollen der beiden Geschlechter. Grundsätzlich lassen sich zwei verschiedene Positionen herauskristallisieren:**

   a) Männer und Frauen sind vor dem Gesetz gleich, haben gleiche Rechte und Pflichten. Da sie aber ihrer Natur nach doch nicht gleich sind („Es sind immer noch die Frauen, die die Kinder bekommen.“), können auch ihre Lebensläufe nicht gleich sein. Sie sind zwar gleichwertig, aber nicht gleich!

   b) Männer und Frauen sind vor dem Gesetz gleich, haben gleiche Rechte, gleiche Pflichten, prinzipiell gleiche Begabungen und Talente und müssen daher auch prinzipiell und in der Praxis die Möglichkeit haben sie zu entfalten und einzusetzen. („Ein paar Jahre Mutterschaft bzw. die wenigen Schwangerschaften können nicht für das Leben einer Frau bestimmend sein!“)

   Versuchen Sie Ihre Auffassung und Einstellung zur Gleichberechtigung von Mann und Frau zu verdeutlichen. Dabei können Sie sich einem der beschriebenen Ansätze anschließen oder eigene, abweichende Vorstellungen äußern. In jedem Falle sollten Sie Ihre Antwort begründen können.

2. **Erörtern Sie, welche Ursachen und Folgen die mangelnde politische Mitarbeit von Frauen haben kann.**

3 Keiner lebt für sich allein – oder: Die Familie ist tot – es lebe die Familie!

1 Die Familie ist tot. Gesagt und geschrieben worden ist das schon oft. Als die Industrie sich über Mitteleuropa ausbreitete und die bäuerliche Familie auffraß. Als die Arbeiterfamilien ihre Kinder in die Bergwerke und in die Textilfabriken schicken mussten, um ihr kärgliches Leben fristen zu können. Als die Kriege Frauen in die Munitionsfabriken trieben. Als die Männer fehlten und die Frauen Trümmer räumen und aufbauen mussten. Als die sexuelle Revolution Bindungen zerstörte und das Wort Beziehung an die Stelle von Liebe rückte. Die Familie ist tot – es lebe die Familie. Für die meisten ist sie nach wie vor die bevorzugte Lebensform. Experimente beschränken sich – noch – auf Minderheiten und junge Leute. Materieller Wohlstand, Bildung und die Vielzahl der Möglichkeiten unter verschiedenen Lebensentwürfen auszuwählen, haben das Bild der Familie allerdings verschwommen werden lassen. Wer kann sie noch beschreiben – die normale „bürgerliche" Familie, die so lange Zeit ein Feindbild der Gesellschaftsveränderer war?

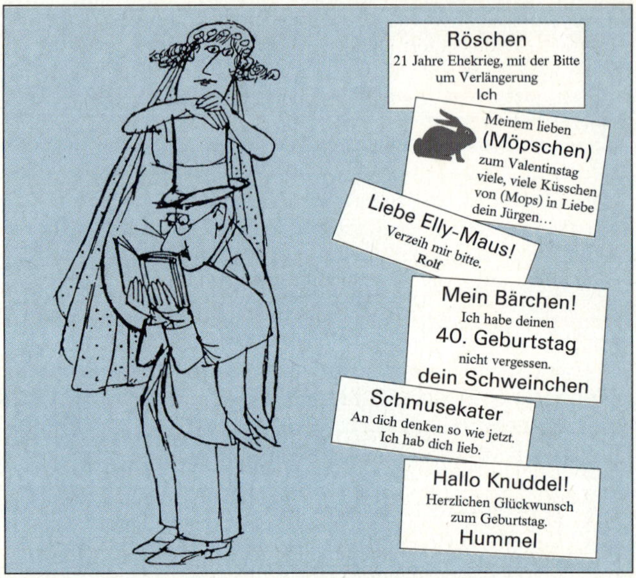

„Ehe ist gegenseitige Freiheitsberaubung in beiderseitigem Einvernehmen." Oscar Wilde

65 Jahre haben die beiden miteinander gelebt …

2 Da war die Oma aus dem Bilderbuch, verklärt durch die Erinnerung: Berge, Bäume, Einsamkeit, ein Forsthaus mit vielen Tieren, Leuten und einer riesigen Küche mit einem Tisch für mehr als 20 Personen und dem Kachelofen mit der berühmten Ofenbank. Dort saß sie meistens nach getaner Pflicht, zufrieden, wenn Familie und Anvertraute über das herfielen, was sie mit Liebe gekocht und serviert hatte. Das waren meistens sehr einfache Gerichte, aber verzaubert vom Wissen um das Geheimnis von Kräutern, Pilzen und Gewürzen. Omas Suppen wären heute in allen Feinschmecker-Hochburgen das Beste vom Feinsten. Von den Soßen gar nicht zu reden. Oma machte das eben so aus sich heraus. Dabei verlor sie am Tag höchstens drei bis vier Sätze – sie war eine der Stillen im Lande. Das Leben hatte sie nicht verwöhnt; mit 17 Jahren war sie Waisenkind. Mit 18 heiratete sie ihren Karl Heinrich. Der war auch nicht viel älter. Aber zusammen fanden sie das, wonach beide gesucht hatten: die Familie. Mit der Zeit wurde daraus eine Großfamilie – neun Kinder waren vor dem ersten Weltkrieg keine Ausnahme.
Oma schaffte es, dass alle neun auch später mit ihren eigenen Familien immer nur einen Mittelpunkt in der Welt kannten: eben das Forsthaus in den Bergen mit der stets sanftmütigen, stillen „Groß-Mutter". Jeder Urlaub, jedes Familienfest, jedes Ausruhen oder Flüchten aus der Last des Alltags – das Reiseziel blieb immer gleich.
Opa störte nicht sehr, obwohl er ein galliger Aufbrauser sein

303224L

konnte. Oma schaute ihn dann sehr eindrucksvoll an und sagte im Tonfall ihres Gebirglerdialekts ihr klares: „Mach dich ruhig!" Dann verschwand die Röte aus dem Gesicht und ein versöhnliches „Is schon gut, Omala!" löste die Spannung.
65 Jahre haben die beiden miteinander gelebt. In einer Harmonie wie aus dem Märchenbuch. Oma war die absolute Autorität in der Großfamilie. Und Opa hatte immer das Gefühl der Alleinherrscher zu sein. Er durfte es auch sein – Oma half ihm dabei. Ihr machte es Spaß, die ihren zu verwöhnen. Opa starb mit 82 Jahren. Oma folgte ihm im Abstand von 14 Tagen ohne erkennbare Ursache. Und mit einem sehr zufriedenem Gesicht. So, als wolle sie sagen: Jetzt darf auch ich mich zur Ruhe legen – ich habe meins getan.

Quelle: PZ, Keiner lebt für sich allein, Bonn, August 1989

Die „Familienbeschreibung" lässt keine Zweifel offen: Was Familie ist, muss neu definiert werden. Sie hat eine Reihe von Aufgaben ganz oder teilweise eingebüßt, die früher aus ihrem „Schoß" nicht wegzudenken waren, etwa die Versorgung der Alten und Gebrechlichen. Die Lebenszeit, die ausschließlich der Aufzucht von Kindern gewidmet war, wird zugunsten der Berufstätigkeit verkürzt.

Herkömmliche Lebensformen sind längst nicht mehr die alleinige Voraussetzung, um in unserer Gesellschaft soziale Anerkennung zu bekommen. Es ist fast schon normal, dass jemand im Laufe seines Lebens verschiedene Wohn- und Lebensformen durchläuft, die von der Wohngemeinschaft bis zur zweiten Partnerwahl nach der Scheidung alle etwas mit Familie zu tun haben oder zu tun haben wollen.

Die „Welten", die zwischen der Auffassung von dem, was eine Familie ist und was sie einmal war, werden schon innerhalb eines Generationswechsels deutlich. Dies zeigt auch der folgende Bericht von Elisabeth M., der Mutter einer 20-jährigen Tochter. Hier geht es insbesondere auch um das veränderte gesellschaftliche Bewusstsein und die Rolle des Staates. Im weitesten Sinne geht es aber auch darum, was man unter Freiheit versteht und wie sich die Freiheit des Einzelnen mit dem Leben in einer Familie vereinbaren lässt:

3 Manchmal meine ich, zwischen meinen Kindern und mir in diesem Alter lägen Welten.
Manchmal scheint mir, als hätte ich das alles schon einmal erlebt – nur eben anders.
Wir kannten keine Pille. Hatten nur eine vage Ahnung von dem, was heute jedes Schulkind über Verhütungsmethoden weiß. Den medizinischen oder gar ethischen Wert oder Unwert der Pille wage ich nicht zu beurteilen. Aber ich weiß, dass ich meinen Kindern nicht jene Ängste wünsche, die wir damals hatten. Dieses verzweifelte Zittern, wenn sich die Periode verzögerte. Diese Hilflosigkeit, weil wir nicht wagten mit den Eltern darüber zu sprechen.

Mein Mann und ich waren fast vier Jahre offiziell verlobt, so offiziell mit Ring am linken Finger und Verlobungsanzeigen, wie es damals üblich war. Ein gemeinsamer Urlaub oder gar eine gemeinsame Wohnung wäre uns nie in den Sinn gekommen. „Ehe ohne Trauschein“ war damals eine unbekannte Vokabel. Die Verlobungszeit sollte eine Zeit der Prüfung und der Erwartung sein. Die Erfüllung sollte in der Ehe auf uns warten, hieß es.
Trotzdem fanden wir Wege zueinander. Wege, die mit vielen Lügen und viel schlechtem Gewissen erkauft wurden.
Heute gibt es keinen Kuppeleiparagrafen mehr, der Vermieter hindern könnte einem unverheirateten Paar eine Wohnung zu vermieten. Es ist selbstverständlich, dass junge Leute zusammen verreisen, zusammen leben, zusammen wohnen.
Ich kann nicht beurteilen, ob dadurch moralische Dämme geborsten sind. Aber ich wünsche meinen Kindern, dass sie mich nicht ebenso viel belügen müssen, wie ich es bei meinen Eltern tat. Und ich wünsche ihnen, dass sie ihre ersten Liebeserfahrungen nicht mit so vielen Ängsten und unter so unwürdigen örtlichen Gegebenheiten sich erschleichen müssen, wie wir es taten.

Es ist heute keine Schande mehr, ein uneheliches Kind zu haben. Manche Mütter setzen sogar stolz die Geburtsanzeige ihres Kindes ohne staatlich legitimierten Vater in die Zeitung. Ich muss gestehen, dass ich dem nicht folgen kann. Ein Kind zu wollen und nicht zugleich den Mann lieben zu wollen, durch den das Kind wurde, passt nicht in mein Frauenverständnis. Wenn meine Tochter sich

303226L

jedoch so entscheiden würde, müsste ich ganz neu über sie und über mich nachdenken.
Ich bin froh für meine Kinder, dass es heute keine Schande mehr sein muss sich zu einem unehelichen Kind zu bekennen. Ich bin vor allem froh für ein solches Kind.
Abtreibung ist heute unter bestimmten Bedingungen erlaubt. Es steht keine Gefängnisstrafe mehr darauf. Dennoch wünsche und sehne ich aus vollstem Herzen, dass meiner Tochter das erspart bleibt und dass sie selbst sich das erspart.
Auch die Scheidung hat ihren Makel verloren. Deswegen aber nicht ihren Schmerz. Eine Sache wird nicht dadurch leichter, weil sie selbstverständlicher geworden ist. Umgekehrt hat auch die Ehe ihren Glanz verloren. Für viele ist sie keine erstrebenswerte Lebensform mehr. Deswegen ist sie nicht widerlegt. Eine Sache wird nicht deshalb außer Kraft gesetzt, weil sie nicht für jeden passt.
Ich wünsche meinen Kindern, dass sie vor einer Scheidung bewahrt bleiben. Ich wünsche ihnen aber ebenso, dass sie vor einer lauen Ehe bewahrt bleiben. Treue kann auch Bequemlichkeit sein. Man kann eine tote Ehe aus Feigheit oder aus Bequemlichkeit weitervegetieren lassen. Man kann sich aber auch aus Bequemlichkeit scheiden lassen.
Ich bin dankbar, dass meine Kinder in einer Zeit leben dürfen, die weniger Tabus aufgerichtet hat als die meine. Ich bin froh, dass sie unter mehr möglichen Lebensformen frei wählen können als wir damals. Dennoch glaube ich nicht, dass es deshalb leichter geworden ist, 20 Jahre alt zu sein.
Elisabeth M.

Quelle: Text aus PZ, Keiner lebt für sich allein, Bonn, August 1989

1. **Erörtern Sie, ob Elisabeth M. ihre 20-jährige Tochter in ihrer Rolle und heutigen Lebensbedingungen eher beneidet oder bedauert, ihr Verhalten eher bestätigt oder skeptisch und ablehnend beurteilt, kurz: ob sie die Welt, in der ihre Tochter lebt, eher versteht oder nicht versteht.**
2. **Diskutieren Sie mit Ihren Eltern oder Großeltern über diese Problematik.**

Zu dem familiären Wandel gehören aber auch steigende Scheidungsraten, sinkende Heiratsziffern, kinderlose Ehen. Der Trend zum „Single-Leben“, „Ehen“ ohne Trauschein. Erwerbstätige Mütter und arbeitslose Hausmänner. Kinder mit Zweit- oder Dritteltern. Allein-Erziehende oder „Restfamilien“. Kinder ohne Geschwister. Rückläufige Geburtenraten. Einsame Alte. Allein gelassene Kinder ...

Frauen haben die traditionelle Arbeitsteilung – der Mann verdient die Brötchen, die Frau macht den Haushalt – aufgekündigt. Das Leben – vor allem das der Frauen – hat einen neuen Abschnitt hinzugewonnen: Wenn die Kinder aus dem Haus sind, ist noch lange nicht Schluss. Die Frau will im Beruf stehen und nicht als Hausmütterchen verdorren ...

Die Rolle des Mannes hat sich damit fast zwangsläufig auch verändert, nicht immer mit „Rückendeckung“ der Gesellschaft:

4

Die ganze Woche hat sich Christina, die beste Freundin meiner sieben Jahre alten Tochter, standhaft geweigert zu uns zum Spielen zu kommen. Was sie sonst ziemlich häufig tut. Der Grund für ihre Standhaftigkeit war seltsamerweise ich. Sie hat Angst vor mir, weil sie mich fast gar nicht kennt.
Und sie kennt mich kaum, weil ich den ganzen Tag arbeite. Aber eine muss schließlich die Familie ernähren.
Mein Mann würde, glaube ich, ganz, nein, sehr gerne tauschen. Aber eine sechsjährige

Vergangenheit als Hausmann ist bei Vorstellungsgesprächen fast so etwas wie eine Vorstrafe. Worüber ich einerseits nicht glücklich bin, weil mein Mann darüber nicht sehr glücklich ist. Andererseits bin ich aber auch nicht so unglücklich, weil ich so nicht zurück an Herd und Spülstein muss.

Und weil ich weiß, worauf mein Mann verzichtet, indem er sich für Kinder und Haushalt „opfert“, habe ich auch Nachsicht mit ihm, dass er den Haushalt nicht so perfekt macht, wie es mein erster Mann von mir als Hausfrau erwartet hat. Ich sehe ihm nach, dass er die Zeitung liest, bevor er die Betten macht. Und ich sehe ihm auch nach, wenn er mal donnerstags oder freitags das Abendessen mir überlässt und währenddessen träge am Tisch sitzt und jammert und stöhnt, wie anstrengend die Kinder sind. Und so lasse ich ihn einmal im Jahr zwei Wochen alleine Urlaub machen, damit er wieder auftanken kann. Soweit geht wirklich alles sehr gut. Auch im achten Ehejahr.
Nur für meine Eltern und Schwiegereltern bin ich immer noch die Hausfrau. Zu Weihnachten bekomme ich die Tischdecken geschenkt und er den Aktenkoffer. Und wenn meine Mutter Staubschichten auf der Anrichte und auf dem Garderobenspiegel entdeckt, dann wirft sie die mir vor und nicht ihm. Ich habe für mich insgeheim den Schluss gezogen, wenn schon Hausfrau in einem späteren Leben, dann nur als Mann. Da hat man es einfach leichter.
Ursula B.

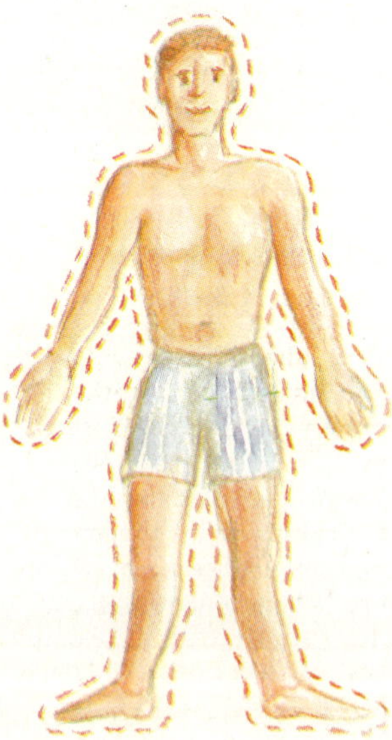

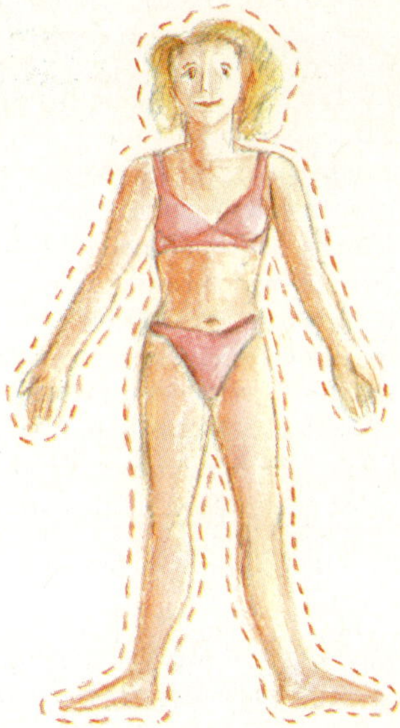

5 Früher, vor 30 Jahren war das Rollenverhalten noch sehr stark, da musste der Vater das Geld besorgen, also arbeiten, und die Mutter musste den Haushalt machen und auf die Kinder aufpassen. Der Vater hat immer die Strafen verteilt, wenn die Kinder etwas angestellt haben, und die Mutter musste sie trösten. Heutzutage gibt es das Rollenverhalten nicht mehr so stark, nämlich viele Frauen wollten nicht nur zu Hause hocken. Sie wollten genauso arbeiten wie ihre Männer. Sie haben sich zusammengetan und eine große Demonstration gemacht. Dann sind auch einige Frauen arbeiten gegangen, die es von ihren Männern durften. Aber als sie dann gearbeitet haben, wurden sie immer benachteiligt, wie z. B. in einem Büro sollten die Frauen immer nur Kaffee für die Männer kochen.“
Katja, 12 Jahre

303228L

Rollenverhalten ist vergleichbar mit einer „Kleiderordnung", hier von „Hausmann" und „Hausfrau". Diskutieren Sie die Vor- und Nachteile von freier gewordenen Rollen der Geschlechter. Gehen Sie dabei auch auf die Rolle der Gesellschaft ein und erörtern Sie die Frage, welches „Kleid" Sie persönlich tragen oder bei Ihrem Partner sehen möchten.

Die Rollenkonflikte sind meist verbunden mit der Frage „Erziehung der Kinder oder Berufsausübung"!

Materielle, auf den eigenen Vorteil zielende Gründe an einer einmal gefügten Familienbindung festzuhalten, verlieren ihren Stellenwert. Wozu sich binden, wenn das Leben als Einzelperson auch seine Reize hat?

Männer wollen erfolgreich sein. Und die Partnerschaft in der Ehe, die Familie, sie sollen auch noch funktionieren.

Wie das gehen soll, weiß niemand so recht. Was herauskommt, sind Wochenendfamilien. Morgens muss ein nach Minuten ausgeklügelter Zeitplan eingehalten werden. Der Bus wartet nicht, vor dem Verkehrsstau müssen die Eltern weg sein. Der Vater kommt nach acht, neun Stunden kaputt nach Hause. Die Mutter rennt, geschafft von ihrem Teilzeitjob, halbtags

ihrer Hausarbeit nach. Das Kind verbringt den Tag in der Schule: morgens Unterricht, mittags ein Hamburger und nachmittags Hausaufgabenhilfe. Oder Musikstunde, Ballett, Spieltherapie. Manche Kinder haben einen Terminplan wie ein Manager. Abends wird – arbeitsteilig – die Geschirr-, Wasch- und Trocken-

maschine gefüllt. Tiefkühlkost aus der Mikrowelle ersetzt das Essen. Dann steht Gymnastik oder Tennis auf dem Programm, der Verein – man will ja auch mal raus aus der Tretmühle.

Eine Wirtschaftsgemeinschaft mit gemeinsamen Gehaltskonto. „Samstags gehört Vati mir" – das soll es auch schon bald nicht mehr geben. Wirtschaftsexperten basteln an Modellen Schichtarbeit auch über das Wochenende zu verteilen: Flexibilisierung der Arbeitszeit.

„So wird die Zugewinngemeinschaft zu einer kinderfeindlichen Bastion. Das Kind wird Rivale um Lebensglück: Du oder ich, so sehen es viele Frauen." (Gertrud Höhler, Wissenschaftskolleg Berlin)

Und Männer: Bei der Anschaffung eines Neuwagens 6
oder eines Eigenheims werden Kinder zu Konkurrenten.

Die Generationen leben nicht mehr miteinander, sondern nebeneinander, gleichsam auf Inseln. Werte und Erfahrung, Kultur und Lebenseinstellung werden kaum noch von unsicher gewordenen Eltern an Kinder, sondern von mit Erziehung beauftragten Institutionen an Schüler weitergegeben.

Warnungen vor dem Verlust an Geborgenheit, dem Verschwinden der Kindheit, einer kinderfeindlichen Gesellschaft sind nicht neu. Schon ein amerikanischer Report aus

dem Jahre 1933 beschwor die zunehmende Verwahrlosung der amerikanischen Jugend, weil die Mütter zunehmend berufstätig seien und die Scheidungsraten stiegen.

Seit den frühen Siebzigerjahren hat auch die Familie in der Bundesrepublik Deutschland mit veränderten Rollenerwartungen zu kämpfen.

Die Nurhausfrauen werden zur Minderheit. In manchen Bereichen – Schule und Erziehung – stellen die Frauen die Mehrheit der Beschäftigten. Eine Beschränkung auf die Hausfrau- und Mutterrolle wird als eintönig und sozial kontaktarm gering geschätzt.

Verräterisch – so Gertrud Höhler – ist die Spaltung in Erziehung und Mitwirkung an der Gesellschaft, wie sie gerade den Frauen immer wieder eingeredet wird: Wer erzieht, wirkt nicht mit. Wer im Beruf steht, erzieht nicht. Erziehung ist Mitwirkung an der Gesellschaft, hält die Professorin dagegen. Und zwar in ihrer wirksamsten Form: Kinder bestimmen die Zukunft. Kindererziehung ist keine minderwertige Beschäftigung, weder für die Nurhausmänner noch die Nurhausfrauen.

Nichts macht Familien mehr zu schaffen, als das Gefühl in einem von äußeren Zwängen bestimmten Zweckverband zusammenzuleben, den man möglichst bald hinter sich lassen sollte, um sich selbst zu verwirklichen. Ehe und Familie als Durchgangsstadium – als Vertrag mit gesetzlicher Kündigungsfrist?

Was kaputt ist, braucht nicht mehr ausgehalten zu werden – wie früher, als der Ehekitt Angst war, Angst vor dem Unversorgtsein, dem Alleinsein. Ehrlichkeit miteinander statt krampfhaftes Festhalten an der Fassade. Trennung statt zermürbender Kleinkrieg. Scheidung statt Ehekrieg. Neu anfangen, statt Kinder ewig dem Familienstreit auszuliefern.

Leichte Fluchten – ein Jahr Zerrüttung und es ist vorbei. Wem es nicht mehr passt, geht eben. Lustprinzip – solange es Spaß gemacht hat, war es ja ganz schön, Liebling, aber jetzt „nervt“ mich das alles. Streit um Alltägliches wird mit dieser Einstellung schnell Streit um Prinzipien (wie Selbstverwirklichung, persönliche Freiheit, Emanzipation). Immerhin wächst bald jedes dritte Kind nicht mehr in der Familie auf, in die es hineingeboren wurde. Auch sie müssen sich anpassen – die Erwachsenen erwarten, dass die „Scheidungswaisen“ mit ihren Entscheidungen leben, den neuen Vater, die neue Mutter akzeptieren, die alte Familie vergessen.

Kindererziehung – das weiß jeder Vater, jede Mutter – geht nicht ohne Verzicht, ohne Verlässlichkeit, ohne ein gewisses Maß an Selbstaufgabe, sei es in der Familie, als Alleinerzieher, in der Wohngruppe oder wie auch immer. Es sei denn, man legt die Aufzucht des Nachwuchses ganz in die Hand professioneller Erzieher, von der Kindergrippe bis zum Internat.

Quelle: PZ, Keiner lebt für sich allein, Bonn, August 1989 (Text)

1. **Diskutieren Sie, welche Rolle die Familie und deren einzelne Mitglieder für die Kindererziehung innehaben.**
2. **Nehmen Sie Stellung zu der Aussage, dass Ehen mehr und mehr die Form reiner Zweckgemeinschaften einnehmen, in der für Kinder kein Platz mehr ist.**
3. **Erörtern Sie, inwieweit „geordnete“ Familienverhältnisse und Rollenverteilungen im Sinne herkömmlicher Auffassungen für die Kindererziehung von Bedeutung sind.**

7 Ist die **Institution Ehe** neben der der Familie in der Auflösung begriffen? Beiträge wie der folgende können diesen Eindruck vermitteln, im Zeitvergleich angelegte Erhebungen erlauben eine so weitgehende Deutung nicht.

Heiraten – wozu denn?

Das Thema ist brisant geworden. Immer mehr Menschen werden ehescheu, lehnen eine Heirat ab oder verzögern sie – eine Entwicklung, die in den frühen 70er-Jahren begann ...

Vom üblichen Ehealltag halten die Befragten nicht viel. Nach ihrer Meinung ist er durch Routine und Langeweile gekennzeichnet. „Abends sitzen sie vor dem Fernseher und haben kein Gesprächsthema."

„Die Ehe lähmt eine Beziehung, erdrückt sie, zerstört sie" – typische, sich immer wiederholende Aussagen. „Zu eng, zu abgeschlossen, zu isoliert, zu starr." „Der Trauschein suggeriert ein Gefühl der Sicherheit. Man bemüht sich nicht mehr umeinander."

Was die Nichtehelichen gegenüber den Verheirateten höher bewerten, sind:

- eigene Unabhängigkeit
- eigener Freundeskreis
- eine adäquate Bildung beider Partner
- Berufstätigkeit der Frau
- bei Hausarbeit Arbeitsteilung
- Offenheit in Konfliktfällen
- Trennungsmöglichkeit

Von mehr Freiheit und mehr Freiraum in der Beziehung ist oft die Rede. Eine gewisse Distanz als Überlebensstrategie: sich nicht aneinander festklammern. Zitat: „Nicht nur die jungen, sondern auch ein Großteil der älteren Befragten sind der Meinung: dass die Lebendigkeit einer Partnerschaft nur dann erhalten bleibt, wenn sich beide Partner die Fähigkeit bewahren zeitweise voneinander unabhängig zu leben. Deshalb wünscht man sich Unabhängigkeit auch in den Kontakten zur Außenwelt. Man möchte sich mit Freunden treffen können, ohne dass der andere dabei ist, auch über Nacht wegbleiben oder allein verreisen können ..."

Auf drei Eheschließungen kommt eine Scheidung.

Fast die Hälfte der geschiedenen Ehen war kinderlos (48 Prozent). Im Durchschnitt hatten die Partner 11,7 gemeinsame Ehejahre hinter sich, bevor sie vor den Scheidungsrichter traten. Besonders gefährdet: Junge Ehen mit einer Dauer von vier bis fünf Jahren. Allerdings heiraten 40 Prozent aller Geschiedenen ein zweites Mal.

Quelle: BRIGITTE, Nr. 19/86, S. 102 ff.
Familie '88: Keiner lebt für sich allein, H. 52/1988, Hrsg.: Bundeszentrale für politische Bildung, Bonn S. 9

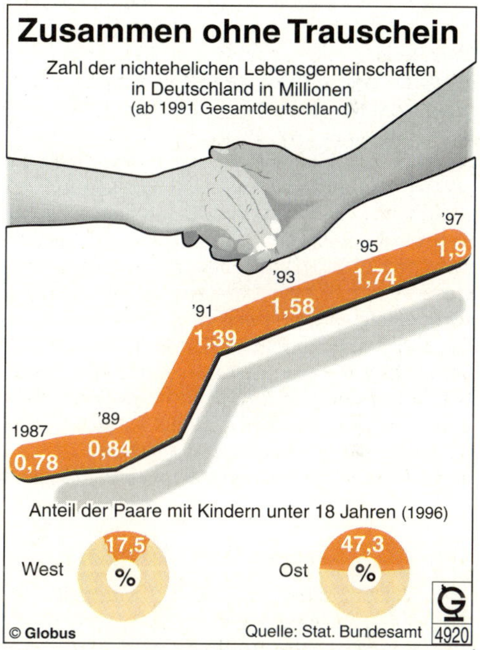

1. **Diskutieren Sie die Richtigkeit und evtl. Gründe für die These, dass heutige Ehen vielfach durch Langeweile, Routine und sonstige Negativbilder bestimmt sein sollen.**
2. **Wie stellen Sie sich eine „moderne partnerschaftliche Beziehung" vor?** X
3. **Was halten Sie von der „Ehe auf Probe" oder einer generellen „Nichtehelichen Lebensgemeinschaft" statt der Ehe?** X

4 Jugendträume – die Wirklichkeit von morgen?

Niemand denkt ständig über die Zukunft nach, aber jeder hat Wünsche und Träume, auch Sorgen. Fast alle Jugendlichen denken bei der Frage nach der Zukunft zunächst einmal an ihr persönliches Lebensglück. Das unterscheidet sie nicht von den Erwachsenen, welche die Welt, die Politik und damit auch die Zukunft der Jugend bestimmen. Dabei kommt es nicht selten zu Verständigungsproblemen und Verständnisbarrieren:

Wie sehen es viele Erwachsene ...	**... wie man es aber auch sehen kann ...**
Die Jugend wird die Zukunft nicht in den Griff bekommen.	*Die Erwachsenen haben die Gegenwart nicht im Griff und tun viel zu wenig für unsere Zukunft.*
Jugendliche von heute ruhen sich auf dem aus, was sie ererbt haben oder erben werden. Sie wissen gar nicht wie gut es ihnen geht. Sie sind faul und vergnügungssüchtig.	*Niemand kommt faul und vergnügungssüchtig auf die Welt. Die Jugend ist so, wie sie erzogen wurde, so, wie es die Erwachsenen ihr vorleben. In Schule und Beruf müssen sie mindestens genau so viel leisten wie früher. Stress geht auch an Jugendlichen nicht vorbei. Auch nicht der Stress in der Familie der Erwachsenen.*
Die Jugend ist von Alkohol, Nikotin und Drogen bedroht. Im Sexualleben gibt es keine Moralvorstellungen mehr.	*Stichwort Sexualleben. Die Alten sollen nicht rot werden, die so etwas behaupten. Die Freiheit, die wir heute haben, hätten sie sich früher gewünscht.*
Jugendliche haben kein Interesse an der Politik und wenn, dann wählen sie grün. Für sie zählt nur das Privatvergnügen.	*Jugendliche sind sehr wohl am politischen Geschehen interessiert. Viele haben aber nur kein Interesse an Parteien und kein Vertrauen in Politiker. Jugendliche haben schon konkrete Zukunftsvorstellungen.*
Jugendliche sollen arbeiten und unsere Rente sicherstellen wie es dem Generationenvertrag entspricht.	*Und wie sieht es später mit uns aus?*
Nach dem Krieg wurde etwas geschafft. Bei den Jugendlichen steht heute der Spaß, die Freizeit und der Konsum ganz hoch im Kurs. Dagegen wissen immer weniger Jugendliche, was Pflichtbewusstsein ist und was es bedeutet, sein Geld mit harter Arbeit verdienen zu müssen.	*Wer arbeitet, soll auch Spaß haben. Was kann ich dafür, dass meine Eltern und Großeltern unter Hitler und den Kriegsfolgen gelitten haben? Dafür muss ich doch nicht heute noch büßen.*
In den Schulen wird heute nichts mehr gelernt.	*Es ist heute wichtiger, einen Computer zu bedienen als das Kleine Einmaleins auswendig zu können.*

303232L

1. **Meinungsumfrage**

Wer könnte es besser beurteilen, was Jugendliche von der Zukunft erwarten als die Jugendlichen selbst?

Führen Sie an Ihrer Schule eine Meinungsumfrage durch.

Möglichkeit I: **Stellen Sie z. B. folgende Frage: *Angenommen, eine gute Fee erschiene, um drei Wünsche zu erfüllen. Welches sind deine drei wichtigsten Wünsche für die Zukunft?***

Möglichkeit II: **Erstellen Sie einen Fragebogen nach folgendem Muster:**

Das ist für mich ...	... völlig unwichtig		... wichtig		... besonders wichtig	
	0	1	2	3	4	5
1. sicherer Arbeitsplatz						
2. Gleichberechtigung						
3. saubere Umwelt						
4. viel Geld verdienen						
5. Freunde haben						
6. Familie gründen						
7. heiraten						
8. Frieden in der Welt						
9. viel reisen und erleben						
10. Welt ohne Hunger und Not						
11. verlässliche Politiker						

Und davor haben ich ganz besondere ***Angst:*** ____________________

Werten Sie die Ergebnisse aus und diskutieren darüber. Vielleicht präsentieren Sie diese auch einmal „Ihren" Politikern und fragen, was sie davon halten und was sie tun, um den Wünschen der Jugendlichen gerecht zu werden.

2. Man kann davon ausgehen, dass sich die Ergebnisse nicht wesentlich unterscheiden. Eine Sehnsucht nach Frieden, Gerechtigkeit und Verständigung ist überall zu spüren. Neben diesen Hoffnungen gibt es viel Skepsis. Viele Jugendliche machen sich große Sorgen um die Zukunft der Menschen. Die Angst vor der totalen Zerstörung der Umwelt wird in fast allen Stellungnahmen vorkommen. Häufig wird befürchtet, dass die Weiterentwicklung der Technik den Menschen die Arbeitsinhalte nehmen kann. Als Erwachsener ist man sehr erstaunt, dass junge Menschen eine Frage nach ihren persönlichen Zukunftsvorstellungen und Umweltschutz, Abrüstung und die Sicherung menschenwürdiger Arbeitsplätze im Mittelpunkt ihres Denkens stehen. Kann man hoffen, dass eine Generation, die die wichtigsten Probleme nicht verdrängt, diese auch eines Tages besser in den Griff bekommen wird?

Wie stellen Sie sich Ihre Zukunft vor? Sechs Antworten, denen Sie Ihre eigene hinzufügen sollten:

① „Meine Zukunft stelle ich mir richtig schön vor, eigentlich rosig! Ich hätte gern eine schöne Arbeit, die mir Spaß macht, bei der ich aber auch genug Geld verdiene, um mit meinem Freund, vielleicht auch Mann, zusammen zu leben. Ich möchte gerne Kinder! Möglichst schnell und hintereinander und vielleicht drei Stück. Wahrscheinlich kommt aber alles ganz anders."

② „Ich hoffe auch, dass sich die Natur wieder erholt und die Leute dann besser auf die Umwelt achten. Auch sollten wir Abfälle nicht wahllos herumliegen lassen. Jeder sollte auf andere mehr Rücksicht nehmen. Man sollte versuchen, mehr auf andere einzugehen und zu helfen. Eigentlich wünsche ich mir noch genügend Geld, ein eigenes Haus, eine glückliche Familie und eine gute Arbeitsstelle."

③ „Ich glaube, dass sich in der Zukunft einiges ändern wird. Die Techniken bilden sich immer weiter fort. Doch ich glaube nicht, dass es zu einem Atomkrieg kommen wird. Menschen in den westlichen und östlichen Ländern wollen in Zukunft in Frieden miteinander leben. Alle haben zu viel Angst vor den Atomraketen. Für mich selbst hoffe ich, dass ich eine gute Arbeitsstelle bekomme. Später möchte ich eine Familie gründen."

④ „Es sollte gegen die von außen stammenden Nöte in der Dritten Welt mehr getan werden. Auch diese Menschen sollen glücklich und zufrieden sein. Sie sollen einen Arbeitsplatz haben und nicht auf der Straße sitzen. Alle sollten in Frieden leben und sich untereinander gut verstehen."

⑤ „Ich befürchte, dass die Natur immer mehr zerstört wird und dort, wo vielleicht noch Natur vorhanden ist, werden Fabriken oder Häuser hingebaut. Es werden viele neue Maschinen erfunden, mit denen die Arbeit schneller geht und exakter und besser wird. Menschen, die die Arbeit vorher verrichtet haben, sind dann entweder arbeitslos oder, wenn sie Glück haben, können sie wenigstens die Maschinen betätigen."

⑥ „Die Zukunft macht mir Angst. Drohende Arbeitslosigkeit, Ausbildungsplatzmangel, Unsicherheit in den Renten, immer höhere soziale Lasten, wie soll das nur weitergehen?"

⑦ Ihre eigenen Vorstellungen von Ihrer Zukunft?

3.

aus: Claus D. Grupp, Mit Tausch fings an, 1990

Überlegen und diskutieren Sie darüber, warum viele Zielvorstellungen, welche die Menschen heute haben, hauptsächlich im materiellen Bereich zu sehen sind. Welche Rolle spielen hier die Wirtschaft auf der einen und die Erziehung auf der anderen Seite?

303234L

5
Randgruppen der Gesellschaft

Ob im Verein, in der Gemeinde, am Arbeitsplatz; zu allen Zeiten, in allen Völkern gab und gibt es Menschen, die durch etwas, was sie von anderen unterscheidet, aus dem Rahmen des Üblichen, des Gewohnten, herausfallen. Sie entsprechen nicht unserer Norm, d. h. den Vorstellungen, die man sich von „dem Menschen“ in unserer Gesellschaft macht. Sie sind nicht einzuordnen, sie entsprechen nicht der erwarteten Leistung.

Da diese Menschen im Urteil der Allgemeinheit etwas Besonderes, etwas Abweichendes sind, leben sie folgerichtig auch nicht in der Mitte, sondern eben am Rande der Gesellschaft. Mal ist es ihre Rasse, die diese Menschen in eine Außenseiterposition drängt, wie z. B. Mischlingskinder und Roma, oder es ist ihre Nationalität, die eine Abkapselung bewirkt, wie meist bei den „Gastarbeitern“. Es können aber auch religiöse Gründe, z. B. bei den Juden oder Zeugen Jehovas, maßgeblich dafür sein, dass die Betroffenen im Alltag ihr Anderssein zu spüren bekommen. Manche haben unter ihrem körperlichen, geistigen und sexuellen Anderssein zu leiden, wie die Schwerbehinderten, geistig Behinderten, Geisteskranken und Homosexuellen.

Einer weiteren Gruppe von Menschen ist gemeinsam, dass sie über die geltende Rechtsordnung gestolpert ist und dafür nun büßen muss, sei es im Gefängnis oder bereits wieder „draußen“ als Vorbestrafte oder als Strafentlassene.

Auch sozial Verachtete wie Obdachlose oder Landstreicher leben, sei es gewollt oder ungewollt, am Rande der Gesellschaft. Meist sind die Angehörigen einer Randgruppe = Minderheit nicht als soziale Gruppe wahrnehmbar. Obwohl sie oft nur als Einzelne erlebt werden, steht man ihnen ablehnend gegenüber …

Quelle (Text): Schulfernsehen Hessen, Lerneinheit: Gesellschaftliche Randgruppen, Wiesbaden 1978, S. 5

5.1 Obdachlosigkeit – trotz oder wegen des Wohlstands?

1

KNA-Bild

Die Bundesrepublik Deutschland gehört zu den reichsten Ländern der Welt – und hat doch viel zu wenig preiswerte Wohnungen. Nach jüngsten Statistiken haben weit über eine Million Bürger keinen ausreichenden Wohnraum.

Der Mangel ist sehr unterschiedlich. Er reicht von der nackten Not eines gänzlich fehlenden Daches über dem Kopf bis hin zur zu kleinen oder zu teuren Wohnung.

Wohnungsnot betrifft nicht nur Studenten, die eine „Bude" in einer Universitätsstadt suchen, sie betrifft ebenso auch kinderreiche Familien, für die in der Gesellschaft vielfach offensichtlich kein Platz mehr ist, sie betrifft besonders hart auch die Aussiedler und Ausländer, die aus vielfältigen Gründen hier sind.

Wohnungsnot betrifft auch Rentner, Sozialhilfeempfänger und Arbeitslose, die vom Markt verdrängt werden, weil sie die Mieten, die verlangt werden, nicht mehr bezahlen können.

Wohnungsnot betrifft aber ebenso auch viele Berufstätige, die in Ballungszentren beschäftigt sind und täglich u. U. hunderte von Kilometern fahren müssen, um an die Arbeit zu kommen, weil ein arbeitsplatznahes Wohnen nicht möglich ist.

Ein Wohnungsloser gerät nur allzu oft und fast automatisch auf das Abstellgleis der Gesellschaft, er lebt am Rand, sei es auf einer Parkbank, im Wohncontainer, im Zelt oder Campingwagen oder im Obdachlosenheim ...

An der Spitze der Ursachen für Obdachlosigkeit stehen, nach einer Regierungsstatistik, Mietschulden oder Krach mit dem Hauswirt (knapp vierzig Prozent) und Eigenbedarfsklagen (rund zwanzig Prozent). Dritthäufigste Ursache sind „behördliche Maßnahmen" (sieben Prozent) – Beispiel: Im Zuge städtischer Slumsanierungen werden billige Altbauwohnungen abgerissen und durch teure Neubauwohnungen ersetzt, sodass ein Teil der einstigen Mieter, finanziell überfordert, als „planungsverdrängt" in städtische Unterkünfte eingewiesen werden muss.

Ob hilfsbedürftig oder schuldenbeladen, kinderreich oder sanierungsverdrängt, unangepasst oder krank – alle diese Gruppen sozial Schwacher werden in den Lagern mit einer kleinen extremen Minderheit zusammengesperrt, die für die Öffentlichkeit das Image des Obdachlosen bestimmt: einem harten Kern von schätzungsweise fünf Prozent wirklich Asozialen, etwa Gewohnheitsverbrechern – also Menschen, die nicht oder nur mit besonderem Aufwand in die Gesellschaft einzugliedern sind.

303236L

2

Männer aus dem fensterlosen, stinkenden Bunker am Mühlenhauser Weg, für die endlich ein Haus gebaut werden soll, hatten am Eingang ihre selbst gemachte Zeitung, den Bunker-Kurier, verteilt, einen rührenden Versuch der Selbstdarstellung, „damit die Vorurteile gegen uns abgebaut werden".
Der schriftlich vorliegende Protest der 700 Anwohner – Unterschrift: Die „Betroffenen" – war in einer Art abgefasst, die sogar an Kummer gewöhnten Sozialarbeitern unfassbar erschien. Die Rede war nicht nur von „unzumutbarer Belästigung" durch die Bewohner des geplanten Heims; der Haus- und Mietwert der umliegenden Grundstücke werde herabgesetzt, hieß es, das Wohngebiet werde „sittlich und moralisch" abgewertet, und als Höhepunkt die Feststellung: „Es ist wohl kaum zumutbar, mit diesen Mitbürgern auf eine Stufe gestellt zu werden ..."
Männer aus der dritten Reihe kletterten aufs Rednerpult. „Mensch", sagte einer von ihnen, „seht mich doch mal an. Was ist denn dran an mir, dass ihr mich hier nicht haben wollt?" Er erreichte zwei Sekunden Stille, dann brüllte es ihm entgegen: „Geh arbeiten." Der unbeholfene Mann deutete seinen Teufelskreis an: „Wenn ich Arbeit suche und habe schon welche, dann kommt die Adresse Mühlenhauser Weg 2, dann sagen die, nee, Bunker, danke, hau ab. Mit einem möbliertem Zimmer ist es genauso. Uns aus dem Bunker will keiner." Hinten aus dem Saal höhnte einer: „Wir haben wohl Tränenstunde."
Am Ende der Dreistundenschlacht gingen der Hausherr und Gemeindepfarrer nach oben. Mit gebändigtem Zorn las er seinen Hastedtern die Leviten. „Sind wir in unserem Stadtteil mit 122 000 Menschen so kläglich schwach, dass wir die Nähe von 50 Hilfsbedürftigen fürchten?"

Quelle: Die Zeit vom 7. Sept. 1989

3

Das Problem der Obdachlosigkeit ist vor allem ein Problem der Kinder und der Heranwachsenden. Sie werden in diese Situation hineingeboren und haben häufig keinen anderen Ausweg als auch in ihr zu enden.

... Die Kinder, die dann geboren werden, lernen in ihrem Leben keine Chancengleichheit kennen. Schon früh leiden sie an Krankheiten wie Diphtherie, Ruhr, Typhus, Tuberkulose und Kinderlähmung. Ihre Eltern verlassen nur ungern die gewohnte Umgebung, um mit ihnen zum Arzt zu gehen, weil sie fürchten, außerhalb ihrer Siedlung schief angesehen zu werden.

Wenn die Obdachlosenkinder mit ein- oder mehrjähriger Verspätung eingeschult werden, bleiben sie im Unterricht zurück: Nachmittags im Notquartier fehlt ihnen ein ruhiger Platz für die Hausaufgaben ebenso wie der Rat der Mutter; abends hält das Fernsehprogramm sie bis zur Spätausgabe der Tagesschau wach; morgens machen sie sich unausgeschlafen auf den weiten Weg zur ungeliebten Schule – wenn sie nicht vorziehen zu schwänzen. Manche Eltern, häufig Schulversager und Schulgegner, billigen oder fördern gar das Schwänzen.

1. **Obdachlose befinden sich wie viele andere Randgruppen in einem Teufelskreis von Vorurteilen und unveränderbarer Situation. Diskutieren Sie, was diesen Teufelskreis konkret ausmacht und erörtern Sie, ob sich das Ansehen von sozial Schwachen in den letzten Jahren eher verbessert oder verschlechtert hat bzw. ob es gleich geblieben ist. Versuchen Sie Gründe dafür zu finden.**
2. **Artikel 13 des Grundgesetzes nennt das Recht auf Unverletzlichkeit der Wohnung. Diskutieren Sie, inwieweit das Grundgesetz zunächst einmal das Recht auf eine Wohnung oder Unterkunft beinhalten sollte. Erörtern Sie dabei auch die auf den Staat und das Gemeinwesen zukommenden Aufgabenbereiche einschließlich der Frage der Finanzierung solcher Rechte.**

5.2 Behinderte – „Aussätzige“ unserer Gesellschaft?

1

Empörung über Behinderten-Urteil

Das Diskriminierungsverbot im Grundsatz bedeutet nicht, dass ein Nachbar als Lärm empfundene Äußerungen von Behinderten hinnehmen muss.

Köln – Sieben geistig Behinderte aus dem Kreis Düren dürfen sich nach einem Urteil des Kölner Oberlandesgerichts (OLG) künftig nur noch zu bestimmten Uhrzeiten in ihrem Garten unterhalten. Das OLG entschied gestern, das im Grundgesetz-Artikel 3 festgeschriebene Verbot der Diskriminierung Behinderter bedeute nicht, dass ein Nachbar alle Störungen hinnehmen müsse. Ein Nachbar hatte wegen Lärmbelästigung gegen den Landschaftsverband Rheinland (LVR) geklagt, der die Behinderten-Wohngruppe unterhält. Das Gericht verpflichtete den LVR dafür so sorgen, dass zumindest bei der Gartennutzung nachmittags Ruhezeiten eingehalten würden.

Der Landschaftsverband wertete das Urteil als „Schlag ins Gesicht aller behinderten Menschen“. Wenn ein solches Urteil Allgemeinverbindlichkeit hätte, „müssten in Deutschland tausende Behinderte nun wieder ruhiggestellt oder sogar weggesperrt werden“.

Die Klage war von einem Nachbarn der Behindeten eingereicht worden. Er gab an, er könne Garten und Terrasse nicht mehr nutzen, weil im Sommer von den Behinderten im angrenzenden Garten nicht zu ertragende Geräusche ausgingen. Nach Zeugenbefragungen und der Auswertung von Tonbandaufnahmen des Klägers gab das Gericht im teilweise recht. Die Äußerungen der Behinderten seien nicht etwa durch ihre Lautstärke so belastend, sondern aufgrund ihrer „spezifischen klanglichen Ausgestaltung“. (Az: OLG Köln 7 U 83/96) (dpa/AP)

<u>**Rollenspiel:**</u>

Gruppe A
Nachbar(schaft)

Rollenkarte: Hat nichts gegen Behinderte, sieht aber nicht ein, dass im Sommer die Terrassen nicht mehr benutzt werden können, weil von der gegenüberliegenden Straßenseite den ganzen Tag über laute „schnaufende, grunzende“ Laute herüberhallen und oft auch ein unartikuliertes Schreien und Brüllen zu vernehmen ist. Wollen, dass wenigstens die Mittagsruhe eingehalten wird. Fühlen sich ständig beobachtet und selbst schon diskriminiert. Bemängeln auch, dass diejenigen, die ihr Verhalten kritisieren, in dem Wohnheim nur ihren „Job“ verrichten und danach nach Hause fahren, um sich auf ihrer eigenen Terrasse in Ruhe zu entspannen. Ein Teil wollte diese Häuser schon verkaufen, fand aber wegen der Nachbarschaft keine Interessenten.

Gruppe B
Leiter des Behindertenwohnheimes

Rollenkarte: Hält das Ganze für total übertrieben und fordert von den Nachbarn mehr Toleranz. Glaubt, dass es sich hier um eine „Verschwörung“ gegen Behinderte handelt und bezichtigt die Nachbarn einer mangelnden Nächstenliebe. Bestreitet nicht, dass es manchmal „sehr laut zugeht und dass das, was die Behinderten von sich geben, sehr gewöhnungsbedürftig“ ist. Meint aber, dass dies alles zu ertragen sei, denn kann könne den Behinderten „nicht den Mund zukleben“. Sieht überhaupt keinen Anlass und keine Möglichkeit, nachzugeben und bezeichnet die Aussagen, dass sich die Lebensqualität in dem Wohnbereich verschlechtert habe, als „Quatsch“.

303238L

Eine repräsentative Befragung ergab: 61 Prozent meinen, für einen Körperbehinderten sei sein eigenes Schicksal viel weniger hart als für die Menschen, die mit ihm zusammenleben. Nicht der Behinderte, so scheint es, sondern die Umwelt soll „erlöst" werden. 2

In dieses Schema passt folgendes Urteil: Eine Urlaubsreisende hatte den Reiseveranstalter u. a. deshalb auf nachträgliche Minderung des Reisepreises verklagt, weil sich am Urlaubsort eine Gruppe von geistig und körperlich behinderten Menschen aufhielten. Die Urlauberin erhielt Recht, eine Berufung gegen das Urteil wurde abgelehnt.

In der Begründung heißt es unter anderem:

Es ist nicht zu verkennen, dass eine Gruppe von Schwerbehinderten bei empfindsamen Menschen eine Beeinträchtigung des Urlaubsgenusses darstellen kann. Dies gilt jedenfalls, wenn es sich um verunstaltete geistesgestörte Menschen handelt, die keiner Sprache mächtig sind, von denen der eine oder andere in unregelmäßigem Rhythmus unartikulierte Schreie ausstößt und gelegentlich Tobsuchtsanfälle bekommt. So wünschenswert die Integration von Schwerbehinderten in das normale tägliche Leben ist, kann sie durch einen Reiseveranstalter gegenüber seinen anderen Kunden sicher nicht erzwungen werden. Dass es Leid auf der Welt gibt, ist nicht zu ändern; aber es kann der Klägerin nicht verwehrt werden, wenn sie es jedenfalls während des Urlaubs nicht sehen will …

Auszug aus der Urteilsbegründung des Landgerichts Frankfurt, Nr. 2/24, S. 282/79

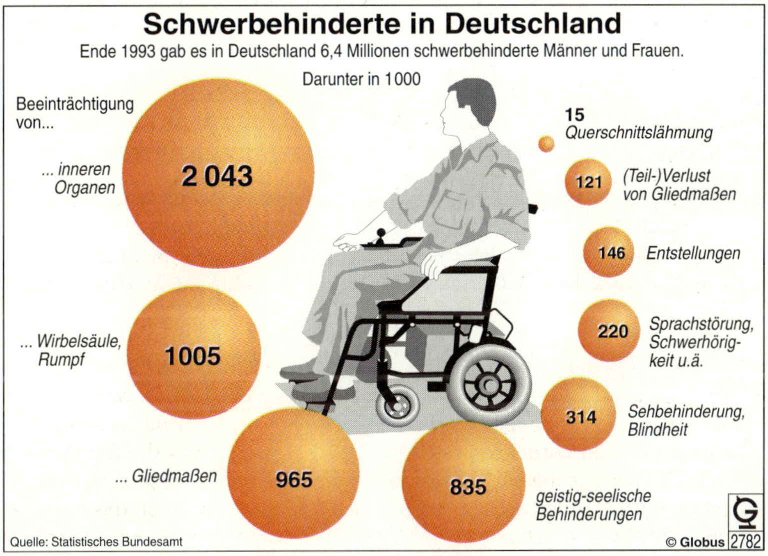

Die Gesellschaft, in der wir leben, ist eine Gesellschaft der Leistung und des Erfolges. Leistung und Erfolg sind die ungeschriebenen Gesetze der bestehenden Produktionsverhältnisse. Ohne die millionenfach befolgten Gesetze von Leistung und Erfolg wäre das System unfähig zu funktionieren; die Produktionsverhältnisse müssten verändert werden. 3

Dieses im Wesentlichen ökonomische System wirkt sich auf die geistige Haltung der Menschen aus: Von der Schule bis zur Werbung werden die Starken und Gesunden, die zugleich die Konsumfähigen sind,

glorifiziert. Die Schwachen, Kranken und Alten, die nicht oder nicht mehr Leistungsfähigen, die nicht oder nicht mehr Erfolgreichen, die minderwertigen Konsumenten, zählen fast nichts.
Wer aber nichts zählt, ist unnütz. Und wer zu nichts nutze ist, der taugt auch nichts. Unsere Sprache hat dafür den Begriff des Taugenichts. So entsteht in einer Leistungsgesellschaft fast notwendig das Vorurteil von der Nichtsnutzigkeit geistig behinderter Menschen. Sie passen nicht ins Bild des Wohlstands; also sollen sie darin auch gar nicht erst erscheinen.

Paul Schallück in: Welt der Arbeit, 26. Juni 1970

Der Text über die Rolle der Leistungsgesellschaft stammt bewusst aus den 70er-Jahren. Erörtern Sie, ob die dargestellte Rolle in dieser Form tatsächlich stimmt, ob sie überzeichnet wurde und insbesondere, ob sich diese Aussagen auf die gegenwärtige Situation (uneingeschränkt) übertragen lassen.

5.3 Wer einmal aus dem Blechnapf ... – oder: haben Straffällige noch eine gesellschaftliche Chance?

Ein ganz normaler Tag in Deutschland:

3 Morde, 1080 Körperverletzungen, 120 Sexualdelikte, 170 Raubüberfälle, 1800 Ladendiebstähle, 1750 Betrügereien, 1500 Sachbeschädigungen, 1440 Fahrraddiebstähle, 700 Wohnungseinbrüche, 72 Brandstiftungen und vieles mehr, was nicht gemeldet oder nicht entdeckt wird. In der Summe sind es etwa 7 Millionen Straftaten, die pro Jahr in Deutschland begangen werden!

Was tun? Warum schreckt die Strafe nicht ab? Ist sie zu weich? Kann sie überhaupt abschrecken? Gibt es überhaupt ein Rezept gegen Kriminalität?

Was Strafe ist und wie der Strafvollzug durchgeführt werden soll, scheint nur auf den ersten Blick eindeutig zu beantworten zu sein.

Tatsächlich gehen die Meinungen darüber stark auseinander. Sie reichen von der Auffassung, dass Strafe

- gewissermaßen eine Rache der Gesellschaft an dem Straffälligen darstellt und sie demzufolge in aller Härte durchzuführen ist,

bis zu der Gegenmeinung, dass Strafe

- in erster Linie dazu benutzt werden muss, den Straffälligen auf sein späteres Leben in Freiheit vorzubereiten. Die Haftbedingungen sind in diesem Falle wesentlich großzügiger.

Die Diskussion um die „richtige" Form des Strafvollzuges begann schon in den 60er-Jahren. Ein Beispiel für eine kritische Auseinandersetzung mit den herkömmlichen Haftbedingungen:

4

Haft heißt Abbruch aller Beziehungen und Bindungen nach „draußen". Der Gefangene wird entwurzelt. Was ihm in der Vergangenheit ein Halt war und es in Zukunft hätte sein können, wird durch die Beschränkung des Brief- und Besuchsverkehrs abgebaut. In dem Maße, wie er von der Gesellschaft isoliert wird, baut er sich eine Ersatzgesellschaft in seinem neuen Lebenskreis auf. „Die draußen" werden ihm nicht nur fremd, sie erscheinen ihm feindlich, denn was von dort kommt, ist gegen ihn gerichtet.

Der Häftling tauscht mit dem Mörder nebenan auf Zelle 182 Bücher und mit dem Zuhälter auf Zelle 84 Zeitungen. Raubmord, Totschlag, Einbruch, Erpressung oder Spionage – dieses ganze, draußen so gewichtsschwere Vokabular verliert hier seine Bedeutung. Es gibt so viel davon, dass er sich fast seines Automateneinbruchs schämt.

Der Durchschnittshäftling ist im Grunde ein Patient für den Psychiater und kein Fall für den Staatsanwalt. Er braucht Nachhilfeunterricht, einen Aufbaulehrgang in Lebenstüchtigkeit und keine Anpassungserziehung an das Gefängnisleben.

Ich will nicht behaupten, dass es nach durchgreifenden Reformen keine Kriminellen mehr gäbe. Sicher gäbe es dann aber viel weniger Kriminelle, die ursprünglich nur Eierdiebe waren und deren strafrechtliche Behandlung mehr kostet als der Schaden, den sie anrichten.

Strafvollzug in Deutschland, Situation u. Reform. Hrsg. v. D. Rollmann. Fischer Bücherei 841. Frankfurt/M. 1967, S. 20 ff.

Der Freiheitsentzug mit der strikten Isolierung von der Außenwelt, der starken Einengung der Informationsmöglichkeit und der persönlichen Initiative durch die Gewöhnung an einen uniformierten Anstaltsbetrieb übt meist eine schädliche Wirkung auf den Gefangenen aus, da er unvorbereitet auf das Leben in Freiheit entlassen wird. Beim Strafvollzug kommt es deshalb zunächst darauf an, die un-

Wieder zurück in der bürgerlichen Gesellschaft
Karikatur: Wolter

günstigen Auswirkungen der Haft durch eine möglichst weitgehende Anpassung an die allgemeinen Lebensverhältnisse zurückzudrängen.

Ein Beispiel dafür ist der Aufenthalt im neuen Gefängnis Darmstadt-Weiterstadt. Zum einen dürfen die Gefangenen auf ihren Zimmern nämlich TV-Bildschirme bis zu 36 Zentimetern Diagonalgröße anschließen. Außerdem verfügt der Neubau über eine (noch nicht ganz fertiggestellte) Drei-Felder-Sporthalle, ein Therapie-Schwimmbad und Edelstahlküchen auf jeder der 18 Stationen, was in der Vergangenheit vom Hessischen Rechnungshof heftig kritisiert worden war. Das Personal wurde um 120 auf 304 Personen aufgestockt.

1. **Rollenspiel:**

   Die 9-jährige Sybille fiel einem Sexualtriebtäter zum Opfer. Der 29-Jährige hatte der Kleinen auf einem Spielplatz aufgelauert und in sein Auto gelockt. Auf einem Parkplatz verging er sich an dem Mädchen und brachte es danach „aus Angst, sie würde ihn verraten" um. Nach tagelanger Suche fand man den Mörder. Die Polizei war schnell auf seine Spur gekommen, denn er war gerade erst vier Wochen aus der strengen Haft in einen „offenen Vollzug" mit Freigang entlassen worden. Vor 8 Jahren war er schon einmal mit einem ähnlichen Sexualdelikt straffällig geworden. Die Psychologen glaubten aber festgestellt zu haben, dass der Täter soweit gefestigt sei, dass man einen Rückfall nicht befürchten müsse. Und einen dieser Freigänge nutzte der Triebtäter für seine unheilvolle Tat.

   Vor dem Haus seiner Eltern finden wütende Demonstrationen statt, die in dem Aufruf „Rache für Sybille" und „Mörder gehören aufgehängt" gipfeln. Besonnene Argumente findet man kaum. „Mindestens lebenslang in Einzelhaft hinter Gitter" ist noch eine der „humanen" Forderungen. Als der Pfarrer auf der Beerdigung der kleinen Sybille gar um Verzeihung für die Tat bittet und in einem Leserbrief der strenge Strafvollzug als eine unmögliche Ursache für den Rückfall des Täters genannt wird, bricht offene Empörung unter der Bevölkerung aus.
   Mit Spannung wird das in ungefähr einem halben Jahr anstehende Verfahren und das Urteil erwartet.

   Strafe als Wegsperren von der Gesellschaft oder als Chance zur Resozialisierung? Wie stehen Sie dazu?
   Versetzen Sie sich in die Lage
   - **der Initiative „Menschlichkeit statt Rache" bzw. des Pfarrers oder anderer „besonnener" Bürger**
   - **des Sprechers der „Bürgerinitiative für die Todesstrafe"**
   - **der Eltern und Verwandten des Mordopfers sowie**
   - **der Eltern des Mörders**

   und tragen Sie die Kernpunkte zusammen, die von diesen Gruppen, Betroffenen oder sonstigen Meinungsträgern in die Argumentation eingebracht werden könnten. Veranstalten Sie eine Podiumsdiskussion. Dazu brauchen Sie einen Leiter (Moderator), den Sie als neutrale Person aus Ihren Reihen wählen sollten. Am Ende der Unterrichtsstunde sollten Sie die Diskussionsergebnisse zusammenfassen.

2. **In England wurde im Jahre 1998 die erste Strafanstalt für Kinder eingerichtet. Nach einer herabgesetzten Strafmündigkeit werden hier nunmehr auch schon 12-Jährige mit Haftstrafen verurteilt. Was halten Sie davon?**

303242L

6 Keine Macht den Drogen

6.1 Alkohol – Durstlöscher oder Volksdroge?

Hört man das Wort „Droge“, denkt man unwillkürlich an Haschisch, LSD, Heroin, Kokain.

Erst bei weiterem Nachdenken fällt einem ein, dass der Drogenkreis eigentlich schon viel früher, bei scheinbar harmlosen Mitteln, beginnt. Dazu zählen insbesondere Alkohol und Nikotin, von denen man schneller abhängig wird als man zugeben möchte, oder ...!?

Sie haben sich selbst vielleicht auch schon die Frage nach dem „Warum?“ gestellt. Die Antworten sind ebenso vielfältig wie die Ursachen. Das Ergebnis bleibt aber gleich, die Ausgangsprobleme für den Drogenkonsum bleiben bestehen – und sie werden von Mal zu Mal größer!

1

Über die Meistersingerstraße in Essen torkelt eine Gestalt, stolpert über den Bordstein, stürzt und bleibt regungslos liegen. Peter P., 17 Jahre alt, hat, wie er lallend erklärt, mal wieder einen zu viel hinter die Binde gekippt.

Als er einige Stunden später aus seiner Bewusstlosigkeit im Krankenhaus wieder aufwacht, kann er den Stolz über seine Leistung nicht länger unterdrücken. Seine ersten Worte zu dem Dienst habenden Arzt sind: „Na Doktorchen, ’ne halbe Flasche Wodka, das hättest du wohl nicht überstanden?!“

„Trinken“, sagt er später, „das tue ich schon seit ich elf Jahre alt bin – zuerst immer heimlich nach der Schule, später blieb dann kein Wochenende mehr trocken.“ Peter P. versucht seine Probleme durch den Alkohol zu lösen. Er trinkt aus Kummer, aus Angst vor den Schulnoten, wegen Unwohlsein. Wie jeder andere Mensch hat auch er zu Hause ab und zu mal Ärger, aber der ist schnell vergessen, wenn er bei seinem Bier in der Stammkneipe sitzt. Hier versteht ihn jeder, hier wird er seine Sorgen los.

Um genügend Geld für seine Zechtouren zu bekommen, beendete Peter seine Ausbildung und trat einen Job als Hilfsarbeiter in einer Druckerei an. Unter Alkoholeinfluss verursachte er hier einen Betriebsunfall, bei dem außer seinen Verletzungen auch hoher Sachschaden entstand. Nach seinem zweiwöchigen Krankenhausaufenthalt lag die Kündigung der Firma auf dem Tisch. Grund: Gefährdung der innerbetrieblichen Sicherheit durch Alkoholgenuss am Arbeitsplatz. Peter bezieht nun Arbeitslosengeld.

Mit seiner Gesundheit ist es ebenfalls nicht zum Besten bestellt. In letzter Zeit wurde er immer stärker von Magen- und Herzbeschwerden geplagt. Wegen mehrerer Kreislaufzusammenbrüche verbrachte er in den letzten 2 Jahren insgesamt 8 Wochen im Krankenhaus. Außerdem wurde er von der Krankenkasse zur Entziehungskur geschickt. Sie kostete zwar 40.000,00 DM, hatte aber nur kurzfristigen Erfolg.

Nach der dreimonatigen Kur glaubte er vom Alkohol weg zu sein, aber die Welt, in die er zurückkehrte, hatte für seine Probleme kein Verständnis. Er wurde auf Partys ausgelacht, als er alkoholische Getränke ablehnte. Nach Wochen wurde er wieder rückfällig. Von nun an ging es wieder bergab.

Peter fing an, an sich selbst zu zweifeln. Seine Freundin, die ihn vielleicht wieder auf die richtige Bahn hätte bringen können, hatte ihn verlassen, seit er wieder mit der Trinkerei begonnen hatte.

Daran, dass ein einziger jugendlicher Alkoholiker im Laufe seines Lebens die Gesellschaft rund 1 Million DM kostet, dass menschliches Leben und soziale Beziehungen durch Alkoholismus zerstört werden, hatten weder die Partygäste noch seine früheren Freunde gedacht.

2

Zeichnung: Mordillo

Statistiker sagen, dass jeder 5. Jugendliche Alkohol trinkt. Ob dies in nächtlichen Discostreifzügen oder auf privaten Feten, in Kirmeszelten oder beim ganz normalen Kneipenbummel geschieht, ist fast nebensächlich. Ebenso wie die Zigarette, die dazugehört, um vielleicht auch nur das scheinbare Erwachsensein zu zeigen, ist Alkohol eine Gesellschaftsdroge.

Folgen und Wirkungen von Alkohol- und Nikotingenuss sind zwar jedem bekannt, aber andererseits werden die damit verbundenen Gefahren auch viel zu oft und viel zu sehr verharmlost.

Poster: Christiani

Poster: KKH

Es gibt zwar Gesetze (z. B. Jugendschutzgesetz), aber diese werden nach Ansicht der Experten „viel zu lasch gehandhabt" – oder wann haben Sie selbst z. B. die letzte Ausweiskontrolle in einer Discothek oder einer Gastwirtschaft erlebt?

Immer noch ist es möglich, dass zum Beispiel Zwölfjährige in Supermärkten Branntwein, Bier und Zigaretten erhalten. Klappt dieses nicht, bedient man sich rasch guter Freunde oder des nächsten Automaten ...

303244L

Auch Erwachsene mit Vorbildfunktionen wie Jugendleiter in Vereinen, aber auch ganz einfach Eltern und Bekannte dulden nach Ansicht von Drogenexperten viel zu oft, dass Kinder und Jugendliche vor ihren Augen verbotenerweise Alkohol trinken …

Ganz zu schweigen davon, dass man von dem selbstverständlich größtenteils legalen Alkoholausschank auch gute Geschäfte machen kann – ganze Wirtschafts- und Dienstleistungszweige leben schließlich davon …

Alkohol kann man ohne Einschränkungen als Volksdroge Nr. 1 bezeichnen. „Wer trinkt sinkt" – dieser Spruch sagt eigentlich mehr als tausend Worte. Wie erklären Sie sich, dass Alkoholkonsum gesellschaftlich durchaus akzeptiert wird, obwohl sich eigentlich jeder der Folgen überhöhten Alkoholgenusses und einer Alkoholabhängigkeit bewusst ist?

6.2 Harte Drogen – fasst sie nicht an!

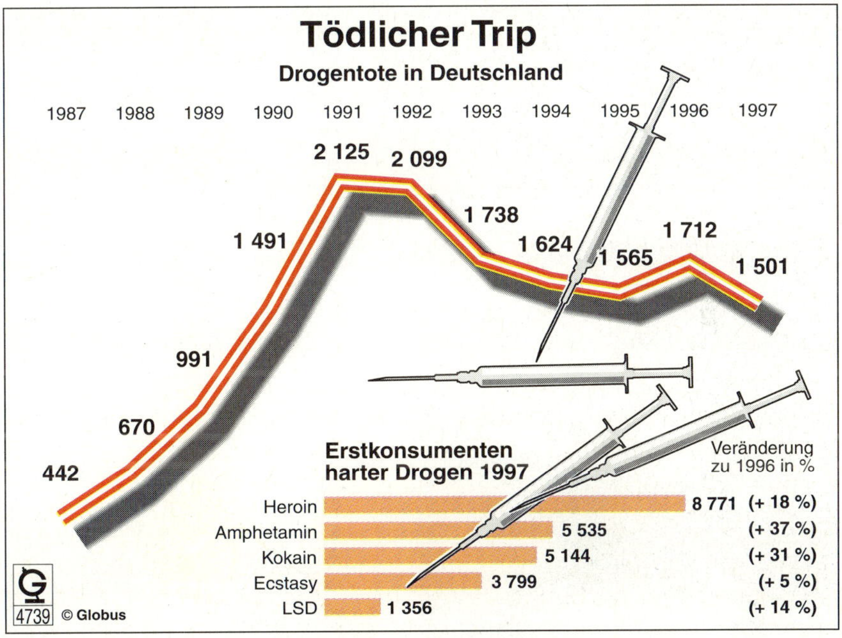

Haschisch, Heroin, Kokain … Schlüsselworte für eine Welt, aus der es kaum ein Entrinnen mehr gibt. Schlimmer als bei Alkohol! Eine Welt? Oder nur eine Traumwelt, eine Scheinwelt, aufgebaut auf Flucht vor der manchmal unbestritten harten Wirklichkeit?

Tatsache ist, dass die erste Begegnung, der erste Versuch den Menschen u. U. in eine nicht mehr umkehrbare Abhängigkeit stürzt, mit der ein Teufelskreis bis zum langsamen Tod beginnt …

1 Ein Mädchen in schwarzen, wallenden Klamotten hockt auf einem Eisengeländer und liest in einem Comicbuch. Sie tut es tagsüber – und vor allem nachts …
Autos rollen langsam an ihr vorbei, die Fahrer suchen Blickkontakt …
Angie geht Anschaffen. Sie ist heroinabhängig. Ihr bleibt nichts anderes übrig, um an die 200 bis 300 Mark zu kommen, die sie jeden Tag für Stoff benötigt, um die grausamen Entzugsschmerzen der Sucht zu vermeiden. Noch sieht man ihr die ekelhafte Tätigkeit nicht an. Angie ist überhaupt so ganz anders, als man sich landläufig eine Drogennutte vorstellt. Sie ist sehr gepflegt, kultiviert, kann sich verdammt gut ausdrücken – und hat Scharm.
Ich war eine absolute Drogengegnerin …
Eigentlich wollte ich noch Abitur machen, aber dann kam so vieles dazwischen …
Mit 17 fing alles an. In der Abschlussklasse habe ich Charly kennen gelernt. Charly, das merkte ich sehr schnell, hat mit Drogen gedealt und war auch selbst drauf.
Mit Charly habe ich mir ernsthaft eine Trennung überlegt, eben wegen seiner Drogensache. Ich habe es aber doch nicht getan. Ich hatte ihn einfach schon zu lieb. Kurz nachdem ich meinen Schulabschluss hatte, wurde Charly prompt erwischt. Ich war kurz vor meiner Lehre als Reisebürokauffrau.
Charly musste in den Knast, kam wieder raus und wurde ausgewiesen. Das war sehr schlimm für mich. Immerhin waren wir schon ein halbes Jahr zusammen gewesen und ich liebte ihn abgöttisch.
Charly ging nach Holland, nach Amsterdam – und ich folgte ihm. Da standen wir nun in Amsterdam – fast ohne einen Pfennig Geld. Charly hat nicht mehr gedealt. Also hatten wir kein Einkommen. So fing ich an anschaffen zu gehen. Von was mussten wir ja leben …
Ich ekelte mich – konnte das kaum ertragen – da gab mir Charly den ersten Schuss. So fing der Teufelskreis an: Du brauchst Geld für die Droge – gehst anschaffen – ekelst dich vor dir selbst – brauchst wieder die Droge – musst anschaffen usw.

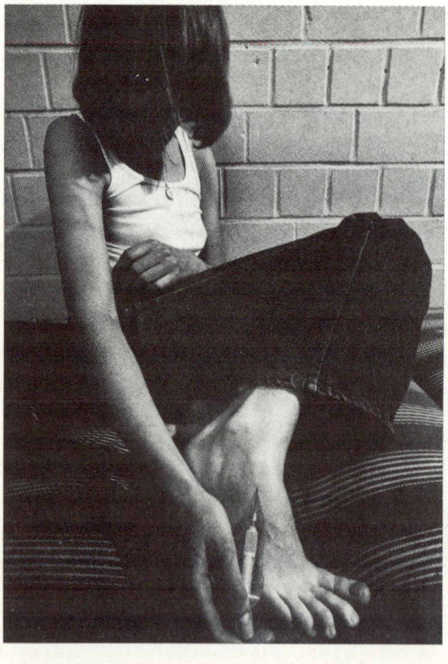

… und ein Jahr später:
Angie: „Es ging mir jeden Tag mieser. Ich hatte mich immer höher dosiert und der Gedanke wieder auf die Straße gehen und anschaffen zu müssen, ekelte mich immer mehr. Stunde um Stunde ging es mit mir bergab. Ich habe gemerkt, dass ich kaputtgehe. Von den Gedanken, von den Gefühlen her.
Es war die erste Novemberwoche 1989. Ich lag in meinem Zimmer auf St. Pauli und fasste den Entschluss ins Krankenhaus zu gehen. Ich ging in die Kneipe unten im Haus und sagte: „Kinder, mir gehts nicht gut, bestellt mir einen Krankenwagen." Ich kam in ein ganz normales Krankenhaus, wo man normalerweise keine Möglichkeit hat einen Entzug zu machen. Man muss zuerst einen Therapieplatz haben. Aber in einer Notsituation geht das schon mal. Ich habe dem Arzt meine Situation geschildert und ihm erklärt, dass ich selbst einen Schlussstrich ziehen möchte. Ich wurde an Kreislaufinfusionsmittel angeschlossen. Ich hatte wahnsinnige Schmerzen, starke Entzugserscheinungen. Das ist sehr grausam. Man fühlt, wie der Körper in sich zusammenfällt. So, als ob der Körper ein Baugerüst wäre und dieses Baugerüst fällt zusammen. Man fängt zu zittern an … Ach, das sind so schlimme Schmerzen, die kann man eigentlich schwer

303246L

beschreiben. Der Arzt sagte, das Einzige, was er tun kann, ist, dass er mit ein Kreislaufmittel gibt, damit sich der Kreislauf stabilisiert. Ein Schmerzmittel kann er mir nicht geben. Und dann bin ich irgendwann vor lauter Schmerzen eingeschlafen und nach vier Tagen wieder aufgewacht.
Dann ging es mir schon wieder einigermaßen. Ich konnte zwar noch nicht laufen, mir ging es körperlich wirklich nicht sehr gut, aber ich bekam von Tag zu Tag ein ganz anderes Lebensgefühl. Ich merkte, wie es mit mir bergaufging. Ich fühlte mich freier. So, als ob man ein altes Kleid abgelegt hätte. Ich hatte wieder Zukunftsgedanken, Pläne.“
Angie kommt ins Schwitzen. Die Erinnerung an diese Zeit ist für sie ein Horror. Sie möchte eigentlich nicht mehr damit konfrontiert werden. Doch die Nachwirkungen aus dieser Zeit spürt Angie noch täglich: Angie ist körperlich nicht mehr so fit und sportlich wie vor ihrer Drogenzeit – und sie hat neu Kilo zugenommen. Ihre Haut ist immer noch unrein, ihre Fingernägel brechen – aber sie ist voller Zukunftspläne.
Angie: „Zwei Wochen war ich im Krankenhaus. Ich fühlte mich unheimlich erleichtert. Doch körperlich machten mir die Nachwirkungen der Droge schwer zu schaffen. Ich konnte nicht mehr schnell laufen und wenn ich ein oder zwei Stunden stand, hatte ich große Kreislaufschwierigkeiten ...
Einen Monat saß ich noch zu Hause rum, habe auf Kosten meiner Eltern gelebt. Bis ich schön langsam anfing wieder zu jobben. Ich suchte mir einen Job als Bedienung und das mache ich im Moment immer noch. Schön langsam komme ich auch wieder in einen normalen Arbeitsrhythmus rein.“
Und die Gedanken an Drogen?
Angie: „Ich hatte schon in der Zeit, als ich drauf war, einen wahnsinnigen großen Hass gegen diese Drogen. Und dadurch, dass ich es geschafft habe und auch diese Schmerzen mitgemacht habe, ist dieser Hass nur noch größer geworden. Der Reiz, Drogen zu nehmen, ist total weg.“
Was haben die Drogen alles kaputtgemacht?
Angie: „Meinen Lebensstil, mein Selbstwertgefühl. Ich habe mich billig verkauft. Ich habe mich hergegeben für etwas, was nichts wert ist. Ich habe meinen Körper hergegeben, um meinen Körper kaputtzumachen. Mein Hass darauf, dass es ein Mittel gibt, das dem Menschen sein Selbstwertgefühl einfach klaut, ist sehr groß.
... Aber die wirklichen Probleme fingen jetzt erst richtig an. Wie soll es weitergehen? Wie soll ich arbeiten? Halte ich eine Arbeit mit einer normalen Arbeitszeit durch? Meine Eltern zweifeln auch, ob ich auch wirklich clean bleiben würde, ob wirklich alles vorbei ist. Ich musste plötzlich ein normales, zivilisiertes, seriöses Leben führen.“

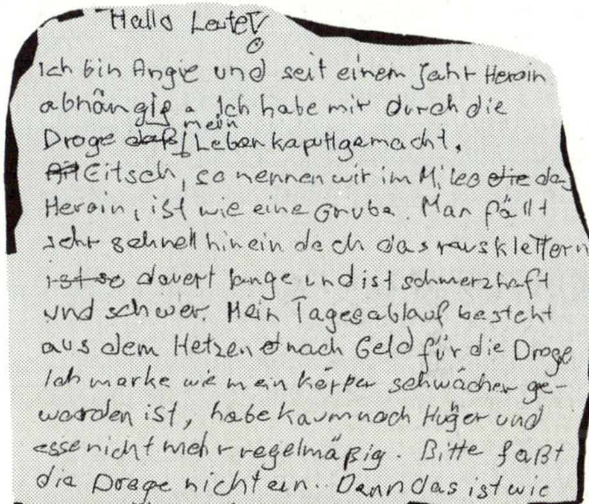
Hallo Leute
Ich bin Angie und seit einem Jahr Heroin abhängig. Ich habe mir durch die Droge mein Leben kaputtgemacht.
Eitsch, so nennen wir im Mileo das Heroin, ist wie eine Grube. Man fällt sehr schnell hinein doch das rausklettern dauert lange und ist schmerzhaft und schwer. Mein Tagesablauf besteht aus dem Hetzen nach Geld für die Droge. Ich merke wie mein Körper schwächer geworden ist, habe kaum noch Hunger und esse nicht mehr regelmäßig. Bitte faßt die Droge nicht an. Denn das ist wie ein Spiel mit dem Teufel.

Angies Brief kurz vor der Einlieferung in das Krankenhaus.

Auszüge aus: „Bravo Girl“, Heft 18/1990

Angie – ein Fall von vielen. Diskutieren Sie den Teufelskreis, in dem sich die drogensüchtige Angie befindet und bedenken Sie dabei besonders die Schwierigkeiten, dauerhaft „clean“ (sauber, drogenfrei) zu werden.

2

Die Drogenabhängigkeit beginnt scheinbar harmlos und endet doch in einem Teufelskreis – oft mit tödlichem Ausgang.

Viele der mehr als 100 000 Konsumenten harter Drogen, die ihre teure Sucht nicht finanzieren können, sind zu Dieben, Erpressern, Räubern und Totschlägern geworden. Sie haben die Bundesrepublik Deutschland mit einer beispiellosen Welle von Beschaffungskriminalität überzogen – Tatmotiv: Droge.
Alle drei Minuten wird eine Wohnung leer geräumt, alle 45 Sekunden ein Auto aufgebrochen. Die Täter sind, weiß das Wiesbadener Bundeskriminalamt (BKA), „zum Großteil" Drogenabhängige.
Über Verhältnisse, „die immer amerikanischer werden", klagten im April Hamburger Sozialarbeiter bei einem Seminar über die Auswirkungen der Drogensucht. Ganz so weit ist es noch nicht: In New York, der Stadt mit einer der höchsten Kriminalitätsraten der westlichen Welt, wird inzwischen über ein Drittel aller Morde von Süchtigen verübt. Schiere Not, unwiderstehlicher Zwang treibt zehntausende von Süchtigen jeden Tag neu in die Kriminalität. Sie nehmen ihre Eltern aus und erpressen ihre besten Freunde, berauben Passanten oder klauen Autoradios, steigen in Apotheken ein oder betrügen ihre Gläubiger.

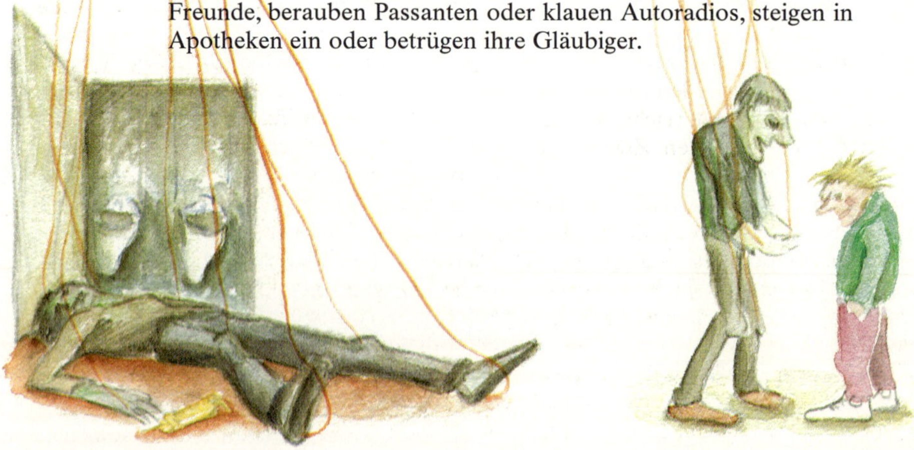

„H“ (englisch ausgesprochen: Äitsch) ist ihr Gott. Unseren täglichen Schuss gib uns heute, heißt ihr Gebet. Die Nadel bestimmt ihr Leben – und bringt oft genug den Tod.

Der Tod greift immer weiter um sich: Weil sie gemeinsam mit anderen eine Nadel benutzen, das so genannte Needlesharing praktizieren, hat sich fast die Hälfte der Heroinabhängigen mit Aids angesteckt.

Tausende süchtiger Mädchen und Jungen, oft noch halbe Kinder, bieten ihre ausgezehrten Körper auf dem Straßenstrich der Großstädte an, riskieren sich mit Aids und Geschlechtskrankheiten anzustecken. Vor allem die Mädchen, von eifersüchtigen Mitkonkurrentinnen in den Rotlichtbezirken als „Nadelnutten“ beschimpft, stehen in der Hierarchie des Prostituiertenmilieus ganz unten: Sie werden von Zuhältern geprügelt, von Betrunkenen belästigt, beraubt, betrogen, vergewaltigt.

Jeder der rund 100 000 deutschen Fixer, schätzt der Bremer Kriminologe Herbert Schäfer, mache sich „mindestens fünfmal pro Tag“ strafbar: durch Schwarzfahren, Dealen, Diebstahl, Rezeptfälschung und Betrug.

Der teure Heroinkonsum wird zudem, ein gefährlicher Schneeballeffekt, durch Weiterverkauf von Drogen an andere Abhängige, an Mitschüler, Freunde und Bekannte finanziert. Zehntausende Junkies verdienen sich als Kleindealer ihren täglichen Stoff.

Der Beginn von Drogenkarrieren ist häufig gratis. „Den ersten Schuss verschenk ich immer“, gab ein Fixer zu Protokoll. Ich mein immer, ich würd den Leuten was unheimlich Gutes tun, irgendwie was zeigen, was sie noch nie gehabt haben.“ Doch weil die zweite Spritze bezahlt werden muss und dazu das Taschengeld nicht reicht, geraten die Angefixten schnell in den Zwang zur Geldbeschaffung.

Tatort der ersten kleinen Diebstähle, der ersten Betrügereien ist oft das Elternhaus. Else Meyer aus Bonn, Begründerin eines Elternkreises drogenabhängiger Jugendlicher, hat eine solche Anfangsphase beschrieben:

„Können Sie sich vorstellen, wie es wäre, wenn Sie plötzlich Geld vermissen, einen Ring vergeblich suchen, in der Münzsammlung eine Lücke entdecken? Dass die fast neue Lederjacke Ihres Sprösslings verloren gegangen, seine Schallplattensammlung kleiner geworden, seine Anlage verliehen worden war, hatten Sie noch hinnehmen können. Aber nun wird es ernst. Natürlich wird empört abgestritten, Beweis von Lieblosigkeit ist Misstrauen. Die familiäre Atmosphäre ist erneut vergiftet. Es bleibt aber nicht bei diesem einen Mal, es fehlt dies, es fehlt jenes. Es werden Fallen aufgebaut, und es wird auf frischer Tat erwischt. Es gibt Szenen, Tränen der Reue, unglaublich geschickte Erzählungen, Wutausbrüche, Versuche durch mehr Taschengeld weiterem Diebstahl vorzubeugen, Enttäuschungen, wenn das Gegenteil erreicht wird ...“

Häufiger kommt es zwischen Süchtigen und deren überforderten oder verständnislosen Eltern zum totalen Zerwürfnis. Dem Bruch mit den Angehörigen folgt oft der Abbruch aller persönlichen Beziehungen, die nicht zum Drogenumfeld gehören. Süchtige haben keine Freunde, niemanden, dem sie trauen können oder der ihnen vertrauen kann. In der Rauschgiftszene, wo sich die meisten kennen, geht es immer nur um den billigsten Stoff, den nächsten Schuss. Jeder rechnet damit, dass jeder jeden betrügen, erpressen, berauben kann.

Heroin wird mit Babypuder, Ata, Mehl oder Gips gestreckt und zu Wucherpreisen an Leidensgenossen verkauft, die um Stoff winseln, weil sie gerade von Entzugskrämpfen geschüttelt werden, im Szenejargon: „einen Affen schieben“.

Die meisten, die an ihrer Sucht zugrunde gehen, werden nicht viel älter als 30 Jahre. Laut Drogenforscher Berndt Georg Thamm, der die Lebensläufe verstorbener Junkies zurückverfolgt hat, dauert eine Rauschgiftkarriere vom Anfixen bis zum Tod durchschnittlich elf Jahre. Zurzeit sterben die so genannten Altfixer, Süchtige zwischen 30 und 40, deren Körper teilweise mehr als 15 Jahre lang von Rauschgiften zerstört wurde. Abhängige über 40 gibt es kaum: Die meisten haben sich entweder von ihrer Sucht befreit oder sind daran gestorben.

Quelle: Der Spiegel, Nr. 31, 1988, Seite 37 ff. (Auszüge)

1. **Welche Unterschiede und Gemeinsamkeiten entdecken Sie bei den Ursachen und Folgen des Konsums harter und weicher Drogen (Beispiel: Heroin und Alkohol)?**

2. **Diskutieren Sie, was Sie selbst gegen die wachsende Zahl von Drogenabhängigen tun können und welche Aufgabe Ihrer Meinung nach der Staat zu erfüllen hat?**

3. **Es gibt einige politische Initiativen, die darauf hinauslaufen, nach dem „holländischen Modell" den Drogenkonsum nicht mehr wie bisher zu verfolgen, sondern sogar „Fixierstuben" einzurichten, damit die Drogenkonsumenten wenigstens vor weitergehenden Gefahren, wie z. B. AIDS aufgrund verunreinigter Spritzen geschützt sind.**
   Sie können sich vorstellen, dass es hierzu völlig entgegengesetzte Meinungen gibt.

   Vorschlag:

   PHASE I: **Brainstorming.** Versuchen Sie zunächst einmal, Ihren Gedanken zu diesem Problem völlig freien Lauf zu lassen und spontan auf einem Blatt Papier alles aufzuschreiben, was Ihnen zum Thema „Fixierstuben – ja oder nein?" einfällt.

   PHASE II: **Differenzierung.** Sie müssen sich über eine strukturierte Behandlung des Problems einigen. Dabei kann Ihnen unter Umständen folgender Vorschlag zum Vorgehen eine Hilfe sein: Erstellen Sie Kärtchen, auf denen das Problem aus dem Blickwinkel verschiedener gesellschaftlicher Gruppen/Schichten/Personen aufgearbeitet wird. Dies kann in Form der Gruppen- oder Partnerarbeit geschehen.

„Fixierstuben – ja oder nein?"

Was sagt der Fixer?	Was sagt der Arzt?	Was sagt der Staat?	Was sagt der „Normalbürger"?

↓

   PHASE II: **Konzentration.** Stellen Sie die erarbeiteten Gruppenmeinungen gegenüber. Diskutieren Sie evtl. in einem Rollenspiel (vorher einen Moderator wählen!) die unterschiedlichen Positionen und tragen Sie die Ergebnisse in konzentrierter Form z. B. an einer Wandzeitung nach folgendem Muster ein

PRO	CONTRA

THEMENKREIS 2:
Politik und Recht

1 Recht und Gesetz

RECHT UND GESETZ – das sind Säulen, auf denen ein Staat aufgebaut werden muss.

RECHT:
Das ist das Unverrückbare, das ist die Voraussetzung für ein geordnetes Zusammenleben, das ist die hohe moralische Forderung an uns alle.

GESETZ:
Das ist das Geschriebene, das sind die Spielregeln für das Zusammenleben.
Es sind die Juristen, die uns sagen, was wir dürfen und was nicht. Aber: Wir schleppen auch fünfzig Jahre nach dem Krieg und bis auf weiteres das Erbe mit, dem wir nicht ausweichen können. Hitler und ebenso 40 Jahre DDR-Herrschaft veränderten und verunstalteten die alte deutsche Rechtskultur zum Teil ganz entscheidend.
Juristen wurden zu Parteigängern und gelegentlich auch zu todbringenden Gehilfen des Unrechts. Für die Generationen, die nachfolgten und die unbeglichenen Rechnungen mit zu übernehmen haben, bedeutet das schlicht: Recht und Gesetz müssen immer wieder neu erfahren und gelebt werden.
Justitia – das war bei den alten Römern die Göttin der Gerechtigkeit. Binde um die Augen – vor dem Gesetz sind alle gleich – und in der Hand eine Waage, um Schuld und Unschuld zu wägen. In der anderen, hocherhoben, das Schwert. Symbol dafür, dass Recht und Macht (Staatsgewalt) zusammengehören.
In der Diktatur haben wir erfahren, dass die Gewalthaber ein Volk besonders gut auf gesetzlichem Weg unterdrücken können. Die nackte Gewalt (Terror) sprach Recht. Und das Recht wurde zur Gewalt – gegen die Juden, gegen die Minderheiten, gegen die Andersdenkenden. Die Waage hing schief, die Binde trug die Dame Justitia mit einem

Hakenkreuz verziert am Arm. Und ihr Schwert war blutverschmiert.
Doch Recht ist ohne die Macht, es auch durchzusetzen, nicht denkbar. Gewalt gibt es nur für einen – den Staat.
Solange der Staat ein demokratischer Staat ist, ruht die Macht, die Gewalt, die hinter jedem Gesetz stehen muss, in der Hand gewählter Volksvertreter. („Alle Staatsgewalt geht vom Volke aus." Artikel 20.2 Grundgesetz)
Die Macht wird kontrolliert durch das Recht: Gegen Gesetze, gegen Maßnahmen zu ihrer Durchsetzung kann sich jeder Bürger beschweren – vor Gericht. Wer Recht zu

haben glaubt, kann dort um sein Recht kämpfen.
Das Gefühl Recht zu haben, ist jedem unbenommen. Mit Gewalt Recht haben zu wollen, ist meistens strafbar.
Gewalt zur Gewohnheit werden zu lassen, weil einige meinen anders nicht zu „ihrem Recht“ kommen zu können, ist gefährlich für alle.
Wenn Gewalt von allen beansprucht wird, findet sich immer wieder ganz schnell einer, der sich als der Stärkere entpuppt und die Macht an sich reißt: der Diktator ...

Quelle: PZ, Nr. 49, Mai 1987, Seite 3 und 4 (Auszüge)

Auch in der damaligen DDR wurden politisch Andersdenkende zu Unrecht verurteilt. Ende des Jahres 1991 wurde sogar bekannt, dass in der Ex-DDR zum Teil Personen zu Unrecht zu Gefängnis verurteilt wurden, mit dem einen Ziel, dass die Inhaftierten von der Bundesrepublik Deutschland freigekauft würden. So wurden wichtige Devisen beschafft.

2 Das Grundgesetz als Verfassungsurkunde

Am 8. Mai 1949, auf den Tag vier Jahre nach Kriegsende, verabschiedete der Parlamentarische Rat in Bonn das „Grundgesetz für die Bundesrepublik Deutschland“ mit 53 gegen zwölf Stimmen. Am 23. Mai 1949 wurde es verkündet und trat im Ablauf dieses Tages in Kraft. Der Name Bundesrepublik Deutschland geht auf einen Vorschlag von Theodor Heuss zurück, der neben Konrad Adenauer und Carlo Schmid zu den herausragenden Persönlichkeiten des Parlamentarischen Rates gehörte. Das Verfassungsdokument wurde Grundgesetz genannt, weil seine Schöpfer angesichts der damaligen Teilung Deutschlands nur „dem staatlichen Leben für eine Übergangszeit eine neue Ordnung zu geben“ beabsichtigten, wie es in der Präambel festgeschrieben ist.

Quelle: Informationen für die Truppe (IfdT), Hrsg.: Bundesminister der Verteidigung, Heft 5/84 (Text und Bild)

Zurzeit ist eine Kommission tätig, die nach der Vereinigung das Grundgesetz zur Verfassung umarbeiten soll.

Der Name **„Bundesrepublik Deutschland“** besagt, dass die deutschen Länder zu einem **Bundesstaat** zusammengeschlossen sind. Den Ländern ist ihre Eigenstaatlichkeit allerdings geblieben. Sie sind keine reinen Verwaltungsorgane oder -bezirke, wie dies in einem Einheitsstaat vorzufinden ist. Die Bundesländer haben eigene Verfassungen, Staatsgebiete und staatliche Gewalten. Dabei sind die Staatsgebiete auch gleichzeitig Bundesgebiete.

Die Tätigkeit des Staates ist an Recht und Gesetz gebunden. Rechtssicherheit und Gerechtigkeit müssen vom Staat gewährleistet sein. In diesem Sinne spricht man vom Rechtsstaat. Die Grundprinzipien des **Rechtsstaates** bestehen in der Gewährleistung von

- persönlicher Freiheit, z.B. Recht auf eigene Meinung, Glauben, Leben, Schutz der Wohnung, des Eigentums usw.
- Rechtsgleichheit, z.B. Gleichheit vor dem Gesetz, gleiches Wahlrecht.
- Rechtssicherheit, z.B. rechtliche Folgen des eigenen Handelns sind kalkulierbar.
- Gewaltenteilung, d.h. Trennung von gesetzgebender, ausführender und richterlicher Gewalt.

Gleichzeitig handelt es sich um einen sozialen Staat, der eine Fürsorgefunktion für alle Teile der Bevölkerung hat. Dies bezieht sich hauptsächlich auf die wirtschaftlich schlechter gestellten Personen, denen der Staat ein menschengerechtes Dasein ermöglichen muss.

Der **Sozialstaat** beschränkt sich nicht nur auf die Garantie von Eigentum, Freiheit, Ruhe und Ordnung, sondern er gestaltet die gesellschaftlichen Verhältnisse, um die soziale Gerechtigkeit zu schaffen. Sozialstaatlichkeit bedeutet, dass der Gesetzgeber im Rahmen sozialer Sicherung (Kranken-, Renten-, Arbeitslosen-, Unfallversicherung) ebenso tätig ist wie bei der sozialen Teilhaberschaft (Mitbestimmung, Tarifautonomie usw.).

Diese beiden Verfassungsgrundsätze führen zum Begriff des **sozialen Rechtsstaates.** Als Grundform moderner Demokratie ist er grundsätzlich auch für die Verfassung der einzelnen Bundesländer bindend.

Die staatliche Herrschaft erstreckt sich auf das gesamte Staatsgebiet. Dieser Gebietshoheit unterliegen nicht nur Staatsangehörige, sondern mit wenigen Ausnahmen (Diplomaten und deren Angehörige sowie die diplomatischen Botschaftsgebäude) auch die Ausländer in der Bundesrepublik Deutschland.

Alle Staatsgewalt geht vom Volke aus. Die Bundesrepublik Deutschland ist deshalb ein demokratischer Staat. Dies wird durch die Gewaltenteilung im Staatsaufbau unterstrichen.

Die Rechte und Pflichten des Staatsbürgers stehen deshalb auch im Mittelpunkt des insgesamt 14 Abschnitte und 146 Artikel umfassenden Grundgesetzes.

Die historische Bedeutung der Arbeit am Grundgesetz wird in den beiden folgenden Stellungnahmen Konrad Adenauers und Carlo Schmids deutlich:

Unsere Arbeit im Parlamentarischen Rat wurde von dem festen Willen geleitet das Grundgesetz so zu gestalten, dass durch unsere Tätigkeit die Möglichkeit für eine Einheit von ganz Deutschland erhalten bleiben und dass in dem neuen Staat die deutschen Gebiete des Ostens jederzeit ihren Platz finden können …“
(Konrad Adenauer)

„Das Erste ist, dass das Gemeinwesen auf die allgemeine Gleichheit und Freiheit der Bürger gestellt und gegründet sein muss, was in zwei Dingen zum Ausdruck kommt. Einmal im rechtsstaatlichen Postulat, dass jedes Gebot und jedes Verbot eines Gesetzes bedarf und dieses Gesetz für alle gleich sein muss; und zweitens durch das volksstaatliche Postulat, das verlangt, dass jeder Bürger in gleicher Weise an dem Zustandekommen des Gesetzes teilhaben muss.
… Das Zweite, was verwirklicht werden muss, ist das Prinzip der Teilung der Gewalten. Als drittes Erfordernis für eine demokratische Verfassung gilt die Garantie der Grundrechte. Der Staat soll nicht alles tun können, was ihm gerade bequem ist, sondern der Mensch soll Rechte haben, über die auch der Staat nicht soll verfügen können. Die Grundrechte müssen das Grundgesetz regieren, sie dürfen nicht nur ein Anhängsel des Grundgesetzes sein.“
(Prof. Carlo Schmid)

Quelle: Politik aktuell, wdr 1978/79, Nr. 33, Neue Darmstädter Verlagsanstalt, Rheinbreitbach

1. **Stellen Sie die Grundgedanken Konrad Adenauers und Carlo Schmids bei der Entstehung unserer Verfassung dar.**
2. **Worin bestehen die besonderen Merkmale eines „sozialen Rechtsstaates“?**

2.1 Die Grundrechte

Nicht umsonst stehen die Grundrechte an oberster Stelle der Verfassung. In den ersten 19 Artikeln werden die *Freiheits-, Gleichheits-, Unverletzlichkeits-* und *sozialen Grundrechte* festgelegt. Diese Rechte dürfen mit Ausnahme des Artikels 1 zwar verändert werden, aber ihr Wesensgehalt muss dabei unbedingt erhalten bleiben (Artikel 19 Abs. 2 GG).

Gänzlich unantastbar ist der Artikel 1. Er garantiert jedem Bürger die *Menschenwürde.* Der Staat hat dafür zu sorgen, dass die Grundrechte jederzeit eingehalten werden. Die in vielen Artikeln des Grundgesetzes vorhandenen Kannbestimmungen lassen aber für die Beurteilung des Einzelfalles in der Regel gewisse Spielräume offen. Daneben findet man im politischen Alltag auch aus Gründen, die der Staat nicht zu verantworten hat, hin und wieder Spannungen zwischen Anspruch und Verwirklichung des Grundgesetzes.

Als oberstes deutsches Gericht wacht das **Bundesverfassungsgericht** in Karlsruhe über die Einhaltung des Grundgesetzes.

Die Grundrechte selbst stehen in enger *Wechselwirkung.* Ein Grundrecht ist beschränkt durch die Ausübung anderer Grundrechte durch andere Rechtsträger.

Nach der sog. *Sphärentheorie* ist nur der Kernbereich eines Grundrechtes durch gerichtliche Klage abwehrbar. Eine Klage vor dem Bundesverfassungsgericht ist nicht möglich, wenn Grundrechte nur im Randbereich berührt werden.

2.1.1 Menschenwürde und Menschenrechte

Man unterscheidet Bürgerrechte und Menschenrechte, je nachdem, ob ein Grundrecht für alle oder ob ein Recht des Einzelnen im Staat nur für die Staatsbürger und ihnen gleichgestellte Personen gilt.

Der Menschenrechtsbegriff wurde durch die „Allgemeine Erklärung der Menschenrechte" der UNO vom 10. Dez. 1948 zum Gegenstand internationaler Verlautbarungen.

Er ist neben dem Begriff Menschenwürde auch im Artikel 1 des Grundgesetzes zu finden:

Artikel 1

(1) Die Würde des Menschen ist unantastbar. Sie zu achten und zu schützen ist Verpflichtung aller staatlichen Gewalt.
(2) Das Deutsche Volk bekennt sich darum zu unverletzlichen und unveräußerlichen Menschenrechten als Grundlage jeder menschlichen Gemeinschaft, des Friedens und der Gerechtigkeit in der Welt.

Die Verfassung garantiert Menschenwürde und Menschenrechte als unantastbare Ansprüche. Trotzdem gibt es mitunter Probleme bei der Einhaltung dieser Garantie. Das ist insbesondere dann der Fall, wenn es sich um sog. Randgruppen der Gesellschaft handelt. Hier werden Mitmenschen fast automatisch eingereiht, wenn sie sich irgendwie negativ von dem Bevölkerungsdurchschnitt abheben. Zu diesen Randgruppen gehören u. a. Obdachlose, Drogenabhängige, Behinderte.

2.1.2 Freiheitsrechte

An verschiedenen Stellen des Grundgesetzes ist das Recht auf Freiheit verankert. Der Begriff „Freiheit“ wird dabei aus verschiedenen Positionen betrachtet.

Artikel 2 Abs. 1, 2
Freie Entfaltung der Persönlichkeit

(1) Jeder hat das Recht auf die freie Entfaltung seiner Persönlichkeit, soweit es nicht die Rechte anderer verletzt und nicht gegen die verfassungsmäßige Ordnung oder das Sittengesetz verstößt.
(2) Jeder hat das Recht auf Leben und körperliche Unversehrtheit. Die Freiheit der Person ist unverletzlich. In diese Rechte darf nur auf Grund eines Gesetzes eingegriffen werden.

Eingriffe in die persönliche Freiheit sind nur in Ausnahmen zulässig. Hierbei handelt es sich in erster Linie um Tatbestände der Strafgesetzgebung, die zu Freiheitsstrafen oder freiheitsentziehenden Maßnahmen der Besserung und Sicherung führen können. Entscheidungen darüber werden in jedem Falle von Richtern gefällt.

In dieses Grundrecht fällt auch der Persönlichkeitsschutz und hier insbesondere der Datenschutz.

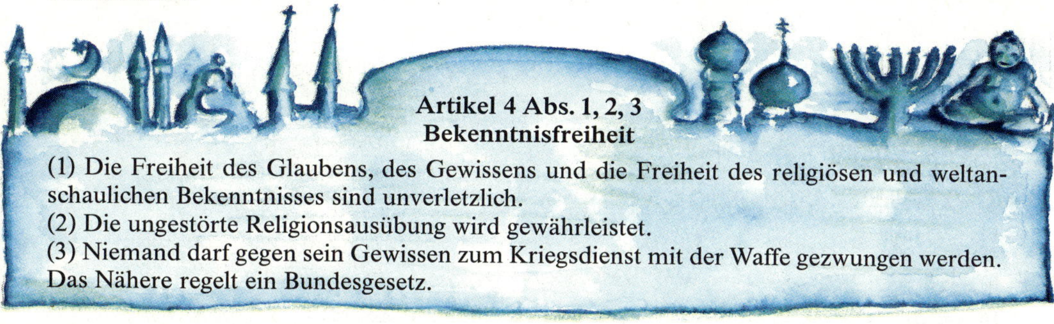

Artikel 4 Abs. 1, 2, 3
Bekenntnisfreiheit

(1) Die Freiheit des Glaubens, des Gewissens und die Freiheit des religiösen und weltanschaulichen Bekenntnisses sind unverletzlich.
(2) Die ungestörte Religionsausübung wird gewährleistet.
(3) Niemand darf gegen sein Gewissen zum Kriegsdienst mit der Waffe gezwungen werden. Das Nähere regelt ein Bundesgesetz.

Religion, Weltanschauung und Glauben sind frei, d. h., jeder Bürger kann selbst darüber entscheiden. Dazu gehört auch die Freiheit zu entscheiden, ob man aus Gewissensgründen den Dienst mit der Waffe verweigern will. Als Ersatz muss dann Zivildienst in einer sozialen oder karitativen Organisation geleistet werden.

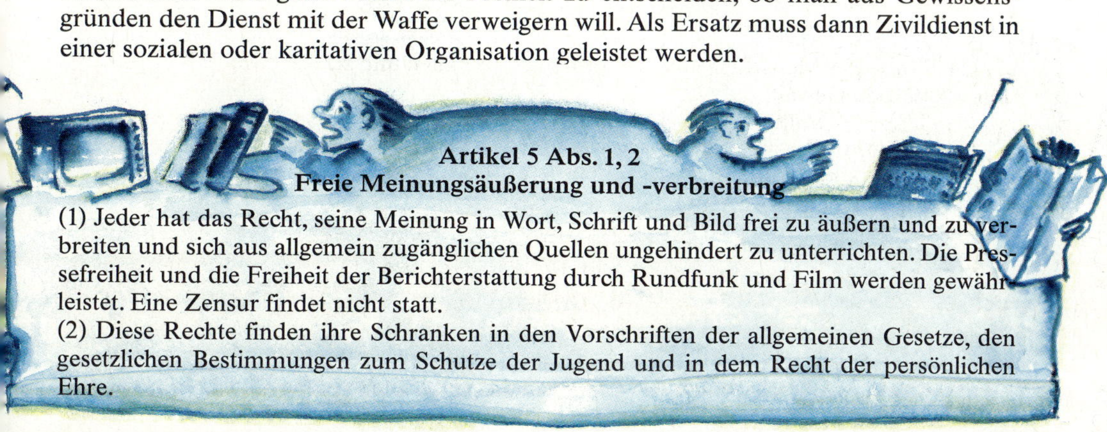

Artikel 5 Abs. 1, 2
Freie Meinungsäußerung und -verbreitung

(1) Jeder hat das Recht, seine Meinung in Wort, Schrift und Bild frei zu äußern und zu verbreiten und sich aus allgemein zugänglichen Quellen ungehindert zu unterrichten. Die Pressefreiheit und die Freiheit der Berichterstattung durch Rundfunk und Film werden gewährleistet. Eine Zensur findet nicht statt.
(2) Diese Rechte finden ihre Schranken in den Vorschriften der allgemeinen Gesetze, den gesetzlichen Bestimmungen zum Schutze der Jugend und in dem Recht der persönlichen Ehre.

Artikel 5 Abs. 3
Freiheit von Kunst und Wissenschaft

(3) Kunst und Wissenschaft, Forschung und Lehre sind frei. Die Freiheit der Lehre entbindet nicht von der Treue zur Verfassung.

Artikel 8 Abs. 1, 2
Versammlungsfreiheit

(1) Alle Deutschen haben das Recht, sich ohne Anmeldung oder Erlaubnis friedlich und ohne Waffen zu versammeln.
(2) Für Versammlungen unter freiem Himmel kann dieses Recht durch Gesetz oder auf Grund eines Gesetzes beschränkt werden.

Die Freiheit sich jederzeit ohne besondere Anmeldung oder Erlaubnis zu versammeln, ist auf friedliche Absichten beschränkt. Die Polizei hat das Recht im Rahmen der jeweiligen Polizeigesetze Versammlungen zu überwachen und ggf. aufzulösen (Beispiel: Versammlungen von radikalen Parteien). Die Versammlungsfreiheit gilt uneingeschränkt allerdings nur für geschlossene Räume. Bei Veranstaltungen unter freiem Himmel tritt der Demonstrationszweck in den Vordergrund. Öffentliche Versammlungen unter freiem Himmel müssen 48 Stunden vor Beginn der Veranstaltung bei der Ordnungsbehörde angemeldet werden. Waffen oder ähnliche gefährliche Gegenstände dürfen von den Teilnehmern einer genehmigten Veranstaltung nicht mitgeführt werden.

Artikel 9 Abs. 3
Koalitionsfreiheit

(3) Das Recht, zur Wahrung und Förderung der Arbeits- und Wirtschaftbedingungen Vereinigungen zu bilden, ist für jedermann und für alle Berufe gewährleistet. Abreden, die diese Rechte einschränken oder zu behindern suchen, sind nichtig, hierauf gerichtete Maßnahmen sind rechtswidrig.

Arbeits- und Wirtschaftsvereinigungen sind in erster Linie Gewerkschaften (als Arbeitnehmerorganisationen) und die Arbeitgeberverbände. Über Streik und Aussperrung als Kampfmittel der Tarifpartner wird in diesem Artikel direkt keine Aussage getroffen.

303256L

Artikel 9 Abs. 1, 2
Vereinigungsfreiheit

(1) Alle Deutsche haben das Recht, Vereine und Gesellschaften zu bilden.
(2) Vereinigungen, deren Zweck oder deren Tätigkeit den Strafgesetzen zuwiderlaufen oder sich gegen die verfassungsmäßige Ordnung oder gegen den Gedanken der Völkerverständigung richten, sind verboten.

Aufgrund dieses Artikels ist u.a. die Bildung von links- oder rechtsextremistischen Organisationen verboten, sofern deren Zweck auf die Beseitigung unserer demokratischen Grundordnung gerichtet ist (Beispiel: Rote-Armee-Fraktion – RAF).

Artikel 11 Abs. 1, 2
Freizügigkeit

(1) Alle Deutschen genießen Freizügigkeit im ganzen Bundesgebiet.
(2) Dieses Recht darf nur durch Gesetz und nur für die Fälle eingeschränkt werden, in denen eine ausreichende Lebensgrundlage nicht vorhanden ist und der Allgemeinheit daraus besondere Lasten entstehen würden und in denen es zum Schutze der Jugend vor Verwahrlosung, zur Bekämpfung von Seuchengefahr oder um strafbaren Handlungen vorzubeugen, erforderlich ist.

Freizügigkeit bedeutet, dass jeder Bürger das Recht hat seinen Aufenthalts- und Wohnort außerhalb jeglicher staatlicher Vorschriften zu wählen.

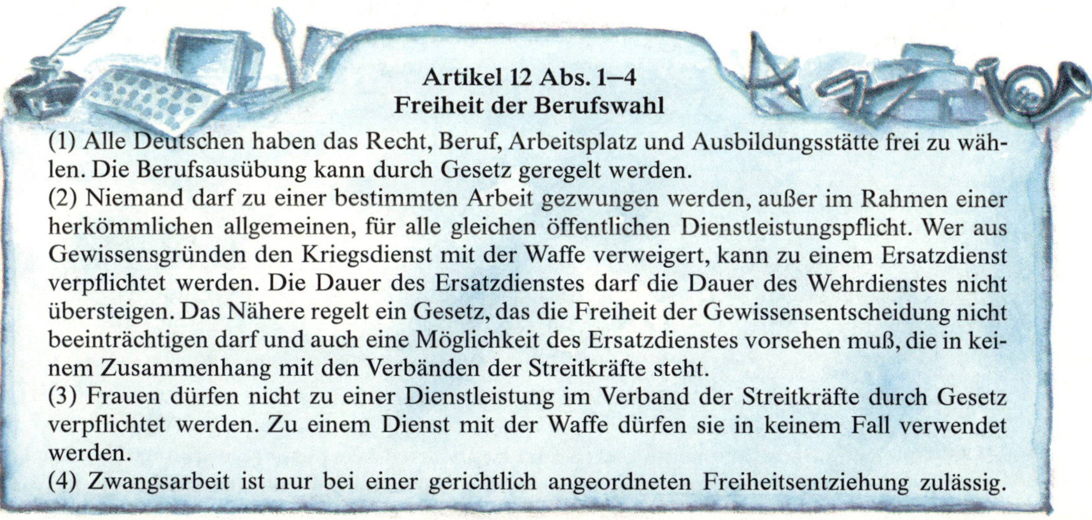

Artikel 12 Abs. 1–4
Freiheit der Berufswahl

(1) Alle Deutschen haben das Recht, Beruf, Arbeitsplatz und Ausbildungsstätte frei zu wählen. Die Berufsausübung kann durch Gesetz geregelt werden.
(2) Niemand darf zu einer bestimmten Arbeit gezwungen werden, außer im Rahmen einer herkömmlichen allgemeinen, für alle gleichen öffentlichen Dienstleistungspflicht. Wer aus Gewissensgründen den Kriegsdienst mit der Waffe verweigert, kann zu einem Ersatzdienst verpflichtet werden. Die Dauer des Ersatzdienstes darf die Dauer des Wehrdienstes nicht übersteigen. Das Nähere regelt ein Gesetz, das die Freiheit der Gewissensentscheidung nicht beeinträchtigen darf und auch eine Möglichkeit des Ersatzdienstes vorsehen muß, die in keinem Zusammenhang mit den Verbänden der Streitkräfte steht.
(3) Frauen dürfen nicht zu einer Dienstleistung im Verband der Streitkräfte durch Gesetz verpflichtet werden. Zu einem Dienst mit der Waffe dürfen sie in keinem Fall verwendet werden.
(4) Zwangsarbeit ist nur bei einer gerichtlich angeordneten Freiheitsentziehung zulässig.

Häufig wird fälschlicherweise aus diesem Artikel ein „Recht auf Arbeit“ abgeleitet, obwohl hier lediglich von der Freiheit bei der Wahl des Arbeits- oder Ausbildungsplatzes die Rede ist.

2.1.3 Die Unverletzlichkeitsrechte

Im Grundgesetz findet man neben den Freiheitsrechten Artikel, die sich schwerpunktmäßig auf Beschränkungen in der Ausübung der Staatsgewalt beziehen. Diese sind sog. Unverletzlichkeitsrechte.

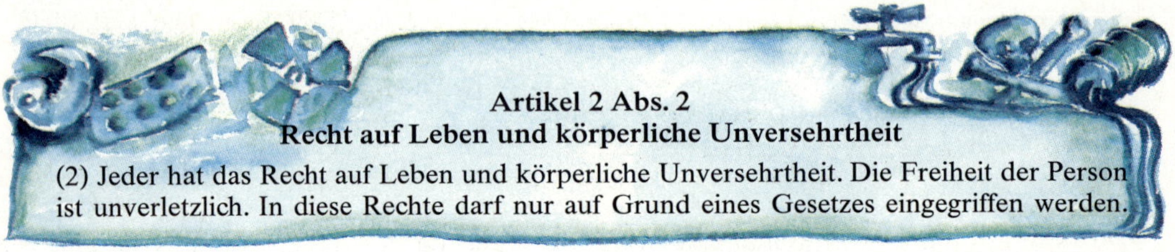

Artikel 2 Abs. 2
Recht auf Leben und körperliche Unversehrtheit

(2) Jeder hat das Recht auf Leben und körperliche Unversehrtheit. Die Freiheit der Person ist unverletzlich. In diese Rechte darf nur auf Grund eines Gesetzes eingegriffen werden.

Aus diesem Grundrecht leiten sich beispielsweise die Argumente von Gegnern der Schwangerschaftsunterbrechung (§ 218) ab. Das Recht auf Leben und körperliche Unversehrtheit verbietet in der Bundesrepublik Deutschland u. a. Maßnahmen wie Zwangssterilisation oder Sterbehilfen durch tödlich wirkende schmerzlindernde Medikamente.

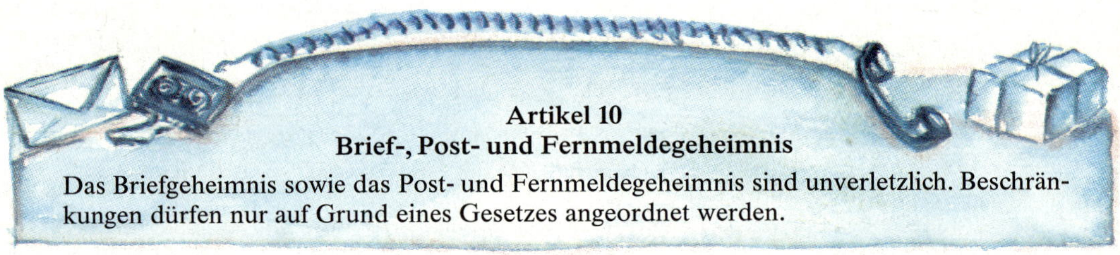

Artikel 10
Brief-, Post- und Fernmeldegeheimnis

Das Briefgeheimnis sowie das Post- und Fernmeldegeheimnis sind unverletzlich. Beschränkungen dürfen nur auf Grund eines Gesetzes angeordnet werden.

Dieser Artikel schützt den Bürger im Grunde genommen nur vor Eingriffen durch die Post. Beim Vorliegen bestimmter Gründe (Spionageverdacht, Zugehörigkeit zu terroristischen Vereinigungen usw.) kann durch die staatlichen Sicherheitsorgane bei den betroffenen Personen eine Kontrolle von Postsendungen, des Fernschreib-, Fax- und Telefonverkehrs und die Aufnahme der mitgehörten Gespräche auf Tonträgern erfolgen.

Nach heftigen parteipolitischen Auseinandersetzungen wurde 1998 durch den Deutschen Bundestag der so genannte „Große Lauschangriff" beschlossen. Dabei handelt es sich um die Möglichkeit, auf vereinfachtem Wege auch ohne besonders zu belegende Gründe oder zu beteiligende Gremien abzuhören, um damit z. B. die zunehmende Kriminalität, d. h. nicht nur politische Delikte zu bekämpfen.

Nach einer Intervention des Bundesrates wurden aber zahlreiche Ausnahmen beschlossen, die z. B. das Abhören von Journalisten, Rechtsanwälten usw. verbieten.

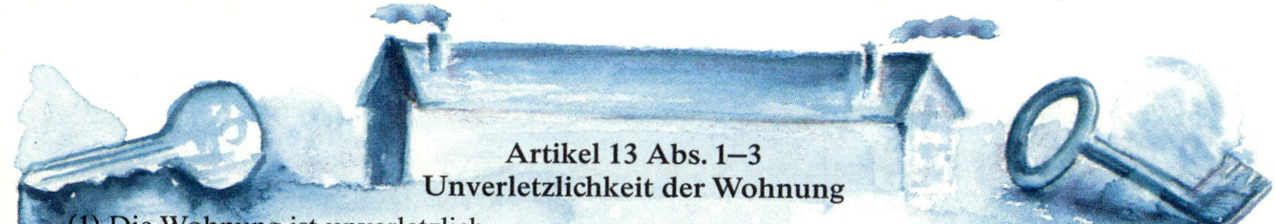

Artikel 13 Abs. 1–3
Unverletzlichkeit der Wohnung

(1) Die Wohnung ist unverletzlich.
(2) Durchsuchungen dürfen nur durch den Richter, bei Gefahr im Verzuge auch durch die in den Gesetzen vorgesehenen anderen Organe angeordnet und nur in der dort vorgeschriebenen Form durchgeführt werden.
(3) Eingriffe und Beschränkungen dürfen im übrigen nur zur Abwehr einer gemeinen Gefahr oder einer Lebensgefahr für einzelne Personen, auf Grund eines Gesetzes auch zur Verhütung dringender Gefahren für die öffentliche Sicherheit und Ordnung, insbesondere zur Behebung der Raumnot, zur Bekämpfung von Seuchengefahr oder zum Schutz gefährdeter Jugendlicher vorgenommen werden.

Verwaltungsorgane oder Behörden haben nur dann das Recht des Eintritts in die Wohn- oder Geschäftsräume, wenn es zur Abwehr einer gemeinen Gefahr erforderlich ist oder wenn sich einzelne Personen in Lebensgefahr befinden und nur durch diesen Eingriff gerettet werden können (z. B. Lebensmüder will vom Balkon eines Hauses springen).

Daneben bleibt natürlich auch das Recht bestehen, dass die Unverletzlichkeit der Wohnung aufgehoben wird, wenn sonstige gesetzliche Gründe und eine entsprechende richterliche Anordnung vorliegen (z. B. Hausdurchsuchungen bei Straftaten, Pfändungen durch Gerichtsvollzieher).

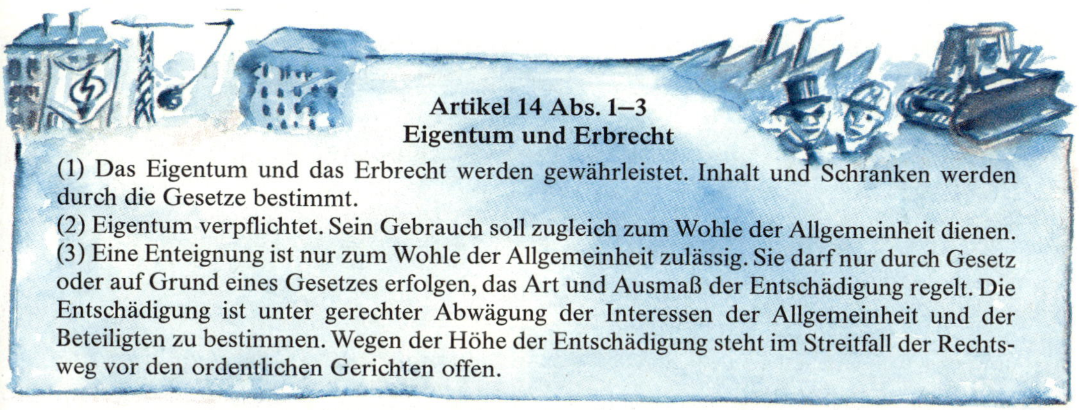

Artikel 14 Abs. 1–3
Eigentum und Erbrecht

(1) Das Eigentum und das Erbrecht werden gewährleistet. Inhalt und Schranken werden durch die Gesetze bestimmt.
(2) Eigentum verpflichtet. Sein Gebrauch soll zugleich zum Wohle der Allgemeinheit dienen.
(3) Eine Enteignung ist nur zum Wohle der Allgemeinheit zulässig. Sie darf nur durch Gesetz oder auf Grund eines Gesetzes erfolgen, das Art und Ausmaß der Entschädigung regelt. Die Entschädigung ist unter gerechter Abwägung der Interessen der Allgemeinheit und der Beteiligten zu bestimmen. Wegen der Höhe der Entschädigung steht im Streitfall der Rechtsweg vor den ordentlichen Gerichten offen.

Eigentumsbeschränkende Maßnahmen sind nur dann rechtsgültig, wenn sie im Interesse der Allgemeinheit erfolgen und unumgänglich sind. Enteignungen als der Entzug der Verfügungsgewalt über den Besitz sind nur möglich, wenn neben den genannten Bedingungen auch eine angemessene Entschädigung erfolgt.

Der Gesetzgeber hat unter bestimmten Bedingungen auch das Recht von den Bürgern eigentumsbeschränkende Leistungen anzufordern. Dabei handelt es sich insbesondere um die Inanspruchnahme von beweglichen Sachen. So kann beispielsweise im Verteidigungsfall von einem privaten Spediteur verlangt werden, dass er seinen Fuhrpark für öffentliche Zwecke zur Verfügung stellt. Entschädigungen oder Ersatzleistungen werden dann in gesonderten Verfahren festgesetzt.

2.1.4 Soziale Grundrechte

Über die Beziehung des Einzelnen zur Gemeinschaft sagen die bisher erwähnten Artikel nur wenig aus. Die sozialen Grundrechte stellen auch die Funktion des Sozialstaates in seinen Grundzügen heraus:

Artikel 6 Abs. 1–4
Ehe und Familie, Elternrecht

(1) Ehe und Familie stehen unter dem besonderen Schutze der staatlichen Ordnung.
(2) Pflege und Erziehung der Kinder sind das natürliche Recht der Eltern und die zuvörderst ihnen obliegende Pflicht. Über ihre Bestätigung wacht die staatliche Gemeinschaft.
(3) Gegen den Willen der Erziehungsberechtigten dürfen Kinder nur auf Grund eines Gesetzes von der Familie getrennt werden, wenn die Erziehungsberechtigten versagen oder wenn Kinder aus anderen Gründen zu verwahrlosen drohen.
(4) Jede Mutter hat Anspruch auf den Schutz und die Fürsorge der Gemeinschaft.

Artikel 16 Absatz 1 und 2
Staatsbürgerschaft, Asylrecht

(1) Die deutsche Staatsangehörigkeit darf nicht entzogen werden. Der Verlust der Staatsangehörigkeit darf nur auf Grund eines Gesetzes und gegen den Willen des Betroffenen nur dann eintreten, wenn der Betroffene dadurch nicht staatenlos wird.
(2) Kein Deutscher darf an das Ausland ausgeliefert werden. Politisch Verfolgte genießen Asylrecht.

2.1.5 Gleichheitsrechte

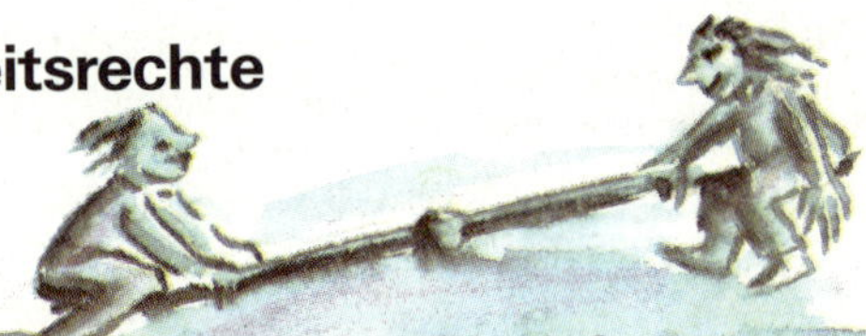

Artikel 3 Abs. 1–3

(1) Alle Menschen sind vor dem Gesetz gleich.
(2) Männer und Frauen sind gleichberechtigt.
(3) Niemand darf wegen seines Geschlechtes, seiner Abstammung, seiner Rasse, seiner Sprache, seiner Heimat und Herkunft, seines Glaubens, seiner religiösen oder politischen Anschauungen benachteiligt oder bevorzugt werden.

Die Gleichberechtigung ist ein von allen akzeptierter, aber genauso stark umstrittener und im politischen Alltag missbrauchter Begriff. Gleichberechtigung hat viele Dimensionen. Im Zusammenhang mit dem Artikel 3 wird in der Bundesrepublik Deutschland schwerpunktmäßig über die Rolle von Mann und Frau einerseits und die Situation der Ausländer in der Bundesrepublik Deutschland anderseits diskutiert.

2.2 Grundrechte im Brennpunkt der Diskussion

2.2.1 Ausländer im deutschen Kulturkreis

Lehren mit Kopftuch

Die Integration der in Deutschland lebenden Ausländer war bislang das Ziel der Bonner Ausländer-Politik. Doch zur Integration gehören nicht nur der Wille und die Toleranz der einheimischen Bevölkerung zur Aufnahme von Ausländern, sondern auch deren Bereitschaft sich integrieren zu lassen. Mehrere Beispiele der jüngsten Zeit erwecken jedoch den Eindruck, dass deren Integrationsfähigkeit eher abnimmt und kulturelle Grenzen zum deutschen Gastland gezogen werden.

● In Rheinfelden müssen Heizungsableser die Schuhe ausziehen, wenn sie Türken aufsuchen. Dies ist das Ergebnis eines Vergleichs, der jetzt vor dem Amtsgericht Lörrach geschlossen wurde. Ersatzweise können auch Plastik-Überschuhe getragen werden, die die Ableser mitbringen müssen. Türkische Muslime hatten sich geweigert, die Heizkostenermittler mit Schuhen einzulassen, weil ihre Räume auch zum Gebet genutzt würden. Darauf waren die Heizkosten geschätzt worden. Die türkische Familie bezahlte jedoch nicht, worauf die Wohnungsbaugesellschaft Rheinfelden Klage einreichte.

● In Berlin entschied im Mai vergangenen Jahres das Verwaltungsgericht, dass türkische Mädchen vom Sexualkundeunterricht ausgenommen werden dürfen. Es ging um eine Schülerin der dritten Klasse. Es könne ihr nicht zugemutet werden, ihre religiösen Überzeugungen zuwider Bilder nackter Menschen anzusehen. Die laizistische türkische Organisation „Türkischer Bund Berlin Brandenburg“ kritisierte das Urteil, da es dem Ziel der Integration schade. Schon jetzt dürfen muslimische Mädchen vom koedukativen Sportunterricht befreit werden. Man müsse befürchten, dass die nächste moslemische Forderung darauf hinauslaufen könnte, Mädchen zunächst vom Sexualkundeunterricht und später ganz von der Schulpflicht zu entbinden.

● In Hamburg-Wilhelmsburg wurde für 700.000 Mark ein separater Anbau für Mädchen im dortigen Haus der Jugend im Dezember 1997 fertiggestellt. Den Neubau hatten auch türkische Familienväter gefordert, da sie nicht wollten, dass junge Türkinnen gemeinsam mit Jungen die städtischen Freizeitangebote wahrnehmen sollten.

● In Baden-Württemberg hat im vergangenen Jahr die dortige Kultusministerin einer Lehrerin moslemischen Glaubens das Tragen eines Kopftuches in einer christlichen Gemeinschaftsschule gestattet. Dieser „Kopftuch“-Erlass soll an allen Schulen des Landes gelten. Die CDU-Landtagsabgeordnete Gisela Meister-Scheufelen bedauerte den Erlass. Er erschwere die Integration von Moslems und fördere die Diskriminierung muslimischer Frauen. Wenn der deutsche Staat die Kleiderordnung islamischer Fundamentalisten anerkenne, hätten türkische Mädchen kaum noch eine Chance, sich zu wehren, wenn ihre Eltern das Kopftuch-Tragen autoritär durchsetzen wollten. In Frankreich, einem Land mit weitaus größerem moslemischen Bevölkerungsanteil, seien in den Schulen Kopftücher verboten, um einen Übergriff des Islam auf die Gesellschaft zu verhindern.

● In Hamburg forderte das städtische Amt für Arbeitsschutz für die moslemischen Mitarbeiter der Hamburger Verkehrsanlagen Reinigungsgesellschaft (HVR) in deren Betriebsräumen den Einbau einer Hocktoilette, um damit den Vorschriften des Koran zu entsprechen. Ansonsten, so heißt es in einer Verfügung von Ende 1996, drohe ein Zwangsgeld in Höhe von 500 Mark.

● Im Hamburger Frauenhaus wurde 1995 das Weihnachtsfest abgeschafft. Aus Sicht der Betreuerinnen und einiger Bewohnerinnen war es falsch – auch wenn Deutsche und Christen in der Mehrheit seien – an Weihnachten traditionell deutsch zu feiern. „Wir können uns doch nicht einfach nach der Mehrheit richten. Gerade wir müssen daran denken, dass auch andere Kulturen und Religionen bei uns leben“, zitierte am 23. Dez. 1995 die alternative „taz“ eine Mitarbeiterin des Frauenhauses.

● Die liberale türkische Zeitung „Radikal“ übte im April 1997 im Zusammenhang mit der Situation der in Deutschland lebenden Türken auch Selbstkritik: „Ja, in Europoa hat ein gegen Türken gerichteter furchtbarer Rassismus begonnen. Ist es aber kein Rassismus, die Türen gegen alle Sitten und Bräuche des Landes, in dem man sich aufhält, zu versperren, die Landessprache nicht zu lernen und die Integration abzulehnen?“ Und bezogen auf den Umgang mit Andersgläubigen in der Türkei hieß es: „Ist es kein Rassismus, im eigenen Land aus Kirchen Tierställe zu machen und in dem Lande, in das man zum Arbeiten gegangen ist, Moscheen zu bauen?“

Quelle: Welt am Sonntag, 29. März 1998

1 Der Begriff „Asylant“ ist eine modern gewordene Kurzform des Wortes „Asylsuchende“ (von Asyl = Obdach, Heim).

Asylsuchende sind aus politischen Gründen in die Bundesrepublik Deutschland gekommen. Weil sie in ihrer Heimat wegen ihrer politischen Einstellung verfolgt werden, flüchten sie ins Ausland und bitten um Schutz bzw. Aufnahme.

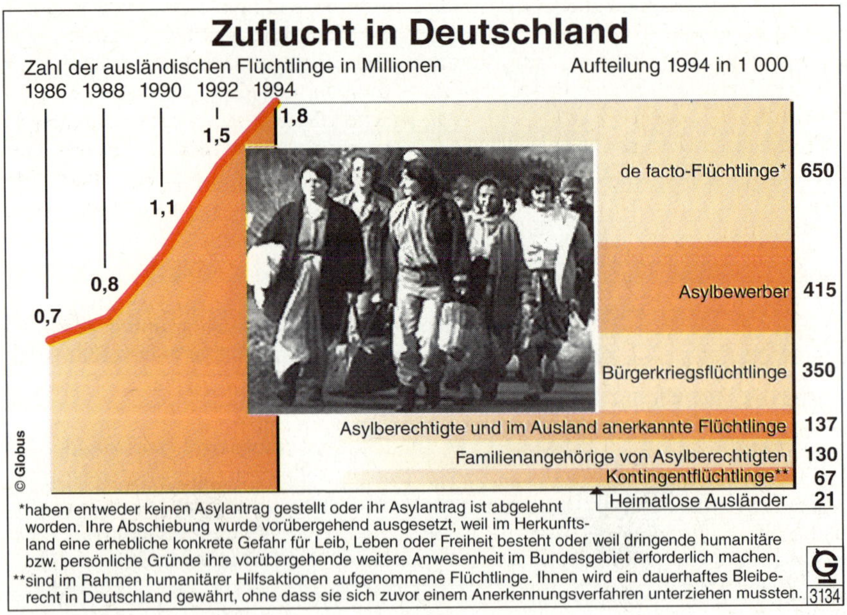

Die Bundesrepublik Deutschland hat sich in Artikel 16 des Grundgesetzes verpflichtet politisch Verfolgte nicht an das Ausland auszuliefern.

Mit dem wachsenden Ausländeranteil wuchs auch der Widerstand gegen die Ausländerpolitik. Wo immer eine Wohnstätte für Ausländer geplant war oder auch nur provisorische Notunterkünfte für Flüchtlinge errichtet werden sollten, war und ist Bürgerprotest nicht fern.

303262L

Die Ausländerfeindlichkeit wird teilweise von einer gefährlichen Stimmungsmache begleitet. Die Angst wird zu einem politischen Nährboden – auch für neue Parteien (z. B. die 1988 gegründeten „Republikaner“ oder die mit 13,5 % bei den Landtagswahlen in Sachsen-Anhalt erfolgreiche DVU [Deutsche Volks-Union]).

2

Das Verfassungsgebot „Politisch Verfolgte genießen Asylrecht.“ bedeutet, dass den aus politischen Gründen verfolgten Ausländern in der Bundesrepublik Deutschland ein einklagbares Grundrecht auf Asyl zusteht. Der Parlamentarische Rat hatte sich 1949 bei der Ausarbeitung des neu zu schaffenden Grundgesetzes bewusst zu dieser sehr großzügigen, über den internationalen Standard weit hinausgehenden Regelung entschlossen.

Millionen von Menschen waren in deutschen Konzentrationslagern ermordet worden, hunderttausende hatten vor dem Faschismus fliehen müssen. Als Ausgleich für diese Barbareien, aber auch aus der Erkenntnis heraus, dass nur die bedingungslose Achtung der menschlichen Grundrechte und -freiheit Frieden und Gerechtigkeit in der Welt herstellen und bewahren kann, bekannte sich der Parlamentarische Rat zu diesem Asylrecht. Wer in seiner Heimat in seinen Menschenrechten verletzt wird, soll hier in der Bundesrepublik Deutschland das Menschenrecht auf Asyl in Anspruch nehmen können. Flüchtlinge sollten in der Bundesrepublik Deutschland nicht um Hilfe betteln müssen, vielmehr die Aufnahme als etwas Selbstverständliches gewährt bekommen. Dem staatlichen Akt der Asylbewährung sollte keine Erniedrigung anhaften.

Einige der Abgeordneten des Parlamentarischen Rates hatten selbst die Demütigungen und die Hoffnungslosigkeit des Exils erfahren müssen. Der Artikel 16 des Grundgesetzes war für sie deshalb positiver Schlusspunkt eigener bitterer Erfahrungen und Erlebnisse. Der Parlamentarische Rat verbot auch deshalb ausdrücklich eine Prüfung des Asylgesuchs an der Grenze, da sonst „die ganze Vorschrift wertlos“ würde, wie es damals der CDU-Abgeordnete v. Mongoldt ausdrückte. Flüchtlinge sollten menschenwürdig untergebracht werden. Artikel 16 sollte Toleranz und Solidarität verkörpern.

Heute wenden viele Kritiker unseres Asylrechts ein ... die Schöpfer des Grundgesetzes hätten damals gar nicht voraussehen können, welche Flüchtlingsströme heute auf die Bundesrepublik Deutschland zukommen. Wäre ihnen das bewusst gewesen, dann hätten sie das Asylrecht keinesfalls so großzügig ausgestaltet.

Quelle: Wochenschau, Nr. 1, 1981, S. 2

3

Karikatur: Mester

4 Während andere europäische Staaten bestimmte Aufnahmequoten für Asylanten festsetzen und überwiegend nach nationalem Interesse entscheiden, bleibt es in der Bundesrepublik Deutschland Behörden und Gerichten überlassen, herauszufinden, wer wirklich verfolgt worden ist oder wer sich nur ein besseres Leben in einem besseren Land erhofft.

Stammten die Flüchtlinge in den Fünfziger- und Sechzigerjahren überwiegend aus europäischen Ländern, kommen die meisten heute aus Staaten der Dritten Welt, vor allem aus dem Iran, aus Afghanistan, Sri Lanka, Indien und Äthiopien. Ihre Integrationsfähigkeit ist aufgrund der kulturellen und ethnischen Unterschiede häufig geringer.

Abgenommen haben Toleranz und Aufnahmebereitschaft in der deutschen Bevölkerung. In breiten Schichten überwiegen die Furcht vor einem Ansteigen der Kriminalität sowie die Vorstellung von einer unnötigen Belastung der öffentlichen Kassen durch Nichtstuer.

Die Handhabung des Asylrechts gehörte lange Zeit zu den heftig umstrittenen Themen der Innenpolitik der Bundesrepublik Deutschland.

Es gab in dieser Frage weit auseinander liegende Auffassungen, die mit gewichtigen und legitimen Argumenten vertreten werden. Sie lassen sich wie folgt zusammenfassen:

Die Befürworter restriktiver Maßnahmen weisen vor allem auf eine große Zahl von „Scheinasylanten" hin. Der relative Wohlstand der Bundesrepublik Deutschland locke aus den Entwicklungsländern viele Personen an, die nicht politisch verfolgt würden. Selbst wenn ihr Asylantrag am Ende als offensichtlich unbegründet abgelehnt werde, hätten sie bei allzu liberaler Auslegung des Asylrechts einige Jahre Zeit, das nötige Startkapital für eine Existenzgründung in der Heimat oder einem anderen Land zu verdienen. Der deutschen Bevölkerung gingen dabei zahlreiche Arbeitsplätze verloren, weil die „Wirtschaftsflüchtlinge" auch zu ungünstigeren Bedingungen Arbeit annähmen. Schlimmer sei jedoch die Tatsache, dass sich unter die Asylbewerber eine beträchtliche Zahl von Drogenhändlern mische und durch die Ausländer die öffentliche Sicherheit zunehmend gefährdet werde. Opfer seien aber auch in vielen Fällen die Asylanten selbst. Professionell arbeitende Schlepperorganisationen schleusten gegen Wucherpreise Ausländer in die Bundesrepublik Deutschland ein und brächten sie häufig um ihr ganzes Vermögen. Von solchen Menschenhändlern betrogen, bliebe manchen von ihnen nur der Weg in die illegale Prostitution und in die Kriminalität.

Die Verfechter des uneingeschränkten Asylrechts geben dagegen zu bedenken, dass die derzeitige Behandlung von Asylbewerbern an sich schon eine Verletzung von Menschenrechten nahe komme und der Rechtsschutz keineswegs ausreiche. Der Anteil aller ausländischen Flüchtlinge und Asylbewerber an der Gesamtbevölkerung in der Bundesrepublik Deutschland mache immer noch einen verschwindenden Prozentsatz aus. In Anbetracht der Tatsache, dass die Hauptlast des Weltflüchtlingsproblems von den Ländern der Dritten Welt getragen werde, dürfe die Asylgewährung in der Bundesrepublik Deutschland nicht von der Lage auf dem Arbeitsmarkt abhängig gemacht werden. Eine allzu enge Definition des Flüchtlingsbegriffes verbiete sich zudem deswegen, weil etliche diktatorische Regierungen auch die Wirtschaft ihres Landes ruiniert hätten, sodass die Grenzen zwischen einer Flucht aus politischen und aus wirtschaftlichen Gründen fließend würden.

Quelle: Informationen zur politischen Bildung, o. Jg., S. 23 f.

Woran denken Sie ganz spontan, wenn Sie das Wort „Asylant" hören? Diskutieren Sie in der Klasse oder Gruppe über die vermeintlichen Folgen steigender Asylantenzahlen für die Bundesrepublik Deutschland.

303264L

Drei große Gruppen sind es, die Deutsche Mark und deutsche Sicherheit suchen:

- Deutschstämmige Aussiedler aus Polen, Rumänien, Ungarn und der ehemaligen UdSSR. Sie bilden das größte Kontingent der Einwanderer.
  Wenn sie ihre deutsche Abstammung nachweisen können, haben sie ein Anrecht auf die deutsche Staatsbürgerschaft.
- Familienangehörige von Gastarbeitern, die schon eine Aufenthalts- und Arbeitsgenehmigung haben: 80 000 bis 100 000 pro Jahr.
- Asylbewerber – die sich noch mal unterteilen lassen:
  - Politische Verfolgte: Als solche werden nur fünf Prozent anerkannt. Sie kommen vornehmlich aus dem Iran, Irak, Afghanistan, aus der Türkei.
  - Flüchtlinge aus Bürgerkriegsgebieten. Sie erhalten in der Regel kein Asyl, werden aber – mit Blick auf die Genfer Flüchtlingskonvention – nicht abgeschoben, sondern mit einer „Aufenthaltsbefugnis“ ausgestattet und geduldet.
  - Wirtschaftsflüchtlinge aus den Armenhäusern der Welt. Sie kommen aus Not, suchen Arbeit und Brot, aber da es keine andere Möglichkeit gibt, im gelobten D-Mark-Land zu bleiben, stellen sie ebenfalls einen Antrag auf politisches Asyl. Sie machen den größten Anteil der Asylbewerber aus.

Ein Ende der Wanderbewegung ist nicht in Sicht. Aus den Hungerländern Afrikas und Asiens, aus den Kriegs- und Krisengebieten des Nahen und Fernen Ostens schwillt der Zustrom der Armutswanderer stetig an. Und die meisten von ihnen wollen nach Deutschland – nicht nur, weil dort Milch und Sozialhilfe fließen und sein Mercedes-besternter Reichtum in aller Welt bekannt ist, sondern weil hier ein einziges Wort als Sesam-öffne-dich genügt: „Asyl“. Durch Artikel 16 des Grundgesetzes, „Politisch Verfolgte genießen Asylrecht.“, eine weltweit einzigartige Bestimmung in der Verfassung. 5

Wer immer die deutsche Grenze erreicht und das Zauberwort „Asyl“ ausspricht, muss aufgenommen werden, so lange bis das Ausländeramt und ein Richter darüber befunden haben, ob der Asylantrag begründet ist oder nicht.

Das kann dauern. Denn in vielen Fällen ist die Prüfung schwieriger als die Gewissensausforschung eines Kriegsdienstverweigerers.

In vielen dieser Zweifelsfälle wird bisher zwar die Anerkennung des politischen Asyls versagt, gleichzeitig aber aus humanitären Gründen eine Duldung – künftig „Aufenthaltsbefugnis“ – wie für Bürgerkriegsflüchtlinge ausgesprochen.

So erklärt es sich, dass von hundert Asylbewerbern zwar nur fünf als Asylanten anerkannt werden, aber fünfzig im Land bleiben und arbeiten dürfen.

So erklärt es sich auch, dass in den Köpfen vieler Deutscher der Eindruck eines massenhaften Missbrauchs des Aufnahme- und Asylrechts entstanden ist.

Quelle: Stern, Nr. 37, 1990

Denen werd ich ...! Karikatur: Tomicek

„In 176 Ländern der Erde sind wir Deutschen selbst Ausländer. Tun wir also nicht so, als wären wir allein auf der Welt."

Die Würde des Menschen ist unantastbar.
Sie zu achten und zu schützen, ist Verpflichtung aller staatlichen Gewalt.
Das deutsche Volk bekennt sich darum zu unverletzlichen und unveräußerlichen Menschenrechten als Grundlage jeder menschlichen Gemeinschaft, des Friedens und der Gerechtigkeit in der Welt.

Artikel 1 Absatz 1 und 2 Grundgesetz

1. **In welche verschiedenen Gruppen versuchen die Texte, die Flüchtlinge einzuteilen?**
2. **Wie stehen Sie zu der Frage zur Aufnahmebereitschaft und -verpflichtung der Bundesrepublik Deutschland gegenüber verfolgten Ausländern?**
3. **Worin liegen Ihrer Meinung nach die Ursachen der nach wie vor in Teilen der Bevölkerung vorhandenen Ausländerfeindlichkeit, obwohl die Bundesrepublik Deutschland seit den Sechzigerjahren viele „Gastarbeiter" beschäftigte und deshalb eigentlich keine Probleme haben dürfte?**
4. **Wie würden Sie sich verhalten, wenn man in Ihrer Nachbarschaft Asylsuchende unterbringen oder ein Wohnheim für Ausländer errichten wollte?**

6 Mit der Einreise in die Bundesrepublik Deutschland wird ein Asylantrag gestellt. Er wird von den zuständigen Behörden geprüft. Dabei geht es um die Feststellung, ob der Asylbewerber in seinem Heimatland tatsächlich politisch verfolgt wird oder ob andere Gründe für die Ausreise bzw. Flucht vorliegen (Kriminalität oder so genannte „Wirtschaftsasylanten").

Asyl ist ausgeschlossen für:

- Einreisende aus EU-Mitgliedsstaaten.
- Einreisende aus „sicheren“ Drittstaaten, d.h. aus Ländern, in denen die Anwendung der Genfer Flüchtlingskonvention und der Europäischen Menschenrechtskonvention sichergestellt ist.
- Einreisende aus „Verfolgungsfreien Ursprungsstaaten“, d.h., dass gewährleistet scheint, dass eine politische Verfolgung ausgeschlossen ist.
- Kriegsflüchtlinge (sie dürfen nur zeitlich befristet bleiben).

Asylantrag wird gestellt. Antragsteller sucht in der Bundesrepublik Deutschland Schutz vor politischer Verfolgung.

↓

Zuständig für die Entgegennahme und Überprüfung des Antrags ist das Ausländeramt.

↓

Bei unbeachtlichem Asylantrag (z. B. Ausländer hat bereits in einem anderen Staat Schutz gefunden) ist der Antragsteller zur sofortigen Ausreise verpflichtet, sonst droht zwangsweise Abschiebung.

Ein Widerspruchsverfahren findet im Normalfall nicht statt. Der Ausländer ist aber nicht rechtlos. Er kann das Verwaltungsgericht anrufen. Wird dem Antrag entsprochen, wird die Entscheidung des Ausländeramtes unwirksam. Die Unterlagen gehen an das Bundesamt.

Ausländerbehörde leitet den Antrag dem Bundesamt zu. Hier wird die Entscheidung getroffen.

↓

Ist der Asylantrag offensichtlich unbegründet, ist der Ausländer zur Ausreise verpflichtet, sonst droht zwangsweise Abschiebung.

Anfechtungsklage ist zulässig. Berufung ist ausnahmsweise möglich.

Anerkennung als Asylberechtigter. Ausländeramt erteilt unbefristete Aufenthaltserlaubnis.

1. Skizzieren Sie die wichtigsten Merkmale des Asylrechtes in der Bundesrepublik Deutschland.
2. Besonders bei der Beurteilung der Asylantenfrage taucht immer wieder ein Blick in die jüngere deutsche Vergangenheit auf. Halten Sie dies für angemessen und gerechtfertigt bzw. geeignet, um das Asylproblem zu beantworten?
3. Versuchen Sie zu beurteilen, ob die Bundesrepublik Deutschland ihrer neuen Rolle als Zufluchtsland für große Zahlen Asylsuchender politisch, wirtschaftlich und kulturell gerecht werden kann.

2.2.2 Problematik der Schwangerschaftsunterbrechung – oder: Wann beginnt das Recht auf Leben?

Die Auseinandersetzung um die Frage, ob Abtreibungen bzw. Schwangerschaftsunterbrechungen legal oder illegal sind, hat eine lange Geschichte. Schon 1871 wurde im damaligen Strafgesetzbuch festgelegt, dass „... eine Schwangere, welche ihre Frucht abtreibt oder im Mutterleib tötet, mit Zuchthaus"... bestraft werden sollte. In der Weimarer Republik wurde eine Reform dieses Paragrafen diskutiert, eine Änderung fand aber nicht statt. Die Nationalsozialisten sprachen dann wiederum von der „Gebärpflicht der Frau" und setzten auf Abtreibungen „werten Lebens" harte Strafen, mitunter sogar die Todesstrafe ...

Im § 218 fand der Schwangerschaftsabbruch auch Eingang in das Strafgesetzbuch der Bundesrepublik Deutschland. Die grundsätzlichen Bestimmungen des Gesetzes von 1871 wurden unter dem Druck geänderter Werthaltungen erst fast 100 Jahre später, nämlich Anfang der 70er-Jahre, geändert. Danach konnte eine Abtreibung während der ersten drei Schwangerschaftsmonate unter bestimmten Bedingungen straffrei bleiben. Dazu gehörte z.B. ein Schwangerschaftsabbruch aus

- medizinischen Gründen (schwerwiegende gesundheitliche Gefahren für die werdende Mutter und das ungeborene Kind).
- sozialen Gründen (Abwendung einer Notlage aus der Sicht der gegenwärtigen und künftigen Lebensverhältnisse).
- juristischen Gründen (Schwangerschaft aufgrund einer rechtswidrigen Tat, z. B. Vergewaltigung).

Dieser so genannten **„Indikationsregelung"** in den alten Bundesländern stand nach der Vereinigung die so genannte **„Fristenregelung"** der neuen Bundesländer gegenüber, nach der ein Schwangerschaftsabbruch straffrei in den ersten zwölf Wochen ohne besondere Begründung vorgenommen werden konnte.

Die neue Rechtssprechung entspricht weitgehend der Indikationsregelung. Allerdings muss von einem evtl. Eingriff ein Beratungsgespräch mit festgelegten Institutionen (Kirche, Pro familia usw.) durchgeführt und dokumentiert werden.

Die Haltung der politischen Parteien und Interessenverbände umfasst fast alle denkbaren Positionen zu der Frage der Gesetzmäßigkeit von Schwangerschaftsunterbrechungen.

Markiert werden die Gegensätze durch die katholische Kirche auf der einen Seite, die jegliche Art der Schwangerschaftsunterbrechung als Tötung menschlichen Lebens ansieht und sogar die Pille als Verhütungsmöglichkeit ablehnt ...
und progressiveren Frauenverbänden sowie Parteien auf der anderen Seite, die den betroffenen Frauen die alleinige Entscheidung darüber lassen wollen, ob sie ein Kind austragen möchten oder nicht.

Das Stichwort „Mein Bauch gehört mir." löste schon Anfang der Siebzigerjahre die bis heute andauernde Diskussion über die Frage aus, wer über eine Schwangerschaftsunterbrechung überhaupt entscheidungsbefugt sein kann: die Frau allein, die künftigen Eltern zusammen, der Staat oder die Justiz, Beratungsstellen und Ärzte ...?

 303268L

1. **Worin unterscheiden sich die grundsätzlichen Positionen der Gegner und Befürworter von Schwangerschaftsunterbrechungen?**
2. **Was versteht man unter der „Indikations-“ und der „Fristenlösung“ und wie ist die gegenwärtige gesetzliche Regelung für einen Schwangerschaftsabbruch?**
3. **Führen Sie eine Meinungsumfrage unter Mitschülern, Lehrern, Passanten o. Ä. durch mit der Frage: „Gibt es für Sie ein Recht auf Schwangerschaftsunterbrechungen und wer sollte darüber entscheiden können?“ Werten Sie die Umfrage aus und diskutieren Sie das Ergebnis.**

und/oder

4. **Setzen Sie sich mit den folgenden Aussagen von Schülerinnen und Schülern zur Frage der Schwangerschaftsunterbrechungen auseinander und erläutern Sie dabei Ihre eigene Position.**

„Abtreibung ist Tötung menschlichen Lebens vor der Geburt. Eine Abtreibung verstößt gegen das Grundgesetz und gegen den christlichen Glauben. Nur eine Notlage, die so schwer wiegt, dass eine Fortsetzung der Schwangerschaft der Frau nicht zugemutet werden kann, rechtfertigt eine Unterbrechung. Die Entscheidung dafür kann aber nicht bei der Frau allein liegen …“

(Susanne M., 22 Jahre)

„Der Staat hat die verfassungsrechtliche Schutzpflicht für das Leben, auch für das ungeborene. Die Frage ist nur, *wie* er dieser Pflicht nachkommt. Muss er es tun mit Mitteln des Strafrechtes, weil Strafen die härtesten Mittel sind, oder muss er seine Schutzpflicht anders erfüllen? Wer Frauen schuldig zu sprechen versucht, der sollte auch über die Schuld des Staates klagen, der Hilfe unterlassen hat etwas für die soziale Sicherheit des werdenden Lebens zu tun.“

(Gunhild K., 19 Jahre)

„Wo bleibt in der ganzen Diskussion um Abtreibungen eigentlich die Rolle des Vaters?“

(Sabrina H., 17 Jahre)

„Der beste Schutz gegen Schwangerschaftunterbrechungen und seelische Notlagen ist doch eine verantwortungsvolle Verhütung ungewollter Schwangerschaften …“

(Denny D., 18 Jahre)

„Jedes Kind hat ein Recht darauf, willkommen geboren zu werden … Wer vom Schutz des Ungeborenen redet, vergisst allzu leicht die Bedingungen, unter denen Kinder, die nicht willkommen sind, unter Umständen später leben müssen. Ohne die Freude auf ein Kind, ohne Liebe und Fürsorge ist ein Kind, das geboren werden muss, der nicht eben kinderfreundlichen Gesellschaft hoffnungslos ausgeliefert. Abtreibung kann deshalb auch ein Schutz sein …“

(Carolin S., 20 Jahre)

„Warum soll ein ungeborenes Kind, wenn es 11 Wochen alt ist, getötet werden dürfen, wenn es 13 Wochen alt ist, nicht mehr? Das Strafrecht kann hierauf keine Antwort geben. Töten bleibt töten, solange niemand die genaue Grenze ziehen kann, ab welchem Zeitpunkt von einem wirklichen menschlichen Leben des Ungeborenen gesprochen werden kann.“

(Klaus Z., 18 Jahre)

„Gesetzliche Regelungen können Abtreibungen sowieso nicht verhindern. Auch Frauen haben ein Recht auf freie Entfaltung der Persönlichkeit. Die Entscheidung für oder gegen eine Schwangerschaftsunterbrechung ist aber weder eine Sache des Staates noch eine Frage, die die Frau allein beantworten kann. Entschieden werden muss sie von den Eltern des ungeborenen Lebens.“

(Kai K., 18 Jahre)

„Eine Gesellschaft, die den Eltern und vor allem der Mutter die volle Verantwortung für ihre Kinder aufbürdet, muss diese auch in freier Selbstverantwortung entscheiden lassen, ob sie ein Kind will oder nicht …“

(Marina L., 19 Jahre)

3 Der Aufbau des Gerichtswesens

1 Die ordentliche Gerichtsbarkeit und den Zusammenhang zwischen den einzelnen Instanzen zeigt die folgende Übersicht:

Zivilgerichte	Strafgerichte
Zivilgerichte Private Rechtsstreitigkeiten zwischen Personen. Klage erhebt eine der Parteien. Beispiel: Ein Mieter ist mit seinen Mietzahlungen ein halbes Jahr in Verzug. Der Vermieter verklagt ihn. ↓	**Strafgerichte** Verletzung von Gesetzen durch Straftaten Staatsanwalt erhebt die Anklage. Beispiel: Zwei Jugendliche brechen in eine Gaststätte ein und entwenden die Tageskasse, nachdem sie mit vorgehaltener Pistole den Wirt zur Öffnung gezwungen hatten. ↓
Amtsgerichte Vermögensrechtliche Ansprüche bis zu einem Streitwert von 5.000,00 DM. Sonstige Streitigkeiten, wie z. B. Miet-, Unterhalts-, Nachlass-, Vormundschafts-, Zwangsvollstreckungsfragen. Ein Richter entscheidet allein bei allen Zivilsachen des Amtsgerichtes.	**Amtsgerichte** Straftaten werden nach der angedrohten Strafe eingeteilt. Maßgebend ist in erster Linie das Strafgesetzbuch (StGB). Man unterscheidet zwischen Verbrechen (Taten, die im Mindestmaß mit einer Freiheitsstrafe von 1 Jahr bedroht sind) und Vergehen (Taten, die mit geringeren Freiheitsstrafen oder Geldstrafen geahndet werden).

Berufung mit neuen Beweisen ↓

Bei Berufungen gilt insbesondere das Verschlechterungsverbot, d. h., im Berufungsurteil darf der Angeklagte nicht härter bestraft werden als in der 1. Instanz, wenn er selbst die Berufungsverhandlung angestrebt hat.

Zivilgerichte	Strafgerichte
Landgericht Zivilkammer des Landgerichtes ist zuständig bei allen vermögensrechtlichen Ansprüchen über 5.000,00 DM. Entscheidung in der Regel durch 3 Berufsrichter. Es besteht auch die Möglichkeit, dass Rechtsstreitigkeiten, die nicht von grundsätzlicher Bedeutung sind, von einem Einzelrichter entschieden werden (Berufsrichter).	**Landgericht** **Kleine Strafkammer** entscheidet über die Berufung gegen das Urteil eines Einzelrichters aus der 1. Instanz. Besetzung: 1 Berufsrichter und 2 Schöffen **Große Strafkammer** entscheidet über die Berufung gegen das Urteil aus der 1. Instanz und über Verbrechen, die nicht zur Zuständigkeit eines anderen Gerichtes gehören oder durch den Staatsanwalt angeklagt werden (als 1. Instanz). Besetzung: 3 Berufsrichter und 2 Schöffen Schwurgerichte sind zuständig für Verbrechen der Unzucht und Notzucht mit Todesfolge, des Mordes und Todschlags, der Kindestötung und weiterer Verbrechen mit Todesfolge.

Berufung mit neuer Verhandlung und neuen Beweisen ↓

Zivilgerichte	Strafgerichte
Oberlandesgerichte Entscheidungen bei Berufungen gegen die Urteile der Landgerichte als 1. Instanz. Urteile, die das Landgericht als 2. Instanz gefällt hat, können beim Oberlandesgericht nicht mehr angefochten werden. Besetzung: 3 Berufsrichter	**Oberlandesgerichte** Entscheidung, wenn gegen die Berufungsurteile der kleinen und großen Strafkammer (auch als Schwurgericht) Revision eingelegt wird. Entscheidung als 1. Instanz, wenn eine Straftat gegen die besonderen Interessen des Staates vorliegt (z. B. Hochverrat, Anschlag auf ausländische Staatsgäste). In diesem Falle entscheiden 5 Berufsrichter, während das Oberlandesgericht sonst mit 3 Berufsrichtern besetzt ist. ↓

Revision ohne neue Beweise, lediglich Überprüfung der Rechtmäßigkeit des gefällten Urteils

Zivilgerichte	Strafgerichte
Bundesgerichtshof in Karlsruhe Zuständigkeit bei der Revision gegen die in der Berufungsinstanz vom Oberlandesgericht gefällten Urteile oder im Rahmen der Sprungrevision gegen die in der 1. Instanz gefällten Urteile.	**Bundesgerichtshof** in Karlsruhe Zuständigkeit sobald gegen die in 1. Instanz ergangenen Urteile des Landes- oder Oberlandesgerichtes Revision eingelegt wird.

2

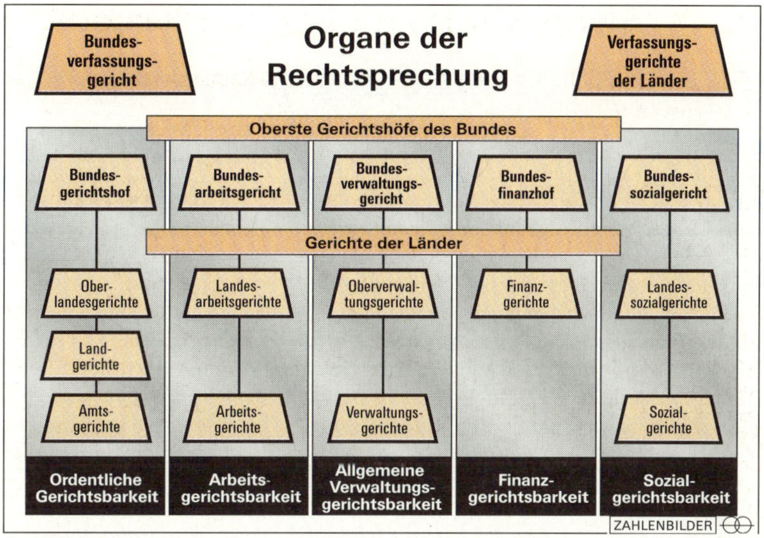

 129 010

Die Urteile werden in der ordentlichen Gerichtsbarkeit von Berufs- und Laienrichtern gefällt. Die sog. Schöffen (Laienrichter) werden von den Gemeinden vorgeschlagen und alle vier Jahre von einem in jedem Amtsgericht gebildeten Ausschuss gewählt.

Die Laienrichter werden in einer sog. Schöffenliste beim Amtsgericht zusammengefasst. Der Schöffe begleitet ein öffentliches Ehrenamt, das nur bei Vorliegen ganz bestimmter Gründe (Gesundheit, ständige Abwesenheit o. Ä.) abgelehnt werden kann.

Oberstes deutsches Gericht ist das **Bundesverfassungsgericht** in Karlsruhe. In Artikel 93 des Bundesverfassungsgesetzes sind seine wichtigsten Aufgaben festgelegt. Danach entscheidet das Bundesverfassungsgericht u. a.

- über Verfassungsbeschwerden wegen Verletzung von Grundrechten durch die öffentliche Gewalt,
- über die Auslegung des Grundgesetzes bei einem Streit über die Rechte und Pflichten der obersten Bundesorgane wie Bundesregierung, Bundesrat oder Bundestag,
- im Falle von Meinungsverschiedenheiten über die Vereinbarkeit von Landes- und Bundesrecht oder deren Übereinstimmung mit dem Grundgesetz.

Neben den genannten Aufgaben ist das Amtsgericht auch für Angelegenheiten im Bereich der **freiwilligen Gerichtsbarkeit** zuständig.

Hierbei geht es weder um die Durchsetzung von Ansprüchen noch um die Verhängung von Strafen gegen Rechtsbrecher. Der Aufgabenbereich der freiwilligen Gerichtsbarkeit umfasst:

- Registerangelegenheiten
  (Handelsregister, Vereinsregister, Genossenschaftsregister, Güterrechtsregister)
- Grundbuchangelegenheiten
  (Grundstückskäufe, -verkäufe, -belastungen)
- Familienrechtsangelegenheiten
  (Vormundschaftssachen, Pflegschaftsangelegenheiten, vorzeitige Volljährigkeitserklärungen)
- Erbrechtsangelegenheiten
  (Nachlasssicherung, Nachlassteilung)

4 Strafverantwortung und Rechtsfolgen

Mord an 83-jähriger Frau

Zwei 13-Jährige haben die Tat gestanden

1 Entsetzen löste eine schreckliche Bluttat in einer nordhessischen Kleinstadt aus. Zwei 13-jährige Kinder hatten versucht einer 83-jährigen Frau Geld abzunehmen. Als die Frau sich wehrte, griff einer der beiden zu einem Baseballschläger und erschlug die Frau. Der von Nachbarn herbeigerufene Notarzt konnte nur noch den Tod der alten Dame feststellen. Wie die Polizei mitteilte, kamen die beiden noch am Tatort festgenommenen Kinder aus durchaus sozial guten Verhältnissen. Während über die Motive dieser fürchterlichen Bluttat noch nichts bekannt ist, gehen die Diskussionen in der Frage, was nun mit den Tätern geschehen solle, sehr weit auseinander. Während einige meinen, die beiden Kinder seien wegen ihres Alters strafrechtlich nicht zu belangen, fordern andere trotz der geordneten Familienverhältnisse die sofortige Einweisung in ein Heim. Am weitesten gehen die Forderungen nach einer Gefängnisstrafe. Ganz extreme Meinungen hielten sogar die Todesstrafe als Abschreckungsmaßnahme für erforderlich, weil die Täter immer jünger und brutaler werden und „Mord völlig unabhängig vom Alter immer Mord bleibe“. Es sei schon schlimm genug, dass man erwäge, dass Ladendiebstahl als Kleindelikt straffrei werden solle. Die Folge einer Verharmlosung von Strafdelikten und einer allzu sozial gesinnten Rechtssprechung würden immer deutlicher, erklären Befürworter einer harten Gangart. „Kinder können nicht gleichermaßen verantwortlich gemacht werden wie Erwachsene“, man könne kein 13-jähriges Kind lebenslang einsperren, weil es die Folgen seiner Tat gar nicht absehen konnte und vielfach nicht die Kinder, sondern die Erziehung der Eltern und das soziale Umfeld die wahren Schuldigen seien, so die andere Meinung.

Und was meinen Sie? Diskutieren Sie in einem Rollenspiel, was man unter einer „gerechten“ Strafe zu verstehen hat oder verstehen kann.

„Der Angeklagte war zur Tatzeit Jugendlicher“, heißt es in mancher Urteilsbegründung. Und da macht es eben einen Unterschied, ob man 12, 15 oder 19 Jahre alt ist, wenn man z. B. einen Automaten „knackt“. Und manch einer wünschte sich dann, jünger zu sein. Mündigkeit ist keine Strafe, sondern eine Chance sein Leben selber in die Hand zu nehmen, und so ist auch Strafmündigkeit ein notwendiger Teil der wachsenden Eigenverantwortlichkeit. Der Gesetzgeber hält auch hier ein Stufenmodell für angemessen, um den jeweiligen Entwicklungsstand des jungen Menschen zu berücksichtigen. Die rechtlichen Grundlagen sind im Jugendgerichtsgesetz (JGG) verankert.

2 Staatsanwalt und Jugendrichter haben einen gewissen Ermessensspielraum bei kleineren Verfehlungen von einer Gerichtsverhandlung abzusehen. Das kann z. B. dann der Fall sein, wenn es sich um einen sehr geringfügigen Schaden handelt, dieser bereits wieder gutgemacht worden ist und der Staatsanwalt sicher sein kann, dass die Eltern von sich aus entsprechende Maßnahmen ergreifen. Dies gilt nicht mehr im Wiederholungsfall.

Rücksichtnahmen auf das Alter sind kein Freibrief. Kinder bis zum 13. Lebensjahr sind zwar strafunmündig, können also rechtlich in keinerlei Form für schuldig befunden werden, bei bestimmten Verfehlungen können und müssen jedoch Erziehungsmaßnahmen ergriffen werden. In einem besonders schlimmen Fall kann z. B. eine Heimerziehung angeordnet werden.

Alter	Strafverantwortung	Rechtsfolgen
bis 14 Jahre: **Kind**	Nicht strafrechtlich verantwortlich, aber Bestrafung der Eltern wegen Vernachlässigung der Aufsichtspflicht möglich.	Einschaltung des Vormundschaftsgerichtes und des Jugendamtes möglich.
14–18 Jahre: **Jugendlicher**	Strafrechtlich verantwortlich, wenn eine dem Alter entsprechende geistige Einsicht vorliegt. Auch Jugendliche können demnach strafrechtlich zur Verantwortung gezogen werden.	Nach Regelung des Jugendgerichtsgesetzes: **Erziehungsmaßregeln:** Teilnahme an Verkehrsunterricht, Arbeit im Krankenhaus oder beim Roten Kreuz, Anordnung eines Erziehungsbeistandes oder einer Fürsorgeerziehung. **Zuchtmittel:** Verwarnung, Verpflichtung zur Schadenswiedergutmachung, zur Entschuldigung beim Geschädigten, zur Zahlung einer Geldsumme an eine gemeinnützige Vereinigung. Freizeitarrest oder Kurzarrest (bis zu 6 Tage) oder Dauerarrest (höchstens 4 Wochen). **Jugendstrafe:** Verurteilung zu ungewisser Dauer (6 Monate bis 4 Jahre), falls „schädliche Neigungen" vorliegen. Verurteilung zu einer Strafe zwischen 6 Monaten und 10 Jahren bei besonders schweren Verbrechen.
18–21 Jahre: **Heranwachsender**	Voll strafrechtlich verantwortlich. Nur dann Anwendung des Jugendstrafrechts, wenn sittliche und geistige Entwicklungskräfte wie bei einem Jugendlichen vorliegen.	Bei bestimmten Voraussetzungen Anwendung des Jugendstrafrechts, sonst normales Strafrecht.
ab 21 Jahre: **Erwachsener**	Voll strafrechtlich verantwortlich.	Normales Strafrecht.

Der Vorrang der Erziehung vor der Strafe kommt auch dadurch zum Ausdruck, dass bei Jugendgerichtsprozessen die Öffentlichkeit ausgeschlossen ist.

Erziehungsmaßregeln, Verwarnungen und Auflagen erscheinen auch nicht im „Strafregister" und somit auch nicht in einem polizeilichen Führungszeugnis, das z. B. ein Arbeitgeber verlangen kann. Solche Maßnahmen werden jedoch in einem „Erziehungsregister" gespeichert. Die Justizbehörden können sich auf diese Weise einen Überblick über die Vorgeschichte eines Falles verschaffen.

Quelle: PZ, Nr. 19, Nov. 1986, Seite 6, 7 (Auszüge)

1. **Erläutern Sie den strafrechtlichen Unterschied zwischen einem Kind, einem Jugendlichen, einem Heranwachsenden und einem Erwachsenen.**
2. **Diskutieren Sie über Ihnen persönlich bekannte Fälle von Jugendkriminalität, die verhängten Maßnahmen und deren Wirkungen.**

THEMENKREIS 3:
Freie Information und Meinungsbildung – ein wesentlicher Bestandteil unserer Demokratie

Ein gläserner Kopf, total verkabelt, angeschlossen an alle Informationsstränge der Welt – eine Horrorvorstellung oder absehbare Zukunft?

„Nur nicht übertreiben“, sagen die Optimisten, „ihr werdet Euch noch alle wundern“, klagen die Pessimisten und deuten die Zeichen der Zeit.

Zerbrochen wird sich der Kopf über den „mündigen“ Bürger – ist er es nun oder ist er es nicht, kann er die Verantwortung der freien Entscheidung über Informationskonsum verkraften oder nicht – wird (ist) er durch Rundfunk, Presse, Fernsehen, Kabel, Internet ... gar nicht, ein bisschen, ein bisschen zu viel oder sogar total manipuliert, ab wann werden die Medien zur Last oder vielleicht sogar zur Gefahr?

Fragen über Fragen, die an einer Tatsache nicht vorbeiführen:
Wir können, wollen und müssen „mit den Medien leben“.

1 Arten der Massenmedien

1.1 Das gedruckte Wort – die Presse in ihrer Vielfalt

Unter dem Begriff Presse werden Druck-Erzeugnisse zusammengefasst, die in regelmäßigen Abständen erscheinen. Dies sind Zeitungen, Zeitschriften, Illustrierten und Magazine.

Zeitungen wollen neben der allgemeinen Information und Unterhaltung ihre Leser politisch informieren, deren Meinungsbildung anregen, aber auch die Regierenden kritisieren.

Unterscheidung nach ihrem Verbreitungsgebiet

- **Überregionale Zeitungen:** Sie sind im gesamten Bundesgebiet verbreitet, verfügen über eine relativ große Redaktion, die nach Sachgebieten unterteilt ist (z. B. Außen-, Innenpolitik, Wirtschaft, Sport usw.); außerdem stehen ihnen Korrespondenten im In- und Ausland zur Verfügung (z. B. Frankfurter Rundschau, Die Welt, Die Zeit usw.).
- **Regionale Zeitungen (Lokalzeitungen)** werden überwiegend in einem begrenzten Gebiet verkauft. Ein Schwerpunkt liegt auf den lokalen Berichten durch eigene Reporter (z. B. Kölnische Rundschau, Rheinische Post, Berliner Morgenpost, Der Magdeburger, Ostsee-Zeitung u. a.).

Unterscheidung nach ihrer Vertriebsform

- **Abonnementszeitungen:** Die Mehrzahl der Tageszeitungen wird im Abonnement vertrieben. Der Leser hat sich für einen bestimmten Zeitraum zur Abnahme jeder Ausgabe verpflichtet und bekommt die Zeitung ins Haus zugestellt. (z. B. WAZ; Hessisch-Niedersächsische Allgemeine, Thüringer Allgemeine usw.)

- **Boulevardzeitungen (Verkaufszeitungen):** Sie werden hauptsächlich an Kiosken oder in anderen Geschäften einzeln gekauft. Mit aufreißerischen Überschriften und Bildern muss der Käufer jeden Tag neu gewonnen werden (z. B. Bild, Express, Super)

- **Anzeigenblätter:** Werden kostenlos an alle Haushalte eines Gebietes verteilt. Finanzieren sich lediglich von den Einnahmen aus der Werbung. Daher überwiegt diese auch gegenüber einem relativ kleinen redaktionellen Teil, der sich überwiegend auf Lokalnachrichten und Sport beschränkt.

Unterscheidung nach ihrer Erscheinungshäufigkeit

- **Tageszeitungen:** Sie erscheinen jeden Wochentag und bringen überwiegend die aktuellsten Meldungen vom vergangenen Tag. Damit stehen sie in direkter Konkurrenz zur Berichterstattung in Rundfunk und Fernsehen (z. B. WAZ, Frankfurter Rundschau, Dresdner Morgenpost, Leipziger Volkszeitung).

- **Wochenzeitungen:** Da sie wöchentlich einmal erscheinen, geht es ihnen weniger um die Veröffentlichung von Tagesnachrichten, sondern mehr um deren Einordnung in größere Zusammenhänge und ausführlichere Analysen und Kommentare (z. B. Die Zeit, Deutsches Allgemeines Sonntagsblatt, Rheinischer Merkur/Christ und Welt, Welt am Sonntag, Märkische Woche, Wochenpost).

Illustrierten und Zeitschriften
dienen in erster Linie der Unterhaltung. Sie bieten aber auch politische Informationen. Diese sind oft personenbezogen, d. h., es wird über Politiker berichtet oder über Menschen, die unter bestimmten politischen Ereignissen leiden bzw. diese zu ihren Gunsten und auf Kosten anderer ausnutzen (z. B. Stern, Bunte, Fernsehzeitschriften wie Hörzu usw.).

Nachrichtenmagazine wollen mit politischen und wirtschaftlichen Informationen und Analysen im unterhaltenden Stil aufklären, anregen und kritisieren. Sie verpacken ihre Informationen oft in Geschichten oder bringen sie personengebunden (z. B. Der Spiegel, Focus, Forbes).

1.2 Aufgaben der Massenmedien

Massenmedien haben in einer Demokratie neben der Unterhaltung und Bildung drei wichtige **politische Funktionen:**

Information der Bürger	Mitwirkung an der Meinungsbildung	Kontrolle und Kritik

Die Informationsfunktion

1 Die Massenmedien sollen so vollzählig, sachlich und verständlich wie möglich informieren, damit die Staatsbürger in der Lage sind, das öffentliche Geschehen zu verfolgen. Mit ihren Informationen sollen die Presse, der Hörfunk und das Fernsehen dafür sorgen, dass der Einzelne die wirtschaftlichen, sozialen und politischen Zusammenhänge begreift, die demokratische Verfassungsordnung versteht, seine Interessenlage erkennt und über die Absichten und Handlungen aller am politischen Prozess Beteiligten so unterrichtet ist, dass er selbst aktiv daran teilnehmen kann – als Wähler, als Mitglied einer Partei oder auch einer Bürgerinitiative.

Quelle (Text): Bundeszentrale für politische Bildung (Hrsg.), Informationen zur politischen Bildung, Heft 208, S. 1

Die einzelnen Gruppen, Parteien und Verbände in unserer Gesellschaft informieren unterschiedlich und versuchen die Öffentlichkeit in ihrem Sinne zu unterrichten. So strömt über die o. g. Massenmedien täglich eine Flut unterschiedlichster Informationen auf den Einzelnen ein. Obwohl die zuständigen Mitarbeiter dieser Medien auch schon aus der Fülle angefallener Ereignisse die ihrer Meinung nach wichtigsten ausgewählt haben, muss der Einzelne versuchen aus dieser Vielzahl von Informationen die für ihn interessantesten herauszuziehen, damit sie Grundlage seiner Meinungsbildung werden können. Hierzu bedient er sich i. d. R. mehrerer Medien.

Denn nur, wer ausführlich und richtig informiert ist, kann sich eine sachliche Meinung bilden, kann mitreden und mitgestalten.

Die Meinungsbildungsfunktion

2 Eine funktionierende Demokratie setzt mündige Bürger voraus, die sich aufgrund von Informationen eigene Meinungen bilden.

Bei der Meinungsbildung fällt den Massenmedien ebenfalls eine bedeutsame Rolle zu. Dies ergibt sich aus der Überzeugung, in der Demokratie sei allen am meisten damit gedient, wenn Fragen von öffentlichem Interesse in freier und offener Diskussion erörtert werden. Es besteht dann die Hoffnung, dass im Kampf der Meinungen das Vernünftige die Chance hat sich durchzusetzen. Auch hier ist natürlich wieder zu bedenken: Die Meinungen, die sich der einzelne Bürger bildet und beispielsweise in politischen Gesprächen formuliert, kommen nicht in erster Linie aufgrund von Wirklichkeitserfahrung, sondern aufgrund von Wirklichkeitsvermittlung durch die Medien zustande.

Quelle (Text): Bundeszentrale für pol. Bildung, a.a.O. S.1

Die Kritik- und Kontrollfunktion

Ein demokratisches System muss auf zwei Prinzipien aufgebaut sein: Wählbarkeit und Verantwortlichkeit. Das bedeutet, dass politische Ämter durch Wahl besetzt sein müssen. Die Amtsinhaber sind verpflichtet ihre Tätigkeiten offen zu legen, zu verantworten und kontrollieren zu lassen. Das gilt insbesondere für Parlamentsabgeordnete, die der Wähler nur alle vier Jahre „abberufen“ kann. Zwischenzeitlich werden sie von Oppositions- oder Mehrheitsfraktion, von „gegnerischen“ Interessengruppen, Rechnungshöfen und manchmal von den Verfassungsrichtern kontrolliert.

Wie aber kann der Normalwähler die politischen Amtsträger kontrollieren? Er hat z.B. die Möglichkeiten seinen Wahlkreisabgeordneten zu kontaktieren, Parteimitglied zu werden, bei einer Bürgerinitiative mitzuwirken und/oder zu demonstrieren. Die Wirksamkeit dieser Unternehmungen hängt jedoch davon ab, dass sie durch Zeitung, Radio und Fernsehen bekannt gemacht werden, dass also Öffentlichkeit hergestellt wird. So kann z.B. auch die Opposition im Bundestag oft nur dadurch die Änderung einer Regierungsplanung bewirken, dass sie in einer Pressekonferenz über die anwesenden Journalisten und Fernsehkameras an die Öffentlichkeit tritt und damit einen großen Teil der Wähler informiert und mobilisiert. 3
Heute sind offensichtlich fast alle Kontakt- und Kontrollformen zwischen den Teilen des politischen Systems aufs Engste mit der sog. Massenkommunikation verbunden, die hauptsächlich durch die Massenmedien getragen wird.

Durch Massenkommunikation wird Öffentlichkeit hergestellt. Öffentlichkeit ist mit das wichtigste demokratische Kriterium.

Quelle (Text): Maas, E., Die Rolle der Massenmedien, in: Telekolleg II, München 19, 1990, S.20f.

Die Massenmedien – vierte Gewalt im Staat?

In einer Reihe von politischen Skandalen hat sich schon öfter die Macht der Massenmedien gezeigt.

So deckten z.B. Zeitungen und Zeitschriften und politische Magazine in Funk und Fernsehen schon zahlreiche Umweltskandale, Parteispendenaffären, verbotene Waffenlieferungen (z.B. U-Boot-Affäre mit Südafrika, Chemiewaffen an Libyen, Irak oder Iran), Bestechungsskandale (z.B. Bauskandal in Berlin, Mitarbeit bei der ehemaligen Stasi in der früheren DDR von Politikern usw.) auf.

Die Medien sorgten durch den von ihnen in der Öffentlichkeit entstandenen Druck für eine Aufnahme der Verfahren, Beseitigung evtl. Unrechtmäßigkeiten, evtl. Aufnahme von Gerichtsverfahren und den Rücktritt von Politikern.

2 Ausgewählte Probleme der Massenmedien

Auszug aus einer Ansprache von Joseph Goebbels über die Aufgaben der Presse am 18. März 1933:

„Wie ich schon betont habe, soll die Presse nicht nur informieren, sondern muss auch instruieren. Ich wende mich dabei vor allem an die ausgesprochen nationale Presse. Meine Herren! Sie werden auch einen Idealzustand darin sehen, dass die Presse so fein organisiert ist, dass sie in der Hand der Regierung sozusagen ein Klavier ist, auf dem die Regierung spielen kann, dass sie ein ungeheuer wichtiges und bedeutsames Massenbeeinflussungsinstrument ist, dessen sich die Regierung ... bedienen kann."

Aus einer Ansprache von Joseph Goebbels über die Aufgaben der Presse am 18. März 1933, in: Joseph Wulf: Presse und Funk im Dritten Reich. Eine Dokumentation. Mohn Verlag Gütersloh 1964, S. 63.

2.1 Die Sache mit der Nachricht – oder: das Ereignis auf dem Weg zum „Empfänger"

1 Von den Massenmedien erwarten ihre Leser, Zuhörer bzw. Zuschauer, dass sie umfassend, schnell und wahr über die aktuellen Tagesereignisse in der ganzen Welt informiert werden. Um diesen Anspruch erfüllen zu können, muss eine Redaktion selbst umfassend informiert sein.

Die **Nachricht** besteht im Idealfall aus Fakten, das sind nachweisbare Tatsachen. Je nach Leserkreis der Zeitung wird eine Nachricht mehr oder weniger ausführlich sein. Die wesentlichen Merkmale einer Nachricht sind:

- Sie soll neu und aktuell, d. h. von allgemeinem Interesse sein.
- Sie berichtet über ungewöhnliche Ereignisse, gegensätzliche Standpunkte, bekannte Personen und auffällige Neuerungen.
- Sie kann Auswirkungen für den persönlichen Bereich nennen, Übereinstimmungen mit den eigenen Problemen aufzeigen und Anteilnahme ermöglichen.

303278L

Jede Nachricht soll die Fragen beantworten:

- **Was** geschah?
- **Wer** war beteiligt?
- **Wo** geschah es?
- **Wann** geschah es?
- **Wie** oder **warum** geschah es?

} – (5 Ws)

Es gibt aber nicht nur Nachrichten, sondern auch solche Artikel, in denen Berichte des täglichen Geschehens besprochen werden. Hier wird also über eine Beschreibung eines Geschehens (Bericht) hinaus die Meinung des Verfassers oder der Zeitung zum Ausdruck gebracht.

Diese Berichte nennt man **Kommentare.** In ihnen versucht der Verfasser den Leser mit Argumenten und einer möglichst logischen Beweisführung zu überzeugen.

Eine klare Stellungnahme des Journalisten ist meistens zu erkennen, sei es eine entschiedene Kritik oder eine ermunternde Zustimmung.

Ein Kommentar soll also nicht nur möglichst unabhängig und sachlich informieren, sondern der Journalist will den Adressaten in seiner Weise beeinflussen, zum Nachdenken anregen oder zum Widerspruch reizen.

Geschickt wird dabei an einer Stelle des Kommentars Neutralität und Zuverlässigkeit versichert, obwohl der aufmerksame Leser, Zuschauer oder Zuhörer zwischen den Zeilen die übergeordnete Überzeugung oder die parteipolitische Zuneigung erkennen kann.

Im Einzelnen soll der Kommentar:

- das Ereignis erklären und deuten,
- dazu Stellung nehmen durch Zustimmung oder Ablehnung,
- mit vorangegangenen oder anderen Geschehen vergleichen,
- Verbesserungsvorschläge machen und
- Voraussagen wagen.

Eine gute Berichterstattung trennt deutlich die Nachricht und den Bericht vom Kommentar. Der Kommentar ist mit dem Namen des Journalisten gekennzeichnet und wird von einigen Zeitungen in einer anderen Schrift gedruckt.

1. **Nennen Sie mögliche Ursachen von Nachrichtenverfälschungen.**
2. **Vergleichen Sie die Nachrichten aus verschiedenen Zeitungen zum gleichen Ereignis und überprüfen Sie, ob folgende von der dpa aufgestellte Forderung zutrifft:**

   Leitsatz für Nachrichtenredakteure:

   „Nachrichten müssen vor allem wahr sein. Wahrheit, soweit ergründbar, ist das oberste Ziel. Nur so sind Nachrichten für die Menschen eine zuverlässige Entscheidungshilfe." – Noch etwas liegt in der Verantwortung des Nachrichtenredakteurs: Nachricht ist von Meinung zu trennen.

   (Quelle: dpa-Richtlinien, o. J.)
3. **Welche Unterschiede bestehen zwischen einem Kommentar und einer Nachricht?**
4. **Was will ein Autor mit einem Kommentar erreichen?**

5. **Nehmen Sie an, dass an Ihrer Schule auch in der SV über das Thema „Raucherecke“ diskutiert wurde und Sie den Auftrag haben, für die Schülerzeitung „Impuls“ einen Bericht und einen Kommentar zu verfassen. Für beides muss eine passende Überschrift gefunden werden.**

Situation:

Von den insgesamt 50 eingeladenen Schülervertretern waren 19. November lediglich 19 anwesend. Ob es am Thema oder an anderen Gründen lag, konnte nicht festgestellt werden. Der Schulsprecher bedauerte dies sehr, ließ aber trotzdem abstimmen. Von den 19 waren lediglich 10 für und 9 gegen die Einrichtung der Raucherecke. Die Sitzung begann um 08:00 Uhr und endete um 10:30 Uhr. Sie selbst sind Raucher/Nichtraucher (eigene Rollenbestimmung) und haben in der rund zweistündigen Diskussion viele Pro- und Contra-Argumente gehört. Dabei wurde neben einem völligen Rauchverbot an der Schule (was dann auch für Lehrer gelten sollte) bis hin zu der Forderung nach einem Raucherraum für Schüler/innen im Inneren des Gebäudes alles erörtert, was den Diskussionsteilnehmern dazu einfiel. Manchmal hätte man sich in der Aussprache auch mehr Disziplin erwünscht. Ob das Ergebnis überhaupt den mehrheitlichen Willen der Schüler, die mehrheitlich als Passivraucher betroffen sein könnten, widerspiegelt, bleibt dahingestellt. Gesundheitspolitischen Erkenntnissen dürfte es jedenfalls nicht entsprechen. Einig war man sich nur darin, dass keine Zigarettenautomaten in der Nähe der Schule aufgestellt werden sollten und dass die Raucherecke von den Schülern gekehrt werden müssen. Ob dann auch die Nichtraucher den Besen mitschwingen müssen, soll erst später geklärt werden ...

Schreiben Sie einen Bericht und eine Kommentar und vergleichen Sie dies mit den Ergebnissen Ihrer Mitschüler/innen. Diskutieren Sie über die Probleme, die bei der Abfassung entstanden.

2

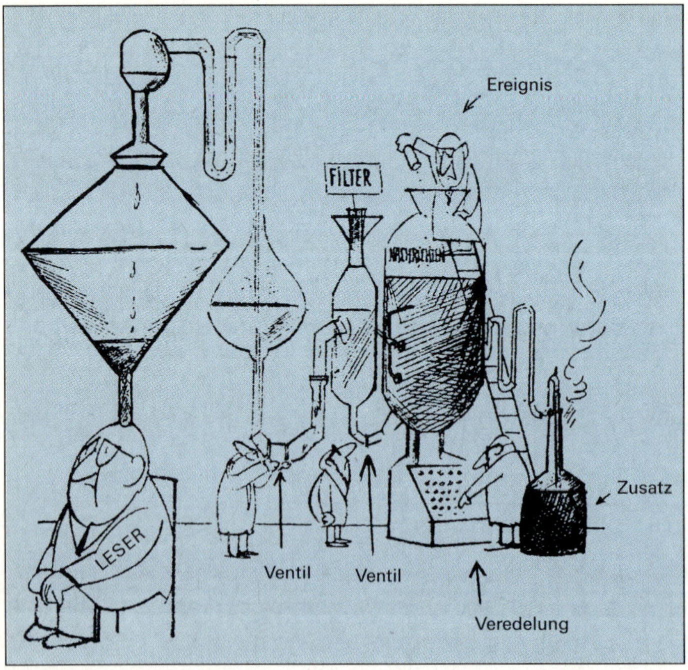

Die Nachrichtenfabrik
Zeichnung: Hanel

303280L

Auflagenhöhe und Einschaltquoten – Sorge und Nöte eines „Nachrichtenmachers“

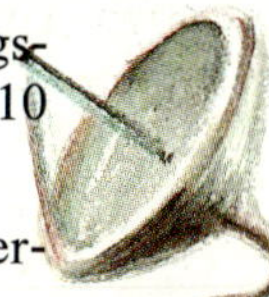

Hier müssen in 25 Minuten die Rotationsmaschinen laufen, der Zeitungsandruck muss beginnen, dort erwarten die Zuschauer und Zuhörer in 10 Minuten das Aktuellste vom Tage im Radio oder auf der Mattscheibe.

Jeder **sucht die** Topinformation ... Auf den Redaktionstischen liegen meterlange Filmstreifen, aus den Nachrichtentickern quillt das Papier.

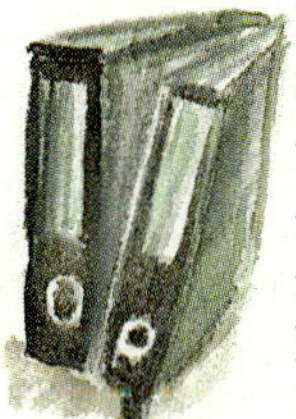

Dazwischen sitzen die Redakteure, die „Nachrichtenmacher“. Sie stehen immer wieder vor der gleichen Frage:

Wichtig – was ist wichtig? Was muss der Hörer oder Leser wissen, auf was kann er verzichten? Was kommt zu Beginn, was kommt zum Schluss? Wer steht wie lange im Rampenlicht der Scheinwerfer, wer darf wann was sagen?

Was interessiert am meisten – wie gestaltet man die Sendung und die Nachricht, damit man gute Einschaltquoten hat?

Der Nachrichtenmarkt – oder: Wer bestimmt eigentlich das Angebot?

Von den meisten aller Geschehen auf der Welt erfahren die Leser, Zuhörer bzw. Zuschauer nichts, weil diese Ereignisse nicht zur Kenntnis der Agenturen oder der Massenmedien gelangen. Die meisten aller Ereignisse, die den Medien bekannt werden, gelangen nicht zu den Lesern, Zuschauern bzw. Zuhörern, da die Redaktionen eine Auswahl treffen.

Hier sind Aktualität, eine aus der Sicht der Redaktion gute Information oder aber auch Einschaltquoten bzw. Auflagenzahlen die Kriterien.

Viele Menschen erfahren von den gedruckten bzw. gesendeten Nachrichten nichts, da sie nicht alle Zeitungen und Zeitschriften lesen bzw. alle Nachrichtensendungen und Magazine sehen oder hören können. Daher lässt sich durchaus Folgendes sagen:

4 Aus der Überfülle des zur Verfügung stehenden Materials müssen die Massenmedien eine Auswahl von Informationen und Meinungen zu Nachrichten verarbeiten. Hier beginnt die tägliche Arbeit der Redakteure bei Presse, Rundfunk und Fernsehen. Sie stehen unter dem Anspruch umfassend, wahrheitsgetreu und sachlich zu berichten. Aber in der täglichen Praxis sind der Erfüllung dieses Anspruchs Grenzen gesetzt. Denn Informationsverarbeitung ist ein höchst aktiver, ein schöpferischer Vorgang. In den Redaktionsstuben wird Wirklichkeit erst konstruiert.

Oft vermitteln die Medien ein verzerrtes und vereinfachtes Bild der Wirklichkeit. Ein großer Teil der politischen Nachrichten bezieht sich auf verbale Äußerungen, Meinungen und Spekulationen, nicht auf reale Vorgänge. Die Ereignisse im eigenen Land stehen dabei im Vordergrund. In einem begrenzten Katalog von immer gleichen Grundthemen werden verschiedene Gruppen sehr unregelmäßig beachtet. Mehr als 80 % der politischen Berichterstattung befasst sich mit den Staatsorganen, den Parteien, der Wirtschaft und den Sozialpartnern.

Manipulation der Wirklichkeit liegt auch vor, wenn Reporter, Redakteure, Herausgeber oder Verleger in den Medien gezielt politische Meinungsmache betreiben. Bis vor wenigen Jahren glaubte die Forschung, dass die Massenmedien vorhandene Meinungen beim Zuschauer, Hörer oder Leser nur verstärken, aber nicht verändern könnten. Neuere Studien brachten andere Ergebnisse: Wenn verschiedene Medien übereinstimmend über einen Sachverhalt oder eine Person berichten oder eine Meldung beim Rezipienten auf ein Gebiet trifft, über das er noch keinerlei Vormeinung oder -urteil hat, dann können die Medien sogar sehr stark beeinflussen. Die Werbung arbeitet schließlich nach diesen Prinzipien.

Entscheidend wird dieser Sachverhalt, wenn Lokalzeitungen ohne Konkurrenz sind. Bei den überregionalen Zeitungen wird eine begrenzte politische Tendenz geduldet, ja sogar erwartet. Für die elektronischen Medien gelten die Vorschriften der Rundfunkgesetze und Staatsverträge, die eine Ausgewogenheit im Gesamtprogramm verlangen.

(Quelle: Telekolleg II, Sozialkunde, a. a. O. S. 24 f.)

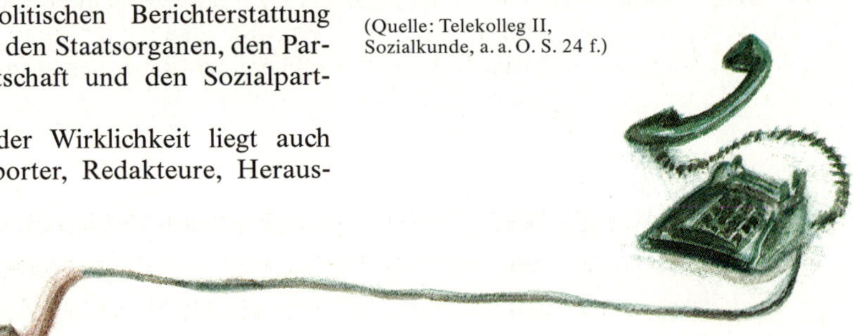

Die Entscheidungen sind nicht immer gleich – Gott sei Dank mögen die einen sagen, dies ist doch ein Beweis für die Vielfältigkeit und Unabhängigkeit der Presse, des Fernsehens und der dort arbeitenden Journalisten. Wenn es das böse Wort des „Meinungsmachers“ nicht gäbe, werden die anderen sagen und darauf hinweisen, dass der einzelne Leser, Hörer oder Zuschauer letztlich ja gar nicht in der Lage sei die Angebotsvielfalt kritisch zu hinterschauen und demzufolge doch den „Machern“ ausgeliefert sei.

Jeder weiß schließlich, dass sich z. B. die täglich erscheinenden Zeitungen durchaus in ihrer Berichterstattung unterscheiden, aber welche Konsequenzen kann ein Leser daraus ziehen? Eigentlich nur die, dass er versucht sich „die passende Nachrichtenquelle“ auszusuchen – doch ist das wirklich nur sein eigenes Problem?

303282L

Das meiste, was geschieht, erfährt die Presse nicht: von dem, was sie erfährt, lässt sie das meiste unberücksichtigt, wird das meiste nicht gelesen. Was bleibt also?

Woher bekommen eigentlich die Massenmedien ihr Nachrichtenmaterial? So leicht, wie es scheint, ist diese Frage nicht zu beantworten; etwa: Die Medien bringen, was passiert. Beim Blick auf die politischen Nachrichten (z.B. der Tagesschau) wird deutlich, dass die meisten Meldungen sich gar nicht auf beobachtbares, faktisches Geschehen, sondern auf verbale Äußerungen, Meinungen und Mutmaßungen beziehen, die meistens von politischen Personen oder Institutionen und organisierten Gruppen bzw. aus deren *organisierten Informationsquellen* stammen. Dort werden Spezialisten als Pressesprecher beschäftigt, ganze Abteilungen sind für Medien- und Öffentlichkeitsarbeit, Werbung bzw. Propaganda zuständig. Es werden Pressekonferenzen, Kongresse, Hearings, Präsentationen veranstaltet; besonderer Wert wird auf die Pflege von Journalisten- und Medienkontakten gelegt.

Diese von Regierung, Parteien und Verbänden ausgegebenen Informationen kann man vereinfachend als offizielle Nachrichten bezeichnen ... Diese Institutionen machen mit den Nachrichten ihrerseits Politik. Sie müssen sich überlegen, dass ihre Nachrichten meinungs- und urteilsbildend wirken und dass sie deshalb so abgefasst sind, dass sie sich zu ihren Gunsten auswirken. Deshalb kann man sagen, dass die Nachrichten im Allgemeinen mehr oder minder gefärbt in eine bestimmte Form gebracht sind oder dass sie beabsichtigen einen Sachverhalt zu verschleiern, zu vernebeln. Diese Färbung der Nachrichten ist eine allgemein menschliche Erscheinung, die keineswegs auf die Politik und die Politiker beschränkt ist. Der Schüler, der vom Lehrer beim Abschreiben ertappt wird, stellt dieses Vorkommnis begreiflicherweise seinen Eltern gegenüber anders dar als der Lehrer; und was man hier vom Kind sagt, kann man in allen Altersstufen beobachten. Der Mensch färbt die Nachricht, an der er selbst interessiert ist, in irgendeiner Form; er verbessert sie, aber er vermindert das für ihn Unangenehme.

2.2 Wer entscheidet in den Massenmedien? Auswahl der Nachrichten in den Redaktionen – Manipulation oder notwendiges Übel?

Wer hat eigentlich die **Macht der Entscheidung** über das, was „gebracht" werden soll? Der Redakteur, der Herausgeber, der Intendant oder vielleicht auch der „Empfänger" selbst, der sich durch Kauf oder Nichtkauf, durch Einschalten, Ausschalten oder Umschalten „bemerkbar" machen kann ...? 1

Da sitzt er nun – der Journalist – und versucht **unparteiisch** und **sachlich** zu entscheiden. Hin- und hergezerrt zwischen verschiedenen Stühlen, denn schließlich ist da ja auch noch die eigene Meinung zum gerade vorliegenden Problem, ... denn ein mündiger Bürger und obendrein ein Wähler mit einer ganz persönlichen Meinung und Einstellung ist der Redakteur ja auch noch ...

Irgendwann fällt die Entscheidung – muss sie fallen. Dann wird aus einem 30-minütigen Film vielleicht gerade noch ein Beitrag von 30 Sekunden – wenn er nicht ganz unter den Tisch fällt. Dann werden aus nicht mehr zu überschauenden Nachrichtenmengen die druckfertigen Schlagzeilen produziert, dann fallen die Entscheidungen, was wichtig und was unwichtig ist ...

Wie eine Zeitung oder Zeitschrift auf ihre Werbeeinnahmen und damit verbunden ihre Auflagenhöhe, sind die privaten Rundfunk- und Fernsehanstalten ebenfalls auf ihre Einschaltquoten angewiesen, da sie sich nur aus Werbeeinnahmen finanzieren. Die öffentlich-rechtlichen Funk- und Fernsehanstalten dagegen haben eine politische und gesellschaftliche Funktion zu erfüllen. Diesen Aufgaben will man möglichst gut gerecht werden, obwohl auch Einschaltquoten über Sendungen und Personen bestimmen. Rundfunkräte oder ähnliche Institutionen überwachen die Programmgestaltung ihrer Sender auf politische Ausgewogenheit.

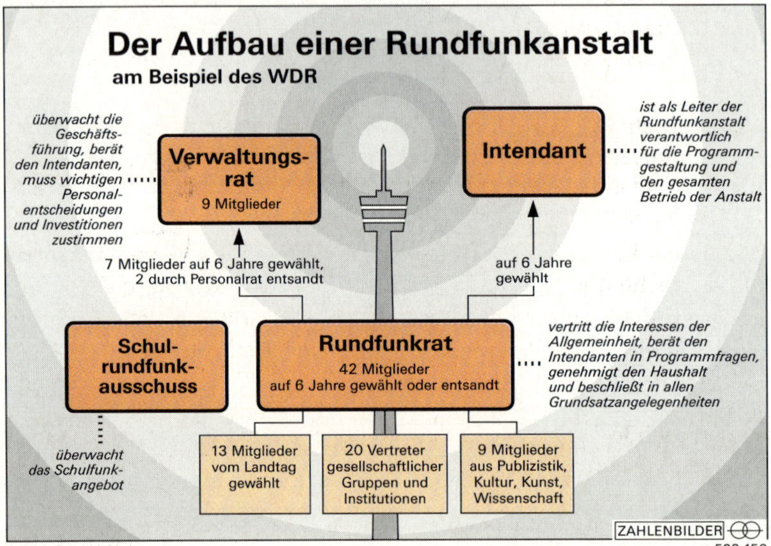

 538 150

Einfluss der Politik auf die Massenmedien

Wie ein Blick auf die Organisation des WDR zeigt, haben politische Institutionen wie Landtag, Parteien und Landesregierung sowie gesellschaftliche Organisationen über die Besetzung der Leitungsgremien zu entscheiden. Denkt man an die Meinungsbildungfunktion der Medien, so scheint es nur natürlich, wenn die gerade stärkste Partei im Landtag ihren Einfluss zu vergrößern sucht oder wenn ein Vertreter der Gewerkschaften behauptet, die Arbeitnehmer seien unterrepräsentiert. Das Gerangel der Parteien um mehr Einfluss in den elektronischen Medien ist besonders stark geworden, seit Demoskopen in mehreren Meinungsumfragen herausgefunden haben, dass die Medien durchaus großen Einfluss auf politische Stimmungen haben.

(Quelle: Tele Kolleg, a. a. O. S. 25)

Politisch unliebsame Nachrichten wurden ausgefiltert:

Öffentlichkeit ist kein geografischer Begriff. Öffentlichkeit wird hergestellt. An diese einfache Wahrheit werden wir erinnert, wenn uns zu Ohren kommt, der Bayerische Rundfunk habe sich nun schon zum zweiten Mal geweigert Filmberichte über die Besteigung von Reaktorkühltürmen durch die Umweltschutzorganisation Robin Wood der Tagesschau nach Hamburg auch nur zur Ansicht zu überspielen. Man habe, ließ man wissen, den „Informationswert“ des Vorgangs für „nicht so groß“ gehalten, dass „wir darüber berichten müssen“. Über den Informationswert entscheidet aber nach einer eindeutigen ARD-Regelung allein die Tagesschau-Redaktion.“

(Quelle: HNA, 29. Mai 1987)

 303284L

Anpassung an Leserwünsche in der Presse

2

Die Zeitungen in der Bundesrepublik Deutschland werden überwiegend von privaten Verlegern herausgegeben, die nach möglichst hohen Gewinnen streben. Dies kann nur mit einer möglichst hohen Auflage erreicht werden, denn eine hohe Auflage bringt viele Anzeigenkunden. Daneben steigen die Preise der Anzeigen mit zunehmender Auflagenhöhe.

Daher gibt es die Gefahr bei der Informationswahl, dem Konsumenten nach dem Mund zu reden und ihm nur das vorzusetzen, was er gern lesen will. Es ist nun einmal allzu menschlich, pikante Randerscheinungen des Lebens interessanter zu finden als sachliche Kleinarbeit und harte Politik. Das zwingt jede Redaktion zu Zugeständnissen an das Leserklima.

Die Meldung, dass der Verkehr auf der Autobahn zwischen Mannheim und Frankfurt am Wochenende normal war, kann man kaum an den Mann bringen. Die Nachricht, auf der gleichen Autobahn sei ein schweres Unglück passiert, interessiert dagegen allgemein. Nicht das Normale, das Außergewöhnliche ist gefragt.

Zeitungen, die vom täglichen Verkauf auf der Straße leben, neigen vor allem dazu, dem Leser ein verzerrtes Nachrichtenbild weiterzugeben. Der Leser wird hier nicht informiert, sondern bestenfalls unterhalten. Vielleicht will er es nicht anders. Denn die Nachfrage nach Sensationen war und ist groß. Es wäre aber pharisäerhaft, zu bestreiten, dass Unglück, „Sex and Crime“ mit allen Abscheu oder Erstaunen erregenden Begleitumständen die Menschen am meisten interessieren. Auch besonders menschliche, rührende und Mitleid erregende Ereignisse finden breites Interesse und wecken häufig sogar die ganze konkrete Hilfsbereitschaft der Menschen.

Boulevard-, Unterhaltungsblätter und Illustrierte erfüllen in unterschiedlicher Qualität ein Urbedürfnis der Menschen nach Sensation und Unterhaltung. Die ernsthafte, seriöse Information steht dabei oft zurück.

3 Meinungsbeeinflussung durch die Presse

Sensationen, Aufregungen, Skandale bringen Einschaltquoten, das weiß jeder Zeitungs- und Fernsehmacher, da lässt man auch mal wie der Volksmund sagt „fünfe gerade sein“. Will heißen, dass es nicht immer mit der Genauigkeit, mit der Objektivität und der Seriosität zum Besten steht.

Sicher will und muss die Bevölkerung informiert sein, vielleicht wird der „normale“ Leser, Hörer oder Zuschauer auch nur mit Sensationen und Skandalen aus dem (Halb-)Schlaf gerissen, trotzdem bleibt die Frage, ob die Pressefreiheit nicht auch Grenzen haben muss. Es bleibt offen, ob es zum unabdingbaren Informationsbedürfnis gehört, z.B. einen toten Ministerpräsidenten in der Badewanne zu sehen (seinerzeit in 1987 geschehen, als der Stern das Foto vom toten früheren schleswig-holsteinischen Ministerpräsidenten Uwe Barschel veröffentlichte).

Ein Redakteur bei der Arbeit

Ein von einer falschen Information Betroffener (z.B. ein Politiker) kann eine gerichtliche Gegendarstellung erwirken. Wenn ein Leser zu einem in der Presse behandelten Problem Stellung nehmen möchte, kann er einen Leserbrief an die Zeitung schreiben und hoffen, dass er abgedruckt wird. Ein Recht darauf hat man nicht. Es gilt nur bei einer konkreten Gegendarstellung.

4 Abhängigkeit von Anzeigenkunden

Private Medien sind stark von den Werbeeinnahmen abhängig. Sie dürfen daher ihre Werbekunden nicht verärgern. So wird z.B. in einer lokalen Zeitung ein Umweltvorfall des großen ortsansässigen Industriebetriebs nicht oder nur abgeschwächt behandelt, da ein Entzug der Werbeaufträge die Existenz des Blattes bedrohen würde.

Zeitungen werden aus zwei Quellen finanziert: dem Vertriebserlös und dem Anzeigenerlös. Der Vertriebserlös – der Bezugspreis – deckt aber nicht einmal annähernd die Kosten der Herstellung; nur ein Drittel des Erlöses kommt aus dieser Quelle, zwei Drittel werden aus den Anzeigen eingenommen.
Zeitungsverlage führen manchmal einen harten Konkurrenzkampf untereinander um ihre Anzeigenkunden. Im Allgemeinen richtet sich der Preis für Anzeigen nach der

303286L

Höhe der Auflage. Er steigt absolut mit wachsender Auflage; dennoch ziehen Zeitungen mit höherer Auflage die Anzeigen fast automatisch auf sich, weil – bezogen auf je 1 000 Zeitungen – verglichen mit kleineren Zeitungsausgaben die Anzeigen relativ billiger sind und einen größeren Leserkreis erreichen.

1. **Diskutieren Sie abschließend über die Aussagen des folgenden Leserbriefes des damaligen Mitherausgebers der FAZ, P. Sethe, und der nebenstehenden Karikatur.**

„Pressefreiheit ist die Freiheit von zweihundert reichen Leuten ihre Meinung zu verbreiten. Frei ist, wer reich ist ... Da aber die Herstellung von Zeitungen und Zeitschriften ständig größeres Kapital erfordert, wird der Kreis derer, die Presseorgane herausgeben können, immer kleiner ...“

Ich als Verleger will Sie doch nur beim Kampf um die Pressefreiheit unterstützen.

Quelle: Der Stern, Nr. 5/73

2. **In den vorangehenden Texten ist von der Macht der Journalisten und Redakteure die Rede. Andererseits fühlen sich diese wiederum in starkem Maße abhängig von der durch Kaufentscheidung ausgeübten Macht des Lesers (Gleiches gilt im Übrigen auch für Hörfunk und Fernsehen).**

Wer hat Ihrer Meinung nach nun eigentlich welche Macht – der Journalist, der Verleger oder der Leser, der Hörer oder der Zuschauer (mit Auflagenstärke bzw. Einschaltquoten)?

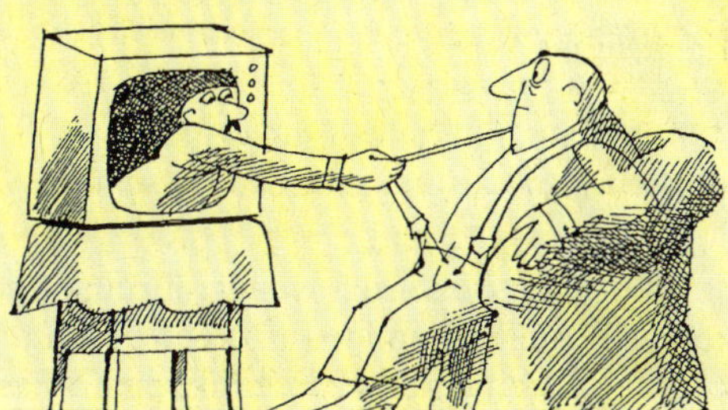

THEMENKREIS 4:
Wirtschaft und Politik

Wirtschaft und Politik sind eng miteinander verbunden, ja sogar oft gegenseitig voneinander abhängig. Politische Macht bedeutet nicht selten auch wirtschaftliche Macht. Umgekehrt ist wirtschaftliche Macht nicht selten auch mit politischer Einflussnahme verbunden (Motto: Wer das Geld hat, hat auch die Macht.).

Die Nahtstelle zwischen Wirtschaft und Politik bilden die Wirtschaftssysteme. So war Europa über 40 Jahre nicht nur in sozialistische Systeme im Osten und demokratische Herrschaftsstrukturen im Westen, sondern auch durch die Zentralverwaltungswirtschaft auf der einen und die Marktwirtschaft auf der anderen Seite getrennt.

Seitdem in Osteuropa u. a. auch die „Magenfrage zur Machtfrage“ wurde, befindet sich das Wirtschaftssystem der Zentralverwaltungswirtschaft auf dem Rückzug. Die ehemalige DDR, Polen, die ehemalige ČSSR, die ehemalige UdSSR, Rumänien und Bulgarien waren Musterbeispiele für straff geführte politische und staatlich gelenkte wirtschaftliche Systeme im marxistisch-leninistischen Sinne.

Das Versagen der Wirtschaft, die Ohnmacht, den Bürgern auch nur annähernd den Lebensstandard wie im Westen zu geben, war letztlich Auslöser für weit reichende politische Reformen.

Ein historisch ohne Vergleich schneller Wandel vollzog sich in Deutschland. Mit der Vereinigung wurde die ehemalige DDR nicht nur in ein gänzlich anderes politisches System überführt, sondern die Wirtschaft wurde mit Einführung der sozialen Marktwirtschaft völlig verändert, was zum Teil zu erheblichen Umstellungsschwierigkeiten führte.

Die soziale Marktwirtschaft ist Garant für den im Vergleich zu anderen Ländern sehr hohen Lebensstandard der Deutschen, für eine beispielhafte soziale Absicherung bei gleichzeitig möglichst großer wirtschaftlicher und politischer Freiheit und Selbstbestimmung.

Doch trotz aller großen Erfolge ergeben sich gerade wegen dieser Freiheit Spannungsfelder zwischen:

- Kapital und Arbeit,
- Armen und Reichen,
- Arbeitenden und Arbeitssuchenden,
- Wirtschaftswachstum und Umweltschutz ...

Die Aufzählung ließe sich weiterführen, ohne vollständig zu sein. Deshalb sollen nachfolgend beispielhaft einige Probleme aufgezeigt und angerissen werden. Vollständigkeit würde den Rahmen eines Schulbuches sprengen. Sie sind daher aufgefordert, aktuelle Probleme aus den Medien als Ergänzungen hinzuzuziehen.

303288L

1 Spannungsfeld Wirtschaftsordnungen

1.1 Industrielle Revolution im 19. Jahrhundert

Mit der Erfindung der Dampfmaschine leitete James Watt im Jahre 1769 das technische Zeitalter ein.

Es folgten weitere Erfindungen, wie z. B. der mechanische Webstuhl (1785), die Drehbank (1800), die erste Dampflokomotive (1814). Erfindungen, die einerseits die Arbeit erleichterten, bald aber auch die Arbeitskraft der Menschen immer mehr ersetzten.

Daher wurden diese nicht immer gefeiert. Es kam sogar vor, dass Erfinder und Unternehmer öffentlich angegriffen und ihre Maschinen zerstört wurden (z. B. der Aufstand der Weber, 1844).

Die Maschinen produzierten große Mengen. So kam der Übergang von Handwerks- zu Industriebetrieben. Diese zogen immer mehr Landbewohner in die Städte. Auch Deutschland wandelte sich in kurzer Zeit von einem Agrarland zu einem Industriestaat.

Ende des 19. Jahrhunderts erfuhr die Technisierung einen neuen Aufschwung durch die Erfindung des Verbrennungsmotors. Mit ihm war es möglich, das Motorrad, Auto und das Flugzeug zu entwickeln.

Ein weiterer Aufschwung entstand durch die Nutzung des elektrischen Stroms. Die Elektroindustrie mit ihren Erzeugnissen ist heute aus unserem Leben nicht mehr wegzudenken. Chemie, Atomenergie und Computertechnik wurden in unserer Zeit neue Motoren der Technisierung.

1.2 Freie Marktwirtschaft: Motor für Fortschritt und Elend?

Nachdem sich die Bürger in Europa durch mehr oder weniger blutige Revolutionen von der Bevormundung durch die Obrigkeit befreit hatten, wurde totale Freiheit gefordert und alle Bevormundungen durch Regierende abgelehnt. Auf diesen sog. „Liberalismus“ (liberal = frei) ist auch die damalige Wirtschaftsordnung, die „freie Marktwirtschaft“, zurückzuführen. 1

Nach der Idee von Adam Smith treffen freie Unternehmer freie Entscheidungen und stehen in einem freien Wettbewerb zu anderen Unternehmungen. Der Bürger sollte ebenso völlig frei über seinen Konsum, seine Arbeit usw. entscheiden. So würden sich auf dem Markt nur die neuesten, besten und preisgünstigsten Produkte sowie die leistungsstärksten Unternehmen durchsetzen können – zum Wohle der Verbraucher.

Der Staat sollte überhaupt nicht in das Wirtschaftsgeschehen eingreifen. Schutz nach außen, die innere Ordnung, Rechtspflege und Bildung waren seine Hauptaufgaben.

Gute Gewinnaussichten, die Möglichkeit freier Entfaltung sowie die Konkurrenz reizten zu ständig neuen Erfindungen und wirtschaftlichen Höchstleistungen. Der technische Fortschritt vollzog sich immer rascher und bewirkte laufend steigende Gewinne und wachsende Vermögen.

Die Privateigentümer der Produktionsmittel richteten ihre wirtschaftliche Planung lediglich am Ziel eines größtmöglichen Gewinns aus. Der Wettbewerb wurde durch eine freie Preisbildung am Markt bestimmt.

Meist kleinere und weniger leistungsfähige Unternehmen, die sich in diesem Konkurrenzkampf nicht behaupten konnten, mussten aufgeben, wurden aufgekauft oder mussten sich zusammenschließen.

Die verschärften Wettbewerbsbedingungen zwangen die Unternehmer dazu, laufend neue Erfindungen einzusetzen. Dadurch verloren immer mehr Arbeitnehmer ihre Stellungen. Da es keine staatlichen Eingriffe gab, aber auch keine Gewerkschaften, die Mindestlöhne aushandelten, sanken die Löhne immer mehr. Die Arbeitszeit stieg, Frauen und Kinder mussten für Hungerlöhne mitarbeiten. Die Folge des Überangebots an Arbeitskräften war die Verelendung der „Proletarier", die in immer größere Abhängigkeit von den reichen Kapitalbesitzern gerieten. Die Unternehmen strebten danach, ihre Konkurrenten auszuschalten. Großunternehmen, die über bessere Maschinen verfügten, verdrängten kleinere vom Markt und konnten, wenn sie Monopolstellungen erreicht hatten, den Preis der Güter diktieren. So verschwanden immer mehr kleine Betriebe und große mächtige Monopole bildeten sich. Die Verbraucher erhielten schlechtere Ware zu höheren Preisen.

Die Reichen wurden immer reicher, die Armen immer ärmer.

Die im Liberalismus verkündeten und mit der freien Marktwirtschaft angestrebten Freiheitsrechte für alle Bürger wandelten sich, indem jetzt ein großer Teil der Bevölkerung – die Arbeitnehmer – Untertanen der Fabrikherren statt freie, ihr Leben selbst bestimmende Bürger wurden.

2 Ohne Gewerkschaften und Mindestlöhne war jeder Arbeiter auf sich selbst angewiesen. So sanken die Löhne laufend; wer dies nicht akzeptierte, wurde entlassen, genau wie die Kranken oder Alten. Hunderte warteten schon auf den Arbeitsplatz.

Besonders verwerflich waren Werksbasare und das Trucksystem. Der Arbeiter erhielt einen Teil seines Lohnes in Gutscheinen ausbezahlt, mit denen er nur in den werkseigenen Basaren, wo die Waren erheblich teurer angeboten wurden, einkaufen konnte. Bei der Entlohnung nach dem Trucksystem erhielt der Arbeiter statt Geld Waren, die der Betrieb selbst herstellte. Oft war es den Arbeitern nicht möglich, diese Waren zu verkaufen. Dann kaufte sie der eigene Betrieb zurück, allerdings zu erheblich niedrigeren Preisen.

Allein konnte schließlich der Arbeiter seine Familie nicht mehr ernähren. Frauen und Kinder mussten mitarbeiten. Mitte des vorigen Jahrhunderts war es üblich, dass Kinder schon mit neun Jahren in der Fabrik Arbeit annahmen, und zwar bei gleicher Arbeitszeit, jedoch zum halben Lohn der Erwachsenen. Besonders beliebt waren Kinder in den Bergwerken, weil sie sich in den niedrigen Schächten besser bewegen konnten.

Diese Zustände führten zur sog. Verelendung der Proletarier: Armut, Hunger, Krankheit, niedriger Lebenserwartung, Elendsquartieren …

Die freie Marktwirtschaft

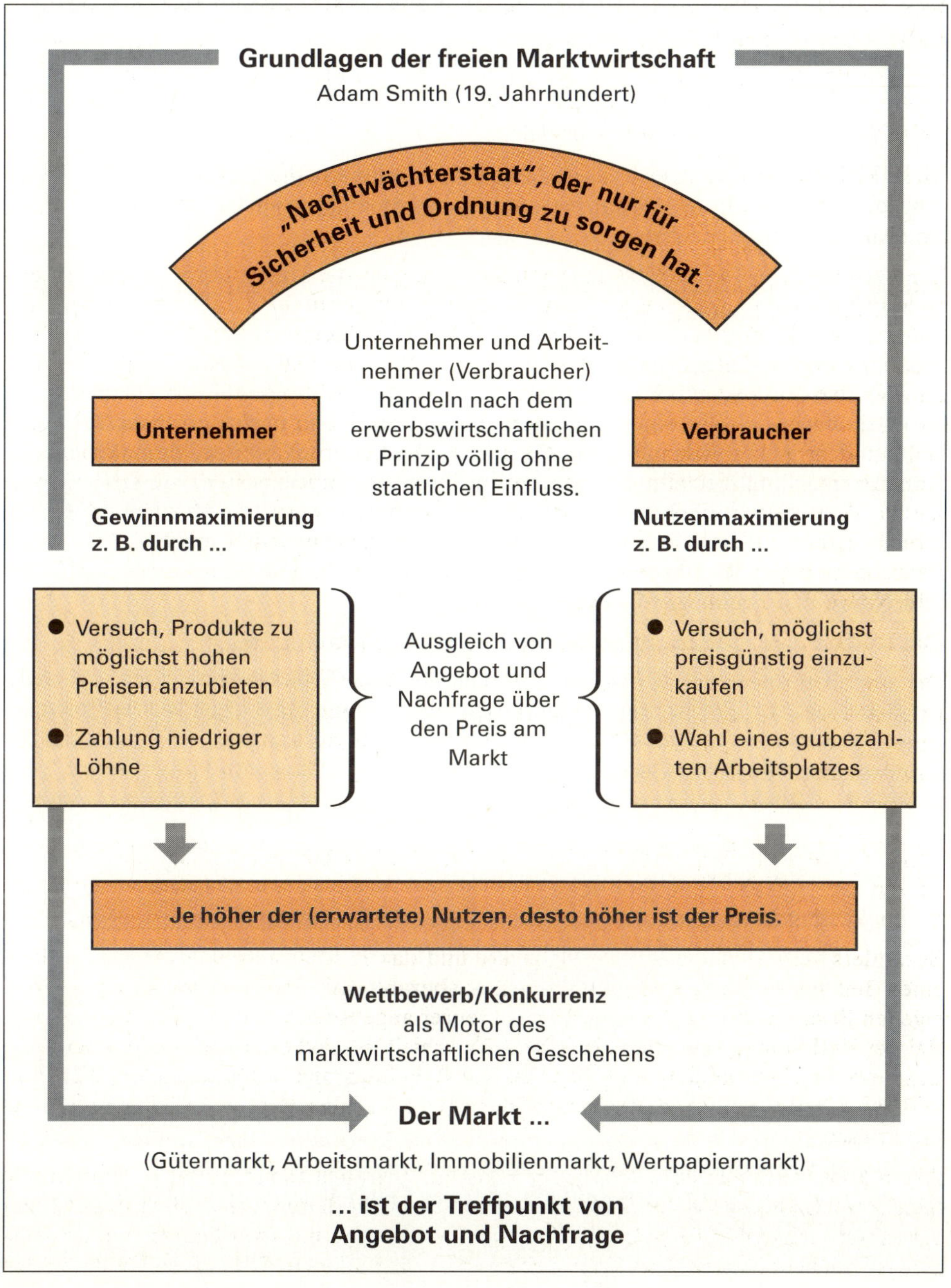

3 „Proletarier – vereinigt euch“

Der Staat, in dem der Adel, Geistlichkeit und wohlhabende Fabrikbesitzer die Politik bestimmten, war an einer Änderung der Lebensbedingungen der Proletarier kaum interessiert.

Mit dem „Koalitionsverbot“ wurden Arbeiterorganisationen und -parteien verboten, der Einzelne blieb hilflos.

Dennoch keimten immer mehr revolutionäre Gedanken. Es wuchs die Erkenntnis, dass der wirtschaftlich Schwächere – der Arbeiter – nur in der Gemeinschaft mächtig ist. Die Ohnmacht des Einzelnen und der gemeinsame Drang nach Besserung schweißte die Arbeiter allmählich zu einer selbstbewussten vierten Klasse, dem Proletariat, zusammen. Allmählich kamen erste Hilfen durch soziale Menschen, wie Kolping oder Bischof Ketteler bzw. Schuchard, dem es zu verdanken war, dass ab 1839 ein Gesetz zum Schutze der Kinder entstand. Es enthielt: Arbeitsverbot für Kinder bis 9 Jahre (!), für Kinder von 9–16 Jahren tägliche Höchstarbeitszeit von 10 Stunden (!) und Verbot von Nacht- und Sonntagsarbeit (!).

Marx und Engels schrieben 1848 ihr „Kommunistisches Manifest“, forderten die Bildung von Gewerkschaften, höhere Löhne und bessere Arbeitsbedingungen und riefen die Arbeiterklasse gleichzeitig zum politischen Kampf auf. „Das organisierte Proletariat solle die politische Macht im Staate an sich reißen, das Bürgertum enteignen und das Kapital sowie alle Produktionsmittel in staatliches Gemeineigentum überführen.“

Ferdinand Lassalle rief zur Bildung von Gewerkschaften mit wirtschaftlichen Selbsthilfeorganisationen (Konsumgenossenschaften) auf, Bebel und Liebknecht gründeten 1869 die „Sozialdemokratische Arbeiterpartei“.

Im Jahre 1878 wurden durch das „Sozialistengesetz“ alle Arbeitervereine und -parteien wieder verboten. Die Anführer wurden inhaftiert oder ausgewiesen. 1890 wurde dieses Gesetz wieder aufgehoben und die Bildung von Gewerkschaften erlaubt.

1. **Geben Sie den geschichtlichen Ablauf der wirtschaftlichen Entwicklung in ihren Eckdaten wieder.**
2. **Erklären Sie die Wirtschaftsordnung „Freie Marktwirtschaft“ in ihren wesentlichen Bestandteilen.**
3. **Warum wurde der Wirtschaft ein so freier Lauf gelassen, ohne jegliche staatlichen Eingriffe?**
4. **Stellen Sie die Folgen der „Freien Marktwirtschaft“ in eigenen Worten dar und erklären Sie, wie es dazu kommen konnte.**

303292L

Theorie des Marxismus

Grundlage:
Klassengegensätze in der Gesellschaft von Kapitalisten und Proletariern

Ausbeutung durch die Kapitalisten

Verelendung der Arbeitnehmer

Profitstreben	Besitzer von Produktionsmitteln (Unternehmer) sind gezwungen Kapital anzuhäufen, um im Wettbewerb zu bestehen.
Kapitalanhäufung	Der Weg dazu führt über geringe Löhne und/oder höhere Leistung. Der produzierte Mehrwert fließt allein den Unternehmern als Profit zu.
Monopolisierung	Das Proletariat verarmt, der gesellschaftliche Klassenunterschied wird immer größer.

Folge

Wirtschaftskrisen mit einer Auflösung des Kapitalismus und gesellschaftliche Entfremdung

1. **Was beinhaltet das „Kommunistische Manifest"?**
2. **Erläutern Sie die drei Kernaussagen der marxistischen Theorie.**

1.3 Die Zentralverwaltungswirtschaft – ein misslungenes System?

Nicht der freie Unternehmer plant in diesem System seine Produktion, sondern der Staat stellt einen zentralen Plan auf. Er entscheidet im Voraus, welche Produkte in welchen Mengen für einen bestimmten Planungszeitraum zur Verfügung stehen sollen, wer diese herstellen soll, welche Mittel er dazu verwendet, wie die Güter verteilt werden und wie teuer sie sein sollen.

Das gesamte Wirtschaftsleben wird also von einer zentralen Planungsstelle aus gelenkt. Daher muss der Staat auch über sämtliche Produktionsmittel selbst verfügen. Private Produktionsmittel gibt es nicht.

An die Stelle des erwerbswirtschaftlichen Prinzips, des Gewinnstrebens, tritt der Grundsatz der Erfüllung der Jahrespläne, wobei jeder Wirtschaftsteilnehmer sein ihm vorher gesetztes Plansoll erfüllen muss, damit im gesamten Wirtschaftsablauf keine Störungen auftreten. Überwachungsstellen kontrollieren Produktion, Verteilung und Verbrauch der Güter.

Doch spätestens Ende der Achtzigerjahre taten sich wesentliche Schwachpunkte der Zentralverwaltungswirtschaft unübersehbar auf:

Als die Magenfrage zur Machtfrage wurde

Durch riesige Subventionen für Grundbedürfnisse verfälschte der Staat die Marktsignale weiter. So waren Mieten zwar billig, aber man bekam keine Wohnungen. Acht Personen in einer Einzimmerwohnung waren in der Sowjetunion keine Seltenheit. Dieser Subventionsmechanismus führte auch zu gigantischer Kapitalverschwendung. Da Brot beispielsweise aus ideologischen Gründen billig sein musste, wurde nirgends so viel Brot weggeworfen wie in der Sowjetunion. Es war ja billig. Und wenn der Schweinemästerbetrieb kein Getreidefutter bekam, weil die Mäuse das Silo leer gefressen hatten, kaufte er eben das (billige) Brot, um das Vieh zu füttern – eine hirnrissige Verschwendung von Kapital.

Der schwere Weg der Reformer ist lang. Lenin experimentierte zu Beginn der Zwanzigerjahre mit einer Mischform von Plan und Markt. Stalin hinterließ eine staatlich gesteuerte Planwirtschaft, die – gerade weil sie diktatorisch gesteuert war – auf Kommando ungeheure Anstrengungen erlaubte: Schwer- und Rüstungsindustrie wurden modernisiert, Sozialwesen, Infrastruktur und Umweltschutz vernachlässigt. Die Folge war ein wirtschaftlicher und gesellschaftlicher Strukturwandel, der historisch ohne Vorbild ist.

Da es an korrekter Buchführung fehlte, waren viele Betriebe pleite, ohne es zu wissen. Reform bedeutete also, viele Konkurse und entsprechende Arbeitslosigkeit in Kauf zu nehmen. Als von den verwalteten Märkten der Schleier der Geldillusion weggerissen wurde, taumelte ein großer Teil der Bevölkerung in noch größerer Armut. Andererseits: Diesen Verlust an Lebensstandard kann man jedenfalls auf kürzere Sicht nicht ausgleichen. Wenn sie wohlhabend werden wollen, müssen sie erst einmal (noch) ärmer werden.

Marktwirtschaft bedeutet Wettbewerb statt Befehl. Markt bedeutet Abbau von Privilegien, die statt auf Leistung auf der

Kenntnis des Marxismus-Leninismus beruhen.

Als die Magenfrage zur Machtfrage wurde, stellte sich auch die Frage des Eigentums. Kollektivierte und volkseigene Betriebe gehörten niemandem, weil sie angeblich allen gehörten. Deswegen war es üblich, sich in allen Lägern unter der Hand zu bedienen und zu organisieren. Ganze Lastwagenladungen gingen auf dem Transport verloren, um am Schwarzmarkt wieder aufzutauchen. Die Zweiklassengesellschaft – die Habenichtse mit Rubel und Zloty stehen auch heute noch einer Klasse von Devisenbesitzern gegenüber – regiert nach dem natürlichen System marktwirtschaftlicher Freiheit.

Quelle: Gillies, P., Wenn die Magenfrage zur Machtfrage wird, in PZ Nr. 59/89, Hrsg.: Bundeszentrale f. pol. Bildung, Bonn

„Zugegeben, da fehlt ein wenig Draht – aber sonst ist doch der Plan in allen Positionen erfüllt!" (Karikatur von Klaus Arndt)

Quelle: DDR-Schulbuch: Staatsbürgerkunde für Klasse 10, 1986, S. 105

Der Wandel der Wirtschaftssysteme ist schwer und erfordert große Anstrengungen. Bis hinein in das nächste Jahrtausend wird sich weiterhin die Aufgabe stellen die Wirtschaften des Ostens zu modernisieren, den Lebensstandard und die Umwelt unserer osteuropäischen Nachbarn zu verbessern. Sonst entsteht nach den Zeiten des Kalten Kriegs in Europa eine neue Gefahr: Völkerwanderungen von dem armen Osten in den wohlhabenden Westen.

Die Theorie von Karl Marx beruhte darauf, dass er in Kapitalanhäufung auf Unternehmerseite die Ursache für die Verelendung der Masse der arbeitenden Bevölkerung sah. Die Freiheit von Unternehmen, Arbeitnehmern und Haushalten stellt andererseits für die Marktwirtschaftler den einzigen Weg eines breit gestreuten Wohlstandes dar.

Ordnen Sie den beiden „konkurrierenden" Wirtschaftsordnungen die wichtigsten Merkmale zu.

Wirtschaftsordnungen	
Marktwirtschaft	**Zentralverwaltungswirtschaft**
...	...

Konsumfreiheit, Arbeitslosigkeit, Monopolbildung, Gewerbefreiheit, Reisefreiheit, Tarifverhandlungen, Devisenbewirtschaftung, Lohnvorgaben, Nutzenstreben, Angebotsvielfalt, Arbeitsplatzsicherheit, freie Arbeitsplatzwahl, Leistungsprinzip, Konjunkturschwankungen, Versorgungsengpässe, Niederlassungsfreiheit, Kündigungsschutz, Wohlstand, Profitstreben, Verbraucherschutz, freie Gewerkschaften, Vertragsfreiheit ...

1.4 Soziale Marktwirtschaft – die Wirtschaftsordnung der Bundesrepublik Deutschland

Am Ende des 2. Weltkrieges musste das Wirtschafts- und Gesellschaftssystem der Bundesrepublik Deutschland neu aufgebaut werden.

Nach harten Auseinandersetzungen fiel, begünstigt durch die Wünsche der amerikanischen Besatzungsmacht und durch den engagierten Einsatz des späteren Wirtschaftsministers und Bundeskanzlers, Prof. Dr. Ludwig Erhard, die Entscheidung zugunsten des Systems der sozialen Marktwirtschaft, die, aufbauend auf der freien Marktwirtschaft, zum Schutz des wirtschaftlich Schwächeren dem Staat Möglichkeiten lässt, lenkend oder kontrollierend in das Wirtschaftsgeschehen einzugreifen.

Sinn der sozialen Marktwirtschaft ist es, das Prinzip der Freiheit auf dem Markt mit dem des sozialen Ausgleichs zu verbinden.

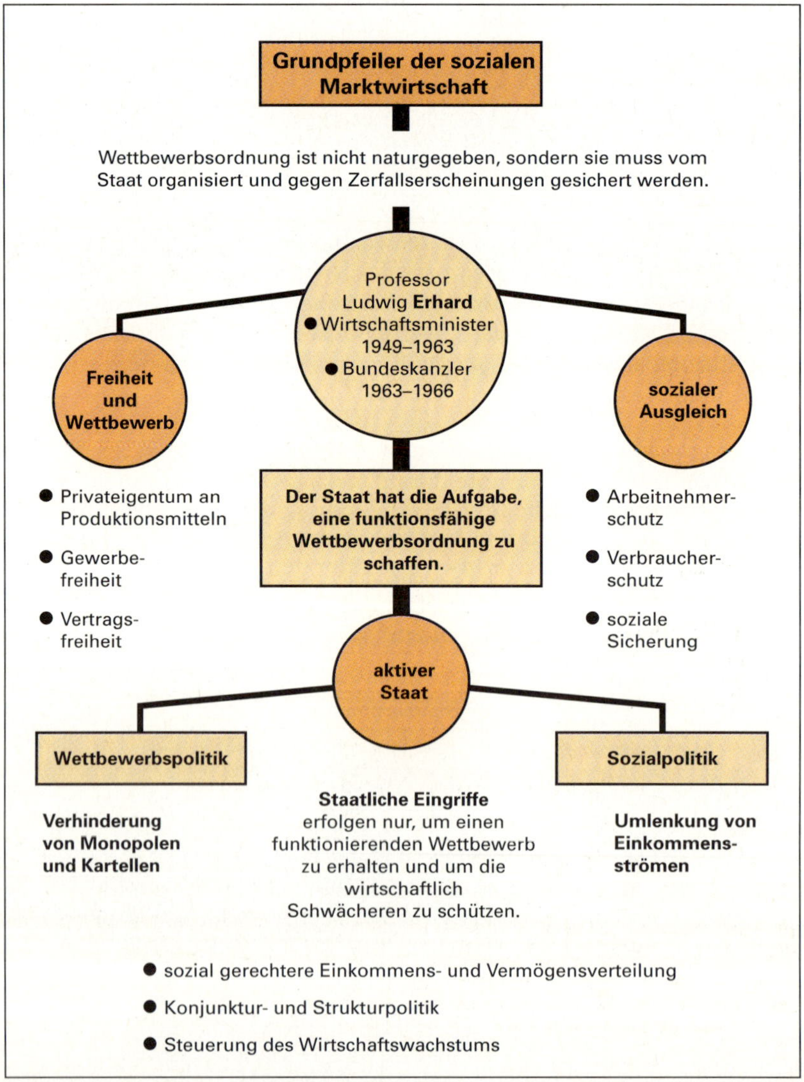

303296L

2 Spannungsfelder der sozialen Marktwirtschaft

Die Bundesrepublik Deutschland gehört zu den führenden Industrienationen in der Welt. Ein besonders ausgeprägtes Sozialsystem kann zwar nicht alle Ungleichgewichte beseitigen, sorgt aber dafür, dass der soziale Friede bisher gewahrt blieb und die Bundesrepublik Deutschland als Land mit einer sehr niedrigen Streikquote gilt. Der hohe Lebensstandard ist verbunden mit einem relativ hohen Pro-Kopf-Einkommen der Bevölkerung. Das „Wirtschaftswunderland" Bundesrepublik Deutschland führt seinen Wohlstand nicht zuletzt auf das System der „Sozialen Marktwirtschaft" zurück. Nach dem 2. Weltkrieg eilte die wirtschaftliche Entwicklung dieses Systems von Rekordmarke zu Rekordmarke. Freie Entfaltung mit sozialem Ausgleich – so könnte die „Zauberformel" lauten, nach der sich der Aufbau der Bundesrepublik Deutschland vollzog.

Dennoch gab und gibt es auch in diesem System Schattenseiten, Problem- und Grauzonen, über die normalerweise weniger gesprochen wird. Vielleicht sind sie auch schon in den Alltag als unveränderlich aufgenommen. Und doch: „Wer aufhört besser zu werden, hat aufgehört gut zu sein ..." Dieser Satz lässt sich auch auf die Anforderungen an ein Wirtschaftssystem anwenden, obwohl es nicht ganz einfach ist, zu erklären, was „besser" eigentlich bedeutet: mehr Wachstum oder mehr Umweltschutz, mehr Leistungsprinzip oder mehr sozialer Ausgleich, mehr Gemeinsamkeit oder mehr Individualität ...?

Eine große Herausforderung bedeutet ein möglichst rascher Übergang der Zentralverwaltungswirtschaft in die soziale Marktwirtschaft in unseren neuen Bundesländern. Übergangsschwierigkeiten wie hohe Arbeitslosigkeit oder Firmenzusammenbrüche müssen schnell überwunden werden. Privatisierung, Umschulungen, Aufbau einer modernen Infrastruktur und Verwaltung, Umweltschutzmaßnahmen, Beseitigung der Altlasten, gleiche Lebensbedingungen in Ost und West, müssen möglichst schnell umgesetzt werden.

Nobody is perfect

Eine Garantie gegen schwarze Schafe bietet auch die soziale Marktwirtschaft nicht. Giftmüll-Affären, Elefantenhochzeiten von Großkonzernen, Waffenschmuggel, Spekulanten und Absahner – Skandale gibt es genug. Und jedes Mal, wenn einer aufgedeckt wird, ertönt der Ruf nach Kontrollen, Gesetzen und dem Staat, der „den Unternehmern" oder „der Wirtschaft" endlich auf die Finger klopfen soll.

Da hilft nicht der Hinweis auf die Partei- und Staatsfunktionäre im Osten, denen keine krumme Tour zu schäbig war sich auf Kosten des Volkes zu bereichern.

Zwei schwarze Schafe ergeben noch kein weißes. Doch anders als die mit ihrer Planwirtschaft gescheiterten Diktatoren hat die auf der Marktwirtschaft aufbauende parlamentarische Demokratie zwei Kontrollmittel entwickelt, die sich bewährt haben: eine funktionierende öffentliche Kontrolle und das Prinzip der Konkurrenz. Solange es dem Parlament und den Medien immer wieder gelingt Skandale öffentlich zu machen und solange den profitgierigen Absahnern die Konkurrenz im Nacken sitzt – solange bietet unsere Gesellschaftsform einen relativen Schutz vor Missbrauch. Denn sie rechnet mit den menschlichen Schwächen: Das ist ihre Stärke.

Quelle: Thomas, V., in: PZ Nr. 62, Bonn (1990, S. 40)

2.1 Spannungsfeld Konjunktur

Das wirtschaftliche Geschehen unterliegt verschiedenen Einflüssen und Bedingungsfaktoren. Dazu gehören Merkmale der Bevölkerungsentwicklung (Zahl, Altersstruktur usw.) ebenso wie Änderungen der Konsumgewohnheiten oder volkswirtschaftliche Rahmendaten (Arbeitslosigkeit, Einkommen usw.). Die internationale Arbeitsteilung bringt außerdem ein hohes Maß an Abhängigkeiten von ausländischen Anbietern, aber auch Abnehmern mit sich.

Maßstab für die gesamtwirtschaftliche Leistung ist das Sozialprodukt. Aus dessen Entwicklung versucht man abzuleiten, ob es der Wirtschaft (und damit der Bevölkerung) gut oder schlecht geht, ob man sich in der Phase des Aufschwunges, Abschwunges, der Depression (Tiefststand) oder des Booms, also der Hochkonjunktur befindet.

Die Konjunktur wird durch viele Faktoren beeinflusst, und umgekehrt sind wiederum viele Faktoren vom Konjunkturverlauf abhängig: Preise, Beschäftigungssituation, Auftragseingänge, Einkommen, Lohnsteigerungen, aber auch die Umweltsituation.

Je extremer die Schwankungen sind, desto gravierender sind die Begleiterscheinungen. Ein „stetiges, angemessenes Wirtschaftswachstum" ist das Kernziel des Staates, dessen Handeln durch vier Ziele bestimmt wird:

- **Vollbeschäftigung (hoher Beschäftigungsstand),** denn Arbeitslosigkeit bedeutet geringeres Einkommen, Einschränkung des Lebensstandards, Gefährdung des sozialen Besitzstandes, Radikalisierung. Im Höhepunkt der Weltwirtschaftskrise 1929–1933 gab es in Deutschland sechs Millionen Arbeitslose. Die Not der Menschen nutzte Hitler für seinen Aufstieg.
- **Preisstabilität,** denn starke Preissteigerungen führen zur Inflation. Nach dem 1. und 2. Weltkrieg verloren Millionen von Sparern ihr Geldvermögen durch Inflation. Preiserhöhungen bewirken, dass die Kaufkraft der DM sinkt. Bei gleichem Lohn kann sich ein Arbeitnehmer dann nur noch weniger leisten. Sozial ohnehin schwache Bevölkerungsgruppen trifft eine Tendenz zur Inflation ganz besonders hart, da sie i. d. R. überwiegend Geldvermögen haben, die abnehmen; dagegen nimmt durch die Flucht in die Sachwerte z. B. der Wert von Grundstücken und Gebäuden zu. Durch höhere Preise verlieren die Unternehmungen auf in- und ausländischen Märkten ihre Konkurrenzfähigkeit, was Massenentlassungen mit sich bringen kann.

- **Wirtschaftswachstum,** denn eine steigende Zahl von Gütern kann die Bedürfnisse der Menschen befriedigen und den Wohlstand mehren. Das Streben nach wachsendem Wohlstand schafft die Voraussetzung für eine ausgelastete Wirtschaft mit Vollbeschäftigung.

303298L

- **Außenwirtschaftliches Gleichgewicht** liegt vor, wenn die Zahlungsbilanz eines Landes ausgeglichen ist. Ist diese negativ, so muss sich das Land im Ausland verschulden. Weist sie dagegen einen zu hohen Überschuss auf, kann das Ausland die Importe nicht mehr bezahlen. Dies kann im Exportland zu Arbeitsplatzverlusten führen. Zu hohe Überschüsse in der Zahlungsbilanz können zudem inflationstreibend wirken.

2

Bilder aus: POLITIK ... betrifft uns, 12/85-6

Diese im Stabilitätsgesetz genannten wirtschaftspolitischen Ziele werden auch als **magisches Viereck** bezeichnet, da sie sich zum Teil bedingen, aber auch gegenseitig ausschließen. So kann z. B. Vollbeschäftigung nur mit einem angemessenen Wirtschaftswachstum erreicht werden. Dies wirkt sich jedoch negativ auf das Ziel der Preisstabilität aus.

Sollten nach dem Stabilitätsgesetz auch alle vier Ziele gleichwertig behandelt werden, so tritt eines doch immer wieder in den Vordergrund: das Wirtschaftswachstum. Als Maßstab des Wirtschaftswachstums wird das Bruttosozialprodukt herangezogen. Es beschreibt den Wert aller in einer Periode erzeugten Güter und bereitgestellten Dienstleistungen.

1

Nach herkömmlicher Meinung war Wirtschaftswachstum nötig, um Arbeitsplätze zu schaffen und einen Anstieg des Lebensstandards der gesamten Bevölkerung zu erreichen.

Dennoch wird ein immer weiterer Anstieg des Wachstums auch kritisch gesehen.

Wachstumsrate verschweigt Umweltbelastung

„Ökosozialprodukt" als Statistiker-Vision

Von AP-Korrespondent Peter Zschunke

Alle drei Monate zieht eine einzelne Zahl aus dem Statistischen Bundesamt die Öffentlichkeit in ihren Bann, die als umfassende Kennziffer für die Leistung der gesamten Volkswirtschaft gilt: die Zuwachsrate des Bruttosozialprodukts (BSP). Doch das Wirtschaftswachstum verschweigt die unschätzbaren Kosten, die bei der Produktion von Industriegütern der Umwelt zugeführt werden.

„Da entstehen Vermögensgewinne, aber niemand weist nach, was an Naturschätzen verloren geht", sagte der Präsident des Statistischen Bundesamts.

Mitarbeiter der für die Sozialproduktberechnung zuständigen Abteilung „Volkswirtschaftliche Gesamtrechnung" prüfen deshalb zurzeit, ob es möglich ist, Umweltschäden und Umweltschutzausgaben in die Berechnungen einzubeziehen und vielleicht einmal eine Art „Ökosozialprodukt" zu ermitteln.

Schier unüberwindlich stellt sich den Statistikern bei diesem Vorhaben jedoch das Problem in den Weg, wie Umweltschäden in Mark und Pfennig gemessen werden sollen.

Quelle: Hessisch-Niedersächs. Allgemeine, 29. Juli 1988

2 Das magische 5-Eck/6-Eck/7-Eck

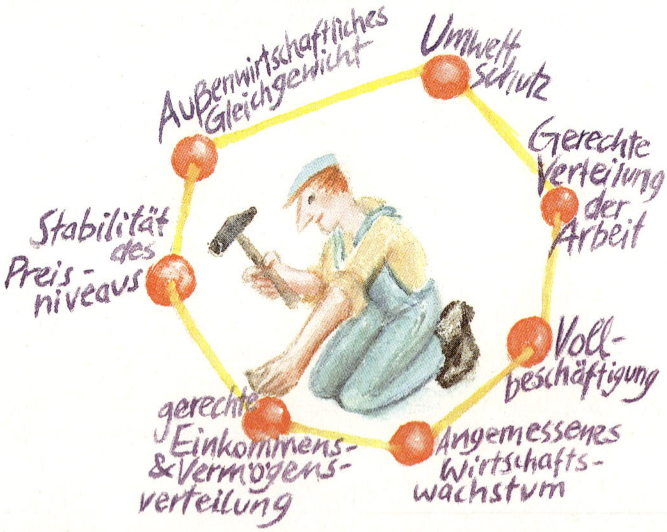

- Wegen der immer größer werdenden Umweltbelastung wird die Forderung, den **Umweltschutz** in das Grundgesetz aufzunehmen, immer lauter. Man hat auch inzwischen erkannt, dass Umweltschutz kein Wachstumshemmer sein muss, denn Umweltschutz schafft Arbeitsplätze und erspart spätere Folgekosten zur Wiederherstellung der Umwelt.

- Da Wachstum allein noch nichts über die Verteilung des Sozialproduktes aussagt, hat der Staat eine **gerechte Einkommens- und Vermögensverteilung** in seinen wirtschaftspolitischen Zielkatalog aufgenommen.
- Die Erkenntnis, dass selbst ein hohes Wirtschaftswachstum nicht unbedingt zum spürbaren Abbau der Arbeitslosigkeit beiträgt, führt dazu, dass als weiteres Ziel die **gerechte Verteilung der Arbeit** immer stärker diskutiert wird.

Konjunkturpolitik beginnt schon „vor der eigenen Haustür"

Rollenspiel:

Versetzen Sie sich in die Lage einer Stadtverordnetenversammlung, die einen Haushaltsplan zu verabschieden hat. Die Situation in der Stadt stellt sich so dar, dass man eine Arbeitslosigkeit von ca. 12 Prozent zu beklagen hat. In den letzten Jahren wuchs die Verschuldung auf nun ca. 8.000 DM pro Kopf. Wenn überhaupt Investitionen vorgenommen werden sollten, müssten laut Auskunft des Bürgermeisters die Kanal- sowie die Kindergartengebühren erhöht werden.

An die Einrichtung eines Jugendraumes sowie die Einstellung eines Sozialpädagogen sei im Moment überhaupt nicht zu denken. Auch wenn das örtliche Handwerk dringend auf öffentliche Aufträge angewiesen und durch einen auf Sparsamkeit bedachten Kurs weitere Arbeitsplätze gefährdet seien, habe die Stadt keine andere Möglichkeit als die Ausgaben weiter zu drosseln. Die Kritiker werfen ein, dass „man sich nich kaputtsparen dürfe".

Als einzigen Hoffnungsschimmer verweist der Bürgermeister auf den Antrag eines Chemieunternehmens, sich in dem neuen Gewerbegebiet ansiedeln zu wollen. Hier seien aber auch schon die ersten Bürgerinitiativen auf den Plan getreten und es sei zu befürchten, dass dieses Vorhaben trotz der in Aussicht gestellten 250 bis 300 neuen Arbeitsplätze nicht umgesetzt werden könne.

Immer mehr werde auch die sich verzögernde Planung zum Bau eines Autobahnanschlusses zum Standortproblem. „Eine Verbesserung der Haushaltslage setzt auch voraus, dass wir politische Kompromisse machen", so der Bürgermeister und sieht Gefahren darin, dass man einerseits die Umweltforderungen sehr hoch schraube, andererseits es aber nicht möglich sei, nur „sanfte Industrie" als Steuerquelle und Arbeitsplatzgeber zu halten oder gar neu anzusiedeln.

Es entsteht eine hitzige Diskussion über den „richtigen Weg". Tun Sie so, als wären Sie ein Mitglied der Stadtverordnetenversammlung. Wählen Sie mindestens zwei oder drei Gruppen.

Gruppe 1: Bereitschaft, eine höhere Verschuldung oder höhere Gebühren in Kauf zu nehmen, weil jeder andere Weg eine „soziale Zeitbombe" wäre. Die Ansiedlung von „Problemindustrie" wird konsequent abgelehnt. Eine Förderung des „sanften Tourismus" sieht man als mögliche Alternative.

Gruppe 2: Lehnt eine höhere Verschuldung konsequent als unverantwortlich ab, weil man damit der Stadt jegliche „Luft zum Atmen" nimmt und sie finanziell stranguliert. Fordert ein industriefreundlicheres Verhalten, da der Tourismus die Einnahmeverluste nicht lösen könne und keine neuen Arbeitsplätze bringe.

Gruppe 3: Fordert ein „Altbausanierungsprogramm", weil damit zum einen die Handwerksbetriebe Arbeitsplätze über die zusätzlichen Aufträge sicherstellen könnten und zum anderen die Stadt dadurch für Besucher attraktiver würde. Eine vorübergehend höhere Verschuldung würde in Kauf genommen.

1. **Erarbeiten Sie in den Gruppen Positionspapiere, mit denen Sie in die Diskussion gehen. Damit die Kernpunkte Ihrer Argumentation für alle ersichtlich sind, sollten Sie Ihre Thesen am besten auf ein großes Blatt Papier schreiben.**
   Wählen Sie einen Moderator, dessen Aufgabe es ist, die Diskussion zu leiten und möglichst einen Beschluss herbeizuführen.
2. **Was hat dieser „Fall" mit der Frage von Konjunkturpolitik zu tun?**

3 Staatliche Instrumente der Konjunkturpolitik

Um die Konjunktur der Wirtschaft zu beeinflussen, stehen dem Staat eine Reihe von Instrumenten zur Verfügung, die er im Rahmen seiner **Fiskalpolitik** einsetzen kann. Durch sie soll erreicht werden, dass in konjunkturellen Krisenzeiten die Güternachfrage angeregt und in Zeiten konjunktureller Überhitzung eine dämpfende Wirkung auf die Nachfrage ausgeübt wird. Es sind:

Steuerpolitik

- Durch Erhöhung der Steuern, wie z.B. Einkommen-, Lohn-, Mineralöl- oder Mehrwertsteuer, kann der Staat die Konsumnachfrage abschwächen, durch Steuersenkungen erhöhen;
- durch eine Investitionssteuer kann der Staat neue Investitionen mindern, durch steuerliche Vergünstigungen anheben.

Abschreibungen

- Gestattet der Gesetzgeber hohe Abschreibungsquoten, so wird ein größerer Anreiz zur Investition gegeben und umgekehrt.

Außenhandel

- Durch Importerleichterungen kann der Staat das Angebot erhöhen und die Preise senken;
- durch Exporterleichterungen schafft er größere Absatzmöglichkeiten;
- durch Zölle und Einfuhrbeschränkungen verhindert oder erschwert er den Kauf ausländischer Erzeugnisse.

Staatsausgaben

- Durch Erteilen von Staatsaufträgen (Schulen, Straßen usw.) kann er die Konjunktur ankurbeln, durch ein Verschieben diese dämpfen.

Subventionen

- Wirtschaftszweige, die konjunkturell oder strukturell besonders hart getroffen werden, können durch staatliche Zuschüsse unterstützt werden. So werden die Betriebe und damit die Arbeitsplätze aufrechterhalten (z. B. Landwirtschaft, Fischerei, Betriebe in den neuen Bundesländern).

Währungspolitik

- Eine Aufwertung der DM wirkt konjunkturbremsend, da sie deutsche Produkte im Ausland verteuert, ausländische Waren im Inland jedoch verbilligt.
- Eine Abwertung der DM wirkt konjunkturbelebend, denn sie verbilligt unsere Produkte im Ausland, verteuert die ausländischen jedoch im Inland.

3032102L

Strukturpolitik

- Der Staat kann durch gezielte Maßnahmen in bestimmten Gebieten versuchen die Wirtschaft besonders zu fördern und damit Arbeitsplätze zu erhalten oder neue zu schaffen. Direkte staatliche Investitionen, z. B. für Straßen, Bahn, Krankenhäuser, Schulen usw., Steuererleichterungen und/oder Subventionen für Betriebe könnten die Unterschiede bezüglich des Arbeitsmarktes und der Lebensbedingungen zwischen reicheren und ärmeren Regionen mindern. Ein Verlassen der ärmeren Gebiete könnte abgebaut werden. Zum Abbau der Arbeitslosigkeit sind hier zurzeit besondere Hilfen für die neuen Bundesländer notwendig. Strukturpolitische Konjunkturprogramme, wie das „Gemeinschaftswerk Aufschwung Ost", der „Fonds Deutsche Einheit", der „Solidarpakt" u. a., sollen die Übergangsschwierigkeiten in den neuen Bundesländern mindern, die Wirtschaft schneller aufbauen helfen und die Arbeitslosigkeit beseitigen.
- Unter Strukturpolitik wird aber auch eine überregionale Förderung eines gesamten Wirtschaftsbereiches verstanden, der trotz einer allgemeinen guten Konjunkturlage in einer Rezession ist. Bereiche, wie der Bergbau, Stahlerzeugung, die Bau- und Landwirtschaft, wurden (bzw. werden) in der Bundesrepublik Deutschland strukturell gefördert.

Maßnahmen der Deutschen Bundesbank[1] 4

Eine weitere Möglichkeit Stabilitätspolitik zu betreiben, liegt in der Steuerung der Geldversorgung der Wirtschaft, die durch die Bundesbank erfolgt. Ihr oberstes Ziel ist die Erhaltung der Geldwertstabilität. Die Bundesbank soll zwar die Wirtschaftspolitik der Bundesregierung unterstützen, ist jedoch von der Regierung unabhängig! Sie versucht dieses Ziel zu erreichen, indem sie die Geldmenge steuert. Wenn in einer Hochkonjunktur die Gefahr einer Inflation gegeben, weil die Nachfrage zu groß ist und daher die Preise stark steigen, versucht die Deutsche Bundesbank die wirtschaftliche Entwicklung zu bremsen. Es wird versucht, über die Geschäftsbanken die Geldmenge zu verringern. Eine geringere Geldmenge bedeutet geringere Nachfrage. Dies wird auch durch eine Zinserhöhung erreicht. Die Konsumenten sparen mehr und konsumieren weniger, gleichzeitig werden aber durch das Steigen der Kreditzinsen weniger Kredite genommen und dadurch weniger Investitions- und Konsumgüterkäufe getätigt.

Umgekehrt wird durch eine Vermehrung der Geldmenge die Nachfrage erhöht. Gleichzeitig werden mit sinkenden Zinsen mehr Produkte verkauft und daher auch mehr Arbeitskräfte eingestellt, die Wirtschaft wird angekurbelt. Die Gefahr von steigenden Preisen und damit zunehmender Geldentwertung wird jedoch auch größer.

Die Deutsche Bundesbank verfügt zur Erreichung dieser Ziele über folgende geldpolitische Instrumente:

- **Diskontpolitik:** Banken können Wechsel an die Bundesbank verkaufen und erhalten so vor Ende deren Laufzeit Bargeld. Eine Erhöhung des Diskontsatzes bewirkt eine Verteuerung der Diskontkredite. Da in der Regel auch die Zinssätze steigen, werden weniger Kredite genommen und es wird mehr gespart. Die konjunkturelle Entwicklung und auch die Inflationsrate werden gebremst. Umgekehrt wirkt eine Senkung des Diskontsatzes.

1 Mit der Einführung des EURO und der Tätigkeit der Europäischen Zentralbank werden sich hier schon ab dem Jahr 1999 erste Änderungen ergeben.

- **Mindestreservepolitik:** Alle Kreditinstitute müssen einen bestimmten Prozentsatz ihrer Einlagen bei der Bundesbank **zinslos** hinterlegen.

Je höher der Mindestreservesatz ist, desto stärker sind die finanziellen Spielräume der Banken eingeengt. Eine Senkung der Mindestreserven hat zur Folge, dass die Banken mehr Geld für Kredite bereithalten können. In konjunkturell schwachen Zeiten wird also der Mindestreservesatz in der Regel gesenkt, bei der Hochkonjunktur dagegen erhöht, um Geld abzuschöpfen.

- **Lombardpolitik:** Die Banken können bei der Bundesbank Kredite gegen die Verpfändung von Wertpapieren aufnehmen. Der zu zahlende Lombardsatz liegt 1–3 % über dem Diskontsatz. Lombardkredite sind also teurer als Diskontkredite. Die Wirkungsweise der Lombardpolitik stimmt mit der Diskontpolitik überein. Sie stellt ein zusätzliches Instrument zur sog. Feinsteuerung der Geldmenge dar.

- **Offenmarktpolitik:** Tritt die Bundesbank am Wertpapiermarkt als Käufer oder Verkäufer auf, verändert sich auch dadurch die umlaufende Geldmenge.
  Durch den Verkauf von Wertpapieren wird dem Wirtschaftskreislauf Geld entzogen. Die nachfragewirksame Geldmenge wird verringert, eine evtl. inflationäre Entwicklung wird dadurch gebremst.
  Kauft die Bundesbank Wertpapiere, wird die Geldmenge erhöht. In konjunkturell schlechten Zeiten kann dadurch die Nachfrage angekurbelt werden.

1. **Nennen Sie mögliche Gründe für wirtschaftliche Schwankungen.**
2. **Erläutern Sie, was man unter den vier im Stabilitätsgesetz festgelegten wirtschaftspolitischen Zielen versteht und versuchen Sie zu erklären, warum man in diesem Zusammenhang von einem „magischen Viereck“ spricht.**
3. **Diskutieren Sie, warum das „magische Viereck“ zum magischen Fünf-, Sechs- oder gar Siebeneck werden soll.**
4. **Warum soll sich der Staat mit seiner Wirtschaftspolitik „antizyklisch“ verhalten und woran scheitert er dabei?**
5. **Podiumsdiskussion**

   Laden Sie aus Ihrem Wahlkreis nach Absprache mit der Schulleitung Bundes- oder Landtagsabgeordnete verschiedener Fraktionen, Gewerkschaftsvertreter sowie Vertreter der örtlichen Kammern und sonstigen Verbände zu einer Podiumsdiskussion „Wirtschaftsentwicklung in unserem Raum“ oder einem ähnlichen Thema mit konjunkturpolitischem Bezug ein.

   Bereiten Sie die Diskussion sorgfältig vor, d. h., erledigen Sie zunächst in Gruppen die wichtigen Vorarbeiten:

   Gruppe 1: Organisationsfragen (wer wird eingeladen, wo findet die Veranstaltung statt, wer leitet die Diskussion, werden Pressevertreter eingeladen, wer übernimmt die Begrüßung usw.)

   Gruppe 2: Erarbeitung von Positionsbestimmungen, die in die Diskussion eingebracht werden sollen. Evtl. weitere Gruppenunterteilung mit Schwerpunktthemen.

2.2 Spannungsfeld Kapital und Arbeit

2.2.1 Gemeinsamkeit macht stark

Kapital und Arbeit – im vorigen Jahrhundert eine einseitige Angelegenheit. Hier der mächtige Arbeitgeber – dort ein Heer von Arbeitnehmern, die gegeneinander um die Arbeitsplätze kämpften. Bedingungen stellte der Arbeitgeber – sie mussten angenommen werden, sonst drohte fristlose Entlassung – kein Problem für die Arbeitgeber, denn es warteten viele auf einen Arbeitsplatz.

Ein Beispiel aus der freien Marktwirtschaft des 19. Jahrhunderts:

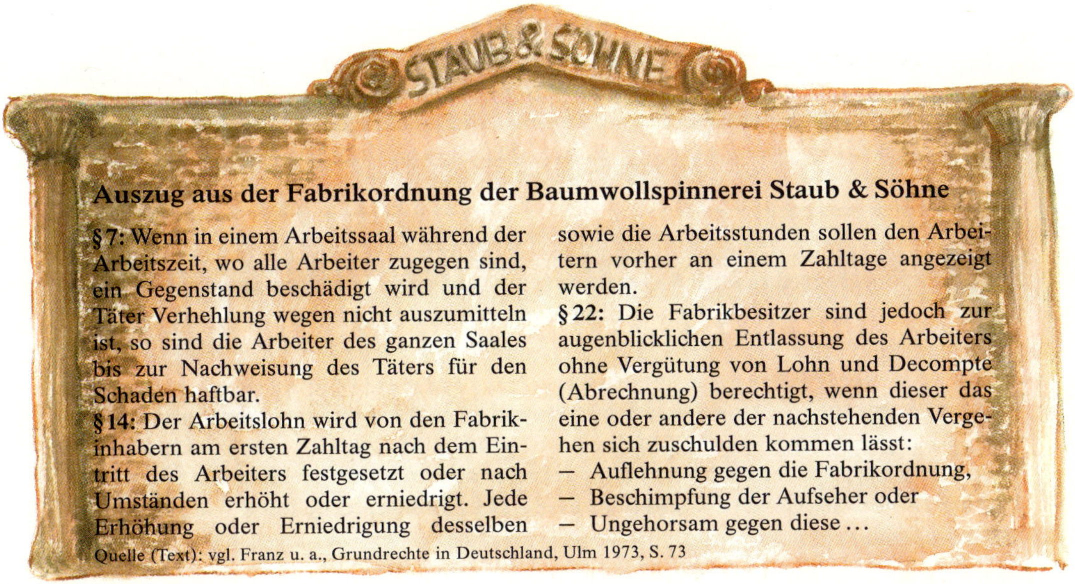

Auszug aus der Fabrikordnung der Baumwollspinnerei Staub & Söhne

§7: Wenn in einem Arbeitssaal während der Arbeitszeit, wo alle Arbeiter zugegen sind, ein Gegenstand beschädigt wird und der Täter Verhehlung wegen nicht auszumitteln ist, so sind die Arbeiter des ganzen Saales bis zur Nachweisung des Täters für den Schaden haftbar.

§14: Der Arbeitslohn wird von den Fabrikinhabern am ersten Zahltag nach dem Eintritt des Arbeiters festgesetzt oder nach Umständen erhöht oder erniedrigt. Jede Erhöhung oder Erniedrigung desselben sowie die Arbeitsstunden sollen den Arbeitern vorher an einem Zahltage angezeigt werden.

§22: Die Fabrikbesitzer sind jedoch zur augenblicklichen Entlassung des Arbeiters ohne Vergütung von Lohn und Decompte (Abrechnung) berechtigt, wenn dieser das eine oder andere der nachstehenden Vergehen sich zuschulden kommen lässt:
– Auflehnung gegen die Fabrikordnung,
– Beschimpfung der Aufseher oder
– Ungehorsam gegen diese …

Quelle (Text): vgl. Franz u. a., Grundrechte in Deutschland, Ulm 1973, S. 73

Heute ist die Tarifautonomie ein wesentlicher Bestandteil unserer sozialen Marktwirtschaft. Sie besagt, dass sich die Tarif-/(oder auch:) Sozialpartner organisiert haben, um ihre grundsätzlichen Interessen auszutragen und in einem zeitlich befristeten Tarifvertrag Löhne, Arbeitszeit, Urlaub, Arbeitsbedingungen und weitere Einzelheiten des Arbeitslebens zu regeln – ohne Eingriffe des Staates, der durch das Tarifvertragsgesetz nur den rechtlichen Rahmen geschaffen hat. Die Vertretung der Arbeitnehmer sind die Gewerkschaften, die der Arbeitgeber die Deutschen Arbeitgeberverbände, die sich in der Bundesvereinigung der Deutschen Arbeitgeberverbände zusammengeschlossen haben.

1 

Die Gewerkschaften

Die Gewerkschaften vertreten – als demokratische Organisationen – die Interessen der Arbeitnehmerschaft und sind im Besonderen ihren Mitgliedern verpflichtet.

Ihre nach wie vor und in aller Zukunft vorrangige Aufgabe liegt darin, die unmittelbaren Arbeits- und Lebensbedingungen ihrer Mitglieder zu verbessern.

Wollen die Arbeitnehmer ihre betrieblichen, wirtschaftlichen und politischen Interessen wahren, so müssen sie der Macht, die das Eigentum gibt, ein Gegengewicht entgegensetzen. Das können sie nur, wenn sie gemeinsam und organisiert aktiv werden – konkret also: indem sie sich in Gewerkschaften zusammenschließen.

Die Gewerkschaften sind keine Verbände wie andere. Starke und streikbereite Gewerkschaften sind nicht nur Voraussetzung für erfolgreiche Lohnauseinandersetzungen. Sie sind in einem viel breiteren Sinne die Garanten des gesellschaftlichen Fortschritts.

Für die Wahrung der Interessen der Arbeitnehmer kommt der gewerkschaftlichen Betätigung im Betrieb zentrale Bedeutung zu. Hier wirken sich die Entscheidungen über Arbeitsplätze, Arbeitsumgebung, Arbeitsorganisation, Arbeitstempo usw. aus. Daher gehören die Gewerkschaften in die Betriebe und Unternehmen.

Zitate aus: Rolle und Aufgaben der Gewerkschaften im letzten Viertel des zwanzigsten Jahrhunderts. Hrsg.: Industriegewerkschaft Medien, Hauptvorstand

2

Die Arbeitgeberverbände

Die Arbeitgeberverbände haben die sozialpolitischen Belange der Unternehmer zu vertreten. Sie sind die umfassende Organisation der Unternehmerschaft.

Der Standort der Arbeitgeberverbände bestimmt sich zunächst aus dem in Artikel 9 des Grundgesetzes garantierten Recht der Koalitionsfreiheit[1] von Arbeitgebern und Arbeitnehmern. Die Arbeitgeberverbände haben entscheidenden unmittelbaren und mittelbaren Einfluss auf den sozialen Interessenausgleich. Sie wirken mit bei der Sicherung des sozialen Friedens und bei der Schaffung der ökonomischen Voraussetzungen eines wachsenden stabilen Wohlstandes. Zusammen mit den Gewerkschaften entscheiden sie über die Grundzüge unserer sozialen Ordnung.

---

1 Koalitionsfreiheit = Freiheit, sich zusammenzuschließen

3032106L

Dem Motiv der Gründung entsprechend, waren die Arbeitgeberverbände in ihrem Anfangsstadium mehr oder weniger Abwehrorganisationen. Schon sehr früh vollzog sich allerdings die Entwicklung weg vom Antistreikverein hin zu einer konstruktiven[1] sozialpolitischen Zielsetzung. Der sicher vorhandene Interessengegensatz zu den Gewerkschaften ist kein Hindernis für ein fruchtbares Funktionieren der Sozialpartnerschaft, die davon ausgeht, dass trotz der natürlichen Unterschiede in der Aufgabenstellung das Gefühl vorherrschen kann letztlich nur im Miteinander, nicht im Gegeneinander erfolgreich sein zu können.

Die Tarifpolitik nimmt als klassische Aufgabe in der Arbeit vieler Fachverbände den ersten Platz ein. Die tarifvertragliche Gestaltung der Lohn- und Arbeitsbedingungen ist jener Kern der Verbandstätigkeit, um den sich dann in der täglichen Praxis eine intensive Informations- und Beratungstätigkeit rankt.

Quelle: Zigan, Herbert, in: Der Arbeitgeber, Nr. 22/23, Köln 1970, S. 975

1. **Stellen Sie im Themenkreis 2 die grundgesetzlich verankerten Rechte zur Wahrung gemeinsamer Interessen zusammen (Art. 2, 8, 9, 11, 12, 5 GG).**
2. **Beschreiben Sie die Aufgaben und Ziele der Sozialpartner in der Bundesrepublik Deutschland.**

2.2.2 Tarifverhandlungen – Streik – Aussperrung

Die im Tarifvertrag festgelegten Bestimmungen sind **Mindestbedingungen,** die nicht unter-, wohl aber überschritten werden dürfen (z. B. übertariflicher Lohn). Dies ist vor allem in Zeiten eines wirtschaftlichen Abschwunges ein wirksamer Schutz für die Arbeitnehmer. Sie können somit vor allem bei einer evtl. zunehmenden Arbeitslosigkeit nicht mit schlechter werdenden Arbeitsbedingungen (z. B. weniger Lohn oder Urlaub) gegeneinander ausgespielt werden.

Lohn- und Gehaltstarife laufen kurzfristig (sehr oft ein Jahr). Rahmen- oder Manteltarifverträge gelten i. d. R. länger. Sie regeln die Arbeitsbedingungen, Arbeitszeiten, Urlaub, Kündigungsfristen usw.

„Interessantes Spiel: Wenn beide in der Mitte sind, hat jeder gewonnen." Karikatur: Wolter

1. Schritt: Mobilisierung der Öffentlichkeit durch die Tarifparteien 1

In dieser Kampagne zu Ende des alten Tarifvertrages wird von den Tarifparteien versucht ihre Mitglieder, Politiker und die öffentliche Meinung für die Ziele, die im neuen Tarifvertrag ausgehandelt werden sollen, zu begeistern.

1 konstruktiv = aufbauend, sich entwickelnd

2. Schritt: Kündigung des bestehenden Tarifvertrages
Während der Laufzeit eines Tarifvertrages herrscht die sog. **„Friedenspflicht“**, welche besagt, dass Arbeitskämpfe oder auch Abstimmungen über solche während der Laufzeit eines Tarifvertrages nicht erlaubt sind.

Tarifautonomie bedeutet, dass die Festlegung oder auch die Kündigung eines Tarifvertrages nur von den beiden für die Branche zuständigen Tarifparteien vorgenommen werden kann.

3. Schritt: Tarifverhandlungen
In der Regel mehrere Verhandlungsrunden.

4. Schritt: Warnstreiks und Spitzengespräche
Sofern die Spitzengespräche der Verhandlungsparteien erfolglos verlaufen, wird i. d. R. ein Schlichter eingeschaltet. Ist auch dessen Vorschlag für eine oder beide Parteien nicht akzeptabel, werden die Verhandlungen für gescheitert erklärt. Warnstreiks sind kurze Arbeitsniederlegungen mit Sympathiekundgebungen für die gewerkschaftlichen Forderungen.

5. Schritt: Urabstimmung über Kampfmaßnahmen

6. Schritt: Streik, wenn in der Urabstimmung mindestens 75 % der Gewerkschaftsmitglieder ihre Zustimmung geben.

7. Schritt: Aussperrung als Gegenmittel der Arbeitgeber zu den Arbeitsniederlegungen.
Ziel ist es, die Streikkassen der Gewerkschaft zu leeren und diese dadurch zu einem Kompromiss zu zwingen.

8. Schritt: Neue Verhandlungen, unter Umständen mit einem Schlichter und Kompromiss.

9. Schritt: Streikende, wenn mindestens 25 % der Gewerkschaftsmitglieder in einer Urabstimmung zustimmen. Ende der Aussperrung.

10. Schritt: Neuer Tarifvertrag beginnt zu laufen. – Friedenspflicht.

3032108L

Ein Streik ist nur dann rechtmäßig, wenn er der Lösung eines Konflikts dient, der durch eine tarifrechtliche Regelung beigelegt werden kann. Daher sind rechtswidrig: 2

- **wilde Streiks:** Arbeitsniederlegungen, die nicht von Gewerkschaften organisiert sind,
- **politische Streiks:** Sie wenden sich im Gegensatz zum wirtschaftlichen Streik gegen die jeweilige Staatsgewalt. Sie haben nicht Tarifvertragsabschlüsse zum Ziel.

Solidaritäts- und Sympathiestreiks sind der Ausdruck der Solidarität mit Handlungen oder Forderungen von Arbeitnehmern anderer Betriebe oder anderer Branchen. Kurzfristige **Warnstreiks,** insbesondere vor Tarifabschlüssen oder nach gescheiterten Verhandlungen, stärken die Position der Gewerkschaft den Unternehmern gegenüber und in der Öffentlichkeit. Sie signalisieren, in welchem Ausmaß die Arbeiter hinter den Forderungen ihrer Gewerkschaft stehen. Der **Teil- oder Schwerpunktstreik** gewinnt als eine sehr bedeutende Komponente des gewerkschaftlichen Kampfmittels Streik in der modernen Industriegesellschaft eine überragende Bedeutung. Wenige Arbeiter in Schlüsselpositionen sind heute in der Lage das normale und lebensnotwendige Funktionieren der Wirtschaft zu unterbinden. Jeder Streik – so unabweisbar er auch in Wahrnehmung objektiver Interessen der Arbeiter sein mag – wirft für die Gewerkschaft Probleme auf, die stets nur sehr schwer, ohne negative Auswirkungen auf die Organisation zu lösen sind. Dies gilt insbesondere für das Verhältnis der Mitglieder und auch der Nichtorganisierten zur Gewerkschaft. Zunächst steht die Gewerkschaft vor dem Kostenkalkül, da jeder offizielle Streik große finanzielle Belastungen mit sich bringt, und zwar sowohl für die Kasse der Gewerkschaft, als auch für das persönliche Budget der Arbeiter. „Während der Dauer des Streiks erhalten die streikenden Mitglieder der Gewerkschaft ein im Verhältnis zum Lohn geringes Streikgeld; gleichzeitig verliert die Gewerkschaft einen Teil ihres Vermögens.“ Je länger nun der Streik andauert, desto stärker wird einmal die finanzielle Potenz der Gewerkschaft gefährdet und zum anderen auch die Durchhaltebereitschaft der Mitglieder. Quelle: Weisser, W., a. a. O. S. 84

3 Auf rollende oder Schwerpunktstreiks reagieren die Arbeitgeber evtl. mit Aussperrungsmaßnahmen. Das bedeutet, dass nunmehr im bestreikten Betrieb oder in anderen Unternehmen der gleichen Branche arbeitswillige Arbeitnehmer nicht an den Arbeitsplatz gelassen werden. Der Betrieb wird von den Arbeitgebern im Zuge der Arbeitskampfmaßnahmen als Gegenreaktion vorübergehend geschlossen. Folge: Jetzt beziehen auch die hiervon betroffenen und organisierten Arbeitnehmer Streikgelder aus der Gewerkschaftskasse. Die Aussperrung ist umstritten:

Wie sehen Gerichte die Aussperrung?

Das Bundesarbeitsgericht in Kassel genehmigte die Aussperrung als legales Kampfmittel der Arbeitgeber gegen den Streik. Im Jahre 1988 verwarf es das Aussperrungsverbot in der hessischen Landesverfassung mit der Begründung, „die Tarifautonomie im Grundgesetz sei stärker als die Landesverfassung". Dem schloss sich das Bundesverfassungsgericht an, schränkte jedoch im Juli 1991 das Recht auf Aussperrung ein. Sie ist demnach nur dann zulässig, wenn die Arbeitgeber mit der Aussperrung „in angemessenem Verhältnis" auf Streiks reagieren. Damit darf Aussperrung nur in einem Gebiet, das bestreikt wird, erfolgen. Obwohl das „angemessene Verhältnis" nicht näher festgelegt wurde, ist damit klar, dass nicht mehr Arbeitnehmer ausgesperrt werden dürfen als streiken, und als Faustregel gilt, nicht mehr als ca. 25 % der Arbeitnehmer eines Streikgebiets.

„Wollen Sie mir etwa das Recht auf die gleichen Waffen absprechen?"

1. **Erklären Sie den Sinn von Warnstreiks.**
2. **Wie wird die Voraussetzung zur Ausrufung des Streiks geschaffen?**
3. **Erklären Sie die Taktik von Schwerpunktstreiks.**
4. **Welche Streiks sind erlaubt, welche verboten?**
5. **Stellen Sie die möglichen Argumente Pro- und Contra-Aussperrung dar.**

3032110L

2.2.3 Mitbestimmungsmöglichkeiten der Arbeitnehmer

Arbeitnehmer

... meine Arbeitskraft ist der alleinige Motor der Unternehmung, ohne mich läuft nichts. Wenn meine Kollegen und ich es wollen, stehen alle Räder der Fabrik still. Wir stehen im Dienste unseres Arbeitgebers. Gerade weil wir von ihm durch den Lohn, den er uns zahlt, abhängen, haben wir ein Recht darauf, an Betriebsentscheidungen teilzuhaben.
Immer wieder fallen sonst Beschlüsse, die auf dem Rücken der Arbeiter ausgetragen werden müssen. Lohneinbußen, Akkordverschlechterungen, Entlassungen, Rationalisierungen treffen nur uns am härtesten. Deshalb müssen wir mitbestimmen und unser eigenes Schicksal mitentscheiden können ...

Arbeitgeber

... das Risiko der Unternehmung trage ich ganz alleine. Es wird mir nicht abgenommen – schon gar nicht von den Arbeitnehmern. Sie erhalten für ihre Leistung Lohn oder Gehalt. Damit sind ihre Ansprüche abgegolten.
Um zu gewährleisten, dass sich wichtige Entscheidungen, die der Arbeitnehmer gar nicht beurteilen kann, nicht unnötig verzögern, muss die alleinige Führungsgewalt beim Arbeitgeber liegen. Was für jeden privaten Hausbesitzer selbstverständlich ist, sollte auch für den Unternehmer gelten: Unangetastete Verfügungsgewalt über das Eigentum ...

Diskussion

Mitbestimmungsmöglichkeiten gibt es nicht nur im Betrieb, sondern auch in der Schule. Kennen Sie die Rechte der Schüler und der Schülervertretung? Nehmen Sie einmal folgende Situation an:

Ihr Schulleiter kündigt an, dass die Klassen nach dem Unterricht nur in einem ordnungsgemäßen und sauberen Zustand verlassen werden dürften. Er will sich zusammen mit dem Hausmeister stichprobenartig davon überzeugen, dass dieser Anweisung auch Folge geleistet wird. Für den Fall, dass dies nicht so sei, sollen die betroffenen Klassen eine Woche lang nach dem Unterricht die Räume anstelle des Reinigungspersonals säubern. Den Einwand, dass man dann die Schulbusse nicht erreiche und das Reinigungspersonal schließlich für diese Aufgabe da sei, lässt er nicht gelten.

Diskutieren Sie dieses Problem in Ihrer Klasse und versuchen Sie eine einheitliche Position zu erreichen. Welche Möglichkeiten haben Sie (bzw. würden Sie in Anspruch nehmen), um eine evtl. gegenüber der Schulleitung abweichende Meinung darzubringen?

Sammeln Sie vorher Argumente nach folgendem Schema:

Klassenreinigung	
Ja	Nein
...	...

In einem demokratischen System können die Arbeitnehmer mitbestimmen und mitentscheiden. Durch sein Wahlrecht und andere politische Möglichkeiten ist es für den Bürger der Bundesrepublik Deutschland zur Selbstverständlichkeit geworden, dass er auf politische Entscheidungen Einfluss nehmen kann.
Gelten diese Möglichkeiten auch für seinen Arbeitsplatz oder hat der Karikaturist mit dieser Zeichnung noch immer Recht?

Zeichnung: Wolter

Es wird heute zwischen drei Mitbestimmungsebenen unterschieden:

Mitbestimmung auf

Arbeitsplatzebene: Hier finden alle Entscheidungen über den technischen und organisatorischen Arbeitsablauf statt. Folgende Probleme können hier auftreten: Arbeitsplatzgestaltung, Lohneinstufung, Zusammenarbeit in der Gruppe, bestehendes Betriebsklima, soziale Einrichtungen, die vorwiegend den einzelnen Arbeitnehmer betreffen, Urlaubsregelung, Arbeitszeiteinteilung usw.

Betriebsebene: Hier werden Entscheidungen über allgemeine personelle Angelegenheiten getroffen. Regelungen, von denen die gesamte Belegschaft betroffen wird, wie beispielsweise Arbeitsplatzbewertung, Leistungsbeurteilung, Entlohnungssysteme, gleitende Arbeitszeit, Aus- und Fortbildung, Kantinenbetreuung, Werksarzt, Arbeitsablauf und Arbeitsorganisationen, um nur einige zu nennen.

Unternehmensebene: Diese Ebene wird auch Managementebene genannt. Auf ihr werden Produktionsziele, Gewinnverteilung, Investitionen, Stilllegungen, Kapazitätsausweitungen, Produktionsverlagerungen, Kurzarbeit, Entlassungen, die Unternehmensorganisationen usw. festgelegt.

Diskussion

„Zufriedene Arbeiter leisten mehr und sind weniger krank", so lässt sich zusammenfassen, worin sich sowohl Befürworter als auch Kritiker des so genannten „Corporate-Identity-Konzeptes" einig sind. Worum geht es? Corporate-Identity (kurz „CI") versucht, über ein gutes Betriebsklima eine positive Einstellung zum Betrieb zu erreichen.

Diskutieren Sie, ob es überhaupt ernst zu nehmende Argumente gibt, die gegen diesen Ansatz sprechen. Sollten sich in Ihrer Diskussion kritische Ansatzpunkte oder offene Fragen ergeben, sollten Sie versuchen, diese Positionen einmal in einer Diskussionsrunde mit der Geschäftsleitung und dem Betriebsrat eines ansässigen Unternehmens zu erörtern (Stichwort: „Was ist für Arbeitnehmer und Arbeitgeber wichtig?" oder „Was bringt ein Motivationsschub?" oder „Das WIR-Gefühl nur für den Unternehmer stärken?")

3032112L

2.3 Spannungsfeld Arbeitslosigkeit

2.3.1 Nicht genug Arbeit für alle?

Der Arbeitsmarkt in der Bundesrepublik Deutschland war schon immer gespalten. Auf der einen Seite offene Stellen, auf der anderen Seite schon seit Jahren Arbeitslosigkeit in Millionenhöhe.

Gerade in den letzten Jahren des wirtschaftlichen Aufschwunges wurden die Probleme offenkundiger denn je zuvor. Suchte die eine Seite teilweise händeringend nach qualifizierten Fachkräften, konnte der Arbeitsmarkt diese auf der anderen Seite wiederum nicht bieten.

Folge: Die Zahl der offenen und damit unbesetzten Stellen wuchs, ohne dass diese zu einem spürbaren Rückgang bei der Arbeitslosigkeit führte.

Nach dem 3. Oktober 1990, dem Tag der Deutschen Einheit, sind die Formen der Arbeitslosigkeit vielfältiger und problematischer geworden. An der Schnittstelle des Überganges von der zentralen Planwirtschaft zum marktwirtschaftlichen Wettbewerb zerbrachen viele Betriebe. Teilweise völlig unvorbereitet in eine neue Situation gestürzt, fehlten jegliche Erfahrungen, aber auch alle sachlichen Voraussetzungen, um im Konkurrenzkampf zu bestehen.

Hunderttausende wurden entlassen, Betriebe wurden geschlossen, andere gingen auf Kurzarbeit mit null Stunden Arbeit ... Dabei handelte es sich nicht nur um relativ schnell zu behebende Übergangsprobleme, sondern um einen Prozess der längerfristigen Anpassung.

Zurzeit hat die Bundesrepublik Deutschland die meisten Arbeitslosen in Europa.

Arbeitslosenzahlen in Millionenhöhe waren in den 60er- und bis Anfang der 70er-Jahre nicht vorstellbar. Erstmals wurde die Millionengrenze in 1975 überschritten. Seit dieser Zeit gehören Meldungen über Massenarbeitslosigkeit schon fast zur Tagesordnung.

Gleichwohl steht nicht einmal genau fest, wann man gesamtwirtschaftlich nicht mehr von Vollbeschäftigung sprechen kann. So wird im „Gesetz zur Förderung der Stabilität und des Wachstums der Wirtschaft" nur von einem „hohen Beschäftigungsstand" als wirtschaftspolitischem Ziel gesprochen.

1 Es ist gar nicht so einfach, die Arbeitslosenzahl exakt anzugeben, denn:

- nicht alle, die ohne Arbeit im herkömmlichen Sinne sind, wollen auch arbeiten bzw. sie stehen dem Arbeitsmarkt in Wirklichkeit überhaupt nicht zur Verfügung,
  während andere
- arbeitslos sind, ohne sich auch arbeitslos gemeldet zu haben oder bereits aus den offiziellen Statistiken der Behörden (Arbeitsämter) gestrichen wurden.

Die **Nachfrage** nach Arbeitskräften hängt entscheidend von zwei Größen ab:

- von der Höhe der Produktion bzw. des Produktionszuwachses
- von der Entwicklung des technischen Fortschrittes

Das **Angebot** an Arbeitskräften wird statistisch definiert durch die Zahl der Männer und Frauen im erwerbsfähigen Alter zwischen 15 und 65 Jahren.

Das Arbeitskräftepotenzial hängt ab von

- der Altersstruktur der Bevölkerung,
- der Bevölkerungsentwicklung,
- den internationalen Wanderungen von Arbeitnehmern,
- dem Gesundheitszustand der erwerbsfähigen Personen,
- der Erwerbsbeteiligung, d. h. vom Prozentsatz der Bevölkerung, der bereit ist zu arbeiten.

2 Zur Rolle des Staates

Gerade weil es in den fünf neuen Bundesländern vor dem 3. Oktober 1990 offiziell keine Arbeitslosigkeit gab (dafür gab es zum Teil unproduktive Vollbeschäftigung), erhält die Frage nach dem Recht des Einzelnen auf Arbeit besondere Aktualität und Bedeutung:

Recht auf Arbeit als subjektives Recht

- Das Recht auf Arbeit beinhaltet den Anspruch auf Verschaffung eines Arbeitsplatzes. Er steht Arbeitswilligen und Arbeitsfähigen zu, die eine Stellung als Arbeitnehmer suchen.
- Das Recht zu arbeiten, garantiert als liberales Grundrecht die Befugnis überhaupt arbeiten zu dürfen …
- Politisch rechtfertigt sich die Forderung nach einer Garantie des Rechts auf Arbeit daraus, dass der weit überwiegende Teil der Bevölkerung allein daraus seinen eigenen Lebensunterhalt bestreiten kann …
- Das Grundgesetz (Artikel 12: Alle Deutschen haben das Recht, Beruf, Arbeitsplatz und Ausbildungsstätte frei zu wählen.) und die einzelnen Gesetze enthalten weder ausdrücklich eine Garantie des Rechts auf Arbeit noch kann sie aus ihnen indirekt abgeleitet werden. Soweit Landesverfassungen ein Recht auf Arbeit beinhalten, handelt es sich nur um juristisch unverbindliche Programmsätze.

Quelle: Bart, D.: Recht auf Arbeit. Beiträge zur Gesellschafts- und Wirtschaftspolitik, iwd, Köln 1986, Seite 45

Die unterschiedlichen Ansätze zeigen, dass die Forderung nach einem Recht auf Arbeit nicht unproblematisch ist. Auf die dann notwendige Rolle des Staates als „Arbeitsbeschaffer" geht der folgende Text ein:

Unabhängig von der Frage nach der verfassungsmäßigen Verankerung kann das Recht auf Arbeit durch den Staat letztlich nur durch eine konsequente Politik gewährleistet werden, denn was fehlt, ist nicht das Recht, sondern Arbeit selbst. Dazu sind Bund und Länder nach dem Stabilitätsgesetz von 1967 ohnehin verpflichtet; allerdings ist „hoher Beschäftigungsstand" dort nur als eines von vier gleichrangig zu verfolgenden Zielen genannt. Dagegen fordern die Gewerkschaften, dem Vollbeschäftigungsziel Vorrang vor allen anderen Zielen zu geben, während andere gesellschaftliche Gruppierungen in einer staatlichen „Vollbeschäftigungsgarantie" eine Gefahr für die Wirtschaftsordnung und Tarifautonomie sehen. Je nach dem Ausmaß der Arbeitslosigkeit müsste der Staat dann nämlich Arbeit bewirtschaften. Entweder, er schaffte „künstlich" Arbeitsplätze oder er nähme die Arbeitgeber entsprechend in die Pflicht. In beiden Fällen trüge der Staat die ökonomische Verantwortung. Dies zwänge den Staat letztlich, das Arbeitskräfteangebot qualitativ und quantitativ zu reglementieren ...

Quelle: Rath, M.: Die Garantie des Rechts auf Arbeit, Göttingen, 1974, Seite 143 ff.

Trotzdem ...

Der Verlust des Arbeitsplatzes bedeutet für die meisten, die davon betroffen sind, einen gravierenden Einschnitt in ihr Leben. Trotz Unterstützungen ist Arbeitslosigkeit zumeist mit finanziellen Einbußen verbunden. Zwar sichern die Zahlungen des Arbeitsamtes die Existenz, doch sind Einschränkungen des Lebensstandards besonders bei länger andauernder Arbeitslosigkeit kaum zu vermeiden.
Vielleicht noch schlimmer sind die psychischen und sozialen Folgen für die Betroffenen und ihre Familien. Diese reichen von der Herabsetzung des Selbstwertgefühls – weil Arbeitslosigkeit nicht selten als persönliches Versagen gedeutet wird – über Depressionen, die aus dem zunehmenden Gefühl der Nutzlosigkeit entstehen, bis hin zur Flucht in Alkohol usw.
Im familiären Bereich treten Spannungen auf, Kontakte zu Freunden, Nachbarn, ehemaligen Kollegen reißen ab ...
Schließlich stellt Arbeitslosigkeit auch eine politische Bedrohung dar: Heinz Oskar Vetter, ehemaliger DGB-Vorsitzender: „Wer diesen Sprengstoff nicht sieht, der sich hier ansammelt, dem werden eines Tages die Brocken um die Ohren fliegen."

Quelle: Kontrovers: Arbeitslosigkeit, Hrsg.: Bundeszentrale für politische Bildung, Bonn 1983, Seite 13–15

Arbeitslosigkeit im Zeitraffer der Nachkriegszeit 3

Nach dem 2. Weltkrieg war Deutschland wüst und leer ... Und da ging ein von Natur aus fleißiges Volk in sich. Krempelte die Ärmel hoch und räumte auf ... Aus den Trümmern entstand im Westen das Wirtschaftswunder. Jeder hatte seinen Anteil daran. Es ging uns gut. An stetige Wachstumsraten gewöhnt, kam kein Mensch darauf, dass sich jemals etwas ändern könnte. Unaufhaltsamer Fortschritt in stabiler Währung: die größere Wohnung, der Kühlschrank, die Waschmaschine, das Radio, das Fahrrad, der Fernsehapparat, das Auto, der Urlaub ... Nur für das Besondere im Leben mussten die Überstunde und der Zusatzverdienst her ...
Im Osten verlief dagegen alles „nach Plan". Kein Wirtschaftswunder, sondern der Versuch den Kapitalismus abzustreifen und dem Staat die wirtschaftliche Entwicklung zu überlassen.
Arbeit wurde im Westen bald immer teurer, aber das machte ja nichts, das fiel im Taumel der stürmischen Wirtschaftsentwicklung kaum auf ...

Wenn nur die „Kohlen“ stimmen, sagte der Volksmund und meinte damit nicht die „schwarzen Diamanten“ des Ruhrgebiets. Das Öl rauschte ins Land und plötzlich stimmten die Kohlen nicht mehr. Öl war nun billiger und praktischer. Zechen wurden geschlossen, Kumpels verloren ihre Arbeitsplätze – bis das Öl plötzlich wieder viel teurer wurde ... Ein Zurück gab es nun nicht mehr, das Sparen fing bei der Produktion an: Einsparung der teuren Arbeit, kostengünstigere Produktion durch Maschinen ...
Seit dieser Zeit zahlen wir viel Geld dafür, dass weniger hergestellt wird, denn wir leiden in vielen Bereichen an Überproduktion. Beste Beispiele: Bergbau und Landwirtschaft. Geld auch für Menschen, die keine Arbeit finden und/oder früher in Rente gehen ... Gesucht wird also die Arbeit, die nichts Überflüssiges produziert, die sinnvoll ist und ihres Lohnes wert.
Zwischen 1950 und 1977 hat der technische Fortschritt rund 27 Millionen Menschen den Arbeitsplatz wegrationalisiert ... Dann hätten wir 1977 also 27 Millionen Arbeitslose haben müssen?

Hatten wir aber nicht – Wachstum sorgte für neue Arbeitsplätze ... Darf Wachstum heute noch möglich sein? Wenn nicht, dann haben wir die **technologische Arbeitslosigkeit ...** Irgendwann nach den Jahren des Wirtschaftswunders müssen wir doch satt gewesen sein. Wir hatten doch (fast) alles. Es kam zur **konjunkturellen Arbeitslosigkeit ...**

Es gibt Gegenden, in denen ist jeder Fünfte arbeitslos. Auf der Landkarte findet man sie

vor allem im Norden ... Die Werften, die Bergwerke, die Stahlkocher im Norden und Westen, die Automobilbauer und die Elektroniker im Süden, die Mitarbeiter von nicht mehr wettbewerbsfähigen Betrieben und Branchen im Osten. Wenn die einen Arbeit haben, die anderen nicht, spricht man von **struktureller Arbeitslosigkeit ...**

Zwischen 1975 und 1985 brauchten 1,2 Millionen Menschen zusätzlich einen Job – die geburtenstarken Jahrgänge der Nachkriegszeit drängten auf den Arbeitsplatz. Das macht Arbeitsplätze knapper. Jedenfalls für die nächsten zehn Jahre. Ergebnis: **demographische Arbeitslosigkeit ...**

Oktober 1990: Deutschland ist wieder eins. Alte und neue Bundesländer treffen aufeinander. Das größte Problem ist die Arbeitslosigkeit. Die größte Hoffnung, dass sich auch in Ostdeutschland das Wirtschaftswunder mit 30 Jahren Verspätung noch vollzieht ... **(strukturelle Arbeitslosigkeit)**

3032116L

1. **Was bedeutet das Wort „Arbeitslosigkeit"?**
2. **Diskutieren Sie, ob es ein „Recht auf Arbeit" gibt oder geben kann/sollte und welche Rolle damit dem Staat zufallen würde.**

Ursachen der Arbeitslosigkeit

4

Die Ursachen der Arbeitslosigkeit lassen sich kaum auf einen Nenner bringen, dafür sind sie zu verschiedenartig. Außerdem ist der Arbeitsmarkt in Deutschland zweigeteilt. Die Probleme in den alten und in den fünf neuen Bundesländern lassen sich nur bedingt vergleichen, zu unterschiedlich sind dafür die Ausgangssituationen.

Insofern sind die folgenden Thesen auch nur eine Aufforderung zu einer kritischen Auseinandersetzung mit dem Problem:

Produzieren wir zu teuer?
Nicht nur die Automobilindustrie, mit Zulieferern der größte Auftraggeber in der Bundesrepublik Deutschland, fürchtet um ihre Konkurrenzfähigkeit. Ein Südkoreaner verdient am Fließband pro Stunde nur etwa ein Zehntel von dem, was sein deutscher Kollege in Wolfsburg, Rüsselsheim, München oder Ingolstadt bekommt – und er arbeitet fast zweimal so lange ...

Hohe Sozialkosten?
Außerdem verteuern bei uns Lohnnebenkosten wie etwa Sozialbeiträge, Urlaubsgeld, bezahlte Feiertage, Lohnfortzahlungen im Krankheitsfall usw. die Produktion. In einigen Branchen sind diese Aufwendungen bereits so groß wie der Lohn selbst. Deshalb blüht hier auch die Schwarzarbeit – nicht selten von den Arbeitslosen ausgeführt ...

Mangelnde Qualifikation?
Die Industriegesellschaft der 80er-Jahre brachte durch Technisierung und Automation teilweise völlig andere Arbeitsplatzbedingungen mit sich. Immer mehr Arbeitnehmer mussten und müssen erkennen, dass es „den Beruf fürs Leben" in der alten Form nicht mehr gibt.
Nur durch eine qualifizierte berufliche Grundbildung, verbunden mit einer ständigen Fort- und Weiterqualifikation kann den Ansprüchen des Beschäftigungsmarktes genügt werden. Der überwiegende Teil der Arbeitslosen verfügt nicht (mehr) über die von den offenen Stellen verlangten Qualifikationen.

Mangelnde Wettbewerbsfähigkeit?
Das besondere Problem der Betriebe in den östlichen Bundesländern besteht häufig darin, dass aufgrund der früheren staatlich festgelegten Vollbeschäftigung (Recht auf Arbeit) einige Bereiche völlig überbesetzt sind (oder waren).
Mit alten Maschinen und hohem Personaleinsatz kann keine internationale Konkurrenzfähigkeit erreicht werden. Ergebnis: Freisetzung von Arbeitskräften in Millionenhöhe bei gleichzeitig verstärktem Maschineneinsatz.

Sind wir unbeweglich?
Bürokratie lähmt teilweise das Land. Läden müssen zu bestimmten Zeiten schließen, Arbeitszeiten werden möglichst einheitlich und flächendeckend für alle festgelegt. Selbst da, wo Flexibilisierung nachweislich Arbeitsplätze schaffen und Kosten senken würde, wird sie von Arbeitnehmervertretungen meist abgeschmettert.

Umstellungsschwierigkeiten von der Zentralverwaltungs- zur Marktwirtschaft

Strukturelle Arbeitslosigkeit in Millionenhöhe in den östlichen Bundesländern und andererseits volle Auftragsbücher und rückläufige Arbeitslosigkeit in den westlichen Bundesländern waren die Folge einer nunmehr schonungslos offenbarten Wettbewerbsunfähigkeit östlicher Industriezweige nach dem Zusammenbruch der DDR-Wirtschaft.
Der notwendige Strukturwandel wird eine Frage der Zeit sein. Wie lange es dauern wird, bis sich auch der Arbeitsmarkt angepasst oder ausgeglichen hat, hängt von vielen Faktoren, insbesondere aber von der gesamtwirtschaftlichen Entwicklung, dem Investitionsklima und den noch zu schaffenden neuen Standortbedingungen in den östlichen Landesteilen ab.
In den neuen Bundesländern verhinderten lange Zeit zähe Diskussionen um die Eigentumsfrage dringend notwendige Investitionen.

Das Schlagwort der Rationalisierung zur Kosteneinsparung macht hier wie dort die Runde ... Die Konkurrenzfähigkeit wird über die Produktivität und die Wirtschaftlichkeit entschieden. Und genau in diesem Punkt tritt eine völlig neue Beziehung zwischen den Produktionsfaktoren Kapital und Arbeit auf.

Technologie – ein Jobkiller?

Die Mikroprozessoren sorgen vor allem dafür, dass der technische Fortschritt im Moment so große Sprünge macht. Kein Grund zur Aufregung besteht, solange der Produktivitätsfortschritt durch höheren Verbrauch ausgeglichen wird; solange also technischer Fortschritt und Wirtschaftswachstum im gleichen Tempo vorankommen. Hinkt jedoch das Wachstum hinterher, lässt sich weniger verkaufen als herstellen, werden Arbeitskräfte überflüssig. Dies ist heute das Dilemma, aus dem sich bisher kein Wirtschaftspolitiker herauswinden konnte ...

Quelle: Der Gewerkschaftler, Heft 7, 1983, S. 39

3032118L

An der Arbeitslosigkeit sind wir alle schuld – !?

Jeder, der etwas verkaufen will, kennt die einfache Wahrheit: Wenn seine Preise zu hoch sind, bleibt er auf seiner Ware sitzen. Sicher sind Arbeiter keine Ware; aber für ihre Arbeit gilt dasselbe: Angebot und Nachfrage bestimmen den Preis. Und wer zu teuer ist, verkauft weniger – wie bei Anzügen, Autos, Ferienreisen.

Zeichnung: Leger

Wenn jeder Zehnte keine Arbeit hat, dann heißt das: Arbeit ist zu teuer geworden. Kein Unternehmer kann Leute einstellen, die mehr kosten als sie einbringen. Jahrelang haben die Gewerkschaften immer höhere Löhne gefordert. Die Unternehmen haben gezahlt – weil es ihnen gut ging. Dass es einmal weniger gut gehen könnte, wollte niemand wissen. Aber auch die Politiker haben Arbeit immer teurer gemacht. Höhere Beiträge zur Sozialversicherung müssen mit dem Arbeitgeberanteil auch die Unternehmen bezahlen. Immer neue staatliche Vorschriften haben die Kosten für neue Arbeitsplätze in die Höhe getrieben: Von der Baugenehmigung fürs Kraftwerk bis zum Extraklo für die Mädchen. Wenn die Unternehmen die gestiegenen Kosten nicht mehr über höhere Preise hereinholen können – weil der internationale Wettbewerb das nicht zulässt, weil die Käufer bei Preiserhöhungen nicht mehr mitspielen –, dann müssen sie die Produktion, die zu teuer geworden ist, einschränken. Oder sie machen Pleite. Das ist die erste Runde der Arbeitslosigkeit.

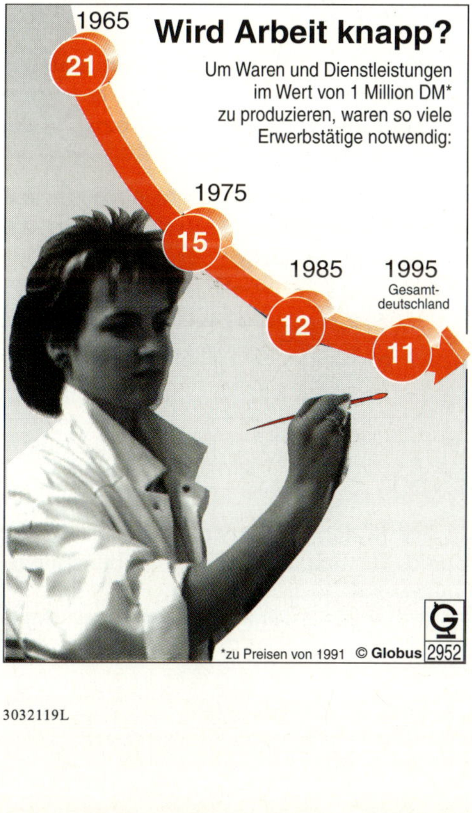

Eine andere Möglichkeit hohe Lohnkosten in den Griff zu kriegen, ist die Rationalisierung: Menschen werden durch Maschinen ersetzt. Und die müssen ja auch produziert werden. Aber das kostet Geld. Das Geld müssen sich die Unternehmen auf dem Kapitalmarkt besorgen. Da aber hat sich der Staat schon viele Milliarden gepumpt. Deshalb ist Kapital knapp. Und was knapp ist, ist teuer. Ist das Geld teuer, sind die Zinsen hoch, wird weniger investiert, werden weniger neue Maschinen aufgestellt, werden weniger Waren produziert, gibt es weniger Arbeit. Zur Arbeitslosigkeit wegen zu hohen Arbeitskosten kommt Arbeitslosigkeit wegen zu hohen Kapitalkosten.

Wenn Arbeit zu teuer ist und Kapital auch, gibt es noch einen Ausweg: Produktionsmethoden zu entwickeln, die Kapital und Arbeit einsparen. Arbeitsplatzvernichtende Technologie ist kein unerklärliches Schicksal und kein launischer Zeitvertreib von Ingenieuren, sondern die Antwort auf ständig steigende Kosten von Arbeit und Kapital. Das führt zur Arbeitslosigkeit durch Technologie.

Die Erleuchtung

Zeichnung: Candea

Die Rationalisierungserfolge der Unternehmungen müssen nicht immer auch Erfolge für die Belegschaft sein. Immer stärker hält der Begriff der zu sichernden **„Restarbeitsplätze"** Einzug in den unternehmerischen Sprachgebrauch. Eigentlich ein schlimmes Wort, aber:

Beinahe alle Ökonomen stimmen darin überein, dass es zukünftig kein solches Wachstum mehr geben wird und geben kann, welches, wie in den Fünfziger- und Sechzigerjahren, jegliche ökonomischen Probleme vergessen ließ bzw. lösen konnte.

Von niemanden, der die Industriegesellschaft in ihrer heutigen Struktur auch nur annähernd bejaht, wird gefordert, dass sich die Bundesrepublik Deutschland von der technologischen Entwicklung abkoppelt. Dies ist allein ein Gebot der internationalen Wettbewerbsfähigkeit.

In den Vordergrund der gesellschafts- und wirtschaftspolitischen Diskussionen rücken nunmehr Modelle einer besseren Verteilung der vorhandenen Arbeitsplätze auf die Arbeitnehmer.

5 Die Frage der Arbeitszeitverkürzungen stellte sich in der Vergangenheit schon oft. Sie stand aber nie so sehr unter dem Gesichtspunkt der Schaffung neuer Arbeitsplätze, sondern war eher als begleitende Sozialmaßnahme bei Tarifabschlüssen zu sehen.
Mit der Frage der Arbeitszeitverkürzungen verbindet sich zwangsläufig die Frage nach den damit verbundenen Kosten.

3032120L

Während die gewerkschaftliche Position bislang auf eine Arbeitszeitverkürzung bei vollem Lohnausgleich ausgerichtet war, wird in der jüngsten Zeit diese Forderung verstärkt hinterfragt. Im Frühjahr 1997 schlug der IG-Metall-Vorsitzende Zwickel einen neuen Weg vor: 32-Stunden-Woche **ohne** vollen Lohnausgleich!

Angesichts der jahrelangen ergebnislosen Bemühungen um den Abbau der Arbeitslosigkeit schlug im Herbst 1987 der heutige SPD-Vorsitzende Lafontaine vor, dass die „in Lohn und Brot Stehenden“ bei einer Arbeitszeitverkürzung auf Teile ihres Lohnes verzichten, um somit mehr oder weniger kostenneutral zusätzliche Arbeitsplätze zu schaffen.

Dazu ein Bericht aus dem Stern (Auszüge):

Niemand darf den Gewerkschaften bestreiten, dass sie in der Vergangenheit durch maßvolle Streikpolitik und überwiegend vernünftige Lohnabschlüsse, ja sogar durch Hinnahme von realem Kaufkraftrückgang zum sozialen Frieden und zum wirtschaftlichen Wohlstand ganz wesentlich beigetragen haben. Mittlerweile sind jedoch die Lohn- und Lohnnebenkosten teilweise auf ein Niveau geklettert, das manche Firmen zwingt menschliche Arbeitskraft nur noch da einzusetzen, wo sie beim besten Willen nicht durch billigere Maschinen zu ersetzen ist, oder Produktionen gleich ganz ins billigere Ausland zu verlagern.
Professor Wolfram Engels, der an der Frankfurter Uni Betriebswirtschaft lehrt, bringt es auf die herzlose, aber griffige Formel: „Auf dem Markt für Arbeit gilt nun einmal derselbe Zusammenhang, der auch auf den Märkten für Obst, Bücher, Elektrizität oder Pfeifentabak gilt: je höher der Preis, umso geringer die Nachfrage.“ Nur wenn die Arbeit billiger wird, würden mehr Arbeitskräfte eingestellt. [...]

Zu den Grundfunktionen der Marktwirtschaft gehört, dass mitleidlos bestraft wird, wer über seine Verhältnisse lebt. Internationale Statistiken, mögen sie auch nicht immer bis auf die letzte Ziffer hinterm Komma stimmen, belegen, dass die Deutschen angefangen haben sich mehr Wohlstand zu leisten, als ihnen auf die Dauer gut tun kann.

Während Metallarbeiter in Japan 2104, in den USA 1920, in der Schweiz 1880 und in

Schweden 1824 Stunden schuften müssen, braucht sich der deutsche Kollege gerade noch 1669 Stunden zu plagen. Dafür lässt er sich dann aber die einzelne Arbeitsstunde höher bezahlen.
Noch hat die Bundesrepublik Deutschland als Industriestandort nicht ausgespielt. Höhere Personalkosten werden oft durch bessere Qualifikation der deutschen Facharbeiter wettgemacht. Doch der Trend bei den Investitionen beweist: Gefahr ist im Verzuge. Deutsche Unternehmen schaffen schon heute im Ausland wesentlich mehr Arbeitsplätze als ausländische Unternehmer in der Bundesrepublik Deutschland.
Manche ausländische Unternehmen und Manager sind entsetzt, wenn sie bei der Investitionsplanung feststellen, welche kostentreibenden Privilegien – beispielsweise Sozialpläne bei unumgänglichen Betriebsschließungen – sie ihren deutschen Belegschaften gewähren müssten. Andere ziehen den Produktionsstandort Bundesrepublik Deutschland gar nicht erst in Erwägung.
Viele Firmen stellen selbst im Konjunkturaufschwung keine neuen Mitarbeiter mehr ein, weil sie nicht so viel zusätzlich verdienen und in die Rücklagen geben können, um daraus bei konjunktureller Abschwächung den Abbau des Personals auf den ursprünglichen Stand zu finanzieren. Quelle: Stern, 1989

6 Job-Killer Schwarzarbeit?

„Schwarzarbeit" – ein Begriff, den jeder kennt und gleichzeitig etwas, was viele ausführen. Deklariert als „Verwandten- oder Nachbarschaftshilfe" werden ganze Häuser gebaut, Autos repariert, Wohnungen renoviert, Fliesen gelegt, Höfe gepflastert, Elektro- und Wasserinstallationen durchgeführt, Antennen- und Satellitenanlagen eingerichtet, Bekannte frisiert...

Diese willkürliche Aufzählung ließe sich (fast) beliebig fortsetzen. Jeder von Ihnen kennt eigene Beispiele. Nur über die Folgen wissen zu viele nur zu wenig Bescheid.

Dabei geht es nicht um jene Kleinigkeiten, die tatsächlich in die Kategorie der Hilfeleistungen fallen. Niemand hat etwas dagegen, wenn sich Autofahrer bei einer Panne helfen, ohne sofort eine Werkstatt zu informieren, niemand wird auch etwas gegen die vielen Fälle häuslicher Kleinstreparaturen sagen, für die es sich für einen Handwerker nicht einmal zu kommen lohnen würde.

Gemeint ist die „professionelle Schwarzarbeit" als moderne Form der persönlichen Bereicherung bei gleichzeitiger Ausnutzung der sozialen Fürsorge des Staates.

Ein Beispiel:

Dem Arbeitsamt stellt Heinrich Bischoff gute Noten aus: „Die haben sich mit mir viel Mühe gegeben." Anerkennend erzählt der gelernte Bauhandwerker auch von einigen Unternehmern, die ihn sofort einstellen wollten. Doch wenn es ernst wurde beim Personalgespräch, so der 42-jährige Arbeitslose zum STERN, habe er immer noch zwei Trümpfe in der Hinterhand gehabt: ein paar Monate Knast wegen Körperverletzung, die er einmal abgesessen hat, und einen Haufen Schulden. „Nach dieser Nummer haben die Herren dann immer höflich um Bedenkzeit gebeten und sich nie wieder gemeldet."

Drei Jahre schon treibt der Vater von zwei Kindern dieses Spielchen mit amtlichen Stellenvermittlern und Unternehmern. Der Gewinner ist er. Bei einer Festanstellung, so rechnet Bischoff vor, bekäme er 18 Mark brutto die Stunde, rund 3.000 Mark im Monat. Ihm blieben abzüglich Steuern und Sozialversicherung rund 2.400 Mark netto.

„Und davon soll ich eine Familie ernähren und gleichzeitig Schulden zurückzahlen. Ich wäre ja schön blöd."
Stattdessen kassiert er Arbeitslosen- und Sozialhilfe. Inklusive Wohngeld kommt er auf rund 2.100 Mark, „und zwar netto". Als Arbeitsloser ist er außerdem kostenlos krankenversichert. In einem gemieteten Schuppen hat Bischoff mittlerweile sein Hobby zum Beruf gemacht. Er repariert Autos. 25 Mark verlangt er pro Stunde. ...
Untersuchungen der Bundesanstalt für Arbeit in Nürnberg belegen, dass die Zahl derjenigen, die „Stütze" kassieren und gleichzeitig einer illegalen Beschäftigung nachgehen, steigt. ...

Schwarzarbeit - (k)ein Kavaliersdelikt?!

- Die Schattenwirtschaft hat sich in den letzten Jahren zu einem erheblichen Faktor ausgeweitet.
- Der Arbeitnehmer erhält den Lohn, ohne dafür Abgaben irgendwelcher Art zahlen zu müssen.
- Damit ist die Schwarzarbeit für den Einzelnen zwar billiger, für die Gesellschaft aber teuer.
- Fehlende Sozial- und Steuerabgaben bringen hohe Einnahmeausfälle für Versicherungsträger und den Staat.
- Der illegal Beschäftigte ist bei einem evtl. Arbeitsunfall auch nicht unfallversichert - er wird die Kosten auf die Krankenkasse abwälzen.
- Außerdem nimmt er noch den angemeldeten und Sozialversicherung und Steuern zahlenden Arbeitnehmern Arbeitsplätze weg.

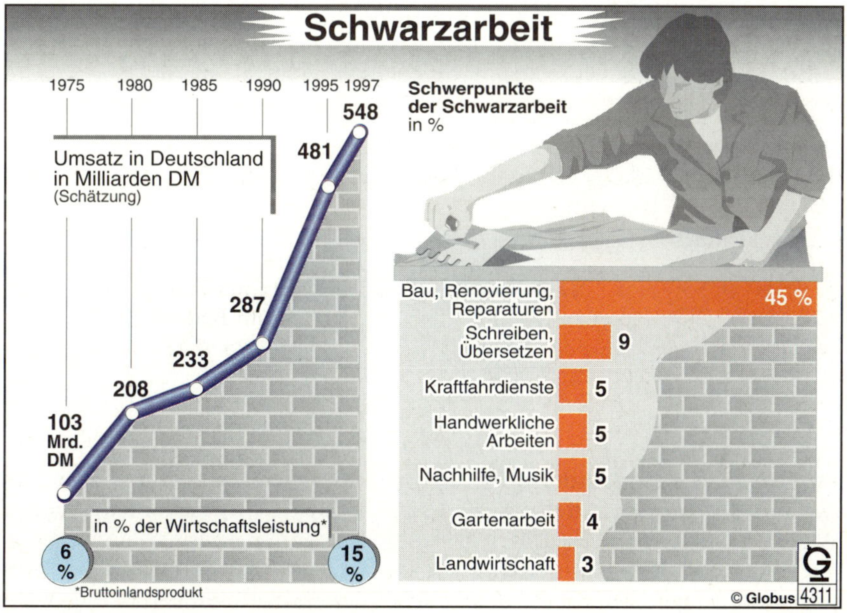

Diskussionsansätze

- **Sind wir an der Arbeitslosigkeit wirklich alle selbst schuld?**
- **Ist die Arbeitslosigkeit nur die Unfähigkeit, die vorhandene Arbeit nicht besser zu verteilen?**
- **Warum beklagen sich fast alle über die hohe Arbeitslosigkeit, während genauso viele Schwarzarbeiter beschäftigen oder der Schwarzarbeit nachgehen?**

Gehen Sie diesen Fragen in arbeitsteiligen Gruppen auf den Grund. Wenn Fragen offen bleiben, laden Sie Vertreter des Arbeitsamtes, des öffentlichen Handwerks, der Industrie bzw. auch der Gewerkschaften zu einer Diskussionsrunde ein.

2.3.2 Arbeitsplätze durch Waffenexporte?

Kein Kriegsmaterial in Spannungsgebiete – das ist eine moralische Verpflichtung, die sich die Bundesrepublik Deutschland selbst auferlegt hat. So kommt es, dass die Deutschen als Rüstungslieferanten der Dritten Welt nur eine untergeordnete Rolle spielen, obwohl ihre Waffen zu den modernsten und besten gehören und allenthalben begehrt sind (z. B. der Leopard-Panzer). **Großversorger der unterentwickelten Länder** in Lateinamerika, Afrika und Asien waren die USA und die ehemalige Sowjetunion, aber auch Großbritannien und Frankreich.

Neben den direkten Waffenlieferungen wird durch den Export des technologischen Wissens ein weiteres Problemfeld aufgerissen. So kam z. B. im Jahre 1989 zutage, dass mithilfe deutscher Firmen eine Chemiewaffenfabrik in Libyen errichtet würde oder dass mit technologischem Beistand westlicher Länder voraussichtlich Pakistan eine Atombombe entwickelt. Gefahren ganz neuer Art und Dimensionen … – mit oder ohne die Bundesrepublik Deutschland?

Karikatur: Pielert

Karikatur: Haitzinger

Den Rüstungsexporten der Bundesrepublik Deutschland wurde mit dem sog. **Kriegswaffenkontrollgesetz des Jahres 1961** ein Riegel vorgeschoben. Damals wurde den Waffenherstellern untersagt Kriegswaffen in Spannungsgebiete zu verkaufen. Die Aufforderung zum Kriegswaffenkontrollgesetz stammt aus Artikel 26 des Grundgesetzes, wonach alle Handlungen, die den Frieden der Welt stören, verfassungswidrig sind.

3032124L

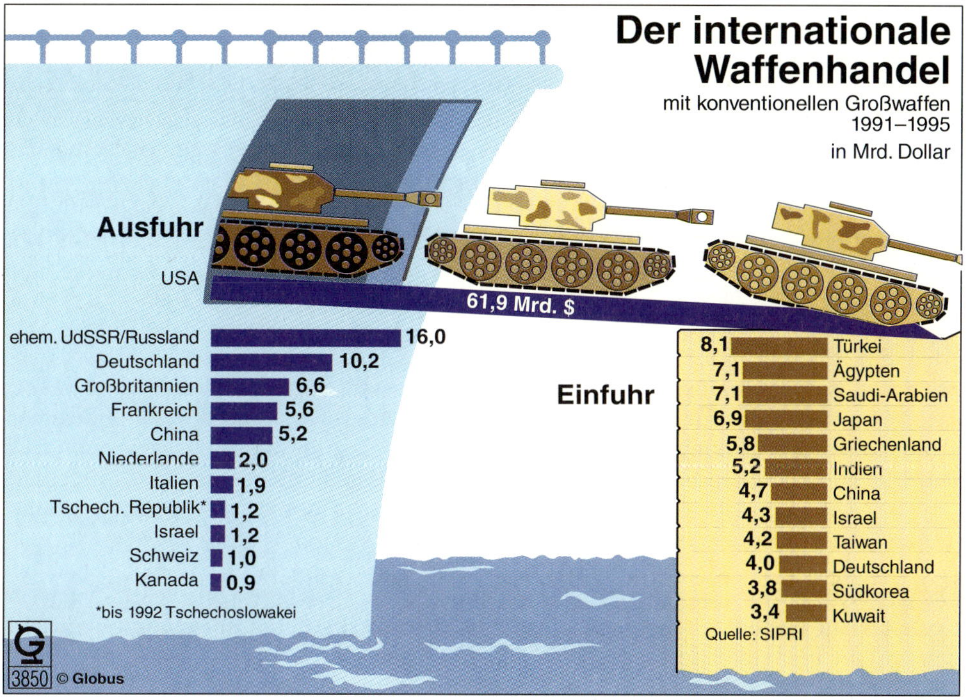

Anfang der 80er-Jahre wurde das Kriegswaffenkontrollgesetz wieder gelockert. Nunmehr durften Waffen in Spannungsgebiete auch dann exportiert werden, wenn es zur **Sicherung vitaler (lebenswichtiger) Interessen der Bundesrepublik Deutschland** beitrug.

„Immerhin: An dem Holz haben wir ganz schön verdient!"

Quelle: Hessisch-Niedersächsische Allgemeine, 26. Sept. 90 Karikatur: Wolter

„Der Export von Kriegswaffen, (der) nach Kriegswaffenkontrollgesetz und Außenwirtschaftsgesetz genehmigungspflichtig (ist), wird nicht genehmigt, es sei denn, dass aufgrund besonderer politischer Erwägungen Ausnahmen allgemeiner Art festgelegt werden oder im Einzelfall vitale Interessen der Bundesrepublik Deutschland für eine ausnahmsweise Genehmigung sprechen. Vitale Interessen sind außen- und sicherheitspolitische Interessen der Bundesrepublik Deutschland und Berücksichtigung der Bündnisinteressen. Beschäftigungspolitische Gründe dürfen keine ausschlaggebende Rolle spielen ...“ (Exportgrundsatz von 1982)

Als im August 1990 der irakische Staatschef Sadam Hussein Kuwait überfiel und fortan die westliche Welt mit ihren eigenen Waffen bedrohte, war plötzlich eine neue Gefährlichkeit der Waffen spürbar.

Aber die Rüstungsindustrie ist selbst zu einem gewichtigen Wirtschaftsfaktor aufgerückt und viele können sich nicht vorstellen, was passieren würde, wenn keine Waffen mehr exportiert oder gar keine Waffen mehr produziert würden. So ist zumindest vorstellbar, dass die Waffenproduzenten durchaus gemeinsame Interessen mit den direkt betroffenen Arbeitnehmern oder Gewerkschaften haben können – und ob die Meinungen des Außenministers und die des Arbeits- und Sozialministers in diesem Punkt immer übereinstimmen, sei auch dahingestellt.

Das Problem dürfte sein, dass häufig nur dann über eine Sache nachgedacht wird, wenn akute Gefahr besteht. Ist sie vorüber, wird allzu schnell zur Tagesordnung übergegangen und die heißt auch im Waffengeschäft: für Absatz sorgen ...

1. **„Wenn wir nicht exportieren, dann tun es andere Länder. Evtl. werden die Waffen über Umwege sogar von unseren Verbündeten geliefert – also warum dann nicht gleich wir selbst?“ Eine Meinung, die man oft hört. Wie stehen Sie persönlich zur Frage von Waffenexporten?**
   Diskutieren Sie unterschiedliche Argumente, die bei der Frage von Waffenproduktion und Waffenexporten eine Rolle spielen könnten.
2. **Worin sehen Sie den Sinn des Kriegswaffenkontrollgesetzes? Glauben Sie, dass es in obiger Form sinnvoll und wirkungsvoll ist? Diskutieren Sie eigene Ansätze oder Ideen zur Fortschreibung dieses Gesetzes und beziehen Sie dabei möglichst den Stand der aktuellen politischen Diskussion ein.**

2.4 Spannungsfeld Energie

2.4.1 Zur Rolle der Energieträger

Die Energievorräte auf der Welt sind begrenzt, gleichzeitig steigt aber der Energiebedarf ständig. Die Gründe für dieses Dilemma sind vielfältig. Sie liegen zum einen hauptsächlich in dem immer mehr zunehmenden Energiebedarf der wohlhabenden Staaten, zum anderen aber auch in der Bevölkerungsexplosion auf der Erde.

Vom frühen Morgen bis zum späten Abend sind wir nahezu ununterbrochen damit beschäftigt, in irgendwelcher Weise Energie zu verbrauchen. Ob wir morgens die Dusche aufdrehen oder uns rasieren, ob wir mit dem Auto zur Arbeit fahren und dort die Hilfe von Maschinen in Anspruch nehmen, ob wir das Essen zubereiten oder heizen, ob wir einem Hobby nachgehen, uns mithilfe des Fernsehens die Welt ins Haus holen oder „nur“ Licht anmachen – ständig verwenden wir die keineswegs unerschöpflichen Energiervorräte unserer Erde. Dass unsere Energiequellen nicht versiegen, ist keineswegs selbstverständlich, wenn es auch oft so aussieht.

Die Energieerzeugung auf herkömmliche Art erfolgt mittels Öl, Kohle, Wasserkraft, Holz oder Kernkraft.
Techniken zur Gewinnung und Nutzung der Solarenergie sind in der Erprobung, haben sich aber bisher noch nicht entscheidend durchsetzen können.
Der Grund liegt in dem zurzeit noch ungünstigen Kosten-Nutzen-Verhältnis, aber auch in der besonders in nördlichen Regionen eingeschränkten Nutzungsmöglichkeit dieser Energiequelle.
Die Anteile der einzelnen Energieträger in der Bundesrepublik Deutschland sind in den alten und neuen Bundesländern noch völlig unterschiedlich.

Mit über 70 % Braunkohleanteil setzte die ehemalige DDR in starkem Maße auf die heimische Energiequelle. Bei technisch rückständigen Feueranlagen ist eine enorme Schadstoffbelastung der Luft durch Schwefeldioxid die Folge.
Steht bei der Kernenergie das Risiko der atomaren Verseuchung bei Unfällen im Vordergrund, ist es bei den herkömmlichen Energiequellen das andere aber ggf. nicht minder gefährliche Problem der direkten Umweltbelastung.

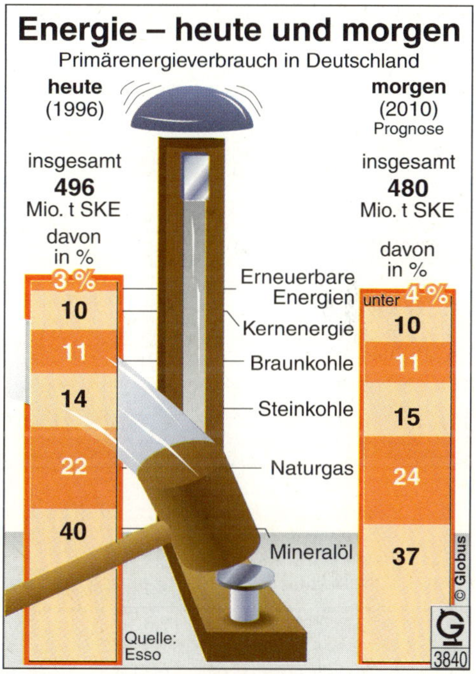

Die besondere Situation der Bundesrepublik Deutschland spiegelt sich darin, dass sie außer Kohle keine nennenswerten eigenen Energievorräte hat.

Derzeit besteht eine große Abhängigkeit vom Öl. Die schmerzliche Erfahrung, dass Öl als Waffe bei politischen Konflikten eingesetzt wird, wurde schon mehrfach gemacht.

Außerdem sind die so genannten fossilen Energieträger nur begrenzt vorhanden. Eine wirtschaftliche Nutzung ist ebenso erforderlich wie die Suche nach Energiesparmöglichkeiten oder alternativen Energiequellen.

Die Stromerzeugung hält zwar die Wohnung sauber, nicht aber in jedem Falle auch die Umwelt. Dies gilt insbesondere für die Kohle- und Ölkraftwerke, aber auch für die häuslichen Heizungsanlagen, die mit diesen Brennstoffen arbeiten.

Auch wenn die Abgasreinigung das Schwefeldioxidproblem erheblich verkleinern kann, Kohlendioxid werden die Anlagen immer produzieren.

Dieses Gas trägt aber erheblich dazu bei, dass das Erdklima durch den Treibhauseffekt bedroht wird. Anders die Atom- und Wasserkraftwerke. Sie belasten die Umwelt auch – die Kernkraftwerke durch die Radioaktivität und die Wasserkraftwerke häufig durch Landschaftszerstörungen –, aber was Schwefel, Stickoxide und Kohlendioxid angeht, sind sie sauber.

Um einer Klimakatastrophe vorzubeugen, wird intensiv nach Möglichkeiten gesucht die CO_2-Emissionen zu bremsen – trotz des ständig steigenden Energiebedarfs der wachsenden Menschheit.

Eine dieser Möglichkeiten besteht in dem Einsatz CO_2-freier Energieträger bei der Stromerzeugung.

Solche Energieträger sind z. B.

- Wind,
- Sonnenenergie,
- Wasserkraft,

aber trotz aller sonstigen Risiken natürlich auch die

- Kernkraft.

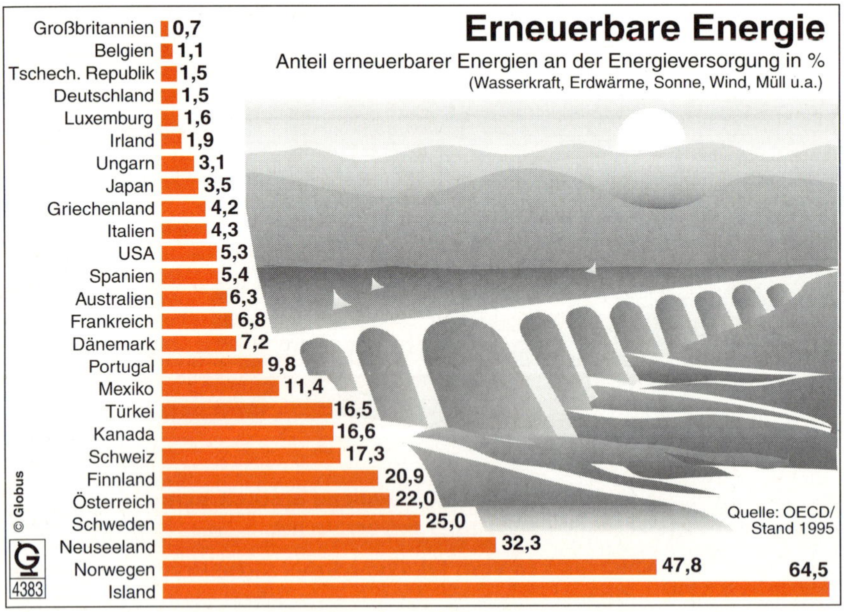

 3032128L

Im internationalen Vergleich steht die Bundesrepublik Deutschland nicht gut da, wenn es um die Nutzung alternativer Energien geht.

Nur 1,2 % des Stromes stammen aus Energiequellen wie Wasserkraft, Wind- oder Sonnenenergie bzw. aus der Müllverbrennung (die jedoch wiederum eine Reihe anderer Gefahren, wie z. B. die Freisetzung von Dioxin, aufweist).

Was bleibt, sind eigentlich nur drei Lösungsansätze:

- Energieeinsparung, denn die Ersparnis und der Umweltschutz sind am größten, wenn weniger verbraucht wird.
- Erforschung und Entwicklung moderner, kostengünstiger und rentabler alternativer Anlagen zur Energiegewinnung.
- Modernisierung bestehender Altanlagen zur Schadstoffreduzierung und -vermeidung.

1. Auf welche Gründe ist der ständig steigende Energiebedarf zurückzuführen?

2. Worin unterscheiden sich herkömmliche und alternative Energiequellen?

3. Wie interpretieren Sie die nebenstehende Karikatur?

Energie! ... aber wo und wie?
Quelle: Frankfurter Allgemeine Zeitung
Zeichnung: Behrendt

4. Welche Möglichkeiten sehen Sie für sich persönlich (aber auch für andere) den Energieverbrauch einzuschränken?

**5. Erörtern Sie die Rolle des Staates bei der Frage des Energieverbrauches. Gehen Sie dabei davon aus, dass der Staat einmal aufklärend, aber als Gesetzgeber auch in Form von Vorschriften handeln kann.
Die folgenden Punkte sind Diskussionsanreize, an denen Sie die Problematik und Wirksamkeit staatlichen Handelns erkennen sollen:**

- **Elektrische Zahnbürsten werden ebenso wie elektrische Weihnachtsbaumbeleuchtung verboten, weil es sich hier um vermeidbaren Energieverbrauch handelt.**
- **Ohne Katalysator darf kein Auto mehr fahren.**
- **Jeder Autofahrer hat ein Fahrtenbuch zu führen. Strecken von weniger als 500 Metern sind zu Fuß zurückzulegen.**
- **Im Winter dürfen nicht alle Zimmer beheizt werden.**
- **Unmittelbar beim Verlassen eines Zimmers sind die Lichter zu löschen ...**
- **Für Fahrten zur Arbeit sind öffentliche Verkehrsmittel zu benutzen, die Nutzung von Privat-Pkw darf nur in Fahrgemeinschaften erfolgen ...**

2.4.2 Chancen und Risiken der Kernenergie

26. April 1986: In dem sowjetischen Kernkraftwerk Tschernobyl in der Ukraine brach in einem Reaktor ein Brand aus. Sämtliche Sicherheitseinrichtungen (sofern sie vorhanden waren) fielen aus.

Hunderte von Feuerwehrleuten kämpften mehrere Tage gegen die Glut. Bis es gelang, das Feuer zu löschen, waren große Mengen radioaktiver Strahlung ausgetreten.

In unmittelbarer Umgebung der Katastrophe starben nach Regierungsangaben 31 Menschen sofort, über 200 wurden schwer verletzt und über 135 000 mussten evakuiert werden. Aber auch tausende Kilometer weit weg hatte der Unfall schlimme Folgen: Dort, wo der Wind die radioaktiven Wolken hintrug, war es besonders schlimm.

In Skandinavien mussten tausende von Rentieren geschlachtet werden. In Ost- und Westeuropa bis nach Deutschland wurden die Böden verstrahlt, mussten Ernten vernichtet, musste verstrahlte Milch entsorgt werden.

Plötzlich war der Salat für das Essen ebenso gesundheitsgefährdend wie die Milch für die Kinder, der Pilz aus dem Wald, der Rasen für die Spaziergänger und Fußballspieler, der Sandkasten auf dem Spielplatz und … und … und.

Plötzlich war der Super-**GAU**, der „größte anzunehmende Unfall“, eingetreten – 9990 Jahre vor seiner statistischen Wahrscheinlichkeit – oder sollte es der nunmehr letzte Unfall für den Rest der Zeitperiode gewesen sein?

Fest steht: Das Reaktorunglück machte auf erschreckende Weise den Mangel an Wissen und Kenntnissen über die Folgen einer Kernkraftkatastrophe deutlich. Plötzlich drohte das „Restrisiko“ zum „Risiko, das uns den Rest gibt“, zu werden …

Das Problem der Nutzung radioaktiven Materials beginnt schon viel früher und ist auch ohne GAU kaum einzugrenzen. Strahlungen entstehen schon beim Abbau des Urans sowie der Anreicherung und Herstellung der Brennelemente. Aber auch die Wiederaufbereitung, vor allem aber auch die Endlagerung des Atommülls ist bei weitem nicht geklärt.

Abgesehen davon, dass die Standorte für Lagerstätten oder Wiederaufbereitungsanlagen radioaktiven Materials noch immer sehr umstritten sind (Beispiel: Gorleben), birgt die Lagerung oder Weiterverarbeitung der Kernbrennstoffe wiederum Risiken in sich, die von den Befürwortern und Gegnern der Kernenergie unterschiedlich beurteilt werden.

Für Menschengenerationen, die so lange nach uns leben, wie wir nach unseren Vorfahren der Völkerwanderung, bergen die Ablagerungen eine Gefahr in sich. Es handelt sich also um einen Zeitraum, den niemand beurteilen kann. Es ist völlig unmöglich, vorherzusehen, ob die menschliche Gesellschaft in der Lage sein wird genügend stabile Einrichtungen zu entwickeln, welche die Wachsamkeit und Beständigkeit aufbringen, die notwendig sind, um dieses nach Menschenbegriffen fast ewig zerstörerische Feuer unter Verschluss zu halten.

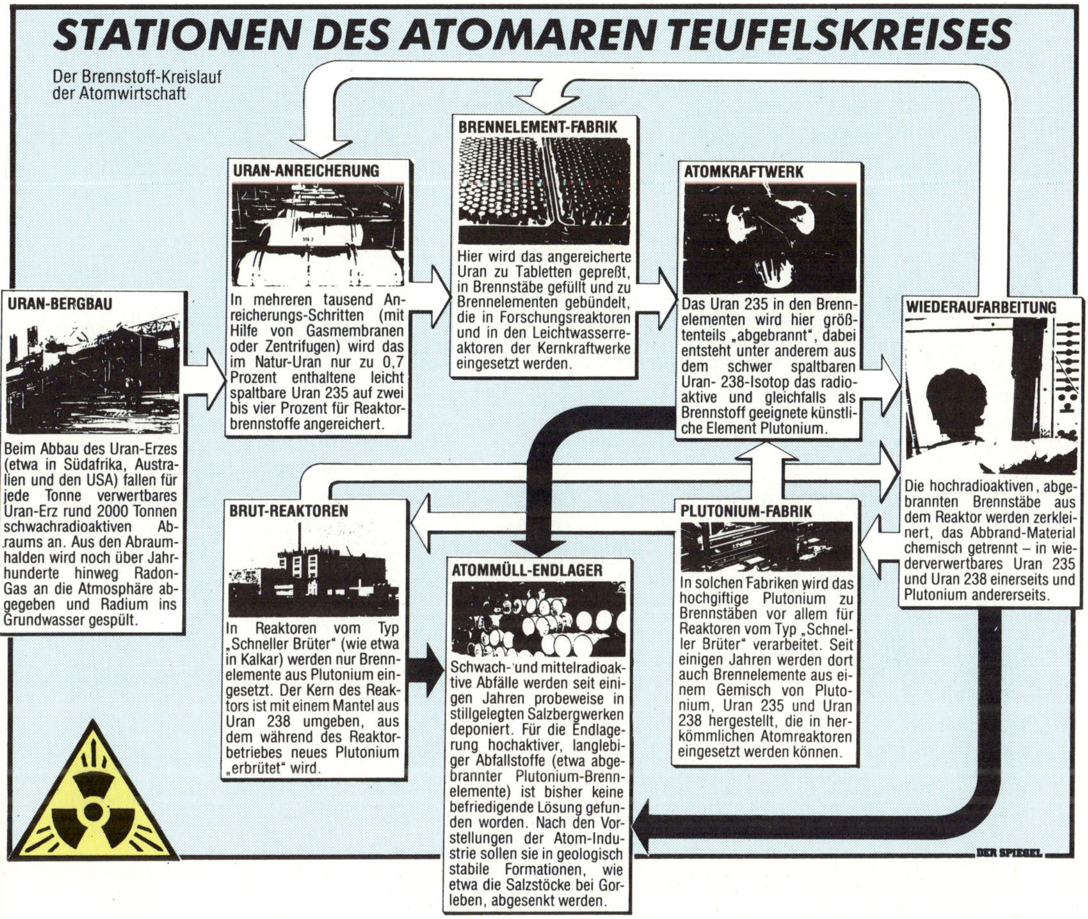

Quelle: Der Spiegel, 16/89

1. **„Seit Tschernobyl gehen die Uhren anders." Diese Aussagen hört man bei Atomgegnern häufig.**
   Gehen die Uhren tatsächlich anders oder hat sich in der Energieversorgungsdiskussion seither nicht viel geändert?

2. Wie stehen Sie selbst zu der Rolle der Kernkraft im Rahmen der künftigen Energieversorgung:
   - Kernkraft völlig unverzichtbar,
   - Ausstieg nötig, aber nicht möglich,
   - Ausstieg unnötig,
   - Ausstieg möglich, aber nicht nötig,
   - sofortiger Ausstieg nötig?

Quelle: Politik . . . betrifft uns, 10/86

3. Häufig wird argumentiert, dass es realistisch keine andere Wahl gäbe, als an der Kernenergie festzuhalten. Ins Feld geführt werden dabei sowohl – Arbeitsplatzargumente als auch – Umweltgesichtspunkte (!). Was würde Ihrer Meinung nach tatsächlich passieren, wenn die Kernkraftwerke abgeschaltet würden und worin sehen die Kritiker der Kernenergie die Hauptgefahren?

2.5 Spannungsfeld Sozialversicherung

Die Sozialversicherung ist ein Teil der Sozialpolitik und damit der Gesamtpolitik des Staates. Gemäß Artikel 20 des Grundgesetzes ist die Bundesrepublik Deutschland ein demokratischer und sozialer Bundesstaat.

Das heutige soziale Sicherungssystem lässt sich auf die Grundstrukturen der bismarckschen Sozialgesetzgebung zurückführen, wenngleich die Anforderungen, die es heute zu erfüllen hat, auch nur noch bedingt mit denen des letzten Jahrhunderts vergleichbar sind.

Als bahnbrechend ist die Sozialgesetzgebung anzusehen, die unter dem maßgeblichen Einfluss Bismarcks (1815–1898) im Deutschen Reich durchgeführt wird. Deren politisches Ziel ist es nicht zuletzt, die Arbeiterschaft gegenüber dem Sozialismus zu immunisieren und für den Staat zu erhalten. Durch eine kaiserliche Botschaft, 1881 angekündigt, wird zunächst 1883 die Krankenversicherung für Arbeiter eingeführt. Ein Jahr später, 1884, erfolgt die Einführung der Unfallversicherung. Im Jahre 1889 schließlich werden die Altersversicherung und Invalidenversicherung geschaffen, welche zunächst für Arbeiter über 70 Jahre und für dauernde Erwerbsunfähige eine freilich recht minimale Rente vorsieht. Erst 1912 wird der Versicherungsschutz auch auf die Hinterbliebenen ausgedehnt. Die Gesetze und Vorschriften, die für die einzelnen Zweige der Sozialversicherung gelten, werden 1911 zur Reichsversicherungsordnung zusammengefasst. Ergänzend tritt jetzt noch das Gesetz über die Angestelltenversicherung hinzu. Einen weiteren Schritt in Richtung auf den Ausbau der sozialen Sicherung stellt dann 1927 die Einrichtung der Arbeitslosenversicherung dar, durch welche die schon seit 1917 bestehende Erwerbslosenfürsorge ersetzt wird. Im Jahre 1938 wird schließlich mit der Pflichtversicherung für das Handwerk neben Arbeitern und Angestellten eine weitere gesellschaftliche Gruppe von den sozialpolitischen Schutzbemühungen erfasst.

H. Braun, Soziale Sicherung, in: Wissen im Überblick. Die moderne Gesellschaft. Freiburg i. B. 1972, Seite 450

Die Bundesrepublik Deutschland hat heute die Aufgabe zu erfüllen marktwirtschaftliche mit sozialen Elementen zu verbinden. Diese Aufgabe wird durch zahlreiche Gesetze umrahmt, deren gemeinsames Merkmal darin besteht, denjenigen, die mit der Leistungsgesellschaft nicht (mehr) Schritt halten können, eine soziale Absicherung zu garantieren.

„Sozial" heißt: gemeinnützig, die Gesellschaft oder die Gemeinschaft betreffend. Daher hat der Staat die Verpflichtung, soziale Gegensätze zwischen den Gruppen und Schichten der Bevölkerung auszugleichen, denn es bestehen zum Teil unterschiedliche und zum Teil auch gegensätzliche Interessen. Sie können zu Spannungsverhältnissen führen. Die staatliche Sozialpolitik greift in diese Spannungsverhältnisse regelnd ein, um zugunsten der wirtschaftlich schwächeren Gruppen auszugleichen.

Leitbild der Sozialpolitik ist eine Gemeinschaft aller Bürgerinnen und Bürger, in der trotz größtmöglicher Freiheit alle Gruppen spannungsfrei zusammenwirken und alle einen gerechten Anteil am Gesamtertrag erhalten. Allerdings muss die Sozialpolitik mit den volkswirtschaftlichen Möglichkeiten, insbesondere der Wirtschafts- und Finanzpolitik, abgestimmt werden.

Staatliche Leistungen sollen immer dort ausgleichend wirken, wo die Mechanismen der Marktwirtschaft versagen. Das bedeutet aber auch, dass der Staat in das Wirtschafts- und Sozialgeschehen ordnend, lenkend und kontrollierend eingreifen muss und stets vor der mitunter schwierigen Frage steht zwischen den zum Teil unterschiedlichen Interessen der Anspruchsberechtigten abzuwägen.

Die Aufgaben heutiger Sozialpolitik betreffen insbesondere:

- die Familie
- die Gesundheit
- das Alter
- die Beschäftigung

Die besonderen Probleme so genannter gesellschaftlicher Randgruppen (Obdachlose, Behinderte, Aus- und Übersiedler, Asylsuchende usw.) sowie einkommensschwacher Personen bilden Schwerpunkte sozialpolitischer Maßnahmen.

1

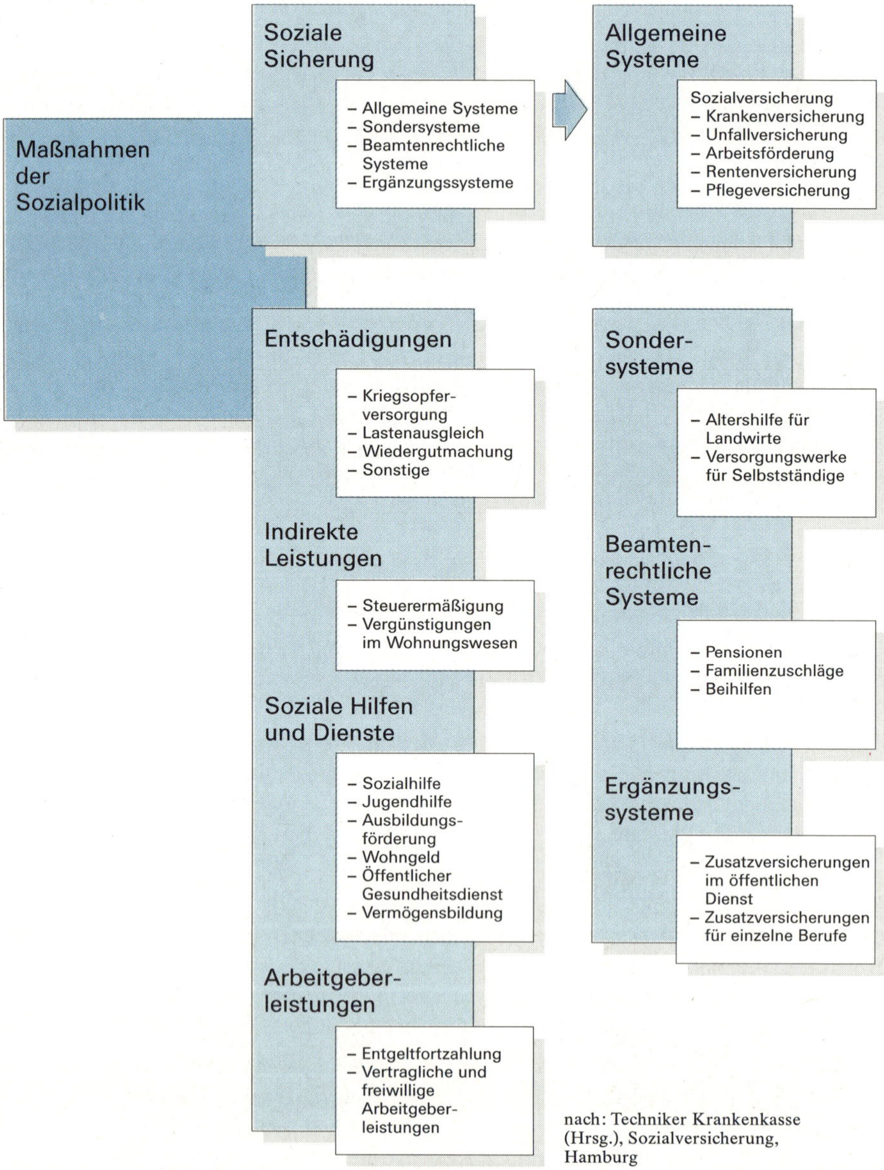

nach: Techniker Krankenkasse (Hrsg.), Sozialversicherung, Hamburg

3032134L

Die Sozialversicherungspflicht

Sozialversicherungsfrei sind geringfügige Beschäftigungen, deren wöchentliche Arbeitszeit regelmäßig weniger als 15 Stunden beträgt und bei denen das Arbeitsentgelt monatlich nicht höher ist als 620 DM. Ebenfalls versicherungsfrei sind kurzfristige Beschäftigungen, wie sie z.B. von Hausfrauen, Schülern, Studenten oder Rentnern ausgeübt werden, wenn sie im Voraus auf nicht mehr als 2 Monate oder 50 Arbeitstage innerhalb eines Kalenderjahres befristet sind.

Sozialversicherungspflichtig sind alle übrigen Beschäftigungsverhältnisse. Die Beiträge richten sich grundsätzlich nach dem Bruttoeinkommen. Allerdings gibt es einige Besonderheiten:

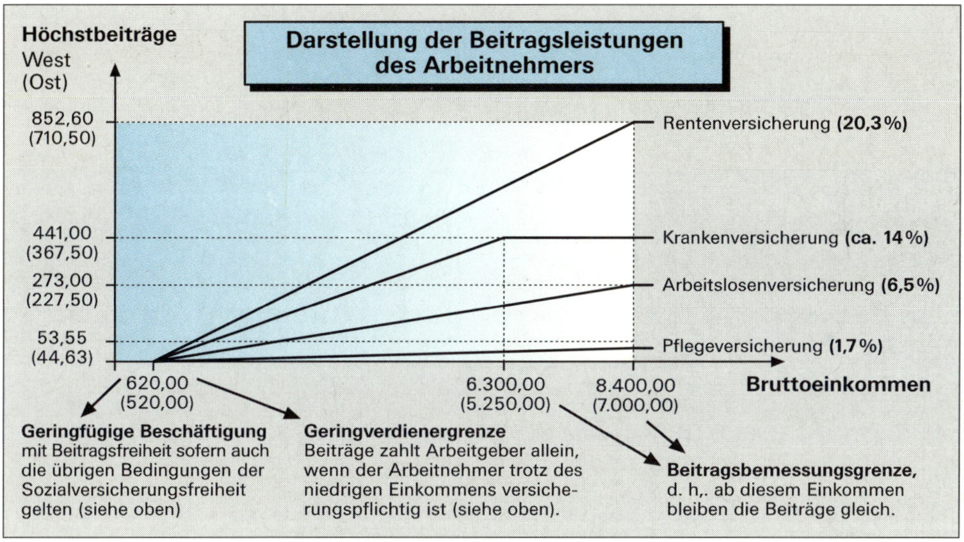

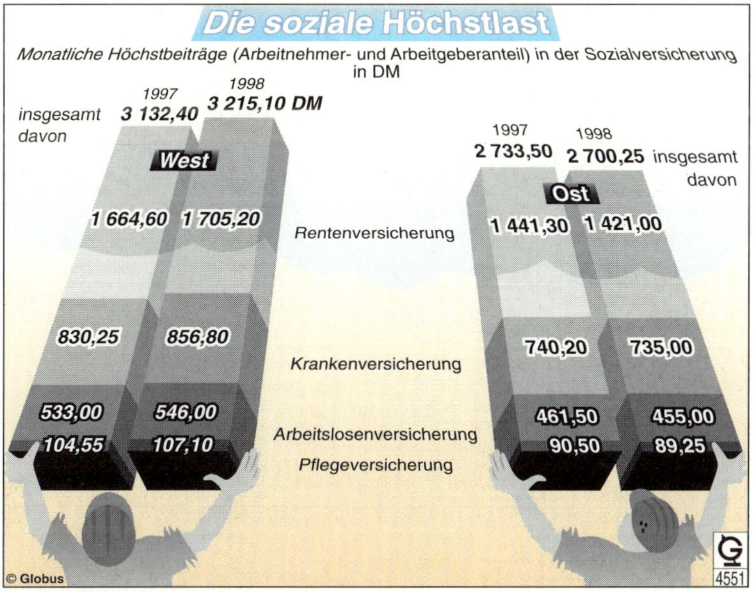

Versicherungsträger	Versicherungspflicht[1]	Beiträge[2]	Leistungen
gesetzliche Krankenversicherung			
Bei einem Monatsverdienst von mehr als 6.300 DM herrscht freie Kassenwahl für alle Arbeitnehmer. **Pflichtkrankenkassen** sind: **Innungskrankenkasse (IKK)** für Beschäftigte in Handwerksbetrieben. **Betriebskrankenkasse (BKK)** für Beschäftigte in Betrieben mit einer solchen Einrichtung. **Allgemeine Ortskrankenkasse (AOK)** für alle übrigen versicherungspflichtigen Personen. **Ersatzkassen** gibt es für bestimmte Berufe oder Berufsgruppen. Sie sind – wie die gesetzlichen Pflichtkrankenkassen – Träger der Krankenversicherung und Körperschaften des öffentlichen Rechts. Der Beitritt ist freiwillig, die Mitgliedschaft befreit von der Mitgliedschaft in der sonst zuständigen Pflichtkrankenkasse.	Versicherungspflicht **besteht u. a.** für Angestellte und Arbeiter mit einem regelmäßigen Jahresverdienst bis zur Versicherungspflichtgrenze in Höhe von 75 % der Beitragsbemessungsgrenze in der Rentenversicherung; 1998 also bis zu 6.300 (5.250) DM monatlich. Versicherungspflichtig sind weiterhin: **alle Auszubildenden, eingeschriebene Studenten, in Ausnahmefällen auch Selbstständige, Arbeitslose.** Bei einem geringfügigen Entgelt bis 620 DM (1998) gilt Versicherungsfreiheit. **Freiwillig weiterversichern** können sich Mitglieder, die aus der Versicherungspflicht ausgeschieden sind.	Für versicherungspflichtige Angestellte und Arbeiter sowie für Auszubildende richten sich die Beiträge nach einem in der Satzung bestimmten Prozentsatz des sog. Grundlohns und damit nach der Höhe des beitragspflichtigen Bruttoarbeitsentgelts. Sie werden jedoch (1998) höchstens von einem Betrag von 6.300 (5.250) DM monatlich berechnet. Die Beiträge werden vom **Arbeitgeber und vom Arbeitnehmer jeweils zur Hälfte** getragen, gehen allerdings voll zulasten des Arbeitsgebers, wenn das Bruttoeinkommen 1998: 620 DM nicht übersteigt und es sich nicht um eine beitragsfreie geringfügige Beschäftigung handelt. Die Beiträge für Arbeitslose, die Arbeitslosengeld, -hilfe oder Unterhaltsgeld beziehen, werden vom Arbeitsamt entrichtet.	Zur **Sicherung der Gesundheit** Maßnahmen zur Früherkennung von Krankheiten, bei Krankheit Krankenhilfe, Rehabilitationsmaßnahmen, Mutterschaftshilfe, bei nicht rechtswidriger Sterilisation und nicht rechtswidrigem Schwangerschaftsabbruch sonstige Hilfen und bei Tod **Sterbegeld.** **Krankengeld** wird ohne zeitliche Begrenzung gewährt, jedoch für dieselbe Krankheit höchstens für 78 Wochen innerhalb von 3 Jahren. Das Krankengeld beträgt grundsätzlich 70 % des regelmäßigen Arbeitsentgelts (Bemessungsgrundlage 6.300 DM monatl.), aber auf keinen Fall mehr als 90 % des Nettoarbeitsentgeltes.
Rentenversicherung			
Für die **Rentenversicherung der Angestellten ist die Bundesversicherungsanstalt für Angestellte (BfA)** in Berlin zuständig. Die **Arbeiter** sind in den **Landesversicherungsanstalten (LVA)** versichert. Dazu kommen noch besondere Einrichtungen für Bundesbahn, Bergbau und für landwirtschaftliche Unternehmer.	**Versicherungspflicht** besteht u. a. für **alle Angestellten und Arbeiter** ohne Rücksicht auf die Höhe ihres Arbeitsentgelts. Ebenso sind **alle Auszubildenden** versicherungspflichtig. Ähnlich wie in der Krankenversicherung gibt es Versicherungsfreiheit für bestimmte Gruppen (z. B. Beamte) oder für Beschäftigungen, die nur gelegentlich oder gegen ein geringfügiges Entgelt (1998: 620 DM pro Monat) ausgeübt werden. Freiwillig versichern können sich Personen, die aus der Versicherungspflicht ausgeschieden sind. In der Rentenversicherung ist eine freiwillige Höherversicherung möglich.	Für Pflichtversicherte belaufen sich die Beiträge auf 20,3 % **des Bruttoarbeitsentgelts.** Sie werden jedoch 1998 höchstens von einem Betrag von 8.400 (7.000) DM monatlich berechnet. Die Beiträge werden durch die Krankenkassen eingezogen und je **zur Hälfte vom Arbeitgeber und vom Arbeitnehmer** aufgebracht. Bei einem Entgelt von höchstens 620 DM pro Monat werden die Beiträge allerdings voll vom Arbeitgeber getragen, sofern es sich nicht um eine geringfügige beitragsfreie Beschäftigung handelt.	**Renten an Versicherte** Ruhegeld bzw. Rente nach Erreichen der Altersgrenze oder bei Berufs- oder Erwerbsunfähigkeit. **Renten an Hinterbliebene** Witwen-, Witwer- und Waisenrenten beim Tod des Versicherten. **Heilverfahren** sowie **Rehabilitationsmaßnahmen** (medizinische Maßnahmen in Kur- oder Badeorten und Spezialanstalten).

1 Versicherungspflichtig ist unabhängig vom Einkommen jede Beschäftigung, die mindestens 15 Std./Woche ausgeübt wird.

2 Die Beitragsbemessungsgrenzen geben jeweils an, welcher Lohn bei der Berechnung des Versicherungsbeitrages höchstens zugrunde gelegt wird. Aus dieser Beitragsbemessungsgrenze – sie wird jedes Jahr erhöht – und dem Beitragssatz ergibt sich der Höchstbetrag für die einzelnen Versicherungszweige. Die Beiträge sind für die alten und neuen Bundesländer unterschiedlich (West/Ost), sollen sich aber im Laufe der Zeit anpassen.

Versicherungsträger	Versicherungspflicht[1]	Beiträge[2]	Leistungen
gesetzliche Unfallversicherung			
Die Arbeitnehmer sind in den **Berufsgenossenschaften** versichert. Die Unfallhaftung erstreckt sich allerdings nur auf solche Ereignisse, die mit der Beschäftigung im Betrieb und auf dem Weg von und zur Arbeitsstätte geschehen. Mitglieder der Berufsgenossenschaften sind nicht die Arbeitnehmer, sondern die Arbeitgeber. Für den öffentlichen Dienst gibt es eigene Versicherungsträger.	Versichert sind **alle aufgrund eines Arbeits-, Dienst- oder Ausbildungsverhältnisses Beschäftigten.** Außerdem erfasst die Unfallversicherung bestimmte **Selbstständige, Heimarbeiter und Arbeitslose. Kinder** in Kindergärten, **Schüler** und **Studenten** sind ebenfalls versichert.	**Die Höhe der Beiträge richtet sich nach der Gefahrenklasse,** in die der Betrieb eingestuft wurde. Die Beiträge sind damit von Betrieb zu Betrieb unterschiedlich hoch. Die Versicherungsbeiträge werden **allein vom Arbeitgeber,** bei Kindern in Kindergärten, Schüler und Studenten in der Regel von den Ländern bzw. Gemeinden aufgebracht.	**Zahlungen bei Arbeitsunfällen,** Unfällen auf dem Weg von und zur Arbeitsstätte und im Falle von Berufskrankheiten. **Heilbehandlungen durch Ärzte** einschließlich der notwendigen Medikamente und Hilfsmittel. **Renten** an Verletzte und Hinterbliebene. **Sterbegeld und Beihilfen**
Arbeitslosenversicherung			
In der **Bundesanstalt für Arbeit mit dem Sitz in Nürnberg** sind die Arbeitnehmer gegen die Folgen der Arbeitslosigkeit versichert. Der Bundesanstalt unterstehen die einzelnen Landesarbeitsämter und Arbeitsämter. Sie führt auftragsweise auch für den Bund die Zahlung des Kindergeldes durch.	Versicherungspflicht besteht für **alle Arbeiter und Angestellten und die Auszubildenden,** sofern sie mehr als 620 DM pro Monat verdienen (1998). Die Pflichtversicherung ist unabhängig von der Höhe des Einkommens. Selbstständige und Personen, die bereits anderweitig versorgt sind (z. B. Beamte), werden nicht von der Arbeitslosenversicherung erfasst. Versicherungsfreiheit gibt es ähnlich wie in der Kranken- und Rentenversicherung. Die Möglichkeit zur freiwilligen Versicherung bietet die Arbeitslosenversicherung nicht.	**Der Beitrag beläuft sich auf 6,5 % des Bruttoengeltes.** Als Höchstbetrag, der zur Beitragsberechnung herangezogen wird, auch wenn die tatsächlichen Bezüge höher sind, gilt die Beitragsbemessungsgrenze in der Rentenversicherung (1998: 8.300 (7.000) DM monatlich). Die Beiträge werden **jeweils zur Hälfte vom Arbeitgeber u. vom Arbeitnehmer** aufgebracht. Der Arbeitgeber trägt die Beiträge allein, wenn das Monatsentgelt 620 DM nicht übersteigt, sofern es sich nicht um eine geringfügige beitragsfreie Beschäftigung handelt.	**Arbeitsvermittlung,** Berufsberatung, Vermittlung von Berufsausbildungsstellen, Umschulungsmaßnahmen **Arbeitslosengeld.** Die genaue Anspruchsdauer hängt u. a. von der Dauer der vorhergehenden beitragspflichtigen Beschäftigung und ggf. vom Alter ab (60 %/67 % des Nettolohnes für Arbeitslose ohne/mit Kind). **Arbeitslosenhilfe** wird gewährt, wenn der Anspruch auf Arbeitslosengeld abgelaufen ist, sofern Bedürftigkeit vorliegt (53 %/57 % des Nettolohnes für Arbeitslose ohne/mit Kind). **Kurzarbeitergeld** bei Kurzarbeit im Betrieb **Konkursausfallgeld** bei Ansprüchen auf Arbeitsentgelt für die letzten 3 Monate vor Eröffnung des Konkursverfahrens. **Zahlung der Beiträge für die Krankenversicherung der Arbeitslosen.**
Pflegeversicherung			
Träger ist die jeweils zuständige **Krankenversicherung.**	Alle **Angestellten, Arbeiter, Auszubildende,** deren Bruttoverdienst 620 DM übersteigt oder die aus anderen Gründen versicherungspflichtig sind.	**Beitrag bei 1,7 % des Bruttoentgeltes, Beitragsbemessungsgrenze bei 6.300 (5.250) DM.**	Leistungen für häusliche Ambulanz und stationäre Pflege.

1 Versicherungspflichtig ist unabhängig vom Einkommen jede Beschäftigung, die mindestens 15 Std./Woche ausgeübt wird.

2 Die Beitragsbemessungsgrenzen geben jeweils an, welcher Lohn bei der Berechnung des Versicherungsbeitrags höchstens zugrunde gelegt wird. Aus dieser Beitragsbemessungsgrenze – sie wird jedes Jahr erhöht – und dem Beitragssatz ergibt sich der Höchstbeitrag für die einzelnen Versicherungszweige. Die Beiträge sind für die alten und neuen Bundesländer unterschiedlich (West/Ost), sollen sich im Laufe der Zeit anpassen.

1. **Welche Zweige umfasst die gesetzliche Sozialversicherung?**
2. **Worauf führen Sie die Schwierigkeiten, in denen sich die Sozialversicherung heute befindet, zurück?**
3. **Die folgende Gegenüberstellung der Argumente einer Befürworterin und eines Gegners von „620-Mark-Jobs“ ist als Einstieg in eine Diskussion gedacht. Nehmen Sie eine kurze Abstimmung zu dieser Frage vor und teilen Sie sich dann in zwei Gruppen auf, welche die jeweiligen Argumente vertiefen. Versuchen Sie danach über die Gruppensprecher die gegensätzlichen Positionen gegenüberzustellen.**
   Eine Möglichkeit wäre bei einer entsprechenden Vorbereitung auch einmal die verschiedenen Interessenvertreter (IHK, Kreishandwerkerschaft, Gewerkschaft, Arbeitgeberverband, Einzelhandelsverband usw.) zu einer Diskussion einzuladen.

Ungezählte Hausfrauen und Rentner verdienen sich ein „Taschengeld“ nebenbei. Sie sind in so genannten „620-Mark-Jobs“ beschäftigt. Diese Tätigkeiten sind sowohl sozialversicherungs- als auch für den Arbeitnehmer steuerfrei. Das bedeutet, dass das Bruttoeinkommen auch gleichzeitig das ist, was man am Monatsende „in der Tasche“ hat. „Ideal“, sagen die einen, weil es sonst noch viel mehr Arbeitslose gäbe, als „Ausbeutung des Sozialversicherungssystems“ werden diese Jobs von anderen gebrandmarkt, weil im Bedarfsfalle soziale Leistungen in Anspruch genommen werden, für die „nie ein Beitragspfennig“ entrichtet worden sei.

PRO

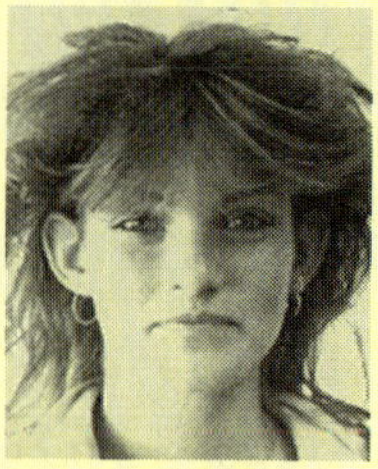

620-Mark-Jobs bringen hunderttausende von Arbeitsplätzen für diejenigen, die keinen Vollzeitjob annehmen können. Und gerade deshalb ergibt sich für die Sozialversicherung kein Nachteil, denn die Hausfrau, die z.B. einer geringfügigen Beschäftigung nachgeht, wäre auch ohne diese Arbeit beitragsfrei über ihren berufstätigen Ehemann versichert (umgekehrt gilt dies natürlich ebenso).

Die Wirtschaft benötigt kostengünstige Beschäftigungsmöglichkeiten. Würde man die Beitragsfreiheit abschaffen, blieben von den 620 Mark mal gerade 450 Mark übrig. Das wäre in höchstem Maße unsozial.

620-Mark-Jobs sind nicht durch Vollzeitplätze zu ersetzen und sind allemal besser als Schwarzarbeit. Viele Familien sind heute darauf angewiesen, dass im Rahmen solcher Jobs die Haushaltskasse aufgebessert wird. Sonst droht der Gang zum Sozialamt. Und was hätte die Gesellschaft dann davon?

CONTRA

620-Mark-Jobs haben keine Berechtigung. Zwei oder drei geringfügige Beschäftigungsverhältnisse ließen sich problemlos in mindestens einen Vollzeitplatz umwandeln.

Wo dies nicht möglich ist, sollte die geringfügige Beschäftigung in jedem Falle mit einem anteiligen Sozialversicherungsbeitrag belastet werden.

Es geht nicht, dass immer mehr Menschen die Leistungen der Sozialversicherung als selbstverständlich betrachten, aber erfolgreich versuchen sich der Beitragspflicht zu entziehen. Dadurch wird es für die übrigen Arbeitnehmer immer teuerer, die anderen mitzuversorgen.

Die 620 Mark müssen ganz normal zu dem Familieneinkommen hinzugerechnet und mit Beiträgen belastet werden. Wer das nicht will, kann auch keinen Versicherungsschutz im Krankheitsfall oder im Alter erwarten.

3032138L

2.5.1 Grenzen des Sozialstaates – oder: Wie belastbar ist das soziale Netz?

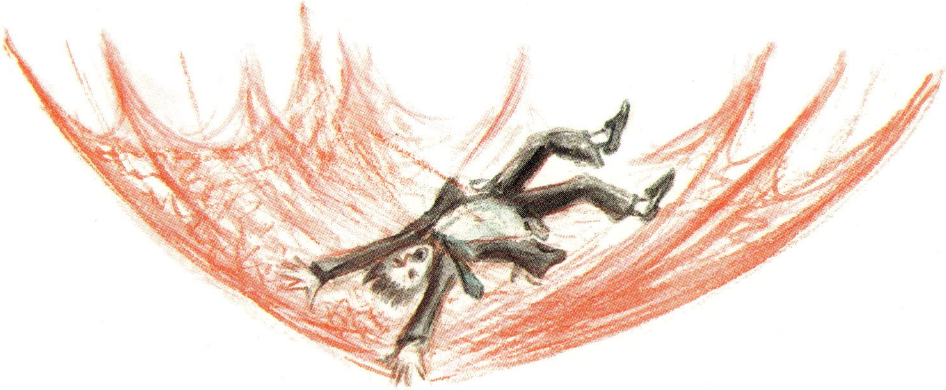

Unser Freund P. . . ist heiter, witzig, stets gut gelaunt, mit einem Wort: unterhaltsam. Ein angenehmer Gesellschafter, überall gern gesehen, der selbst die ernsthaftesten Diskussionen etwas lockerer macht. P. . . ist nun fast ein Jahr in Kassel und hat es fertig gebracht, für knapp sechs Wochen Arbeit die stolze Summe von 18.000 DM nach Hause zu tragen. Wie er das gemacht hat? Sechs Monate lang stand er auf der Lohnliste eines großen nordhessischen Unternehmens, ließ sich dort allerdings nur sechs Wochen sehen und kehrte nur zwischenzeitlich zurück, um sich mal wieder blicken zu lassen und dann anschließend gleich die Krankmeldung abzugeben.

Schwer war das nicht, denn er ging zu einem jener Ärzte, die keine Fragen zur Krankheitsgeschichte stellen, sondern im Austausch für den Krankenschein nur wissen wollen, ob man eine oder zwei Wochen krankgeschrieben werden wolle.

Als es nach einigen Monaten dem Werk zu bunt wurde und die Kündigung kam, nahm P. . . die Hilfe des Arbeitsamtes in Anspruch, erhielt für weitere drei Monate noch einmal 1.600 DM netto im Monat.

Immer wieder haben wir versucht mit P. . . zu diskutieren, ihm klarzumachen, dass er mit seinem Verhalten keine anonyme Gelddruckmaschine anzapft, sondern dass er sich seinen Lenz auf Kosten und auf den Rücken seiner Kollegen erlaubt. Sie, die im Durchschnitt 20 bis 30 Jahre älter als er sind und jeden Tag malochen, müssen mit ihren Beiträgen zum Versicherungssystem dafür einspringen und dafür zahlen, dass er alle Vorteile des Versicherungssystems einstreichen kann. Ganz zu schweigen von der Arbeit, die zusätzlich weggeputzt werden muss. An unserem Freund sind die Vorhaltungen abgeglitten.

Unsere Gesellschaft und unser soziales Netz gründet auf dem Gedanken, dass einer für den anderen einstehen sollte, dass Lasten und Pflichten möglichst gleichmäßig verteilt werden. Dass dies eine Forderung ist, ein Anspruch, der in der Wirklichkeit nie richtig eingelöst wird, wissen wir zur Genüge. Wir wissen, dass auch bei uns grobe Missbräuche an der Tagesordnung sind, dass die Steuerlast ungleich verteilt ist, weil es cleveren Selbstständigen mit riesigem Einkommen leicht fällt alles Mögliche abzusetzen und schließlich weniger Steuern zu bezahlen als ein Arbeiter am Fließband. Wir wissen, dass die Einkommen mancher Berufsgruppen inzwischen eine Höhe erreicht haben, die dem Wort „soziale Gerechtigkeit“ Hohn sprechen.

Aber unser vorbildliches soziales Netz ist nun einmal auf das Verständnis und die Einsicht aller Bürger angewiesen und wird dann ernsthaft geschädigt, je größer die Zahl derer wird, die den Missbrauch zum Sport machen. Jeder Pfenning, der an Steuern weniger eingenommen wird, der an Unterstützung ausgegeben wird, muss von der Masse der Bürger aufgebracht werden. Die Einsicht, dass ich mit meinem Fehlverhalten zugleich meinen Nachbarn und Kollegen belaste, gehört untrennbar dazu. Wenn es nicht gelingt, diesen schlichten Gedanken weiterzugeben, dann sind alle Feiertagsreden von „solidarischer Gesellschaft“ für die Katz. *K. Becker*

Quelle: Neue Hessische Zeitung vom 9. Jan. 1981

Soziale Hängematte??!

Das Beispiel zeigt, dass das sozialstaatliche System nicht vor missbräuchlichen Zugriffen geschützt ist. Ohne Zweifel:

Umfassende soziale Sicherung gehört zur Grundausstattung der industriellen Gesellschaft. Die berechtigten Ansprüche der Arbeitnehmer an die soziale Sicherung sind vielfältiger geworden. Es genügt nicht mehr, die sog. Standardrisiken (Alter, Krankheit, Tod des Ernährers) abzusichern. Wachsende Bedeutung gewinnen vorsorgende Leistungen (z. B. Pflegeversicherung) sowie soziale Leistungen für einzelne Arbeitnehmergruppen (z. B. Hilfen für behinderte Menschen, Erleichterungen für erwerbstätige Mütter).
Nun besteht ein charakteristisches Merkmal der Industriegesellschaft darin, dass sie den Bereich der gesellschaftlichen Erwerbsarbeit relativ immer weiter ausdehnt, und zwar auf Kosten der gemeinschaftlichen Eigenarbeit. Sie verzehrt ihre eigene Existenzgrundlage. Die alten Hausgemeinschaften haben immer mehr Funktionen nach außen abgegeben – an den Agrarmarkt, an Handwerker und Fabriken und schließlich an Banken und Versicherungen, an Schulen, Kindergärten, Altenheime, Krankenhäuser usw. Die Eigenverantwortung wird ebenso abgegeben wie sie abgenommen wird. Fremdversorgung tritt an die Stelle der Selbstversorgung. Es sieht so aus, als habe dieser Verdrängungs- und Ersetzungsprozess eine kritische Schwelle erreicht. Jedenfalls liegt in genau diesem Vorgang das Grundproblem des Sozialstaates; sich um Leute zu sorgen – sei es, weil sie nicht über die Mittel verfügen und also nicht können, sei es, weil sie nicht mehr dürfen oder schließlich, weil sie nicht mehr wollen . . .

Karikatur: Hanel

„Wenn Artikel 20 Absatz 1 des Grundgesetzes ausspricht“, so stellte das Bundesverfassungsgericht fest, „dass die Bundesrepublik ein sozialer Bundesstaat ist, so folgt daraus, dass der Staat die Pflicht hat für einen Ausgleich der sozialen Gegensätze und damit für eine gerechte Sozialordnung zu sorgen.“
Aber: Der Sozialstaat ist heute ins Gerede gekommen, vor allem, weil man sich fragt, wie lange bei der gegebenen Bevölkerungs-

und Beschäftigungsentwicklung die dynamische Rente, gewisse Leistungen der Krankenversicherung u. Ä. noch bezahlt werden können.
Wie sollen in einer Gesellschaft, deren Mitglieder nicht mehr oder nur noch ungenügend durch familiäre Kanäle versorgt werden und in der nur 40 % der Bevölkerung erwerbstätig sind, die restlichen 60 % versorgt werden?
Der Sozialstaat stößt hier an die Grenzen des Zumutbaren. Niemand arbeitet, um nachher die Hälfte oder mehr seines Verdienstes an anonyme Haushalte abzugeben. Selbst Fürsten . . . waren mit dem Zehnten zufrieden. Wo der sinnliche soziale Zusammenhang zerrissen ist, gelten die Menschen, die vom eigenen Einkommen mitversorgt werden, eben häufig nicht als „Angehörige", sondern als irgendwelche vermeintlichen Faulenzer, Tagediebe und Parasiten, die einem ... auf der Tasche liegen.

Quellen: – Bäcker, Gerhard: Sozialpolitik, in: Kittner, Michael (Hrsg.), Gewerkschaftsjahrbuch 1984. Daten – Fakten – Analysen, Köln 1984, Seite 250 ff.
– Huber, Josef: Duale Sozialpolitik – Fremdversorgung und Eigenbeteiligung, in: Die Zukunft des Sozialstaates, a. a. O., Seite 58
– Strasser, Johanno, Grenzen des Sozialstaates? Soziale Sicherung in der Wachstumskrise? Zitiert nach: Wochenschau, 38. Jahrgang, Nr. 1, Jan./Febr. 1987, Ausgabe Sek II, Seite 15

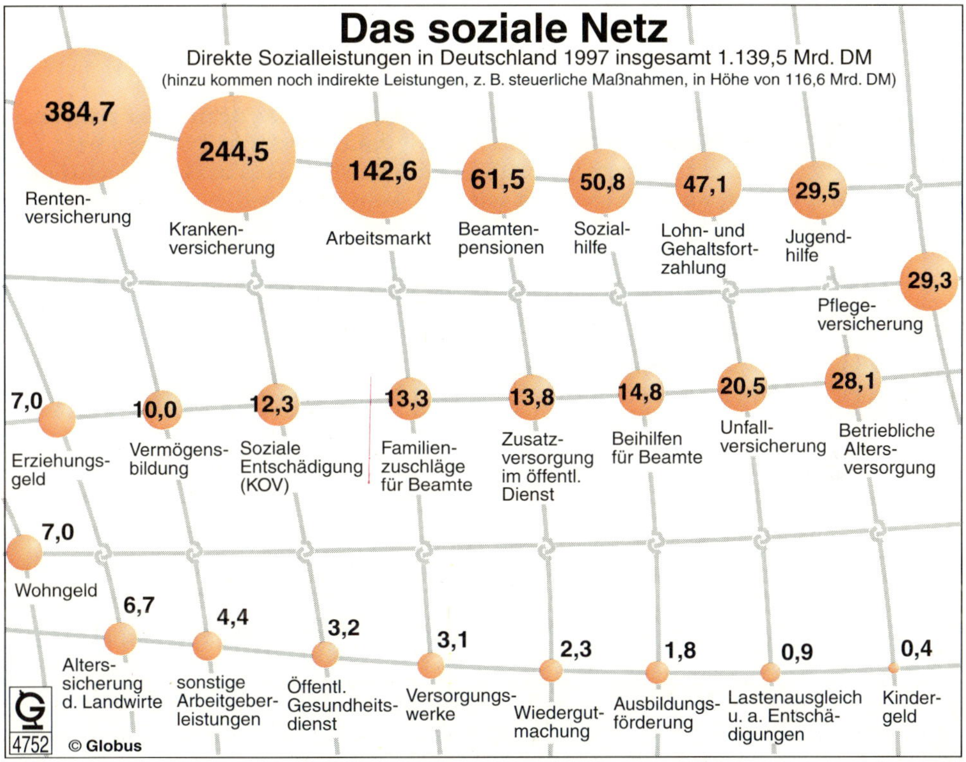

1. Der Eingangsfall setzt sich besonders kritisch mit dem Wesen des Sozialstaates und insbesondere der Möglichkeit zur Ausnutzung des Systems auseinander. Andererseits ist dies aber auch nur eine Einzelfallschilderung – oder nicht?
   a) Was wollen Karikatur und Text aussagen?
   b) Häufig wird das soziale Netz auch als „soziale Hängematte" bezeichnet. Diskutieren Sie diesen Vorwurf und erörtern Sie dabei, wie belastbar das soziale Netz ist bzw. wie belastbar es sein muss.
2. Wo sehen Sie die Grenzen des Sozialstaates und wie stellen Sie sich eine Weiterentwicklung des Sozialsystems vor?
3. Rollenspiel/Diskussion

Sie oder Ihre Eltern zahlen jeden Monat Sozialversicherungsbeiträge. Dies sind nicht die einzigen Versicherungsarten. Daneben werden Beiträge für private Versicherungen fällig: Auto-, Motorrad-, Haftpflicht-, Sturm- und Hausratversicherungen und ...

Alle Versicherungen haben ihren Zweck, aber sie verführen auch. Motto: Dafür zahle ich ja meine Beiträge ... Das Wort vom Versicherungsbetrug macht die Runde. Aber wer betrügt eigentlich wen, wenn unberechtigt Leistungen in Anspruch genommen werden?

Höhere Leistungen ziehen höhere Beiträge nach sich, das dürfte klar sein, also wer beutet dann wen aus? Aber die Frage ist damit noch nicht beantwortet, letztlich geht es auch darum, wer dafür verantwortlich ist, dass eine Versicherung nur das ist, was sie eigentlich sein soll: kein Selbstbedienungsladen, sondern eine Einrichtung für den Ernstfall.

Frage: „Würden Sie jemanden ‚anschwärzen', der einerseits krankfeiert, gleichzeitig aber beim Nachbarn am Bau eine ganze Woche arbeitet und sich Geld hinzuverdient?"

Zugegeben: eine sehr persönliche Frage, die man sich am liebsten gar nicht stellen möchte, denn eigentlich geht einen das doch gar nichts an oder etwa doch?

Erkundigen Sie sich bei
- Gewerkschaften und der örtlichen Handwerkskammer oder Kreishandwerkerschaft wie hoch man den Anteil der Schwarzarbeit in Ihrer Region einschätzt und worin man die Ursachen dafür sieht.
- dem Arbeitsamt, welche Möglichkeiten bestehen, zu verhindern, dass Leistungsmissbrauch getrieben wird, weil Arbeitslosengeldempfänger „unentdeckt" regelmäßig oder gelegentlich einer anderen bezahlten Beschäftigung nachgehen.
- einer oder mehreren örtlichen Krankenkassen, wie hoch sie den Leistungsmissbrauch im Krankenbereich einschätzen.
- beim Sozialamt über die Entwicklung der Ausgaben und damit zusammenhängend über die Frage, unter welchen Bedingungen Sozialleistungen gezahlt werden.

Fassen Sie die Ergebnisse zusammen und laden Sie nach Rücksprache mit der Schulleitung ggf. die befragten Personen oder auch Politiker verschiedener Parteien zu einer Diskussion unter dem Thema „Reißt das soziale Netz?" ein. Das Ergebnis kann z.B. darin bestehen, dass eine Wandzeitung (es reicht eine Rolle Raufasertapete) zu diesem Thema angefertigt wird.

2.5.2 Der Generationenvertrag – die Alterspyramide ändert sich!

1

In den Agrargesellschaften früherer Jahrhunderte versorgte die Großfamilie ihre Altenteiler mit Lebensmitteln und sonstigen Naturalien; heute erhält der alte Mensch über ein anonymes soziales Sicherungssystem monatlich einen Geldbetrag, den er verwenden kann.

Ob dieser Geldbetrag von vornherein durch geleistete Beitragszahlungen so hoch ist oder überhaupt so hoch sein kann, dass er alle familiären Zusatzleistungen erübrigt, ist im Normalfall mehr als fraglich.

Hinzu kommt, dass ein solches System zwangsläufig sehr empfindlich auf einen Wandel der Altersstruktur der Bevölkerung reagiert.

Wachsende Ausgaben für immer mehr alte oder früher „in Rente" gehende Menschen müssen über höhere Beitragsleistungen der Versicherten finanziert werden.

Die Rentenversicherung baut darauf auf, dass die Generation, die im Arbeitsprozess steht, immer einen Teil des Ergebnisses an die Bevölkerungsgruppen abtreten muss, die noch nicht oder nicht mehr arbeiten können: Kinder und Jugendliche sowie Rentner und Pensionäre **(Generationenvertrag).**

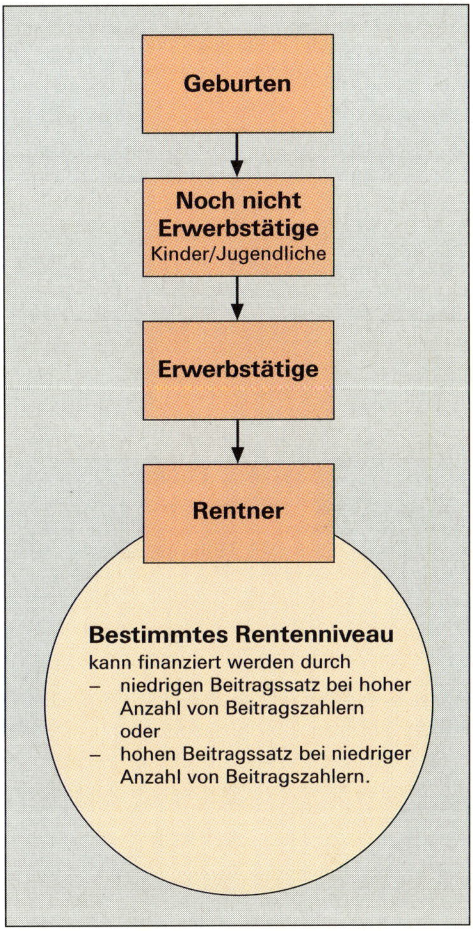

Bisher funktionierte das Rentenversicherungssystem vorbildlich: die Jungen zahlten Beiträge, aus denen die Renten der Alten bezahlt wurden. Aber das System gerät aus den Fugen, weil immer weniger arbeitende Menschen eine immer größere Rentenlast zu tragen haben:

- Geburtenrückgänge verschlechtern das Verhältnis von Beitragszahlern und Rentenempfänger,
- hohe Arbeitslosigkeit bringt weniger Beitragsleistungen,
- hohe Rentensteigerungen aus der Vergangenheit zehrten die Rücklagen der Rentenversicherung auf.

Der Generationenvertrag ist ins Wanken geraten.

Problem: Alterspyramide

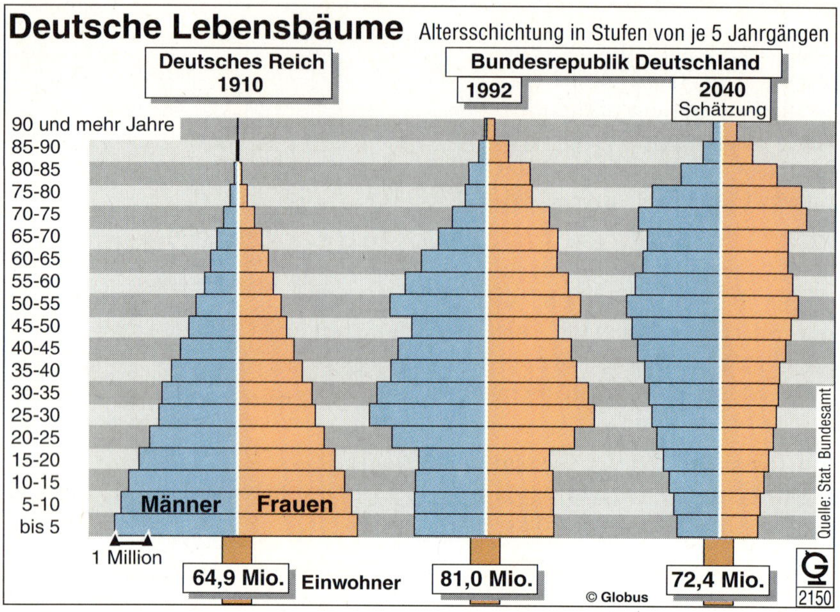

Das deutsche Rentensystem droht aus dem Gleichgewicht zu geraten, Grund: Immer weniger Beitragszahler müssen für immer mehr Rentner „aufkommen".

Davon gefährdet sind vor allem die Erwerbstätigen, die ungefähr im Jahr 2030 einen wahren „Rentnerberg" zu versorgen hätten. Sie könnten sich im Vergleich mit anderen Generationen ungerecht behandelt fühlen und die Sozialversicherung insgesamt infrage stellen. Die Rentenversicherungsbeiträge müssten dann bei bis zu 30 % liegen...!

„Den trägst du ... wenn du groß bist!"
Quelle: Das Parlament vom 26. Dez. 1981, Karikatur: Schöpper

1. **Erläutern Sie den Begriff „Generationenvertrag" in der herkömmlichen Form.**
2. **Welche Schlussfolgerungen lassen sich aus der Darstellung und Prognose des „deutschen Lebensbaumes" ziehen?**
3. **Der sächsische Ministerpräsident Kurt Biedenkopf (CDU) hat im Jahre 1997 zum wiederholten Male den Vorschlag unterbreitet, das bisherige Rentensystem durch eine einheitliche Grundrente abzulösen. Er ist der Überzeugung, dass das bisherige System den Herausforderungen der Zukunft nicht gewachsen ist:**

„Die heute 30- bis 40-Jährigen wachsen in ein System hinein, das die alten Versprechen der Alterssicherung nicht einlösen wird. Wir haben es derzeit noch mit einem System zu tun, das lange Zeit außerordentlich erfolgreich war. Wer als Lediger 1930 seine Arbeit aufnahm und nach durchschnittlichem Verdienst 1975 in Rente ging, hat für jede einbezahlte Mark 2,06 Mark herausbekommen. Wer aber ab 1970 Beiträge gezahlt hat, bekommt im Jahre 2014 für jede eingezahlte Rentenmark nur noch 98 Pfennig …

Die wichtigsten Voraussetzungen für das System sind entfallen: erstens eine normale Bevölkerungsstruktur mit ausreichend Nachkommen und zweitens ein klassischer Arbeitsmarkt. In Zukunft werden Rentner immer häufiger auf Sozialhilfe zurückgreifen müssen …

Jetzt sind wir beim Kern der Frage, was wir unter Solidarität verstehen: Lassen Sie mich dies am Bild von Johann Peter Hebel deutlich machen, der Geschichte von dem Bauern mit drei Broten, den der Wanderer fragt: Wozu brauchst Du drei Brote? Der Bauer sagt: Ich brauche ein Brot für meine Frau und mich, eins für meine Eltern und ein Brot für meine Kinder.

Wenn dieser Bauer eine schlechte Ernte einfährt, muss er kleine Brote backen, für sich, seine Eltern und seine Kinder. Und keiner wird sagen, das sei unsolidarisch! Wollen wir wirklich daran festhalten, dass die überwältigende Mehrheit der Bürger unfähig ist, für sich selbst zu sorgen? Müssen wir die Menschen in ein System der Vollversorgung zwängen, was immer mehr um sich greift, was wir uns aber schon lange gar nicht mehr leisten können?"

Auszug aus einem Interview in „Der Spiegel", Nr. 12/1997, Seite 41

Diskutieren Sie, ob die Forderung nach einer „Grundrente für alle" nur eine Notlösung oder tatsächlich ein sinnvoller Ausweg aus der derzeitigen Rentenkrise sein kann. Tauschen Sie die jeweiligen Meinungen in einem Rollenspiel aus.

2.5.3 Pflegenotstand – welche Aufgabe haben Familie, Gesellschaft und Versicherungen?

Mit der Industrialisierung und insbesondere dem schnellen Wirtschaftswachstum der letzten beiden Jahrzehnte hat sich das Bild der Familie stärker als je zuvor gewandelt.

„Die alten Hausgemeinschaften haben immer mehr Funktionen nach außen abgegeben ... Die Eigenverantwortung wird ebenso abgegeben wie sie abgenommen wird. Fremdversorgung tritt an die Stelle der Selbstversorgung ...

Das Streben nach immer größerem Wohlstand (Motto: Wir müssen arbeiten, um uns etwas leisten zu können.) ist nicht ohne Auswirkungen auf die Belastung des sozialen Netzes geblieben.

Hinzu kommt eine ebenfalls anders gewordene Anspruchshaltung gegenüber staatlichen Leistungen und eine andere Einstellung zur Zumutbarkeit eigener familiärer Belastungen.

Anders geworden sind aber auch die Berufswahlentscheidungen. Bei ungünstigen Arbeitsbedingungen (nachts, samstags, sonntags, feiertags ... also auch dann, wenn der Rest der Familie oder die Freunde frei haben ...) kann nicht einmal die Entlohnung einen Ausgleich herbeiführen, denn die sozialpflegerischen Berufe stehen in den Lohnlisten nicht unbedingt sehr hoch im Kurs ...

Das Gespenst vom „Pflegenotstand“ macht die Runde. Es ist real und verändert auch die Inhalte des „Generationenvertrages“ als Grundprinzip der Altersversorgung eigentlich aller menschlicher Lebensformen.

Wohin mit den Alten und Kranken? – Diese Frage sollten Sie einmal in Ihrer Klasse diskutieren!

Im Jahre 1995 trat die gesetzliche Pflegeversicherung in Kraft. Danach erhalten pflegebedürftige Personen oder pflegende Familienangehörige finanzielle Leistungen:

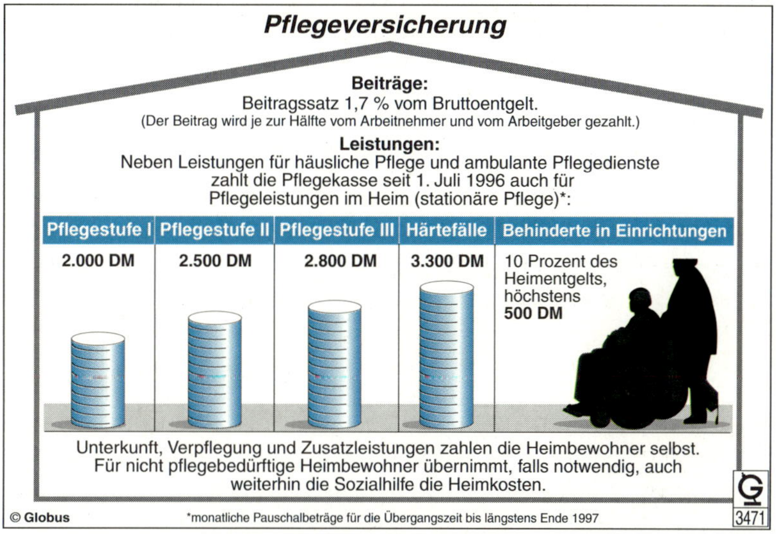

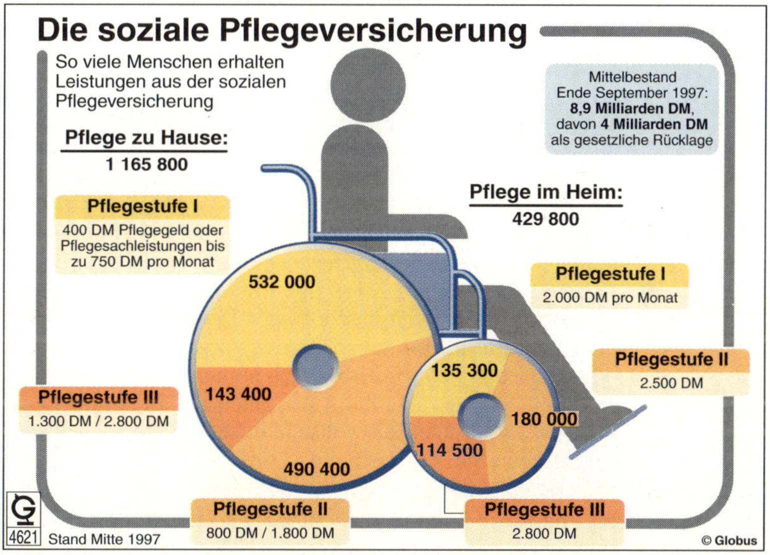

Diskutieren Sie die folgende These:

Die Pflegeversicherung ist zwar die jüngste der sozialen Pflichtversicherungen, aber auch sie ist auf Dauer nicht zuletzt deshalb unbezahlbar, weil sie ausgenutzt wird. Es gäbe eine ganz andere Möglichkeit:
„Junge Männer müssen zur Bundeswehr. Warum lässt man junge Frauen nicht ein soziales Pflichtjahr ableisten. Dies wäre nicht nur ein Beirag zur Gleichberechtigung, sondern es würde auch die Kassen der Sozialversicherungen deutlich entlasten."

Handlungsorientierte Gruppenarbeit zum Thema „Wie sichern wir das soziale Netz?"

Neue Ideen bekommt man nur dann, wenn man sich eines Problems zunächst „gedankenlos" annimmt und erst einmal alles sammelt, was einem dazu spontan einfällt. Versuchen Sie einem in einem so genannten „Brainwriting" Lösungsansätze zur Sozialversicherung zu erarbeiten. Wie gehen Sie vor?

1. Schritt: Bilden Sie Arbeitsgruppen von jeweils ca. 4 Personen

2. Schritt: Jedes Gruppenmitglied schreibt auf ein Blatt Papier (oder eine Karteikarte) eine Problemstellung bzw. eine These zum Thema „Soziale Sicherung muss bezahlbar bleiben – aber wie?"

3. Schritt: Stellen Sie Ihre Thesen vor (z.B. Tafelanschrieb) und bilden Sie eine Rangfolge der Sie am meisten interessierenden Themen.

4. Schritt: Jede Arbeitsgruppe sucht sich eine These zur tieferen Bearbeitung aus. Vorbereitung von Arbeitsblättern nach folgendem Muster:

Arbeitsgruppe
Namen der Mitglieder

1. ____________________
2. ____________________
3. ____________________
4. ____________________

Zu bearbeitende These

Lösungsideen

1	...	...	...
2	...	...	...
3	...	...	...
4	...	...	...

5. Schritt: Jedes Mitglied einer Arbeitsgruppe trägt in die oberen Kästchen des Formblattes drei Ideen zu der These ein. Zeit: ca. 5 Minuten. Danach werden die Arbeitsblätter im Uhrzeigersinn in der Gruppe weitergegeben. Die jeweils nächsten Gruppenmitglieder tragen in die 2., 3. und 4. Zeile Ergänzungen oder Veränderungen der Ideen des Vorgängers ein. Es würde nicht viel bringen, wenn jeder nur seine Gedanken, die er auf einem Formblatt als erster eingetragen hat, beim Ausfüllen der 2., 3. und vierten Zeile jeweils nur wiederholt. Deshalb sollte man sich mit dem, was der Vorgänger geschrieben hat, beschäftigen.

6. Schritt: Werten Sie am Ende das Brainwriting in der Gruppe aus und bringen Sie die „besten" Ideen in einen „Kreativspeicher" nach folgendem Muster:

	Idee
1	
2	
3	

7. Schritt: Machen Sie den anderen Ihre Ideen zugänglich (z.B.: Wandzeitung) und vergleichen Sie die Ergebnisse. Suchen Sie wiederum das oder die Themen/Thesen heraus, die Sie für so interessant erachten, dass Sie darüber mehr wissen möchten. Dies könnte der Auftakt für eine Projektarbeit sein.

3032148L

2.6 Spannungsfeld Umweltschutz

Unser täglich Gift …

Von Industrie-Einleitungen verdreckte Flüsse, in denen die Fische sterben; hochgiftige Chemikalien und Pestizide, die Boden und Grundwasser verseuchen; radioaktives Molkepulver, das nicht entsorgt werden kann; Kälber, die mit verbotenen Hormonen gedopt werden – während das Umweltbewusstsein der Bevölkerung steigt, künden täglich Horrormeldungen von neuen Katastrophen: Der Wald stirbt weiter, die Nordsee kippt, Giftstoffe in Lebensmitteln bedrohen die Gesundheit der Verbraucher. Es gibt noch viel zu tun – denn:

Schon lange haben uns verantwortungsbewusste Bürger/-innen gemahnt:

- Die Luft wird immer mehr belastet,
- unser Wald wird sterben,
- unsere Meere und Flüsse kippen,
- die Abholzung des Regenwaldes verändert unser Klima,
- immer mehr Skipisten führen zu Katastrophen in den Alpen,
- eine Verseuchung des Bodens mit Pestiziden u. a. verdirbt unser Trinkwasser,
- unsere Lebensmittel sind vergiftet,
- Unfälle in Chemiewerken bzw. Kernkraftwerken führen zu großen Katastrophen,
- wir ersticken in unserem Müll
- usw.

„Ich jedenfalls verborge nie wieder etwas!“ (Karikatur: Haitzinger)

Wir beginnen, uns an die Flut dieser negativen Nachrichten langsam zu gewöhnen.

Wachgerüttelt wurden die Menschen nicht durch das langsame Siechtum unserer Natur, sondern durch Katastrophen, wie z.B.:

- der Reaktorunfall in Tschernobyl,
- Flutkatastrophen und Bergrutsche in den Alpen,
- klimatische Auswirkungen in Europa durch Abholzung des Regenwaldes,
- hohe Zunahme von Hautkrebs durch das Ozonloch.

2.6.1 „Es liegt was in der Luft …"

Luft ist eine Lebensgrundlage. Ein Mensch verbraucht davon pro Tag 10 000 Liter. Luft, das ist ein Gemisch aus Stickstoff (78 %), Sauerstoff (21 %) und verschiedenen Spurengasen.

Doch ist unsere Luft auch sauber? Nein – die Verschmutzung der Luft ist ein seit den frühen Jahren der Industrialisierung bestehendes Problem. Freisetzungen giftiger Gase aus Industriebetrieben und Müllhalden, Verbrennungen aus Industrie, Kraftwerken und Haushalten waren schon im 19. Jahrhundert eine Gefahr für Mensch, Fauna und Flora.

Die Abgase der Kraftfahrzeuge, aus Müllhalden, besonders aus Müllverbrennungsanlagen, Giftmüllverbrennungen auf See, Pestizide aus der Landwirtschaft und viele Staubpartikel führten zu immer größerer Belastung der Luft.

Kohlendioxid – Belastung der Luft

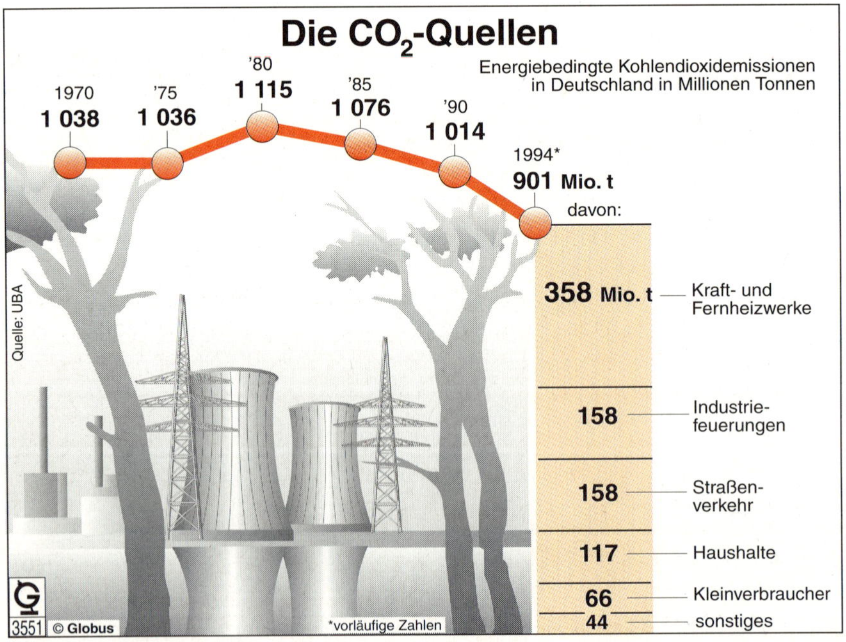

 3032150L

Wie entstehen Luftverunreinigungen und saurer Regen?

1

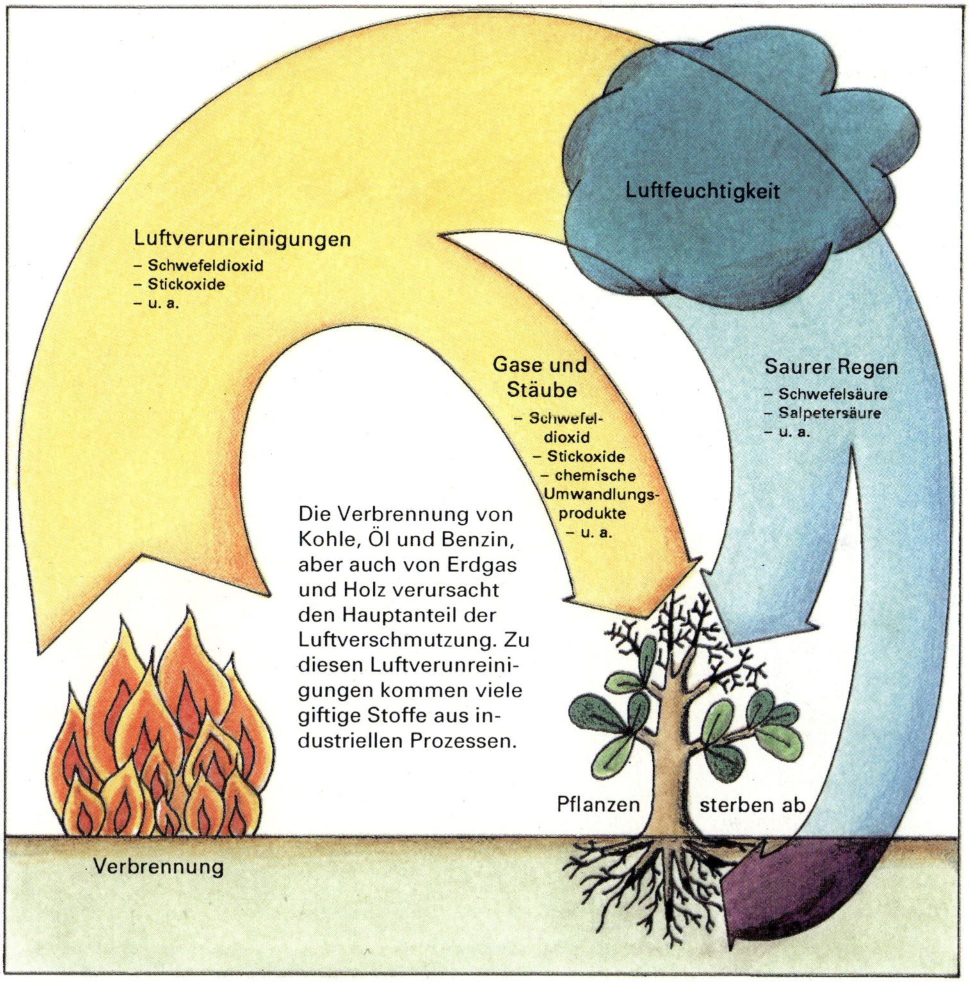

Saurer Regen wäscht aus den Böden die natürlichen basischen Mineralien wie Kalium, Calcium und Magnesium aus. Damit entfällt die Versorgung der Bäume (und anderer Pflanzen) mit mineralischen Nährstoffen. Es kommt zunächst zu Nadelverfärbungen, danach zu Nadel- und Blattverlusten. Die Bäume werden krank, sind anfällig gegen Windbruch und Borkenkäfer, die zum Absterben führen. Wenn das Regenwasser dazu noch mit toxischen Metallen, wie z.B. Aluminium, belastet ist, kommt es zum Abfaulen der Baumwurzeln und Sterben der Bäume. Besonders betroffen sind Wälder in Osteuropa, aber auch die Wälder in der Bundesrepublik Deutschland.

Der Wald ist wichtig als Wasserspeicher, der Regenwasser aufnimmt, filtert und langsam wieder in die Atmosphäre abgibt, damit der Wasserkreislauf in Gang gehalten wird. Daneben speist er die Bäche und Flüsse und reichert das Grundwasser an.

2 Wie wirken Luftverunreinigungen auf Bäume?

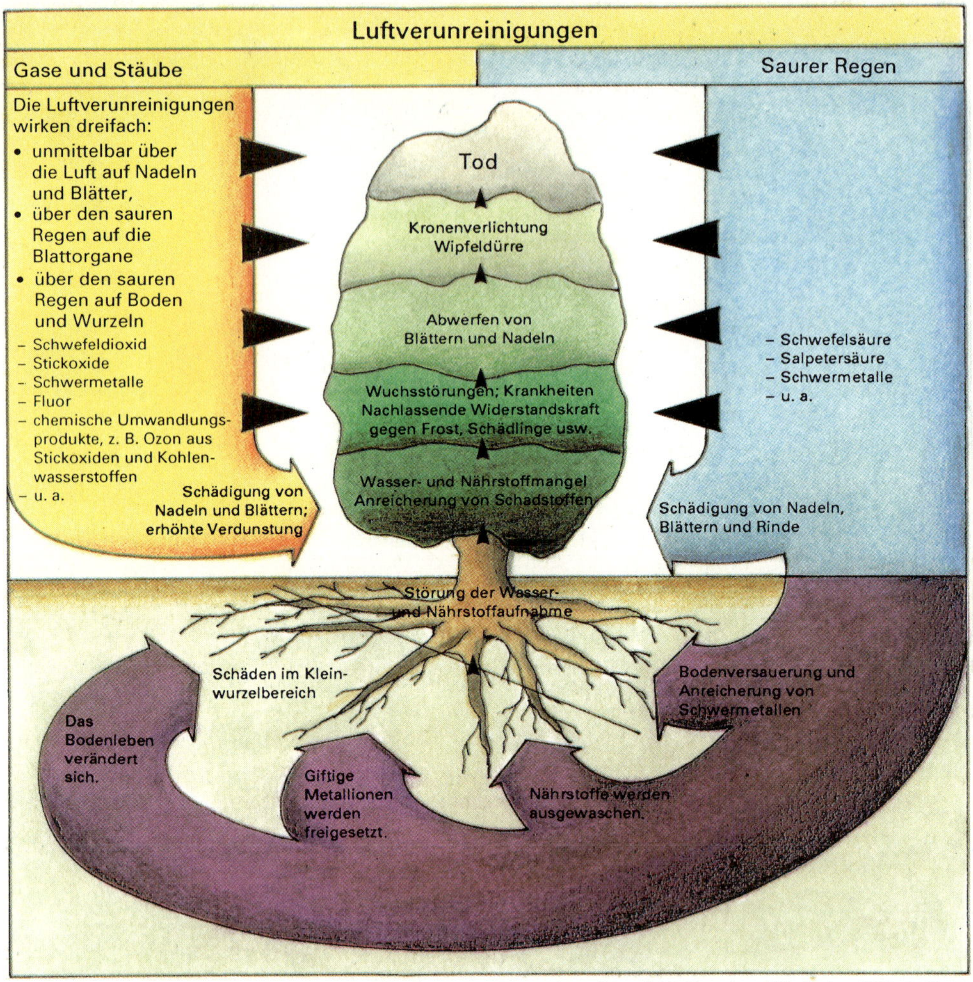

Quelle: Der Hessische Minister für Landwirtschaft, Forsten u. Naturschutz (Hrsg.), Waldsterben, Wiesbaden 1989, S. 20, 22

Waldboden sammelt die Schadstoffe zwar begierig an. Wie ein Schwamm saugt dieser Puffer die Spurenelemente und Schwermetalle auf und hält sie fest. Doch dies kann er nur eine gewisse Zeit lang und nur unter bestimmten Bedingungen leisten.

Seine Aufnahmekapazität für Säuren, Schwermetalle, Spurenelemente und alle möglichen Gifte ist erschöpft. Ist dies der Fall, dann gibt der Boden nicht einfach nur auf, sondern setzt wahre Kettenreaktionen in Gang: Die angesammelten Schadstoffe werden sozusagen mit einem Schlag freigesetzt, sie sickern in tiefere Schichten und gefährden auf diese Weise schnell die Grund- oder Quellwässer.

Für diese unsichtbaren chemischen Vorgänge ist das Baumsterben sowohl eine Ursache als auch ein sichtbares Zeichen.

3032152

Dass unsere Flüsse und Meere total verschmutzt sind, kann nicht weiter überraschen. Zu viel Abfälle werden in sie hineingeleitet. Doch dass nun auch das Wasser bereits dort nicht mehr rein sein soll, wo es entspringt und vermeintlich ohne Kontakt war mit der Schadstoff produzierenden Zivilisation – dies muss auch den letzten Optimisten erschüttern: Schwermetallbelastungen, die die für den jeweiligen Ort als „normal" geltenden Größen um ein Vielfaches übertreffen, Aluminiumgehalte gar, die gleich tausendfach darüber liegen, sind reichlich Grund zur Beunruhigung. Und sie sind ein nicht zu überhörendes Alarmsignal.

Quelle: FAZ, 29. Juni 1985

1. Zählen Sie möglichst zahlreiche Verursacher von Luftverschmutzungen auf.
2. Erklären Sie den Zusammenhang von Luftverschmutzung und saurem Regen.
3. Welche Gründe werden für das Waldsterben verantwortlich gemacht?
4. Erklären Sie den Teufelskreis zwischen Waldsterben, Boden- und Gewässerverschmutzung und deren Auswirkungen und diskutieren Sie aus Ihrer Sicht evtl. geeignete Schlussfolgerungen.
5. Wie wärs mit Unterricht pur in der Natur:
Über Waldschäden in Ihrer näheren Heimat unterrichtet Sie sicher gerne das zuständige Forstamt. Fragen Sie einfach an, ob der zuständige Revierförster zusammen mit einem Mitarbeiter des Forstamtes Ihnen einmal die aktuelle Lage und den Gesundheitszustand „Ihres" Waldes darstellt. Vielleicht ergibt sich im Anschluss daran auch die Möglichkeit zu einer Waldexkursion.

2.6.2 Wasser ist zum Waschen da ...

Wasser war für die Menschen stets das wichtigste Lebensmittel. Es ist nicht nur die Voraussetzung für das Leben, sondern bildet seit jeher eine der Grundlagen für wirtschaftlichen Fortschritt und menschliches Wohlergehen. Die enorme Bedeutung des Wassers für die Menschen war nie umstritten. Und trotzdem ist es noch zu wenigen bewusst, dass das scheinbar „unerschöpfliche" Wasser auch begrenzt ist.

Im Vergleich zu früheren Jahrhunderten, als Wasser noch aus Brunnen geschöpft werden musste, ist in der heutigen Zeit die Versorgung mit Wasser für uns außerordentlich bequem. Längst haben wir uns daran gewöhnt, dass zu jeder Tages- und Nachtzeit Trinkwasser in ausreichenden Mengen aus der Leitung fließt und entsprechend sorglos gehen wir damit um.

Unser Bedarf an Trinkwasser ist groß: Rund 145 Liter, eine ganze Badewanne voll, verbraucht ein Bundesbürger im Durchschnitt jeden Tag.

Unsere Gewässer werden durch zahlreiche Schadstoffe belastet: Phosphate aus Waschmitteln, Nitrate aus der Landwirtschaft, Schwermetalle und chlorierte Kohlenwasserstoffe aus Industrieabwässern und nicht zuletzt Benzin und Benzol aus Autoabgasen und saurer Regen. Unser Trinkwasser jedoch muss frei sein von Schadstoffen.

Wasser, daran sollten wir alle öfter denken, ist die wertvollste Gabe der Natur. Es wird uns nur geliehen, wir können es nicht verbrauchen, sondern nur gebrauchen und der Natur gebraucht zurückgeben. Die rund 1,4 Milliarden Kubikkilometer Wasser der Erde befinden sich in einem ewigen Kreislauf zwischen Meer, Wolken und Land – kein Tropfen geht verloren und kein Tropfen kommt hinzu.

Quelle: Offensive für die Umwelt, in „Das Zeitbild", Bonn 1990, S. 7 ff.

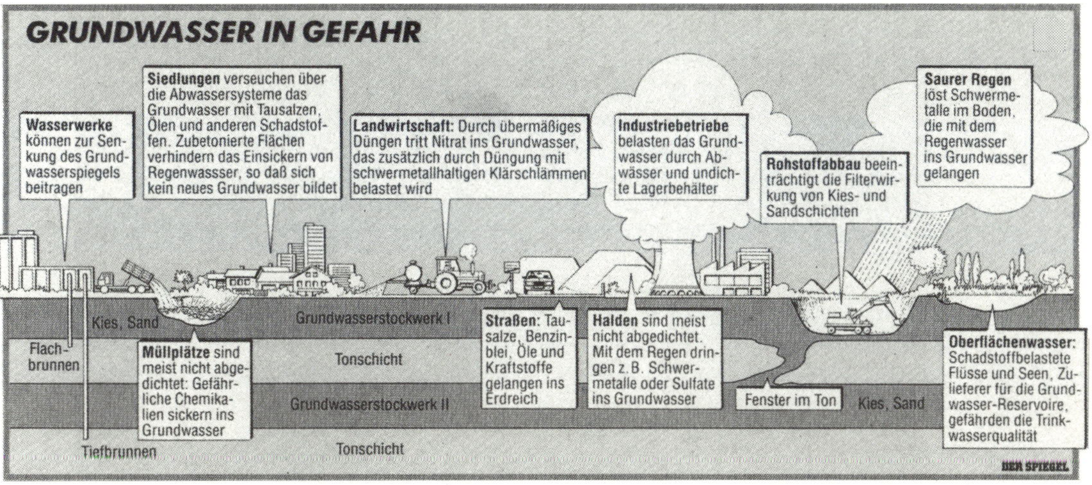

Quelle: Der Spiegel, Nr. 39/1985

Zu viele Nitrate, chlorierte Kohlenwasserstoffe und andere Chemikalien belasten zunehmend unser Grundwasser. Aber nicht genug damit: Es wächst auch die Gefahr, dass der Grundwasserspiegel sinkt. Das hat verschiedene Ursachen. Einer ist die fortgesetzte Überbauung von immer mehr Natur durch Straßen, Plätze, Siedlungen und Industrieanlagen. Dadurch wird der Erdboden versiegelt, der Niederschlag kann nicht mehr in die Erde eindringen. Statt neues Grundwasser zu bilden, fließt der Regen ins Kanalsystem ab. Welches Ausmaß dieses Problem schon hat, wird deutlich, wenn man weiß, dass in der Bundesrepublik Deutschland jährlich etwa 500 Quadratkilometer überbaut werden, was der Fläche des Bodensees entspricht. Ähnlich wirken Flussbegradigungen und die Entwässerung von Feuchtgebieten; auch sie lassen den Grundwasserspiegel sinken und führen dazu, dass sich vorhandene Schadstoffe im Grundwasser konzentrieren. Weitere Schädigungsquellen kommen hinzu: die Salzbefrachtung großer Flüsse und die giftigen Sickerstoffe aus unsachgemäßen Mülldeponien sowie zugeschüttete Müllkippen aus früherer Zeit, so genannte „Altlasten".

Quelle: Der Spiegel, Nr. 39 v. 23. Sept. 1985, S. 116, 117

Jahrzehntelang hatten wir geglaubt, die Nordsee mit ihren rund 50 Milliarden Kubikmetern Wasser könne all den Müll folgenlos aufnehmen, den wir an Land nicht beseitigen oder lagern konnten bzw. wollten. Als dann im Mai 1988 plötzlich giftige Algenteppiche die Fische vor den Küsten töteten und viele Touristen von den Stränden vertrieben, als die Fotos von verendeten Robben durch die Weltpresse gingen, war auf einmal auch dem letzten Zweifler klar: Der Patient Nordsee ist todkrank, er gehört auf die Intensivstation.

Die Ursachen für die verheerenden Algenteppiche in den beiden vergangenen Jahren waren relativ schnell ermittelt: Durch menschliches Verschulden hatte sich die Konzentration der Nährstoffe im Küstengürtel von Belgien bis Skagen und am Kattegat in den letzten 20 Jahren verdoppelt, in einer Meeresregion also, in der es ohnehin bis zu drei Jahren dauert, ehe sich das Wasser einmal komplett erneuert hat.

Und diese Verschmutzung hatte zuletzt Ausmaße angenommen, die drastische Gegenmaßnahmen unausweichlich machten: So landeten jährlich bis zu 28 000 t Zink, 11 000 t Blei, 4 500 t Kupfer, 950 t Arsen, 335 t Cadmium und 75 t Quecksilber in der Nordsee. Hunderttausende Tonnen säurehaltiger Abfälle wurden ins Meer geleitet. Kamine von Sondermüll-Verbrennungsschiffen spuckten Giftstoffe in die Luft, die ebenfalls im Wasser landeten. Hinzu kamen gefährliche organische Halogenverbindungen, die illegale Einleitung von bis zu 6 000 t Brennstoffrückständen und ölhaltigen Gemischen, 3 000 t Chemikalien aus der Reinigung von Schiffstanks sowie tausende Tonnen Schiffsmüll …

Quelle: Wieland, J. (Hrsg.), Nordsee in Not, Hamburg 1990, S. 36 ff.

Der Kieler Wissenschaftler Professor Otmar Wassermann in der Fernsehsendung „Report" im November 1986:

Kein Naturvolk schüttet seine Abfälle in die eigene Trinkwasserversorgung. Darauf, auf Brunnenvergiftung, stand früher die Todesstrafe. Wir aber leisten es uns, einen Fluss zu vergiften und hinterher mit gewaltigem Mess- und Reinigungsaufwand wieder Trinkwasser herzustellen. Das ist ökonomischer *(wirtschaftlicher)* Wahnsinn.

(zit. nach: Der Spiegel, Nr. 47 v. 17. Nov. 1986, S. 144)

- **Nennen Sie die Gründe für die Gewässerverschmutzung.**
- **Welche Rollen spielen Industrie, Landwirtschaft und private Verbraucher bei der Frage der Gewässerreinhaltung und -verschmutzung?**
- **Diskutieren Sie über die dargestellten Verwendungsformen des Trinkwassers. Welche Forderungen müssten daraus eigentlich abgeleitet werden?**
- **Große Städte beziehen ihr Trinkwasser zum Teil aus dem weiten Umland (z.B. Frankfurt aus dem ca. 100 km entfernten Vogelsberg). Halten Sie das für eine dauerhafte Lösung?**

Wie wärs mit Unterricht pur in der Natur:
Vereinbaren Sie einen Besuch in dem nächstgelegenen Klärwerk und informieren sich dort über den Zustand der eingeleiteten (Ab-)Wässer sowie der sich anschließenden Klärstufen.

2.6.3 Auf dem Müllberg leben

Mit Füßen getreten – unser Boden

Der Boden ist neben Wasser und Luft unsere dritte Lebensgrundlage. Wenn z. B. alte Bäume absterben und neue nicht mehr nachwachsen, wenn die Artenvielfalt der Pflanzen jährlich kleiner wird, wenn der Mutterboden durch Erosion weggespült wird, wenn der Boden in den Alpen mit riesigen Schlammlawinen die Täler verschüttet, wenn gar mancher Boden – als früherer Industriestandort – heute als Sondermüll entsorgt werden muss, wenn der Boden unsere Nahrungsmittel vergiftet, ist dann die Katastrophe noch fern? Luft und Wasser haben wir in unser Umweltbewusstsein aufgenommen – auch den Boden dürfen wir nicht mehr mit Füßen treten.

Gemeint ist der nicht genau abgrenzbare oberste Teil der Erdoberfläche aus lockerem, durchwurzeltem Verwitterungsmaterial, der, genau besehen, eine Wunderwelt für sich darstellt. Eine Hand voll guten Bodens enthält nämlich mehr Lebewesen, als es auf der Erde Menschen gibt. Diese Lebewesen bauen organische Stoffe wie Pflanzenreste, Stroh, Wurzelrückstände und Dünger zu Mineralien ab, die dann wieder als Nährstoffe neu wachsenden Pflanzen zur Verfügung stehen. Diese Regelfunktion des Bodens im Stoffkreislauf der Natur sorgt für ein Gleichgewicht zwischen Stoffabbau und pflanzlichem Stoffaufbau. Das gilt allerdings nur für vom Menschen unbeeinflusste, natürliche Ökosysteme. Gefährdungen des Bodens entstehen hauptsächlich durch hohen Landverbrauch vor allem in Ballungsgebieten, durch Schadstoffemissionen aus Industrie, Haushalten, Verkehr sowie durch zu intensiv betriebene Landwirtschaft.

Die Natur produziert in Kreisläufen. Der Mensch …?

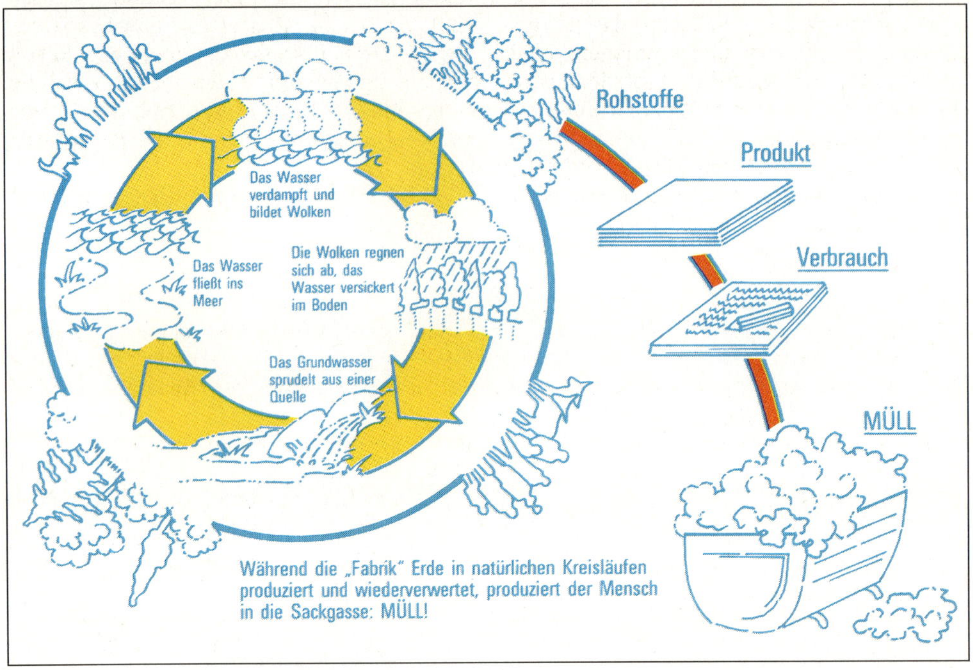

Neben dem industriellen Müll, der heute sehr oft als Sondermüll entsorgt werden muss, sind auch Umweltschutzmaßnahmen, wie z. B. Klärschlämme aus den Kläranlagen, Bauschutt, Asche und Schlacken, Rückstände bei Rauchgasentschwefelungsanlagen usw. indirekte Müllverursacher.

Der Hausmüll ist mit ca. 40 % am Müllaufkommen beteiligt.

Immer mehr kommen wir zu der Erkenntnis, dass der Müll entweder ganz vermieden werden muss (Wegfall von unnützen Verpackungen, Einwegflaschen u. a.) oder, wo völliger Wegfall nicht möglich ist, muss die Müllmenge so gut es geht vermindert werden. Daneben muss versucht werden, den Müll so weit wie möglich zu verwerten (Recycling) – z. B. Altglas, dort wo Mehrwegsysteme nicht möglich sind, Altpapier, Kompostierung von Küchen- und Gartenabfällen usw.

Stop für „Ex" und „Hopp"

Kann der Verbraucher die Müll-Lawine stoppen oder wenigstens steuern helfen?
Selbstverständlich kann der Verbraucher einen erheblichen Beitrag dazu leisten, dass der Müllberg nicht bis in den Himmel wächst. Allein Verpackungen machen rund 46 Prozent des Hausmülls aus. Hier liegt es eindeutig in der Hand des Konsumenten, steuernd einzugreifen: etwa dadurch, dass er beim Einkauf überflüssige Verpackungen ablehnt. Und natürlich sind ganz erhebliche Mengen der Rohstoffe im Hausmüll recycelfähig: 160 000 Tonnen Aluminium, 610 000 Tonnen Weißblech, 2,9 Millionen Tonnen Glas und 4 Millionen Tonnen Papier und Pappe könnten zurzeit jährlich wieder verwertet werden. Der Verbraucher hat das

3032158L

längst verstanden und handelt schon danach: Die ständig wachsenden Mengen an wieder verwertbarem Material, das jährlich zu den Spezialcontainern getragen wird, machen das sehr deutlich. Trotzdem kann der Verbraucher den Müllberg unmöglich allein bewältigen.

Der Müllberg ist auch eine Herausforderung an die Industrie. Notwendig sind neue Konzepte der Vermeidung und Verwertung, bevor an die Entsorgung gedacht werden darf. So hat bei den Herstellern von Konsumgütern ein Umdenken eingesetzt. Schon bei der Entwicklung eines neuen Produktes oder einer Verpackung wird die Frage gestellt, wie es mit der künftigen Verwertbarkeit aussieht.

Quelle: Das Zeitbild, Offensive für die Umwelt, Bonn, S. 23

1. Beschreiben Sie den Müllnotstand und mögliche ökonomische sowie ökologische Folgen.
2. Diskutieren Sie den Übergang der Strategie: „vergraben – verbrennen – vergessen“ zu „vermeiden – vermindern – verwerten“.
3. a) Fertigen Sie eine Aufstellung mit Abfallarten an und nennen Sie Möglichkeiten zur Vermeidung, Verminderung oder Verwertung.
b) Diskutieren Sie: „Recycling – nur eine Modeerscheinung?“

2.6.4 Wenn sich die Menschen die Sonne zum Feind machen – oder: Droht eine Klimakatastrophe?

Jung, sportlich, aktiv sein, braun gebrannt – ein toller Typ. Nur wer so richtig braun ist, hat das Flair des Erfolgreichen – er macht Urlaub, genießt sein Leben, ist in.

„Paradesommer 1990“ – auf in die Sonne. Doch dann kamen diese Schreckensmeldungen über Sonne und Hautkrebs: Verbrennt uns die Sonne? Hautkrebs durch Urlaub! Achtung: Urlauber – Vorsicht vor der Sonne!

Besorgt fragten sich Millionen Urlauber: „Was machen wir, reicht es, wenn wir uns besser vor den Sonnenstrahlen schützen? Sollen wir das Sonnenbaden einschränken? Dann kann man ja nicht mehr den ganzen Tag am Strand liegen. Warum fahre ich dann überhaupt noch in den Urlaub?

Warum sollen plötzlich Sonnenstrahlen Hautkrebs hervorrufen – das war doch früher nicht so?

Ist die freundliche Sonne unser Feind geworden?“

1 Ozonloch – eine Gefahr?

Ozon, was ist das überhaupt?

Ozon spielt in der mehrschichtig aufgebauten Erdatmosphäre eine Doppelrolle. In der erdnahen Troposphäre, wo die Konzentration dieses aggressiven Schadgases infolge zunehmender Umweltbelastungen ansteigt, wirkt Ozon bei direktem Kontakt giftig auf Menschen, Tiere und Pflanzen. In der darüber liegenden Stratosphäre hingegen schützt Ozon alles Leben auf der Erde vor den zellschädigenden ultravioletten Strahlen (UV-B-Strahlung). Mehr als verständlich ist daher das weltweite Entsetzen, das 1979 einsetzte, als erstmals in der Ozonschicht zwischen 15 und 25 Kilometern Höhe über dem Südpol ein „Loch" entdeckt wurde, in dem während des antarktischen Frühlings (September/Oktober) über 90 Prozent des Ozons verschwunden sind. Seit Beginn der 70er-Jahre sinkt die Ozondichte überall.
Über die Ursache der Zerstörung der Ozonschicht herrscht unter Wissenschaftlern heute Einigkeit: Schuld sind die von Menschen freigesetzten Fluorchlorkohlenwasserstoffe (FCKW) und Halone (FCKW-Verbindungen mit Brom).

Quelle: Zeitbild-Verlag, Schutz unserer Erdatmosphäre

1

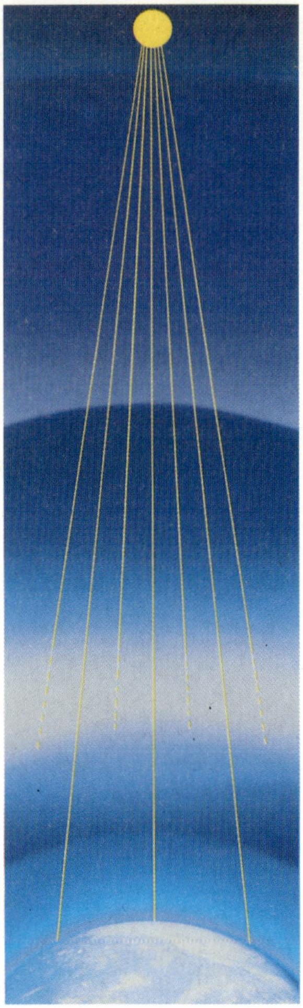

Folgen des Ozonlochs

- Verstärkung des Treibhauseffektes
- Außer Allergien, Sonnenbrand, Hautkrankheiten kann vermehrte UV-Strahlung zu einer Zerstörung der Netzhaut führen und das Immunsystem des Menschen schwächen. Ist die Ozonschicht zur Hälfte zerstört, führt bereits ein einstündiger Aufenthalt im Freien zur völligen Erblindung.
- Durch eine Schädigung der Ozonschicht um 2,5 % würden jährlich 15 000 Menschen an Hautkrebs sterben. So rechnet die amerikanische Umweltbehörde allein in den Vereinigten Staaten in den nächsten 8 Jahren mit zusätzlich 40 Millionen Hautkrebserkrankungen, davon 993 000 mit tödlichem Ausgang.

Quelle: BUNDjugend, a. a. O., S. 14

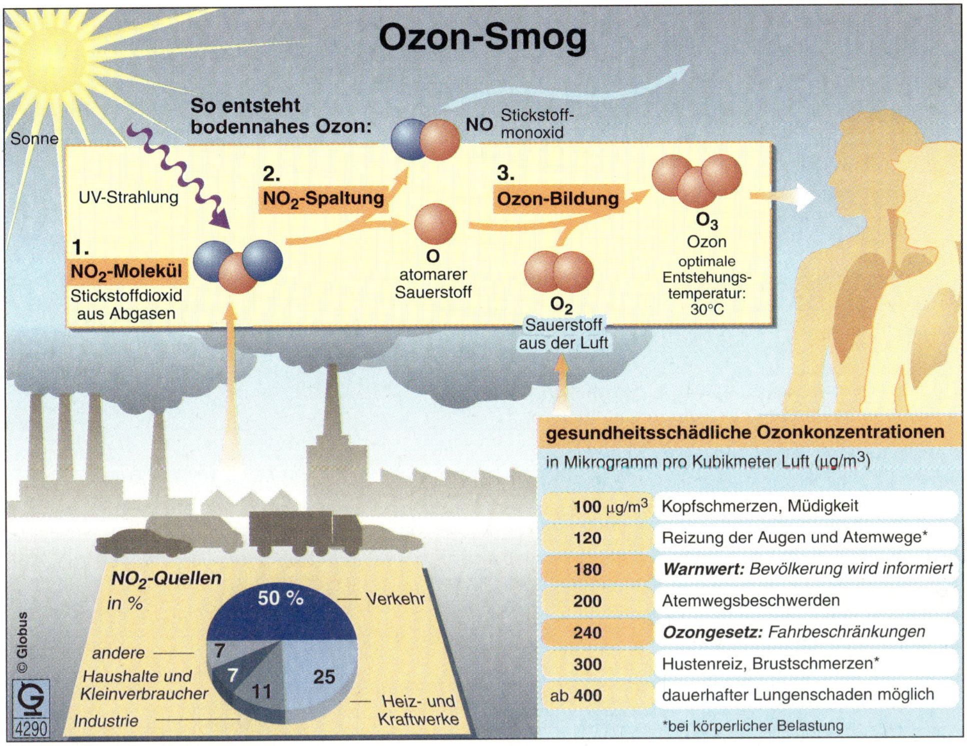

Was ist der Treibhauseffekt?

Wissenschaftlich exakt ist der Begriff Treibhauseffekt sicherlich nicht, doch die Wirkung der verschiedenen klimarelevanten Spurengase lässt sich sehr gut mit der eines Treibhauses vergleichen: Die Sonnenstrahlen dringen durch die Glasscheiben, erwärmen den Boden und die Wärme kann durch die Isolationswirkung des Glases nicht mehr entweichen. Nicht nur die Pflanzen im Treibhaus, auch das Leben auf der Erde ist auf einen Treibhauseffekt angewiesen. Denn ohne die wärmereflektierenden Spurengase würde die gesamte Wärmeabstrahlung der Erde wieder ins All entweichen und die durchschnittliche Temperatur auf der Erdoberfläche läge bei –18 °C.
Doch zum Glück umgibt uns eine Hülle aus verschiedenen Treibhausgasen, die für eine durchschnittliche Temperatur auf der Erdoberfläche von 15 °C sorgt.
Mit zunehmender Luftverschmutzung wird die Wärmeabstrahlung aber immer geringer. Es entsteht ein „Wärmestau“ auf der Erde.

Quelle: BUNDjugend, a. a. O. S. 16 f.

Wer sind die Verursacher des Treibhauseffektes? 2

Neben FCKW sind Methan, Ozon und Lachgas für den Treibhauseffekt verantwortlich. Methan entsteht durch das Verbrennen von Biomasse, z. B. durch die Brandrodung. Aber auch bei der Umwandlung der toten Biomasse durch Bakterien entweichen sehr viele Methangase aus den Regenwäldern. Letzterer Vorgang entsteht jedoch auch bei der Umwandlung von Müll. Nach einer Schätzung entweichen jährlich

30–40 Millionen Tonnen Methangas aus den Müllkippen ungenutzt in die Atmosphäre, obwohl dieses Gas verbrannt und damit als Energieerzeuger sinnvoll genützt werden könnte.
Den größten Anteil der Methanemission lassen die schätzungsweise 1,3 Milliarden Rinder auf der Welt entweichen, ca. 120 Liter am Tag pro Kuh. Die Zahl der Rinder hat sich durch den erhöhten Fleischkonsum in den letzten Jahren vervielfacht.
Außerdem werden durch die Reisanbaugebiete in der 3. Welt täglich riesige Mengen an Methangasen freigesetzt.

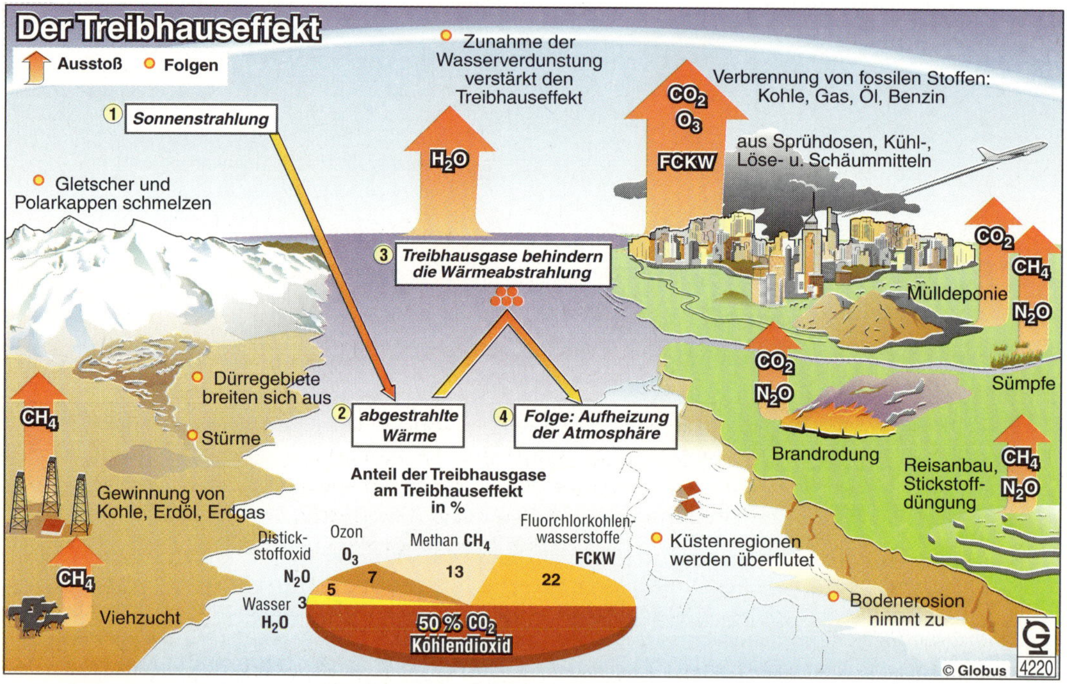

Hauptverursacher des Treibhauseffektes ist nach wissenschaftlichen Erkenntnissen jedoch das Kohlendioxid (CO_2). Es gibt einen natürlichen Kohlenstoffkreislauf. Ca. 1 000 Mrd. Tonnen werden jährlich von den Weltmeeren freigesetzt (in Form von CO_2), die gleiche Menge wird jedoch durch die Ozeane wieder gebunden. Ca. 110 Mrd. Tonnen werden durch den Boden freigesetzt, die gleiche Menge entziehen jedoch alle Pflanzen wieder mit ihrer Fotosynthese.

3032162L

Bei einer Verbrennung fossiler Stoffe, wie Erdöl (Benzin), Kohle, Holz, Erdgas, wird CO_2 freigesetzt und vermehrt den CO_2-Anteil. Energieerzeugung, Autos, Heizungsanlagen und Brandrodungen in Afrika und den Regenwäldern sind die Hauptverursacher.

1. **Erklären Sie den Treibhauseffekt.**
2. **Diskutieren Sie über die von Wissenschaftlern genannten Folgen des Treibhauseffekts und die Möglichkeiten den Treibhauseffekt zu stoppen.**

2.6.5 Was kann ich tun?

So helfe ich mit:

- Energie sparen: beim Heizen, im Straßenverkehr, bei der Beleuchtung,
- öffentliche Nahverkehrsmittel benutzen,
- Müll getrennt sammeln und recyceln lassen,
- organische Abfälle kompostieren,
- alte Textilien und Schuhe karitativen Sammlungen zuführen,
- im eigenen Wirkungsbereich (Haushalt, Arbeitsplatz) darauf achten, dass nur umweltverträgliche Produkte gekauft und verwendet und Chemikalien wie insbesondere Lösungs-, chemische Reinigungs- und Putzmittel, Pestizide und Autowäsche vor der Haustür vermieden werden, was ohne „Komfortverlust“ auf vielfältige Weise möglich ist,
- Wasser sparen, duschen statt baden,
- beim Einkauf auf so wenig Verpackung wie nötig achten,
- möglichst Produkte mit dem Kennzeichen des Umweltengels kaufen,
- keine Einwegpackungen (Flaschen, Dosen u. a.) kaufen,
- Solarenergie statt Batterien, Recyclingpapier verwenden,
- bewusst verhalten und neue, umweltschonende Entwicklungen bevorzugen,
- Bekannte und Freunde auf die Umweltproblematik hinweisen,
- …?

Lesen allein genügt nicht. Karikatur: Haitzinger

Das Umweltbewusstsein hat sich in den letzten Jahren immer stärker ausgeprägt. Dazu 1
gaben nicht zuletzt alternative politische Parteien und Bürgerinitiativen Denkanstöße. Besonders Greenpeace erregt weltweit immer wieder Aufsehen durch spektakuläre Aktionen, die – von den Medien verbreitet – die Öffentlichkeit auf bestehende Missstände hinweisen. In Deutschland haben inzwischen alle großen Parteien den Umweltschutz in ihre Programmatiken mit einbezogen.

Viele Kritiker sind jedoch der Meinung, dass zahlreiche Politiker zwar gutklingende Absichtserklärungen bezüglich des Umweltschutzes geben, dass notwendige Maßnahmen öfter im Spannungsfeld verschiedener Interessen lagen, jedoch zu spät oder als Kompromisse nur halbherzig erfolgen bzw. ganz unterbleiben. Vor allem auf internationaler Ebene ist es oft schwer, zu einem vernünftigen Konsens und zu notwendigen Handlungen baldigst zu kommen.

„Das muss man nicht gleich panikmacherisch Hochwasser nennen, wir erhöhen halt etwas den Grenzwert für Feuchtigkeit!"
Karikatur: Haitzinger

Umweltbelastungen und ihre Folgen machen vor nationalen Grenzen nicht halt. Hier sind die Politiker besonders gefordert. Es genügt nicht, wenn nur einzelne Länder um eine saubere Umwelt besorgt sind. Unabhängig von nationalen Besonderheiten und Grenzen sollten möglichst einheitliche Regelungen dazu führen, dass Umweltschutz zu einem ernsthaften politischen Anliegen wird und von Absichtserklärungen zu konkreten Handlungen führt.

3032164L

Schadstoffe in der Luft werden oft in anderen Ländern wirksam. Das Ozonloch kann nicht von wenigen Ländern wirksam bekämpft werden. Waldsterben, Verschmutzung von Flüssen und Seen wird auch durch den Schmutz der Nachbarn hervorgerufen. Die Meere und Flüsse werden durch alle Maßnahmen in allen Anrainerstaaten wirksam entlastet. Die Abholzung des Regenwaldes führt zu Klima- und Wetterverschiebungen mit Naturkatastrophen in anderen Erdteilen.

Wir alle sitzen in einem Boot – rudern wir gemeinsam!

Umweltschutz – ein Jobkiller? 2

Anfang der 80er-Jahre galt Umweltschutz als Jobkiller. Umweltschutzmaßnahmen führen zu Kostenerhöhungen. Daher befürchten Kritiker Konkurrenznachteile auf Auslandsmärkten, Investitionsstaus und Standortverlagerungen ins Ausland.

Der Umweltschutz entwickelt sich dagegen immer mehr zu einem bedeutenden Wirtschaftsfaktor in der Bundesrepublik Deutschland. Das Angebot ist vielfältig: Anlagen zur Abwasser- und Abgasreinigung Müll„entsorgung“, Katalysatoren, Deponiesanierung, Recyclingpapier und vieles mehr. Das deutsche Know-how bezüglich Umweltschutz ist international sehr anerkannt. Die Zahl der direkt durch Umweltschutz Beschäftigten steigt jährlich. Auch in Zukunft werden dem Markt für Umweltprodukte starke Wachstumsraten vorausgesagt.

Quelle: Neue Westfälische Zeitung v. 27. Juni 1987
Karikatur: Körbi

Wer haftet für Schäden? 3

Bei Umweltverschmutzungen wird in der Regel nach dem sog. **Verursacherprinzip** vorgegangen. Derjenige, der einen Vorstoß gegen Umweltschutzvorschriften begangen hat, wird dafür zur Verantwortung gezogen und für den entstandenen Schaden haftbar gemacht.

Voraussetzung ist natürlich, dass der Verursacher überführt werden kann. Das Verursacherprinzip ist aber nicht ganz unumstritten. Je nach Strenge der umweltpolitischen Vorschriften befürchtet z. B. die Industrie Wettbewerbsnachteile im Vergleich zu Ländern mit weit lockereren Umweltgesetzen.

Verursacher im weiteren Sinne ist aber nicht nur der Produzent von Gütern, sondern auch der Konsument (z. B. durch die Nachfrage nach Produkten, die bei der Herstellung oder Benutzung die Umwelt belasten; außerdem bezüglich des Abwasser- und Abfallanfalls). In diesem Fall spricht man auch von einer **Verursacherkette** (Beispiel: Molkerei füllt ihre Produkte nicht in Papier- oder Pappmaterialien, sondern sie verwendet

Folien und sonstige Kunststoffe, die vom Verbraucher zwar ggf. bevorzugt werden, aber in der Entsorgung [Abfallbeseitigung] wesentlich größere Probleme aufwerfen).

Überall dort, wo die Zurechnung auf den Verursacher nicht möglich ist, greift man auf das **Gemeinlastprinzip** zurück. Die entstandenen Kosten werden dabei aus öffentlichen Etats finanziert. Dieses Prinzip kommt auch dann zur Anwendung, wenn der Verursacher nicht mehr greifbar oder nicht in der Lage ist den entstandenen Schaden umgehend zu beheben.

Das Gemeinlastprinzip wird dann besonders wichtig, wenn durch die Umweltschäden der Allgemeinheit direkte Nachteile oder Gefährdungen der Gesundheit drohen. (Beispiel: In Konkurs gegangene Unternehmungen haben giftigen Müll nicht ordnungsgemäß gelagert. Er stellt für die Bevölkerung eine wesentliche Gefahr dar und muss daher – unabhängig vom Verursacherprinzip – zunächst auf Kosten der öffentlichen Hand beseitigt werden. Es wird aber auch bei der Beseitigung der Altlasten in den neuen Bundesländern angewendet werden müssen.)

Ab 1991 gilt ein neues **Umwelthaftungsgesetz** (UHG). Während bisher nur der schuldhaft handelnde Verursacher eines Schadens haften musste, steht nach §1 UHG der Inhaber einer Anlage auch dann für Schäden ein, die trotz eines störungsfreien, behördlich genehmigten Normalbetriebes auftreten.

1. **Kennen Sie Produkte, die mit dem Umweltengel ausgezeichnet sind?**
2. **Diskutieren Sie den Leitsatz: „Nur derjenige handelt wahrhaft ökonomisch, der sich auch ökologisch verhält," aus der Sicht der Politiker, Unternehmer und Bürger."**
3. **Diskutieren Sie über folgende Karikaturen:**

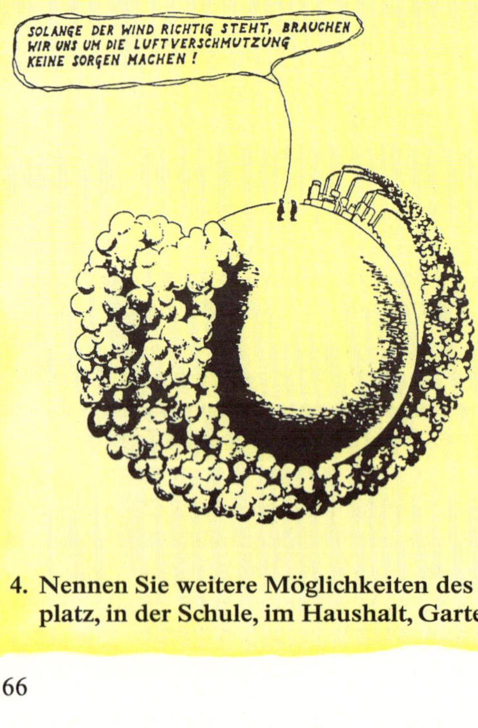

4. **Nennen Sie weitere Möglichkeiten des Umweltschutzes, den Sie am Arbeitsplatz, in der Schule, im Haushalt, Garten u. a. wahrnehmen können.**

THEMENKREIS 5

Staatlicher und gesellschaftlicher Wandel in Deutschlands jüngerer Geschichte

In den folgenden Kapiteln wird die deutsche Geschichte des letzten Jahrhunderts in den Grundzügen dargestellt. Neben der geschichtlichen Kurzbetrachtung vom Aufstieg und Niedergang des Nationalsozialismus wird die Entstehung der beiden deutschen Staaten ebenso dargestellt wie der Übergang vom Kalten Krieg zur Phase der Entspannung im deutsch-deutschen Nebeneinander bis hin zur Vereinigung im Jahre 1990.

1 Die Weimarer Republik und der Beginn des Nationalsozialismus

Das Jahr 1918 brachte für das deutsche Volk das Ende des Kaiserreiches und den Verlust eines Krieges, für den es die alleinige Schuld tragen musste.

Mit dem Kriegsende wurde unter dem Druck der Sieger die überkommene Staatsform der Monarchie abgeschafft. Der als Zeitraum der Weimarer Republik bezeichnete folgende Abschnitt der deutschen Geschichte war durch den Versuch gekennzeichnet ein demokratisches Staatswesen aufzubauen.

Diese Bemühungen standen jedoch von Beginn an unter dem Druck der teilweise skeptischen oder ablehnenden Bevölkerung und den wirtschaftlichen Folgelasten des ersten Weltkrieges. In dem **Versailler Vertrag** vom 28. Juni 1919 verlangten die Siegermächte von Deutschland neben **Gebietsabtretungen** auch **Reparationszahlungen** und -leistungen, die dem Land für lange Zeit jegliche Chancen eines wirtschaftlichen Wiederaufbaus genommen hätten.

Die Verfassung der Weimarer Republik beinhaltete das Verhältniswahlrecht. Dadurch war die Möglichkeit gegeben, dass viele kleine Parteien in den Reichstag einzogen. Regierungen mit einer verhängnisvoll geringen Stabilität waren die Folge. Hinzu kam, dass im Laufe der 20er-Jahre die gesamte Weltwirtschaft immer stärker unter Druck geriet. Der Höhepunkt wurde am 24. Okt. 1929 mit dem Börsenkrach in New York erreicht. Als Folgeerscheinung dieser Wirtschaftskrise wurden in Deutschland mehr als 6 Millionen Arbeitslose registriert.

Auf diesem Boden fanden die Nationalsozialisten unter Adolf Hitler mit ihrem Programm eine immer größer werdende Zustimmung.

Am 30. Jan. 1933 wurde Hitler zum Reichskanzler ernannt. Schon kurze Zeit später (28. Febr. 1933) wurden mit der Notverordnung wesentliche Grundrechte aufgehoben. Am 24. März 1933 wurde mit dem Ermächtigungsgesetz die Möglichkeit geschaffen

auch ohne den Reichstag Gesetze zu erlassen. Damit war die rechtsstaatliche Ordnung abgeschafft, Oppositionsparteien waren ausgeschaltet. Hitlers Weg mündete schließlich in den Zweiten Weltkrieg.

1 Inhalte des Versailler Vertrages

Die erste Bewährungsprobe stellte sich der Weimarer Republik mit der Unterzeichnung des Friedensvertrages von Versailles im Juni 1919. Dieser Vertrag wurde von einem Großteil der Bevölkerung nie richtig akzeptiert, weil er nach Ansicht der Deutschen ein Diktat war, in dem der Republik unerfüllbare Bedingungen aufgezwungen worden waren.

Deutschland erhielt die alleinige Kriegsschuld und wurde für alle Verluste und Schäden des Krieges verantwortlich und regresspflichtig gemacht.

Im Einzelnen wurden im Versailler Vertrag folgende Gebietsveränderungen sowie militärische und wirtschaftliche Bestimmungen festgelegt:

Abrüstung

- Abschaffung der allgemeinen Wehrpflicht
- Errichtung eines 100 000-Mann-Heeres
- Verbot schwerer Waffen

Wirtschaft

- Auslieferung des größten Teils der Handelsflotte an das Ausland
- Enteignung deutschen Privateigentums im feindlichen und teilweise auch neutralen Ausland
- Verlust von Kohlerevieren und Lieferung von 25 Millionen Tonnen Kohle pro Jahr im Rahmen der Wiedergutmachung
- Reparationszahlungen in Höhe von 110 Milliarden Mark, zahlbar in 60 Jahren, teilweise in Sachwerten

Gebietsveränderungen

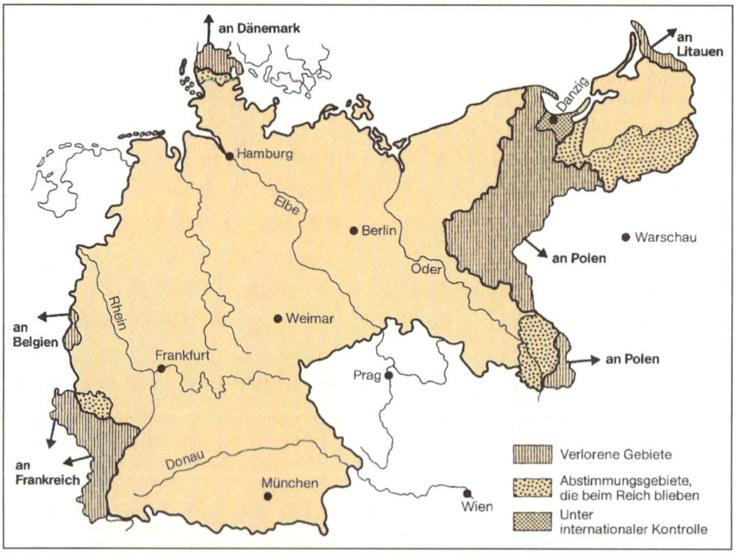

Die im Vertrag von Versailles festgelegten Reparationsleistungen zwangen die Deutschen wirtschaftlich in die Knie. Geld, welches gezahlt werden musste, stand nicht zur Verfügung, also wurde es gedruckt.

Eine Folge des wirtschaftlichen Niederganges war eine verheerende Inflation. Zu Beginn des Jahres 1922 besaß die Mark nur noch etwa ein Fünfzigstel des Vorkriegswertes, ein Jahr später keine Zehntausendstel mehr . . .

Die Entwicklung der Preise (in Mark):

	vor 1914	1918	1922	Sommer 1923	Nov. 1923
1 Pfund Kartoffeln	0,04	0,12	80,00	2.000,00	50.000.000.000,00
1 Ei	0,08	0,25	180,00	5.000,00	80.000.000.000,00
1 Glas Bier	0,13	0,17	60,00	3.000,00	150.000.000.000,00
1 Pfund Fleisch	0,90	2,00	1.200,00	90.000,00	3.200.000.000.000,00
1 Pfund Butter	1,40	3,00	2.400,00	150.000,00	6.000.000.000.000,00

Die ständige Geldentwertung traf besonders die arbeitende Bevölkerung; die Löhne hinkten ständig hinter den Preisen her. Ende 1923 sank der Geldwert so rasch, dass man gezwungen war die Löhne täglich auszuzahlen; für den erhaltenen Lohn konnte man sich in der Regel am nächsten Tag nichts mehr kaufen.

Ersparnisse verloren über Nacht ihren Wert. Dies traf besonders die Ärmeren, die lediglich über Spargelder als Werte verfügten. Viele – vor allem Inhaber von kleinen Handwerksbetrieben – hatten statt der Rentenversicherung ein Sparguthaben als Alterssicherung aufgebaut. Diese Menschen standen vor dem Nichts. Die Selbstmordrate in diesen Kreisen schnellte nach oben.

„Die systematische Enteignung des deutschen Mittelstandes, nicht etwa durch eine sozialistische Regierung, sondern in einem bürgerlichen Staat, durch den Staat, der den Schutz des Privateigentums auf sein Banner geschrieben hatte, ist ein beispielloses Ereignis. Es war eine der größten Räubereien der Weltgeschichte.“ *(Arthur Rosenberg, Historiker)*

Als Gustav Stresemann im August 1923 die Regierung übernahm, gelang ihm mit Einführung der „Rentenmark“ die Währung zu stabilisieren.

Die neue Währung gewann im In- und Ausland an Vertrauen. Die Wirtschaft erholte sich langsam, es ging wieder aufwärts. Der Lebensstandard hielt sich allerdings in bescheidenen Grenzen, dennoch, die größte Not schien gebannt.

Bis am 24. Okt. 1929 die New Yorker Börse eine Weltwirtschaftskrise auslöste, die die noch immer angeschlagene deutsche Wirtschaft besonders hart traf.

Der sich gerade erholende deutsche Export ging schlagartig zurück, Kredite aus dem Ausland wurden zurückgefordert, Preisverfall, Konkurse und Bankenzusammenbrüche waren die Folge. Auch die Einnahmen aus Steuern gingen rapide zurück. Die Arbeitslosenzahl kletterte stetig, bis im Jahr 1932 auf knapp 6 Millionen. Die Arbeitslosen kämpften um ihr Überleben.

2 Antidemokratische Kräfte in der Weimarer Republik

Neben dem Versailler Vertrag und seinen wirtschaftlichen Folgewirkungen belastete vor allem das Anwachsen antidemokratischer Kräfte die junge Republik.

Unter diesen Umständen wuchsen Existenzangst und Unzufriedenheit in der Bevölkerung. Radikale Strömungen von links und rechts fanden täglich mehr Anhänger. Den Gegnern der Republik fiel es nicht schwer, als Schuldige den Versailler Vertrag und diejenigen Politiker zu beschimpfen, die diesen Vertrag unterschreiben mussten. (siehe Wahlplakat)

Das politische Klima wurde immer mehr aufgeheizt. Attentate auf politische Gegner waren an der Tagesordnung. Bekannte Opfer waren z. B. Walter Rathenau – ermordet auf offener Straße –, Rosa Luxemburg, Karl Liebknecht u. a. Die Polizei war – wie der Staat – nicht mehr Herr der Lage.

Nationalistische Gruppen standen an erster Stelle der Gegner der Republik. In der so genannten Harzburger Front schlossen sie sich 1931 zur „nationalen Opposition" zusammen.

Die Mitglieder im „Bund der Frontsoldaten", der „Deutschnationalen Volkspartei", der „Nationalsozialistischen Deutschen Arbeiterpartei" und des „Stahlhelm" wandten sich vor allem gegen die Unterdrückung des deutschen Volkes im „Diktat" von Versailles.

Demokratische Parteien wurden als Verräter Deutschlands und Erfüllungsgehilfen der Feinde bezeichnet.

Rechtsradikale vertraten die Ansicht, das deutsche Heer sei nicht im Felde besiegt worden; vielmehr hätten die demokratischen Kräfte – um endlich selbst an die Macht zu kommen – die Monarchie beseitigt und hätten damit Deutschland um den Sieg gebracht. Die Heimat sei sozusagen „der Front in den Rücken gefallen". Die Legende vom „Dolchstoß" war geboren.

Es ist heute jedoch nachgewiesen, dass Deutschland schon lange vor der Novemberrevolution besiegt war. Die Revolution war nicht Ursache, sondern Folge des verlorenen Krieges.

Parteienvielfalt in der Weimarer Republik

Die junge deutsche Demokratie litt auch an der teilweisen Unregierbarkeit durch die **Anhäufung von großen und kleinen Splitterparteien.** Nachfolgender Stimmzettel für die Reichstagswahl vom 6. November 1932 verdeutlicht die Vielfalt der Parteienlandschaft:

Reichstagswahl
Wahlkreis Hessen-Darmstadt

1	**Nationalsozialistische Deutsche Arbeiter-Partei (Hitlerbewegung)** Lenz — Kern — Rosenberg — Ringshausen	1	◯
2	**Sozialdemokratische Partei Deutschlands** Dr. Mierendorff — Ritzel — Weber — Steffan	2	◯
3	**Kommunistische Partei Deutschlands** Remmele — Brenzel — Daub — Zeiß	3	◯
4	**Deutsche Zentrumspartei** Dr. Brüning — Dr. Bockius — Knoll — Blank	4	◯
5	**Deutschnationale Volkspartei** Dr. Hugenberg — Lahr — Dr. Meesmann — Bauer	5	◯
17	**Sozial-Republikanische Partei Deutschlands (Hörsing-Bewegung für Arbeitsbeschaffung)** Hörsing — Dr. Hamburger — Fabricius — Hillmann	17	◯
18	**Sozialistische Arbeiterpartei Deutschlands** Portune — Galm — Kinkel — Kempf	18	◯
21	**Freiwirtschaftliche Partei Deutschlands (Partei für krisenfreie Volkswirtschaft)** Genzler — Schön	21	◯
25	**Kampfgemeinschaft der Arbeiter und Bauern** Schneider — Will — Rohleder — Jeck 9.	25	◯
26	**Kleinrentner, Inflationsgeschädigte und Vorkriegsgeldbesitzer** Beer — Preukschat — Sielmann — Huhn	26	◯

Belastung durch wirtschaftliche Schwierigkeiten

3

Im Laufe der 20er-Jahre geriet die Weltwirtschaft immer stärker unter Druck. Der Höhepunkt wurde am 24. Oktober 1929 mit dem **Börsenkrach in New York** erreicht. Amerikanische Unternehmer zogen ihr in Deutschland investiertes Geld nach dem **Schwarzen Freitag** zurück. Viele deutsche Banken und Unternehmungen brachen zusammen.

Als Folge der Weltwirtschaftskrise ging in Deutschland die Produktion stark zurück, die Arbeitslosenzahlen stiegen ins Uferlose:

Jahr	Arbeitslose
Januar 1928	1 862 000
Juli 1928	1 012 000
Januar 1929	2 850 000
Juli 1929	1 251 000
Januar 1930	3 218 000
Juli 1930	2 765 000
Januar 1931	4 887 000
Juli 1931	3 990 000
Januar 1932	6 042 000
Juli 1932	5 392 000
Januar 1933	6 014 000

1. **Erörtern Sie, warum der Versailler Vertrag von den Deutschen in der Mehrheit nicht akzeptiert bzw. als ungerechtfertigt empfunden wurde.**
2. **Wie entwickelten sich die Preise in Deutschland in der Zeit von 1919 bis 1923? Worauf führen Sie diese Entwicklung zurück?**
3. **Erläutern Sie die wirtschaftlichen und politischen Folgen einer Inflation insbesondere für die Menschen, die keine entsprechend höheren Löhne und Renten erhalten.**
4. **Versuchen Sie die Beweggründe nationalsozialistischer Gegner der Weimarer Republik näher zu erläutern und zu begründen.**
5. **Warum wirkt sich eine zu große Parteienvielfalt und -zersplitterung ggf. negativ auf die Regierbarkeit eines Landes aus?**
6. **Stellen Sie sich vor, es gäbe heute in einer tiefen Wirtschaftskrise eine ähnlich hohe Arbeitslosigkeit wie 1929–1933. Welche politischen Folgen könnten sie sich vorstellen und wie würden Sie diese begründen? Beziehen Sie die Situation in den neuen Bundesländern mit ein.**

2 Der Weg in den Zweiten Weltkrieg

2.1 Hitler und die Grundgedanken des Nationalsozialismus

Adolf Hitler wurde am 20. April 1889 in Braunau (Österreich) geboren. Bei Kriegsausbruch im Jahre 1914 meldete er sich freiwillig zur bayerischen Armee. Nach Ende des 1. Weltkrieges lernte er mit der „Deutschen Arbeiterpartei“ eine kleine Gruppe mit antisemitischen (judenfeindlichen), nationalistischen und verschwommenen sozialen Tendenzen kennen.

Wahlplakat der NSDAP auf dem Höhepunkt der Wirtschaftskrise

Quelle: Der Nationalsozialismus, in: Informationen zur politischen Bildung, H. 123/126/127./Hrsg.: Bundeszentrale für pol. Bildung, Bonn 1986, S. 14

Hitler schloss sich dieser Partei an, wurde bald ihr Führer und wandelte sie in die **„Nationalsozialistische Deutsche Arbeiterpartei“ (NSDAP)** um.

Nach einem missglückten Sturz der bayerischen Regierung unter Ausnutzung der politisch unklaren Lage wurde die Partei am 8./9. November 1923 zunächst zerschlagen. Hitler bereitete im Zuchthaus aber schon den Neuaufbau vor. Nach 1925 war die NSDAP wieder eine politische Kraft, die ihren Einfluss unter Adolf Hitler stets ausdehnte.

Ideen, Ziele und Forderungen der Nationalsozialisten gehen aus ihrem Programm von 1920 hervor, obwohl es sich dabei nur um eine Aneinanderreihung politischer, antisemitischer und wirtschaftlicher Forderungen handelt.

3032172L

Programm der Nationalsozialistischen Deutschen Arbeiterpartei (NSDAP), München, 24. Februar 1920

Das Programm der Deutschen Arbeiterpartei ist ein Zeitprogramm. Die Führer lehnen es ab, nach Erreichung der im Programm aufgestellten Ziele neue aufzustellen, nur zu dem Zweck, um durch künstlich gesteigerte Unzufriedenheit der Massen das Fortbestehen der Partei zu ermöglichen.

1. Wir fordern den Zusammenschluss aller Deutschen aufgrund des Selbstbestimmungsrechtes der Völker zu einem Groß-Deutschland.
2. Wir fordern die Gleichberechtigung des deutschen Volkes gegenüber den anderen Nationen, Aufhebung der Friedensverträge von Versailles und St. Germain.
3. Wir fordern Land und Boden (Kolonien) zur Ernährung unseres Volkes und Ansiedlung unseres Bevölkerungsüberschusses.
4. Staatsbürger kann nur sein, wer Volksgenosse ist. Volksgenosse kann nur sein, wer deutschen Blutes ist, ohne Rücksicht auf Konfession. Kein Jude kann daher Volksgenosse sein.

...

7. Wir fordern, dass sich der Staat verpflichtet in erster Linie für die Erwerbs- und Lebensmöglichkeiten der Staatsbürger zu sorgen. Wenn es nicht möglich ist, die Gesamtbevölkerung des Staates zu ernähren, so sind die Angehörigen fremder Nationen (Nicht-Staatsbürger) aus dem Reiche auszuweisen.
8. Jede weitere Einwanderung Nichtdeutscher ist zu verhindern.
9. Alle Staatsbürger müssen gleiche Rechte und Pflichten besitzen.
10. Erste Pflicht jedes Staatsbürgers muss sein geistig oder körperlich zu schaffen. Die Tätigkeit des Einzelnen darf nicht gegen die Interessen der Allgemeinheit verstoßen, sondern muss im Rahmen des Gesamten und zum Nutzen aller erfolgen.

Daher fordern wir:

11. Abschaffung des arbeits- und mühelosen Einkommens.
12. Restlose Einbeziehung aller Kriegsgewinne und Bezeichnung der persönlichen Bereicherung durch den Krieg als Verbrechen am Volke.
13. Die Verstaatlichung aller bereits vergesellschaftlichten Betriebe.
14. Gewinnbeteiligung an Großbetrieben.
15. Großzügigen Ausbau der Altersversorgung.
16. Die Schaffung eines gesunden Mittelstandes und seine Erhaltung.
17. Eine unseren nationalen Bedürfnissen angepasste Bodenform.
18. Den rücksichtslosen Kampf gegen diejenigen, welche durch ihre Tätigkeit das Gemeininteresse schädigen.

Quelle: Deutsche Parteiprogramme seit 1861, hrsg. von Wolfgang Treue, Göttingen 1968.

Noch wichtiger als diese parteipolitischen Forderungen erscheinen Hitlers Aussagen in dem 1924 im Zuchthaus Landsberg verfassten Buch „Mein Kampf".

Rassenlehre und Antisemitismus

Nach Hitlers Ansicht war die nordische oder „arische" Rasse die wertvollste. Ihr sollte die Herrschaft über die Erde naturgesetzlich zustehen, auch wenn diese immer wieder im Kampf zu verteidigen sei.

„Die Natur kennt keine politischen Grenzen. Sie setzt die Lebewesen zunächst auf diesen Erdball und sieht dem freien Spiel der Kräfte zu. Der Stärkste an Mut und Fleiß erhält dann als ihr liebstes Kind das Herrenrecht des Daseins zugesprochen..."

Die Hervorhebung der „arischen“ Rasse als Verkörperung alles Guten und Edlen in der Welt findet das negative Gegenbild im Juden. Er war für Hitler der Feind, den es ununterbrochen zu bekämpfen galt und der für alle Schmach im nationalen und persönlichen Bereich verantwortlich sein sollte.

Der Rassenwahn Hitlers wurde schon bald zur Begründung gnaden- und bedingungsloser Judenverfolgungen und -vernichtungen.

Hitlers nationalsozialistisches Gedankengut war auch innenpolitisch von Bedeutung. Es glich in einer Epoche nationaler Not die Minderwertigkeitsgefühle vieler Deutscher aus. Die NS-Propaganda feierte Deutschland als letzten und höchsten Wert.

Die Herkunft des Rassegedankens liegt in Charles Darwins biologischer Lehre von der Entstehung der Arten durch natürliche Zuchtwahl (19. Jahrhundert). Hitler übertrug Darwins Erkenntnisse aus dem Tierreich auf die Geschichte bzw. die Politik (Sozialdarwinismus). Ein solches Vorgehen wird von Wissenschaftlern heute für unsinnig erklärt.

Darwin ging davon aus, dass es bei den Haustieren sehr verschiedene Rassen gibt und dass der Züchter innerhalb verhältnismäßig kurzer Zeit eine neue Rasse mit einer gewünschten Eigentümlichkeit zu züchten vermag, indem er unter Auslese aus seinem Tierbestand die Tiere auswählt und miteinander kreuzt, die die gewünschte Eigentümlichkeit in stärkster Ausprägung zeigen, und unter ihren Nachkommen wieder die geeignetsten (künstliche Zuchtwahl). Diesen Züchtungsvorgang mit seinen Vorbedingungen sieht Darwin auch in der freien Natur von jeher gegeben, da auch hier die einzelnen Wesen der gleichen Art sehr verschieden sind; er nimmt an, dass aus dieser Verschiedenheit in einer natürlichen Zuchtwahl durch einen Kampf ums Dasein als züchterische Macht jederzeit die geeignetsten Wesen ausgewählt werden.

Quelle: Der Neue Brockhaus, 5. Auflage, 1. Bd., Wiesbaden 1973, Seite 521

1. **Wer war die NSDAP und wer war Hitler? Versuchen Sie deren Grundgedanken und Ziele aus dem Programm der NSDAP zusammenfassend abzuleiten?**
2. **Was bedeutet der Begriff „Antisemitismus“?**
3. **Vergleichen Sie Hitlers Rassegedanken mit den Inhalten der darwinschen biologischen Lehre.**
4. **Beurteilen Sie Hitlers Rassegedanken, indem Sie seine Ausführungen u. a. auch dem Artikel 3 Absatz 3 des Grundgesetzes für die Bundesrepublik Deutschland gegenüberstellen.**
5. **<u>Zur Diskussion</u>**

   Adolf Hitler, das sind mehr als 50 Jahre Vergangenheit ... was haben wir damit zu tun? Gehen Sie einmal der Frage nach, was Sie, Ihre Eltern, Ihre Großeltern, was Ihre Gemeinde, was Ihre Stadt damit zu tun hatte.
   - **Erkundigen Sie sich z. B. wie viele Juden vor und nach dem 2. Weltkrieg dort lebten.**
   - **Gehen Sie zum Friedhof und zählen Sie die Namen der dort aufgelisteten Gefallenen und Vermissten des 2. Weltkrieges.**
   - **Erkundigen Sie sich nach Personen aus Ihrer Gemeinde, von denen man ausgehen kann, dass Sie im Dritten Reich Widerstand leisteten.**

   Wie würden Sie sich verhalten, wenn z. B. heute auf Ihrem Stundenplan das Fach „wehrgeistige Erziehung“ stünde und Sie wüssten, dass Ausländer und politisch Andersdenkende nicht nur wüst beschimpft, sondern verfolgt und mit dem Leben bedroht oder in Massenvernichtungslagern umgebracht würden?

3032174L

Verherrlichung des Kampfes, Führerprinzip und Lebensraumtheorie

Hitler als Redner – 1937
Foto: Ullstein-Bilderdienst

Hitlers politische Zielsetzungen ließen sich mit demokratisch funktionierenden Volksvertretungen nicht durchsetzen. In „Mein Kampf" äußert er seine Vorstellungen über die Funktion des Führers:

„... gibt es keine Abstimmung einer Majorität (= Mehrheit) zu einzelnen Fragen, sondern nur die Bestimmung eines Einzigen, der dann mit Vermögen und Leben für seine Entscheidung einzutreten hat ... Damit ist die Bewegung aber antiparlamentarisch und selbst ihre Beteiligung an einer parlamentarischen Einrichtung kann nur den Sinn einer Tätigkeit zu deren Zertrümmerung besitzen, zur Beseitigung einer Einrichtung, in der wir eine der schwersten Verfallserscheinungen der Menschheit zu erblicken haben ..."

Der Kampf ist das wesentliche Merkmal der nationalsozialistischen Außenpolitik. Dahinter steht auch die Lebensraumtheorie, die schon im Programm der NSDAP von 1920 auftaucht.

„... Wer leben will, der kämpfe also, und wer nicht streiten will in dieser Welt des ewigen Ringens, verdient das Leben nicht, und der Kampf zwischen den Völkern (oder Rassen) spielt sich normaler- und natürlicherweise als Krieg ab ... Außenpolitik ist die Kunst einem Volke den jeweils notwendigen Lebensraum in Größe und Güte zu sichern ... In dieser Begrenzung des Lebensraumes liegt der Zwang zum Lebenskampf ..."

aus: Sebastian Haffner, Anmerkungen zu Hitler, Seite 100

Noch konkreter liest man in Hitlers „Mein Kampf":

„... Wenn wir aber heute in Europa von neuem Grund und Boden reden, können wir in erster Linie nur an Russland und die ihm untertanen Randstaaten denken ..."

aus: Hitler: Mein Kampf, Seite 742, in: Fischer, Kurt G.: Politische Bildung, 3. Auflage 1978, Seite 283

1. Wie äußern sich Hitlers Vorstellungen über Kampf, Führerprinzip und Lebensraum?
2. Politisch mündige Bürger hatten zum Teil schon lange vor Hitlers Machtübernahme gesagt: „Hitler bedeutet Krieg." Wie konnte es dennoch passieren, dass Hitlers Machtaufstieg geradezu unaufhaltsam ablief?

2.2 Machtergreifung und -durchsetzung

Der Stimmen- und Mandatsanteil der NSDAP im Deutschen Reichstag wuchs – von einigen Schwankungen abgesehen – in den Wahlen zwischen 1924 und 1932 ständig. Wegen der starken Parteienzersplitterung wurde die NSDAP bald stärkste Partei im Reichstag. Adolf Hitler hatte die Macht, von der er träumte, erreicht.

Die Entwicklung parteipolitischer Blöcke (1928–1933)
(in Prozent der abgegebenen gültigen Stimmen)

Reichstags-Wahlen	soz. Parteien (SPD, KPD)	NSDAP	Zentrum (+BVP)	andere bürgerl. Parteien
20. Mai 1928	40,5 %	2,6 %	15,1 %	41,8 %
14. Sept. 1930	37,6 %	18,3 %	14,8 %	29,3 %
31. Juli 1932	36,2 %	37,4 %	15,7 %	10,7 %
6. Nov. 1932	37,3 %	33,1 %	15,0 %	11,2 %
5. März 1933	30,6 %	43,9 %	13,9 %	10,0 %

Deutsche Staatspartei + DVP + DNVP; Splitterparteien (z. B.: Wirtschaftspartei, Christlich-Nationale und Landvolk-Partei, Deutsche Bauernpartei, Deutsch-Hannoversche Partei, Christlich-Sozialer Volksdienst, Konservative Volkspartei) bleiben unberücksichtigt.

Quelle: Eike Hening, Bürgerliche Gesellschaft und Faschismus in Deutschland, Seite 190, in: Wochenschau, Nr. 11/12, 1979, Seite 232

Am 30. Januar 1933 wurde Adolf Hitler zum Reichskanzler ernannt. Am 27. Februar – also knapp vier Wochen nach seinem Amtsantritt – fiel der deutsche Reichstag in Berlin einem Brandanschlag zum Opfer. Es ist bis heute nicht restlos geklärt, wer der oder die Brandstifter waren. Hitler nutzte jedenfalls die Gunst der Stunde und legte die Tat den Sozialdemokraten und Kommunisten zur Last.

Schon einen Tag später wurden mit der „Verordnung zum Schutz von Volk und Staat“, der so genannten Reichstagsbrandverordnung, wesentliche Grundrechte eingeschränkt.

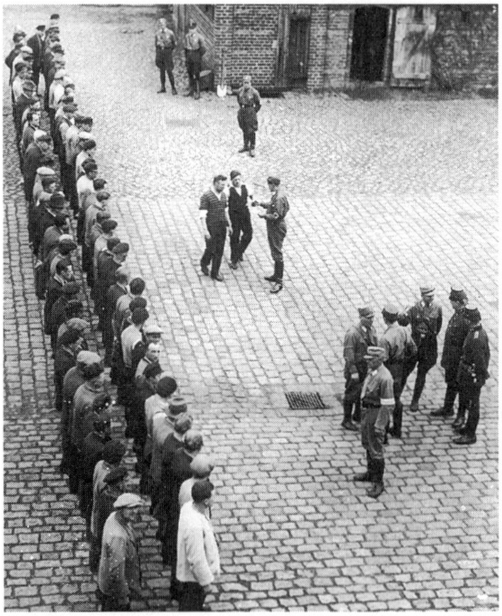

Eine Welle von Verhaftungen vor den Wahlen am 5. März 1933 sollte die politischen Gegner ausschalten. Im Bild Appell von Häftlingen im Konzentrationslager der SA-Standarte 208 in Oranienburg bei Berlin.
Foto: dpa

3032176L

Die offene Diktatur nahm ihren Anfang:

Verordnung zum Schutz von Volk und Staat (Reichstagsbrandverordnung)

Aufgrund des Artikels 48 Absatz 2 der Reichsverfassung wird zur Abwehr kommunistischer staatsgefährdender Gewaltakte Folgendes verordnet:

§ 1. Die Artikel 114, 115, 117, 118, 123, 124 und 153 der Verfassung des Deutschen Reiches werden bis auf weiteres außer Kraft gesetzt. Es sind daher Beschränkungen der persönlichen Freiheit, des Rechtes der freien Meinungsäußerung, einschließlich der Pressefreiheit, des Vereins- und Versammlungsrechtes, Eingriffe in das Brief-, Post-, Telegrafen- und Fernsprechgeheimnis, Anordnungen von Haussuchungen und von Beschlagnahme sowie Beschränkungen des Eigentums auch außerhalb der sonst hierfür bestimmten gesetzlichen Grenzen zulässig.

§ 2. Werden in einem Lande die zur Wiederherstellung der öffentlichen Sicherheit und Ordnung nötigen Maßnahmen nicht getroffen, so kann die Reichsregierung insoweit die Befugnisse der obersten Landesbehörde vorübergehend wahrnehmen.

§ 3. Die Behörden der Länder und Gemeinden (Gemeindeverbände) haben den aufgrund des § 2 erlassenen Anordnungen der Reichsregierung im Rahmen ihrer Zuständigkeit Folge zu leisten.

Quelle: Informationen zur politischen Bildung, Hefte 123/126/127, Seite 25

Am 24. März 1933 wurde mit dem Ermächtigungsgesetz ein weiterer, entscheidender Schritt der Hitlerdiktatur getan. Hitler verschaffte sich die Möglichkeit selbst verfassungsändernde Gesetze ohne den Reichstag zu erlassen. Lediglich die Sozialdemokraten stimmten gegen dieses Gesetz.

Gesetz zur Behebung der Not von Volk und Reich (Ermächtigungsgesetz)

Artikel 1. Reichsgesetze können außer in dem in der Reichsverfassung vorgesehenen Verfahren auch durch die Reichsregierung beschlossen werden.
Artikel 2. Die von der Reichsregierung beschlossenen Reichsgesetze können von der Reichsverfassung abweichen, soweit sie nicht die Einrichtung des Reichstags und des Reichsrats als solche zum Gegenstand haben. Die Rechte des Reichspräsidenten bleiben unberührt.
Artikel 3. Die von der Reichsregierung beschlossenen Reichsgesetze werden vom Reichskanzler ausgefertigt und im Reichsgesetzblatt verkündet. Sie treten, soweit sie nichts anderes bestimmen, mit dem auf die Verkündung folgenden Tage in Kraft.
Artikel 4. Verträge des Reiches mit fremden Staaten, die sich auf Gegenstände der Reichsgesetzgebung beziehen, bedürfen für die Dauer der Geltung dieser Gesetze nicht der Zustimmung der an der Gesetzgebung beteiligten Körperschaften. Die Reichsregierung erlässt die zur Durchführung dieser Verträge erforderlichen Vorschriften.

Quelle: Informationen zur politischen Bildung, Hefte 123/126/127, Seite 24

Stellen Sie die Bedeutung der beiden Gesetze für die Festigung der nationalsozialistischen Herrschaft dar und begründen Sie, warum der 30. Jan. 1933 bzw. der 27. Febr. 1933 als Beginn der Hitlerdiktatur gelten.

2.3 Das Leben im Nationalsozialismus

Mit dem Ermächtigungsgesetz hatte Adolf Hitler die Grundlagen für eine unumschränkte Durchsetzung seiner Vorstellungen von Volk und Reich geschaffen.

Schule im Nationalsozialismus

Folgende Schilderung zeigt beispielhaft, wie Hitlers Gedankengut das Schulleben veränderte:

„... Unser Turnlehrer war Otto Röhre, genannt „Röhren-Otto“, und die Turnhalle war sein Kasernenhof. Die Sprunggrube verwandelte sich in ein Schützenloch, Gymnastikkeulen in Handgranaten und Barren wurden zu Sperrgürteln erklärt, die wir beim Sturm auf die feindlichen Gräben zu überwinden hatten ...“

Auch die Schulbücher passten sich der Hitlerzeit an, wie folgende Beispiele zeigen:

1. Wie viele Kinder muss eine Familie haben, damit der zahlenmäßige Bestand des Volkes gesichert ist?
2. Nach vorsichtigen Schätzungen sind in Deutschland etwa 300 000 Geisteskranke ... in Anstaltspflege ... Was kosten diese jährlich insgesamt ... Wie viele Ehestandsdarlehen könnten von diesem Geld jährlich ausgegeben werden?
3. Ein moderner Nachtbomber kann 1 800 Brandbomben tragen ...

aus: Bewersdorf, Strukann: Rechenbuch für Knaben- und Mädchen-Mittelschulen, zitiert nach Focke/Reimer: Alltag unterm Hakenkreuz, Reinbek 1979, Seite 90 f.

Auf dem Stundenplan stand die „wehrgeistige Erziehung“, damit die Schüler schon lange vor dem Wehrdienst auf die Wehrmacht vorbereitet wurden.

Jugendorganisationen

Die von Hitler angestrebten Ziele glaubte man nur erreichen zu können, wenn Partei und Staat die Jugend total erfassten, also auch den Freizeitbereich bestimmten:

Gesetz über die Hitlerjugend vom 1. Dez. 1936:

§ 1. Die gesamte deutsche Jugend innerhalb des Reichsgebietes ist in der Hitlerjugend zusammengefasst.

§ 2. Die gesamte deutsche Jugend ist außer in Elternhaus und Schule in der Hitlerjugend körperlich, geistig und sittlich im Geiste des Nationalsozialismus zum Dienst am Volk und zur Volksgemeinschaft zu erziehen.

§ 3. Die Aufgabe der Erziehung der gesamten deutschen Jugend in der Hitlerjugend wird dem Reichsjugendführer der NSDAP übertragen. Er ist damit „Jugendführer des Deutschen Reiches“. Er hat die Stellung einer Obersten Reichsbehörde und ist dem Führer und Reichskanzler (= Adolf Hitler) unmittelbar unterstellt.

Quelle: Werner Conze, Der Nationalsozialismus, 2. Aufl., Stuttgart 1976, S. 21 f.

Die politische Rolle, die hinter den Jugendorganisationen **„Hitlerjugend“** und **„Bund deutscher Mädchen“** standen, wurden von den Betroffenen nicht oder nur unterschwellig bemerkt.

Geländespiele, Fahrten, Lagererlebnisse blieben nicht ohne Auswirkungen auf die interessierte Jugend, die solche Freizeitangebote in einer ohnehin wirren Zeit dankbar entgegennahm, ohne zu wissen, dass dies alles in erster Linie ein Mittel zum politischen Zweck war . . .

Hitler in einer Rede in Reichenberg am 2. Dezember 1938:

„Diese Jugend, die lernt ja nichts anderes als deutsch denken, deutsch handeln. Und wenn nun dieser Knabe und dieses Mädchen mit ihren zehn Jahren in unsere Organisationen hineinkommen und dort nun so oft zum ersten Mal überhaupt eine frische Luft bekommen und fühlen, dann kommen sie vier Jahre später vom Jungvolk in die Hitlerjugend, und dort behalten wir sie wieder vier Jahre, und dann geben wir sie erst recht nicht zurück in die Hände unserer alten Klassen- und Standeserzeuger, sondern dann nehmen wir sie sofort in die Partei oder in die Arbeitsfront, in die SA oder in die SS, in das NSKK (= NS-Kraftfahrerkorps) und so weiter. Und wenn sie dort zwei Jahre oder anderthalb Jahre sind und noch nicht ganz Nationalsozialisten geworden sein sollten, dann kommen sie in den Arbeitsdienst und werden dort wieder sechs und sieben Monate geschliffen, alle mit einem Symbol, dem deutschen Spaten. Und was dann nach sechs oder sieben Monaten noch an Klassenbewusstsein oder Standesdünkel da oder da noch vorhanden sein sollte, das übernimmt dann die Wehrmacht zur weiteren Behandlung auf zwei Jahre. Und wenn sie dann nach zwei oder drei oder vier Jahren zurückkehren, dann nehmen wir sie, damit sie auf keinen Fall rückfällig werden, sofort wieder in SA, SS und so weiter. Und sie werden nicht mehr frei, ihr ganzes Leben.“

Vormilitärische Ausbildung in der Hitlerjugend

Jungmädchen beim Einüben des Hitlergrußes

Quelle: (Zit. nach: M. v. d. Grün, Wie war das eigentlich – Kindheit und Jugend im Dritten Reich. Neuwied 1979, S. 101). In Wochenschau I.

1. **Schildern Sie den Hauptgedanken Hitlers in vorstehender Rede.**
2. **Erklären Sie, warum die Nationalsozialisten die Jugend von klein auf in ihren Organisationen erfassen wollten.**
3. **Wie lässt sich die Begeisterungsfähigkeit der Jugendlichen erklären?**
4. **Erörtern Sie, ob es für solche Maßnahmen in der jüngeren deutschen Geschichte Parallelen gab. Denken Sie dabei auch an politische Organisationsstrukturen und Ausbildungsmaßnahmen in der ehemaligen DDR.**

Arbeitsbeschaffungsmaßnahmen

Im Reichsarbeitsdienst wurden jährlich zwischen 200 000 und 300 000 junge Männer vorwiegend im Wege- und Straßenbau sowie in der Landwirtschaft und zur Neulandgewinnung als billige Arbeitskräfte und zur Verminderung der Arbeitslosenzahl eingesetzt.

Wer an die Beseitigung der Arbeitslosigkeit unter Hitler denkt, verbindet damit auch die Autobahn- und Rüstungsprojekte. Mit diesen beiden Arbeitsbeschaffungsprogrammen gelang es tatsächlich, die Arbeitslosigkeit drastisch zu verringern. Im Juni 1935 war sie von ca. 6 Millionen auf knapp 2 Millionen gesunken. Dies geschah allerdings nur unter einer enormen Ausgabensteigerung, insbesondere für Rüstungszwecke:

Ausgaben des Staates, Rüstungsausgaben und Staatsschulden

in Mrd. RM	1933	1934	1935	1936	1937	1938	1939
Reichsausgaben	8,1	10,1	13,1	16,5	18,9	26,0	42,2
davon für Rüstung	*0,7*	*3,3*	*5,2*	*9,1*	*10,8*	*15,7*	*25,9*
Reichsschuld am 31. März	11,7	11,8	14,6	19,3	25,4	31,1	42,6

Nach: E. Aleff, Das Dritte Reich. Hannover 1970, S. 124

Hitlers außenpolitische Ziele verlangten nach einer starken Wehrmacht. Die Aufrüstungsziele sind auszugsweise nachfolgend dargestellt:

„... Wir sind überbevölkert und können uns auf der eigenen Grundlage nicht ernähren ... Die endgültige Lösung liegt in einer Erweiterung des Lebensraumes bzw. der Rohstoff- und Ernährungsbasis unseres Volkes. Es ist die Aufgabe der politischen Führung, diese Frage dereinst zu lösen...

Ich stelle damit folgende Aufgabe:
1. Die deutsche Armee muss in vier Jahren einsatzfähig sein ...
2. Die deutsche Wirtschaft muss in vier Jahren kriegsfähig sein ...“

Quelle: Hitlers geheime Denkschrift über den Vierjahresplan von 1936, zitiert nach: Hofer, W.: Der Nationalsozialismus, Seite 85 f.

1. **Nennen Sie Hitlers Rüstungsziele und vergleichen Sie diese mit den Zielen in „Mein Kampf“.**
2. **Wie beurteilen Sie die These, dass die Arbeitslosigkeit das Trittbrett für Hitlers Aufstieg war?**
3. **Welche Absichten verfolgte Hitler mit den Arbeitsbeschaffungsmaßnahmen?**

3032180L

2.4 Verfolgung politischer Gegner und Rassenwahn

Der Weg absoluter und diktatorischer Herrschaft war mit dem Ermächtigungsgesetz, der Gleichschaltung, dem Parteienverbot, dem Verbot freier Gewerkschaften usw. vorbereitet.

Die grausame Verfolgung und Behandlung der politischen Gegner sowie der Personen, die nur in einen solchen Verdacht gerieten, spiegelt folgender Bericht wider:

1

Matthias Theissen, ein alter Frontsoldat, ein überaus kräftiger und tatenfreudiger Mann, war Geschäftsführer der Zahlstelle Braunschweig des Baugewerksbundes. Nachts drangen SA-Leute in seine Wohnung in der Schubertstraße ein. Sie fielen über ihn her. Seine Frau sprang hinzu und erhielt gleichfalls Schlage. Dann wurde der halb bewusstlose Theissen in das „Volksfreund"-Gebäude geschleppt. Man schlug ihn mit Knüppeln und Stahlruten in das Gesicht, auf den Kopf, auf den Mund und in die Augen. Dann zog man ihn über den Tisch und bearbeitete ihn stundenlang mit Fahrerpeitschen. Als die Schläger, von ihrer Arbeit ermüdet, eine Pause machten, fragten sie Theissen, ob er seinen Austritt aus der Partei (SPD) und seinen Mandatsverzicht (Theissen war Stadtverordneter in Braunschweig) erklären wolle. Er antwortete: „Nein!"
Nun rissen ihm die Folterknechte das Zeug vom Leibe und peitschten ihn, bis ihm das Fleisch in Fetzen vom Leib hing. Sie fragten ihn wieder, ob er die Erklärung abgeben wolle. Wieder antwortete er: „Nein!"
Sie gossen Salzwasser auf den zerschundenen Körper, in das blutige Fleisch. Darauf peitschten sie weiter.
Theissen schrie auf: „Ihr Hunde, wenn ihr mich totschlagen wollt, so gebt mir eine Pistole, damit ich mich selber erschießen kann."
Wieherndes Gelächter antwortete. Dann brachte man einen Revolver. Theissen setzte ihn an die Stirn und drückte ab. Die Waffe knackte. Sie war leer. Unter viehischem Gejohle geht nach diesem Zwischenspiel die Auspeitschung weiter. Nur aus der ungewöhnlich kräftigen Konstitution Theissens erklärt sich, dass er nicht das Bewusstsein verlor.
Zwei Wochen lang wälzte sich Matthias Theissen auf dem Krankenlager. Dann starb er.

Quelle: Aus den ersten Tagen der Hitlerherrschaft. Terror in Braunschweig, Zürich 1933, S. 21 f.

2

Schon im Programm der NSDAP vom 24. Febr. 1920 war festgelegt, dass „Juden keine Volksgenossen" sein könnten. Als Volksverderber, Rassenschänder, Weltverschmutzer usw. gebrandmarkt, mussten die Juden nach Hitlers Machtergreifung mit dem Schlimmsten rechnen. Die sog. „Lösung des Judenproblems" wurde von den Nationalsozialisten konsequent vorangetrieben. Schon im April 1933 begann ein Boykott gegen alle jüdischen Kaufleute, Ärzte und Rechtsanwälte.

Jüdisches Geschäft! Wer hier kauft wird photographiert.

Aus der Vielfalt von Gesetzen gegen die jüdische Bevölkerung zeigt ein Auszug deren Charakter:

Gesetz zum Schutze des deutschen Blutes und der deutschen Ehre

Nürnberg, 15. September 1935

Durchdrungen von der Erkenntnis, dass die Reinheit des deutschen Blutes die Voraussetzung für den Fortbestand des deutschen Volkes ist, und beseelt von dem unbeugsamen Willen die deutsche Nation für alle Zukunft zu sichern, hat der Reichstag einstimmig das folgende Gesetz beschlossen, das hiermit verkündet wird.

§ 1

1. Eheschließungen zwischen Juden und Staatsangehörigen deutschen oder artverwandten Blutes sind verboten. Trotzdem geschlossene Ehen sind nichtig, auch wenn sie zur Umgehung dieses Gesetzes im Auslande geschlossen sind.

§ 2

Außerehelicher Verkehr zwischen Juden und Staatsangehörigen deutschen oder artverwandten Blutes ist verboten.

§ 3

Juden dürfen weibliche Staatsangehörige deutschen oder artverwandten Blutes unter 45 Jahren nicht in ihrem Haushalt beschäftigen.

§ 5

1. Wer dem Verbot des § 1 zuwiderhandelt, wird mit Zuchthaus bestraft.

Quelle: Bundeszentrale für politische Bildung, 5300 Bonn, Informationsbroschüre „Der Pogrom vom Nov. 1938 – Reichskristallnacht", S. 3

3 Bis 1938 verblieben den in Wirtschaft und Handel tätigen Juden noch begrenzte Arbeitsmöglichkeiten. Man strebte aber auch ihre Ausschaltung an. Die rigorose Verfolgung begann schlagartig mit der sog. Reichskristallnacht. Die Nationalsozialisten nahmen das Attentat eines jungen Juden namens Herschell Grynspan, dessen Eltern kurz vorher nach Polen ausgewiesen worden waren, gegen den deutschen Botschaftsrat Ernst vom Rath in Paris zum Anlass, um in einem Massenpogrom vom 8. bis 10. November 1938 an die 7500 jüdische Geschäftshäuser zu demolieren und zu plündern, etwa 190 Synagogen in Brand zu stecken und über 25000 Juden zu verhaften. Anschließend erlegte man den Geschädigten – die fälligen Versicherungsleistungen beanspruchte das Reich! – auch noch eine „Buße" in Höhe von 1 Milliarde Reichsmark auf und verfügte die „Zwangsarisierung" der jüdischen Geschäfte (Enteignung und Übergabe an Arier). Auf der von Göring geleiteten Konferenz überboten sich die Teilnehmer, voran Goebbels und Heydrich (SS-Führer und Chef der gesamten Sicherheitspolizei und des SD), mit antisemitischen „Einfällen". Die Vorschläge reichten vom Verbot für Juden, „den deutschen Wald zu betreten" oder Parkplätze zu benutzen, über die **Einführung des Judensterns** bis zur **Schaffung von Gettos** und zur **Durchführung von Zwangsdeportationen.**

Die entsprechenden Verordnungen folgten bald: Am 3. Dezember 1938 wurde den Juden der Führerschein entzogen und ab 6. Dezember ihre Bewegungsfreiheit durch Bannmeilen und zeitliche Begrenzung beschränkt. Am 6. Dezember erschien der Erlass über den „Ausschluss von Juden an den deutschen Hochschulen".

3032182L

Nach Kriegsbeginn zwang eine Flut von Verordnungen (Verbot von Rundfunkgeräten, Haustieren, Schallplatten, Schreibmaschinen, Fahrrädern, Heizöfen, Staubsaugern usw., Entzug von Raucher-, Kleider-, Fleisch-, Mehl-, Milchzuteilungen usw.) die noch außerhalb der Lager lebenden Juden zu einem Schattendasein.

Bis 1. Oktober 1941 hatten allerdings bereits etwa 270 000 Juden Deutschland verlassen. Dass immerhin mehr als 200 000 deutsche Juden nicht emigrierten, lag einmal an den überaus harten Auswanderungsbedingungen (Verlust von Besitz und Vermögen, Finanzierung der Auswanderung durch ausländische Verwandte oder Freunde), außerdem aber spielte auch die Hoffnung auf eine Wendung eine Rolle, von der man sich ein Verbleibenkönnen in Deutschland, das man infolge der oft jahrhundertelangen Familienansässigkeit als Heimatland empfand, versprach. Ab 1. Oktober 1941 wurde die Auswanderung verboten, die von Göring bereits nach der Kristallnacht angekündigte „große Abrechnung“ hatte begonnen.

Quelle: Bundeszentrale für politische Bildung, a.a.O. S. 32

Abtransport jüdischer Bevölkerung aus dem Warschauer Ghetto Foto: Süddeutscher Verlag

Die Judenverfolgung mündete schließlich in einer rücksichtslosen Judenvernichtung. In eigens dafür errichteten Konzentrationslagern kamen auf grausame Weise etwa 6 Millionen Juden um. 4

Die Lager wurden von rücksichtslosen, menschenverachtenden Kommandeuren geleitet. Die Häftlinge wurden nach ihrer Ankunft sortiert. Der Weg der einen führte direkt zu den Gaskammern, während die anderen, für arbeitsfähig angesehenen Menschen, in menschenunwürdigen Lagerbaracken untergebracht wurden und dort auf ihr Schicksal warteten. Schon bei der Selektion (selektieren = sortieren) an der Ankunftsrampe der Häftlingstransporte müssen sich fürchterliche Szenen abgespielt haben, als Männer, Frauen, Kinder und Verwandte brutal auseinander gerissen wurden und sich nie wieder sahen.

Erschießung polnischer Juden durch SS-Leute
Quelle: Der Zweite Weltkrieg, 1. Bd., S. 100

Hände in den Hosentaschen bei Kälte, hochgeschlagener Kragen bei Regen und Wind, die geringfügigsten Kleidermängel wie Schmutzflecke, ein fehlender Knopf und kleine Risse, nicht gründlich gesäuberte Schuhe bei fußhohem Schlamm, zu blank geputzte Schuhe als Zeichen, dass man sich von der Arbeit gedrückt habe, Verletzung der Grußpflicht, wozu auch sog. schlechte Haltung gerechnet wurde, Betreten des Blocks während der Arbeitszeit – und wenn es nur zur Benutzung des Klosetts war –, zu langes Austreten beim Arbeitskommando, wo es zeitweilig überhaupt verboten war, vor zehn Uhr vormittags die Toiletten aufzusuchen, auch nur einmaliges Aufrichten derer, die in gebückter Haltung arbeiteten, Essen während der Arbeitszeit, Rauchen außerhalb der Freizeit oder im Block, „Kippenstechen" (das Aufheben von Zigarettenstummeln), was mancher Asoziale mit dem Leben gebüßt hat, das sog. „Abkochen", worunter der Versuch verstanden wurde sich außer der zugeteilten Verpflegung anderweitig Lebensmittel zu erbetteln, und jede Form von „Organisieren". Es ist nicht möglich, die Anlässe die von der SS zu Strafverfügungen benutzt worden sind, auch nur einigermaßen erschöpfend aufzuzählen . . .

Das Lagerleben war für die Insassen oft eine einzige Folter. Bei kleinsten Verstößen gegen irgendwelche, zum großen Teil widersinnigen Vorschriften wurden brutale Strafen verhängt:
Überall in den Konzentrationslagern, an allen möglichen und unmöglichen Orten, in den Blocks, an Straßen und Wegen waren auf Anordnung Himmlers große Tafeln mit der Aufschrift angebracht: „Es gibt einen Weg zur Freiheit. Seine Meilensteine heißen: Gehorsam, Fleiß, Ehrlichkeit, Nüchternheit, Sauberkeit, Opfersinn, Ordnung, Disziplin und Liebe zum Vaterland." Die Meilensteine des wirklichen Weges, nämlich zum Krematorium, waren: der Bock und der Bunker, Erhängen, Erschießen, Erfrieren, Verhungern, Erschlagenwerden und Foltern jeglicher Art.

Als Strafanlässe wurden von der SS benutzt:

Wegen sog. Faulheit bei der Arbeit, was man so freizügig wie nur möglich auslegen konnte, erstatteten Scharführer oder missgünstige Kapos und Vorarbeiter, häufig auch Zivilangestellte in den Rüstungsbetrieben, mit Vergnügen eine Meldung. Nummernverwechslungen waren dabei nicht selten, sodass anstelle ohnehin kaum Schuldiger völlig Unschuldige zur Bestrafung kamen. Rechtfertigungen irgendwelcher Art waren völlig ausgeschlossen, weil es in solchen Fällen sofort hieß, der Häftling bezichtigte einen SS-Mann der Lüge . . .
Der Bettenbau in den Blocks gab den Scharführern hundertfach Veranlassung Strafverfügungen kollektiv oder gegen Einzelne zu verhängen. Nicht nur, dass sie angeblich „schlecht gebaute" Betten einrissen, zuweilen veranstalteten sie in den Schlafsälen wahre Bettenstürze, indem sie Strohsäcke, Kissen und Decken durcheinander rissen.

Vor der Essenausgabe am Abend musste die Belegschaft dann wieder Ordnung machen und der ganze Block oder betreffende Flügel wurde gemeldet. Zahllos waren die Misshandlungen der Stubendienste und der Blockältesten durch kontrollierende Blockführer, die damit die Häftlingsfunktionäre gegen die Belegschaft aufhetzten und zu schärferem Vorgehen gegen die eigenen Kameraden zwangen.

Ein wahres Schreckgespenst von Strafmöglichkeiten war der Appell. Wenn das Durchzählen der ersten Blockreihe nicht rasch genug erfolgte oder dabei ein Sprachfehler unterlief, hagelte es Ohrfeigen, Fußtritte und Kommandos zum Auf und Nieder. Gerade auch zum Schutz der Ausländer mussten daher deutsche Häftlinge die gefürchtete erste Reihe übernehmen. Lächerliche Fehler in der Ausrichtung der Reihen oder in der Größenordnung der Häftlinge, geringste Bewegungen, Niesen, Husten reizten die SS zu wilden Ausschreitungen . . .

Die Strafarten, die verhängt wurden, bestanden in Essensentzug, Stehen auf dem Appellplatz, Strafarbeit, Strafexerzieren, Versetzung in die Strafkompanie, Kommandoverschlechterung, Stock- und Peitschenhieben, Hängen an einen Baum oder Pfosten, in Arrest, Erschlagen, Erhängen, Erschießen und in einer Fülle ausgesuchter Quälereien.

Für die Prügelstrafe bestand eine zentrale Anweisung. Sie wurde auf dem sog. Bock vollzogen, einem besonders gebauten und eingerichteten tischähnlichen Holzgestell, auf dem der Delinquent, auf dem Bauche liegend, den Kopf tiefer, das Gesäß hoch herausgespannt und die Beine unten nach vorne gezogen, festgeschnallt wurde. Der Bock war in allen Lagern ein bekanntes Exekutionsinstrument . . .

Verabreicht wurden 5 bis 25 Hiebe mit Stock, Peitsche oder Ochsenziemer, in einem Zeitraum von 14 Tagen bis zu viermal wiederholbar . . . Nach der Auspeitschung musste der Delinquent meist 50 bis 150 Kniebeugen machen, „um die Muskulatur zu stärken“.

E. Kogon: Der SS-Staat, Taschenbuchausgabe. Auszüge der Seiten 121 bis 124.
Der Autor war 7 Jahre im KZ Buchenwald.

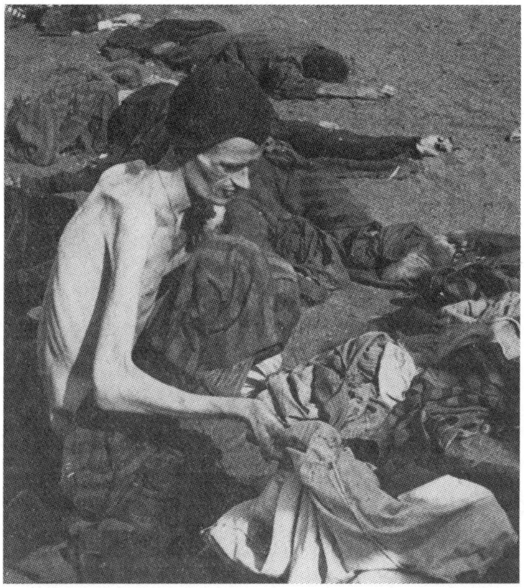

Häftlinge im KZ Bergen-Belsen im Frühjahr 1945

Quelle: Diwald, H. S. 164/ Foto: Ullstein Bilderdienst

Auch folgender Bericht wirft einen erschreckenden Blick auf die Tragödie in den Massenvernichtungslagern:

Aus dem Gerstein-Bericht zur Vernichtung der Juden

5

Am anderen Morgen, um kurz vor 7 Uhr kündigt man mir an: In 10 Minuten kommt der Transport! Tatsächlich kam nach einigen Minuten ein Zug mit 6700 Menschen, von denen 1450 schon tot waren bei ihrer Ankunft. Hinter den vergitterten Luken schauen, entsetzlich und bleich – Kinder durch, die Augen voller Todesangst, ferner Männer und Frauen. Der Zug fährt ein: 200 Ukrainer reißen die Türen auf und

peitschen die Leute mit ihren Lederpeitschen aus den Waggons heraus. Dann setzt sich der Menschenzug in Bewegung ... An der Ecke steht ein SS-Mann, der mit pastoraler Stimme zu den Armen sagt: „Es passiert euch nicht das Geringste! Ihr müsst nur in den Kammern tief Luft holen, diese Inhalation ist notwendig wegen der Krankheiten und Seuchen.“ Für einige von diesen Armen ist das ein kleiner Hoffnungsschimmer, der ausreicht, dass sie ohne Widerstand die paar Schritte zu den Kammern gehen – die Mehrzahl weiß Bescheid, der Geruch kündigt ihnen ihr Los! So steigen sie denn die kleine Treppe hinauf, Mütter mit ihren Kindern an der Brust, kleine nackte Kinder, Erwachsene, alle nackt – sie zögern, aber sie treten ein in die Todeskammern, von den anderen hinter ihnen vorgetrieben oder von den Lederpeitschen der SS getrieben.
Gut voll packen – so hat es der Hauptmann befohlen. Die Menschen stehen einander auf den Füßen. Die Türen schließen sich, der Diesel, mit dessen Gasen die Menschen zu Tode gebracht werden sollen, springt an. 25 Minuten verstreichen. Richtig, jetzt sind viele tot. Man sieht es durch das kleine Fensterchen, in dem das elektrische Licht die Kammern einen Moment beleuchtet. Nach 28 Minuten leben nur noch wenige, nach 32 Minuten sind endlich alle tot! –
Von der anderen Seite öffnen Männer vom Arbeitskommando die Türen. Wie Basaltsäulen stehen die Toten aufrecht aneinander gereiht in den Kammern. Selbst im Tode erkennt man noch die Familien. Sie drücken sich, im Tode verkrampft, noch die Hände, sodass man Mühe hat sie auseinander zu reißen, um die Kammern für die nächste Charge freizumachen. Zwei Dutzend Zahnärzte öffnen mit Haken den Mund und sehen nach Gold. Andere Zahnärzte brechen mit Zangen und Hämmern die Goldzähne und Kronen aus den Kiefern.

Nach: Niederschrift von Kurt Gernstein über Massenvergasungen am 11. Aug. 1942, in: Vierteljahreszeitschrift für Zeitgeschichte, 1. Jg., Nr. 2, April 1953

Ankunft eines Transportes jüdischer Bürger im Lager Auschwitz — Foto: Süddeutscher Verlag

Hier fand die Auswahl statt: 25 % eines jeden Zugtransports durften – zeitweilig – überleben und wurden zum Arbeitseinsatz abkommandiert. Die restlichen 75 % wurden sofort in die Gaskammern geschickt.

Ein Bild wie dieses braucht keine Erläuterung:

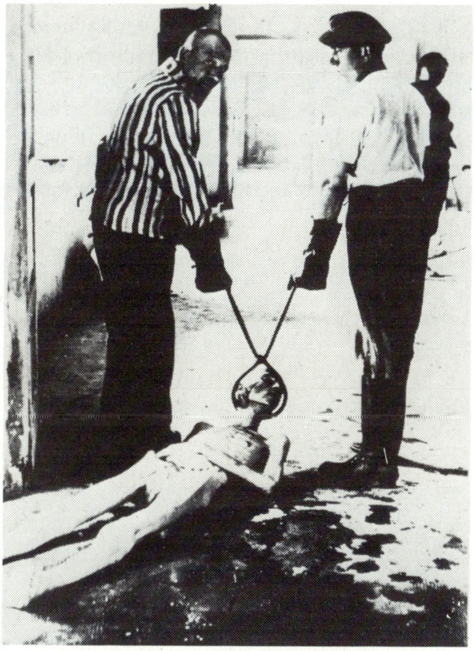

Foto: Süddeutscher Verlag

1. **Die verbrecherischen Ereignisse in den Konzentrationslagern sprechen ihre eigene Sprache. Viele, sehr viele Fragen stellen sich.**
   Schildern Sie Ihre Eindrücke und Empfindungen beim Lesen der Textauszüge.
2. **Viele Mitbürger möchten an die Gräueltaten des 3. Reiches nicht mehr erinnert werden. Wie lässt sich diese Haltung erklären und wie stehen Sie als Angehöriger einer von diesen Ereignissen unbetroffenen Generation dazu?**
3. **Der Verfasser des erwähnten Buches schrieb einmal: „Die Geschichte ist das Arsenal (= der Vorrat) unserer Erfahrungen; man muss sie kennen, um aus ihr bestätigt oder gewarnt zu werden!"**
   Gehen Sie näher auf diese Aussage ein und nehmen Sie Stellung.
4. **In der jüngsten Zeit nehmen rechtsradikale Tendenzen auch in den neuen deutschen Bundesländern wieder zu. Dazu äußerte der Politiker Graf von Krockow: „Am meisten ängstigt mich die Unfähigkeit aus der Geschichte zu lernen." Was hat er gemeint und welche politische Gefahr lässt sich aus seiner Aussage ableiten?**

2.5 Die Katastrophe: Der 2. Weltkrieg

Die in Hitlers Vorstellungen vom Lebensraum verankerte gewaltsame Ausdehnung nach Osten, verbunden mit wirtschaftlicher Selbstständigkeit, machte ungeheure Kraftanstrengungen erforderlich. Dazu benötigte der Führer zunächst sowohl nach innen als auch nach außen Frieden.

Dementsprechend wählte er die **Doppelstrategie im Geheimen aufzurüsten und öffentlich den Staaten Nichtangriffspakte oder Friedensverträge anzubieten.**

Seine wahren Absichten deckte er aber schon 1937/38 auf, als die Tschechoslowakei überfallen werden sollte. Dies wurde nur dadurch verhindert, dass das vorwiegend von Deutschen bevölkerte Sudetenland wieder dem Deutschen Reich angegliedert wurde (Münchner Abkommen, 1938). Noch einmal schien der Friede durch das Einlenken der Alliierten (= Verbündeten) gerettet. Die Hoffnungen zerbrachen aber schon wenig später, als am 16. März 1939 Hitlers Truppen die restliche Tschechoslowakei besetzten und Böhmen und Mähren dem Reich angliederten.

England und Frankreich reagierten mit Garantieerklärungen für die zunächst als nicht bedroht geltenden Staaten. Dazu gehörte auch Polen.

Am 1. September 1939 überschritten deutsche Truppen ohne vorherige Kriegserklärung die polnische Grenze. Der Zweite Weltkrieg hatte begonnen.

Am 1. September 1939 beginnt mit dem Einmarsch deutscher Truppen in Polen der Zweite Weltkrieg. Foto: dpa

Der „Führer" hatte nun „seinen" Krieg. Die wichtigsten Stationen waren:

1. Sept. 1939	Überfall auf Polen
3. Sept. 1939	Kriegserklärung Englands und Frankreichs an Deutschland
9. April 1940	Besetzung Dänemarks und Norwegens
10. Mai 1940	Angriff auf Holland, Belgien, Luxemburg und Frankreich
13. Aug. 1940	Beginn der Bombardierung Englands
16. April 1941	Besetzung Jugoslawiens und Griechenlands
22. Juni 1941	Angriff auf Russland

Kriegsziele: Ausrottung – Unterdrückung – Ausbeutung!

Die Kriegsziele in der Sowjetunion sprach Hitler am 16. Juli 1941 vor Generälen unmissverständlich aus:

> *„... Grundsätzlich kommt es also darauf an, den riesenhaften Kuchen handgerecht zu zerlegen, damit wir ihn erstens beherrschen, zweitens verwalten und drittens ausbeuten können. Die Russen haben jetzt einen Befehl zum Partisanenkrieg hinter unserer Front gegeben. Dieser Partisanenkrieg hat auch wieder seinen Vorteil: Er gibt uns die Möglichkeit auszurotten, was sich gegen uns stellt ...“*

Quelle: Conze, W., Der Nationalsozialismus, Teil II, 2. Aufl., 1976, Nr. 71

Zwangsarbeit in Deutschland

Um den riesigen Bedarf an Kriegsmaterial zu decken, ließ man insbesondere in den Jahren von 1942–1945 KZ-Häftlinge und vor allem sowjetische Kriegsgefangene für Rüstungszwecke arbeiten. Außerdem rekrutierte die deutsche Arbeitsverwaltung meist zwangsweise Zivilisten aus den besetzten Gebieten.

1944 war jeder 4. Arbeitsplatz in Deutschland von einem „Fremdarbeiter“ besetzt – insgesamt waren es von 1939–1945 etwa 7,5 Millionen.

Die deutschen Truppen hatten im Westen Frankreich schon nach knapp sechs Wochen geschlagen, England weitgehend auf die Insel zurückgedrängt. Der Schlag gegen Russland war auch von anfänglichen Erfolgen begleitet. **Eine entscheidende Wende erfuhr der europäische Krieg durch die Ereignisse im Pazifik.** Japan griff am 7. Dez. 1941 die amerikanischen Flottenverbände in Pearl Harbor an. Die USA erklärten daraufhin Japan den Krieg. Deutschland und Italien als Verbündete Japans erklärten einige Tage später wiederum im Gegenzug den USA den Krieg - der Zweite Weltkrieg war in voller Breite entbrannt.

Die Schlacht um Stalingrad hatte in Russland eine Schlüsselrolle. 284 000 Soldaten der 6. deutschen Armee kämpften um die Stadt, wurden eingeschlossen und vernichtet. Nur 6 000 von ihnen kehrten heim ...

Quelle: DER SPIEGEL/Foto: Ullstein Bilderdienst

Folgender Brief spricht Bände für die Tragik dieses Kampfes und des gesamten Krieges:

„... da ist man noch einigermaßen beieinander, hat noch einigermaßen normalen Puls, ein Dutzend Zigaretten, vorgestern eine Suppe bekommen ... hat sich mächtig auf die Schulterstücke gefreut und damals mit euch „Heil Hitler“ gebrüllt und muss nun verrecken oder nach Sibirien ... Das wäre ja nicht das Schlimmste, aber dass man weiß, dass alles für eine völlig sinnlose Sache vor sich geht, treibt das Blut in den Kopf ...

Meine persönliche Schuld an den Dingen ist nicht abzuleugnen. Aber sie steht im Verhältnis wie 1 zu 70 Millionen ... Ich denke nicht daran, mich um die Verantwortung zu drücken, und ich argumentiere so, dass ich durch die Hingabe meines Lebens die Schuld beglichen habe ...

Maria, liebe Maria, ich habe immer drum herum geredet, der Spieß (Feldwebel) hat gesagt, es sei die letzte Post nach Hause, weil kein Flugzeug mehr ginge ... Ich kann es nicht übers Herz bringen, zu lügen ... Und mit dem Urlaub wird es nun wohl nie wieder etwas werden ... Wenn ich dich doch nur noch einmal sehen könnte, wie ist das schrecklich... Wenn ihr Weihnachten die Kerzen ansteckt, dann denkt an euren Vater in Stalingrad ...“

aus: Als das Gestern Heute war – Erzählungen, Gedichte und Dokumente zu unserer Geschichte (1789–1949), 2. Auflage, München 1977, Seite 254 ff.

Ein deutscher Sieg wurde von objektiv Urteilenden in Deutschland nicht mehr für möglich gehalten. Während die deutschen Armeen im Sommer 1944 auf dem Rückzug waren und katastrophale Verluste erlitten, die Amerikaner und Engländer am **6. Juni 1944** in der Normandie (Frankreich) landeten, wurden deutsche Städte in Schutt und Asche bombardiert.

1. Schildern Sie kurz Hitlers Weg in den Zweiten Weltkrieg.
2. In welchen wichtigen Stationen lief der Zweite Weltkrieg ab?

2.6 Der Widerstand gegen die Tyrannen

Es gab in Deutschland verschiedene Gruppen, die unter Lebensgefahr Widerstand leisteten.

Am 20. Juli 1944 scheiterte ein Attentatsversuch auf Hitler. Oberst Claus Graf Schenk von Stauffenberg stellte eine Aktentasche mit einer Bombe in den Lagebesprechungsraum des Führerhauptquartiers. Als die Bombe explodierte, blieb keiner der 24 Anwesenden unverletzt. Hitler überlebte jedoch mit leichten Verletzungen. Eine Regierungsübernahme war gescheitert. Hitlers Strafe war furchtbar. Hunderte von Offizieren und Zivilisten, von denen man annahm, dass sie an dem Putschversuch beteiligt waren, wurden hingerichtet oder begingen Selbstmord. Tausende wurden verhaftet und gefoltert. Der Krieg, der nach dem Putsch sofort beendet werden sollte, ging weiter und forderte noch Millionen Opfer.

Dass es im Krieg nicht nur unmöglich war, die Mehrheit der Offiziere gegen Hitler zu sammeln, sondern dies auch bei den Mannschaften und Unteroffizieren kaum gelingen konnte, verdeutlicht der Ausspruch des Generals von Tresckow, einem der aktivsten Männer des Widerstandes:

„... Ich finde wohl einen Divisionskommandeur, der das macht, aber keine Division", meinte Tresckow im Herbst 1943 zu dem Vorschlag Hitler im Führerhauptquartier durch einen Truppenverband ausheben zu lassen.

Quelle: Von Schlabrenndorff, F., Bewegungen in fünf Jahrzehnten, zit. nach: Süddeutsche Zeitung, Nr. 141/79, S. 9

Die Eidesformel, die seit dem 2. Aug. 1934 für die deutsche Wehrmacht verbindlich war, verpflichtete nicht mehr, wie in der Weimarer Republik, auf die Verfassung, sondern auf Adolf Hitler persönlich.

FAHNENEID

Ich schwöre bei GOTT diesen heiligen Eid, daß ich dem Führer des Deutschen Reiches und Volkes ADOLF HITLER, dem Obersten Befehlshaber der Wehrmacht, unbedingten Gehorsam leisten und als tapferer Soldat bereit sein will, jederzeit für diesen Eid mein Leben einzusetzen.

Quelle: Ploetz, 10. Auflage, Freiburg 1982, Seite 443

Zum Symbol des Widerstandes der Jugend gegen Hitler wurde die „Weiße Rose". Unter diesem Decknamen verteilte eine Münchner Studentengruppe Flugblätter gegen das Hitler-Regime.

Das letzte Flugblatt der „Weißen Rose"

Kommilitonen! Kommilitoninnen!
Erschüttert steht unser Volk vor dem Untergang der Männer von Stalingrad. Dreihundertdreißigtausend deutsche Männer hat die geniale Strategie des Weltkriegsgefreiten sinn- und verantwortungslos in Tod und Verderben gehetzt. Führer, wir danken dir!
Es gärt im deutschen Volk: Wollen wir weiter einem Dilettanten das Schicksal unserer Armeen anvertrauen? Wollen wir den niederen Machtinstinkten einer Parteiclique den Rest der deutschen Jugend opfern? Nimmermehr! Der Tag der Abrechnung ist gekommen, der Abrechnung der deutschen Jugend mit der verabscheuungswürdigsten Tyrannis, die unser Volk je erduldet hat. Im Namen der deutschen Jugend fordern wir vom Staat Adolf Hitlers die persönliche Freiheit, das kostbarste Gut des Deutschen zurück, um das er uns in der erbärmlichsten Weise betrogen hat.
In einem Staat rücksichtsloser Knebelung jeder freien Meinungsäußerung sind wir aufgewachsen. HJ, SA und SS haben uns in den fruchtbarsten Bildungsjahren unseres Lebens zu uniformieren, zu revolutionieren, zu narkotisieren versucht. „Weltanschauliche Schulung" hieß die verächtliche Methode das aufkeimende Selbstdenken in einem Nebel leerer Phrasen zu ersticken.
Freiheit und Ehre! Zehn lange Jahre haben Hitler und seine Genossen die beiden herrlichen deutschen Worte bis zum Ekel ausgequetscht, abgedroschen, verdreht, wie es nur Dilettanten vermögen, die die höchsten Werte einer Nation vor die Säue werfen. Was ihnen Freiheit und Ehre gilt, haben sie in zehn Jahren der Zerstörung aller materiellen und geistigen Freiheit, aller sittlichen Substanzen im deutschen Volk genügsam gezeigt. Auch dem dümmsten Deutschen hat das furchtbare Blutbad die Augen geöffnet, das sie im Namen von Freiheit und Ehre der deutschen Nation in ganz Europa angerichtet haben und täglich neu anrichten. Der deutsche Name bleibt für immer geschändet, wenn nicht die deutsche Jugend endlich aufsteht, rächt und sühnt zugleich, ihre Peiniger zerschmettert und ein neues geistiges Europa aufrichtet. Studentinnen! Studenten! Auf uns sieht das deutsche Volk!

Quelle: Informationen zur politischen Bildung, Heft 160, Seite 20

Die hinter den Flugblättern stehenden Studenten Hans Scholl, Sophie Scholl sowie Christoph Probst wurden kurz nach ihrer Entdeckung am 22. Februar 1943 vom Volksgerichtshof zum Tode verurteilt und hingerichtet.

Eine weitere jugendliche Widerstandsgruppe waren die **„Edelweißpiraten“.**

Es gibt nur wenige publizierte Berichte über diesen losen Zusammenhang von Jugendlichen, die zumeist aus der Arbeiterschaft stammten, zwischen 15 und 19 Jahre alt waren, sich im sozialen Vakuum zwischen Schulentlassung und Wehrdienst der nationalsozialistischen Fremdbestimmung entziehen konnten und eine nicht-nationalsozialistische Gegenkultur zum staatlich reglementierten Jugendleben in der Hitlerjugend entwickelten. ... Hinweise auf den zahlenmäßigen Umfang und die territoriale Verbreitung des Edelweiß finden sich ... in den Akten der Gestapo ... In einer Gerichtsverhandlung im Jahre 1939 bezeugte ein Agent der Gestapo, dass „zum mindesten 2 000 Jungen und Mädchen“ über das Reich im „Pack“ organisiert seien. ... Die Auswertung der wenigen knappen Berichte von Edelweißpiraten ergibt eine recht umfangreiche Skala von nonkonformen Verhaltensweisen bis zum bewussten politischen Widerstand gewaltloser und gewalttätiger Form: Schlägerei mit der Hitlerjugend, politische Diskussionen, Sabotageakte, Herstellung und Verbreitung illegaler Publikationen. ...

Quelle: Der Nationalsozialismus als didaktisches Problem, (Hrsg.): Bundeszentrale für politische Bildung, Bonn 1980, Seite 145, 146, 149

In den besetzten europäischen Ländern leisteten die Völker in unterschiedlicher Intensität Widerstand gegen die deutschen Besatzer. In Jugoslawien wurden der deutschen Zivilverwaltung, Wehrmacht und SS erheblich zugesetzt. Die Folge waren häufig Vergeltungsmaßnahmen gegen die Zivilbevölkerung.

Eines der anklagenden Bilddokumente über den „Einsatz“ der SS-Polizeitruppe: Erschießung von Geißeln in Pancowa, Jugoslawien. Quelle: Der Zweite Weltkrieg, II. Bd., a. a. O. Seite 339

1. **Warum war der deutsche Widerstand gegen Hitler offensichtlich ohne Chancen?**
2. **In dem persönlichen Brief des deutschen, in Stalingrad eingeschlossenen Soldaten taucht der Begriff „Schuld“ auf. Diskutieren Sie, inwieweit man hier überhaupt von der persönlichen Schuld sprechen kann bzw. welche Möglichkeiten es für Bürger und Soldaten überhaupt gibt, von vornherein auszuschließen jemals „schuldig“ zu werden.**

2.7 Die Schreckensbilanz des Krieges

Mit der Schlacht um Stalingrad ging der 2. Weltkrieg für Deutschland im Osten verloren. Im Jahre 1944 begann auch im Westen die Invasion der Alliierten. Den nicht mehr aufzuhaltenden deutschen Rückzug konnte Adolf Hitler nicht verkraften. Am 19. März 1945 offenbarte er ein letztes Mal seine wahre Gesinnung mit dem so genannten Zerstörungsbefehl:

„... Alle militärischen, Verkehrs-, Nachrichten-, Industrie- und Versorgungsanlagen sowie Sachwerte innerhalb des Reichsgebietes, die sich der Feind ... nutzbar machen kann, sind zu zerstören ... Wenn der Krieg verloren geht, wird auch das Volk verloren sein. Es ist nicht notwendig, auf die Grundlagen, die das Volk zu seinem primitivsten Weiterleben braucht, Rücksicht zu nehmen. Im Gegenteil, es ist besser, selbst diese Dinge zu zerstören. Denn das Volk hat sich dann als das schwächere erwiesen und dem stärkeren Ostvolk gehört damit die Zukunft. Was nach dem Kampf übrig bleibt, sind ohnehin nur die Minderwertigen, denn die Guten sind gefallen ...“

aus: Vogt, Hannah: Schuld oder Verhängnis, 3. Auflage, Frankfurt 1962, Seite 226

Hitler selbst wollte sich für seine Schreckensherrschaft nicht verantworten, er erschoss sich selbst am 30. April 1945 ... So endete der Mann, der geschrieben hatte, Führer könne nur der sein, der bereit sei die volle Verantwortung auf sich zu nehmen ...! Am 8. Mai 1945 war der 2. Weltkrieg durch die bedingungslose Kapitulation der deutschen Wehrmacht beendet.

Die „Bilanz“ des Krieges

Menschenverluste insgesamt	54 800 000
davon Tote an den Fronten, d. h., 24 Prozent aller zum Kriegsdienst eingezogenen Soldaten wurden getötet.	27 000 000
getötete Zivilpersonen	24 500 000
Verwundete	90 000 000

In den einzelnen Ländern sind an Toten zu beklagen:

Sowjetunion	20 300 000
Asiatische Staaten (insbesondere China)	13 600 000
Polen und Balkanländer	9 010 000
Deutschland	6 600 000
Westliche Länder	1 300 000
Italien und Österreich	750 000
USA	240 000
Vermisste	3 000 000
Menschenverluste insgesamt	54 800 000

Was blieb, waren ...

... zerstörte Städte

131 deutsche Städte waren während des Krieges durch Großangriffe aus der Luft getroffen worden. Die Statistik nennt 29 auf Berlin, 21 auf Braunschweig, 19 auf Ludwigshafen und Mannheim, je 18 auf Kiel, Köln und Frankfurt am Main, je 16 auf Hamburg und Münster, je 15 auf Koblenz und Hamm und je 11 auf Hannover und Magdeburg. Allein die britische Luftwaffe ließ mit 400 000 Flügen eine Million Bomben auf gegnerisches Gebiet niedergehen, zwei Drittel davon auf Deutschland. Über ein Fünftel wiederum davon waren Brandbomben.

Quelle: Trees, W., Drei Jahre nach Null, Düsseldorf 1978

… Wohnungsnot

Fast 5 Millionen Wohnungen waren ganz oder teilweise zerstört. Die ausgebombte Bevölkerung war notdürftig in Kellern oder Barackenlagern untergebracht. Die große Zahl der zu versorgenden Flüchtlinge und Vertriebenen vergrößerte noch die Wohnungsnot.

Der Politologe Paul Noack nennt Beispiele: „In Köln, einer Stadt mit vormals 730 000 Einwohnern, vegetierten noch 40 000 Menschen in den Trümmern. In Düsseldorf waren 98 % der Häuser unbewohnbar …"

Quelle: Demokratie als Auftrag, a. a. O. S. 85

… unzureichende Ernährung

Die wichtigste Aufgabe bei Kriegsende war zunächst die Sicherstellung der Ernährung. Die bereits zu Beginn des Krieges eingeführte Zuteilung der Lebensmittel (= Lebensmittelmarken) wurde beibehalten und erst 1950 beendet.

In den Nachkriegsjahren erhielt ein Erwachsener in Deutschland zwischen 900 und 1 300 Kalorien täglich. Der Mensch benötigt pro Tag jedoch 2 200 Kalorien als Mindestmenge.

Quelle: ebenda

… Vertreibung

Die von Polen und der Sowjetunion besetzten Ostgebiete sollen polnischer bzw. sowjetischer Verwaltung unterstellt werden. Eine endgültige Grenzregelung erfolgte erst im Jahre 1990 (vgl. Kapitel 5.5).

Für die in den Ostgebieten östlich der Oder und Neiße, aber auch in der Tschechoslowakei und Ungarn lebenden Deutschen sehen die Potsdamer Beschlüsse eine „Überführung" vor, die in „ordnungsgemäßer und humaner Weise" erfolgen sollte.

Die Ausweisung brachte großes Elend über Millionen unschuldiger Menschen. Von Ausweisung, Vertreibung, Zwangsumsiedlung und Flucht waren über 14 Millionen Menschen betroffen, über 2 Millionen überlebten nicht.
Fast 8 Millionen fanden in der späteren Bundesrepublik Deutschland, über 4 Millionen in der späteren Deutschen Demokratischen Republik eine neue Heimat.

Quelle: Demokratie als Auftrag, a. a. O. S. 87

… Demontage

Im März 1946 hatte der Kontrollrat beschlossen die deutsche Industrie auf 50–55 v. H. des Standes von 1938 zu reduzieren. Die USA, England, Frankreich und die Sowjetunion sollten nach dem Potsdamer Abkommen ihre Reparationsansprüche in ihren jeweiligen Besatzungszonen befriedigen – eine Vereinbarung, die in der Sowjetzone zu enormen wirtschaftlichen Einbußen führte und im Westen bis Anfang der Fünfzigerjahre Demontagen von Industrieanlagen zur Folge hatte, wenn auch in weit geringerem Umfang.

Quelle: Demokratie als Auftrag, a. a. O. S. 87

1. **Beschreiben Sie die Folgen des „Zerstörungsbefehls" und geben Sie an, welche geistige Haltung Hitlers mit diesem letztendlich nochmals zum Tragen kommt.**
2. **Nennen Sie die für Sie schrecklichsten Positionen der grausamen Bilanz des 2. Weltkrieges.**
3. **Heutige Generationen machen immer wieder darauf aufmerksam, dass sie mit den damaligen Geschehnissen „nichts zu tun haben", es gibt in diesem Zusammenhang auch die Aussage von der „Gnade der späten Geburt".**
4. **Diskutieren Sie, inwieweit die historische Verantwortung für das damalige Geschehen von den Deutschen auch in Zukunft getragen werden muss – oder ob z. B. Ihre Generation zu Recht behaupten kann keine Schuld mehr tragen zu müssen.**

3032194L

3 Deutschland im Widerstreit der Siegermächte

3.1 Einteilung in Besatzungszonen

Noch während die deutschen Städte unter den alliierten Bombardements zu riesigen Trümmerwüsten wurden und die Alliierten immer weitere von den Deutschen eroberte Gebiete befreiten, wurde am 12. September und am 14. November 1944 das **„Londoner Protokoll" der Siegermächte** unterzeichnet.

Nach der Zerschlagung der Naziherrschaft und der bedingungslosen Kapitulation am 8. Mai 1945 wurde Deutschland entsprechend diesen Vereinbarungen in vier Besatzungszonen eingeteilt.

Besondere Auswirkungen hatte die Verschiebung der polnischen Westgrenze. Millionen von Deutschen wurden aus ihrer Heimat vertrieben. Die „Oder-Neiße-Linie" wurde zum neuen Grenzverlauf erklärt.

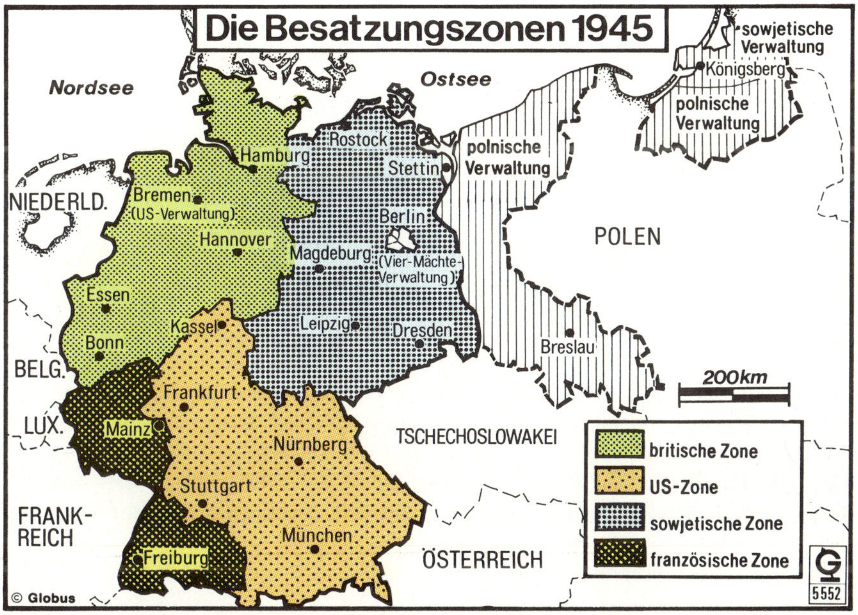

Während des Krieges hatten die Alliierten eine gemeinsame, sie vereinende Zielsetzung – die Zerschlagung der Hitlerdiktatur. Unabhängig von den gleichen Zielvorstellungen zeigte sich aber schon bald, dass die Sowjets unter den Begriffen Freiheit und Demokratie etwas anderes verstanden als die Westalliierten.

Auf der einen Seite stand die Vorstellung der traditionellen parlamentarischen Demokratie, auf der anderen Seite die Ansicht, ein Land könne nur als Diktatur des Proletariats demokratisch sein.

Während der amerikanische Außenminister Marshall am 5. Juni 1947 den nach ihm benannten Plan für den europäischen und insbesondere deutschen Wiederaufbau vorschlug, forderte die Sowjetunion noch Milliardenwerte aus der laufenden deutschen Produktion als Reparationsleistungen.

Am 20. Oktober 1946 fanden die ersten und vorläufig letzten freien Wahlen in Berlin statt. Als stärkste Fraktion zog die SPD mit 48,7 % der Stimmen in die Stadtverordnetenversammlung ein. Ihr folgte die CDU mit 22,2 %, während die SED nur 19,8 % erreichte ... Knapp $1^{1}/_{2}$ Jahre später, am 20. März 1948, nahm die ehemalige Sowjetunion zum letzten Mal an einer Sitzung des Alliierten Kontrollrates teil.

Mitentscheidend für den Austritt war u. a. die Diskussion um die wirtschaftliche Förderung Deutschlands. Die Westmächte sahen in der Einführung einer neuen Währung die Grundlage des beabsichtigten Wiederaufbauprogramms. Dies entsprach nicht der Absicht der früheren Sowjetunion, die ihren politischen Einfluss in den anderen Besatzungszonen nur bei ungünstigen Wirtschaftsverhältnissen gesichert sah.

Ohne Zustimmung der damaligen Sowjetunion führten die drei Westmächte die Währungsreform am 20. Juni 1948 in ihren Besatzungszonen durch. Berlin blieb zunächst ausgeklammert.

Die Antwort der Sowjetunion auf die Währungsreform in den Westzonen ohne die Westsektoren Berlins war die Einführung einer ebenfalls neuen Währung in ihrer Besatzungszone und in ganz Berlin.

Als die Westmächte die Maßnahmen der Sowjets in den Westsektoren Berlins für nichtig erklärten und ihrerseits nun wiederum die „West-Mark“ einführten, entbrannte der Kalte Krieg in voller Schärfe.

1. **In welche Besatzungszonen wurde Deutschland nach dem 2. Weltkrieg eingeteilt?**
2. **Beschreiben Sie die besonderen Folgen der polnischen Grenzveränderungen.**
3. **Stellen Sie dar, welche unterschiedlichen Interessen die westlichen Besatzungsmächte auf der einen und die Sowjetunion auf der anderen Seite hatten.**
4. **Was versteht man unter dem Kalten Krieg?**
5. **Zur Diskussion**

   Mit der Vertreibung der Deutschen aus den Ostgebieten waren seitens der Besatzer viele Greueltaten verbunden, weil vielfach an unschuldigen Menschen Rache für das genommene wurde, was sich auf den Russlandfeldzügen unter der Hitlerdiktatur abspielte. Wer nicht flüchten konnte und nicht vertrieben wurde, lebte fortan in einem fremden Land. Bis heute sind die Forderungen der Vertriebenen nach einer Rückgabe der ehemaligen Ostgebiete nicht verstummt. Bis heute berufen sich nach Deutschland kommende Übersiedler auf ihre damalige deutsche Staatsbürgerschaft.

   Wie sieht Ihre moralische Position zu der Frage der früheren deutschen Ostgebiete aus?

3032196L

3.2 Kalter Krieg und Mauerbau

Entstehung der Bundesrepublik Deutschland und der DDR

Die in unterschiedlichen Währungsreformen gipfelnden Spannungen zwischen den westlichen Besatzungsmächten und der ehemaligen Sowjetunion entluden sich in Berlin.

Als Antwort auf die Einführung der „West-Mark“ in den Westsektoren schnitt die Sowjetunion Berlin von der Versorgung aus dem Westen ab. Sämtliche Zufahrtswege zu Lande und zu Wasser wurden gesperrt; ebenso blieben die Versorgungsgüter vom Ostsektor und der sowjetisch besetzten Zone aus.

Die Westmächte sollten so zur Aufgabe Berlins gezwungen werden.

Das Ringen um Berlin war gleichzeitig ein Kampf um den Einfluss auf Deutschland. Als sich abzeichnete, dass die Verwirklichung des Potsdamer Abkommens auf einer gemeinsamen Ebene in immer weitere Ferne rückte und die beiden Machtblöcke bei der Berliner Blockade an den Rand einer militärischen Auseinandersetzung gerieten, wurden in der Ostzone und in den westlichen Zonen getrennte Vorbereitungen für die Gründung eigener Staaten getroffen.

Mit der Errichtung der Mauer und dem Ausbau von Grenzanlagen mit „Todesautomaten“ und „Schießbefehl“ wurde versucht, die Teilung Deutschlands unumkehrbar zu machen.

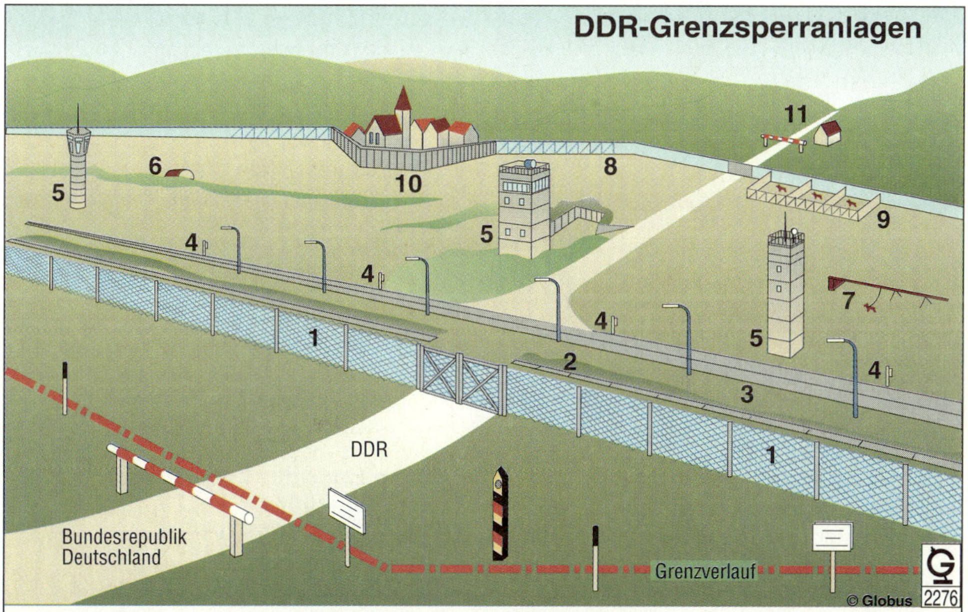

1 Einreihiger Metallgitterzaun (ca 3,2 m hoch)
2 Kfz-Sperrgraben (mit Betonplatten befestigt)
3 Spurensicherungsstreifen
4 Anschlußsäule für das erdverkabelte Grenzmeldenetz
5 Beobachtungstürme aus Beton
6 Beobachtungsbunker
7 Hundelaufanlage
8 Zaun mit elektronischen und akustischen Signalanlagen
9 Hundefreilaufanlage
10 Betonsperrmauer/Sichtblende
11 Kontrollpassierpunkt für Sperrzone

Der Ostsektor gleicht einer belagerten Stadt

Ein Terrorstaat zieht Stacheldraht um seine Bewohner

Am 13. August 1961 um 2 Uhr morgens begannen DDR-Bautrupps unter dem Schutz der Nationalen Volksarmee und sowjetischer Panzer mit dem Bau der Berliner Mauer. Was niemand in der westlichen Welt für möglich gehalten hatte, wurde innerhalb von 48 Stunden traurige Wirklichkeit. Um den nicht abreißenden Flüchtlingsstrom in die Bundesrepublik Deutschland zu stoppen, igelte sich die DDR vollkommen ein.

Die Westmächte waren wie gelähmt. Noch kurz zuvor hatten die Sowjetunion und die USA Garantieerklärungen für Berlin abgegeben. Doch als es dann ernst wurde, unternahmen die Westmächte nichts. Denn der Westen der Stadt blieb von den Sowjets unangetastet. Aber er war seitdem mit einem 165 km langen Wall aus Betonplatten, Metallgittern und Stacheldraht umgeben.

Der 13. August 1961 war für beide deutsche Staaten ein wichtiges Datum. In Ostdeutschland wurde es offenkundig, dass ein Teil der DDR-Bürger die dort praktizierte Art des Sozialismus so sehr ablehnte, dass sie nur mit Gewalt am Verlassen ihres Landes gehindert werden konnten. Eine immer perfektere Mordmaschinerie an der deutsch-deutschen Grenze war die Folge (siehe S. 197). Ein gesamtes Volk wurde eingesperrt. Todesautomaten, aber auch Grenzsoldaten erschossen Flüchtlinge.

Am 16. August 1961 springt ein Soldat der Nationalen Volksarmee über den Stacheldraht „in den Westen".
Foto: Süddeutscher Verlag

1. **Fassen Sie die geschichtliche Entwicklung vom Ende des 2. Weltkrieges bis zur Entstehung der beiden deutschen Staaten zusammen.**
2. **Welche(s) Ereignis(se) verbinden Sie mit dem 17. Juni 1953 und dem 13. August 1961?**
3. **Der „Schießbefehl" auf fliehende Menschen kennzeichnete fast 30 Jahre die politische Grenzsituation der DDR. Noch am 7. Oktober 1989 sagte der damalige Staatsratsvorsitzende Erich Honecker, dass die Mauer auch in hundert Jahren noch stünde! Warum musste dies ein Irrtum sein?**

4 Normalisierung und Entspannung

4.1 Der Grundlagenvertrag zwischen beiden deutschen Staaten

Am 8. November 1972 wurde mit Abschluss des Grundlagenvertrages zwischen der Bundesrepublik Deutschland und der DDR ein entscheidender Schritt auf dem Wege zur Normalisierung getan.

In mehreren Zusatzprotokollen wurden einzelne Standpunkte der Vertragsparteien näher erläutert und kommentiert. Außerdem wurden Ausführungsbestimmungen zu einzelnen Artikeln dargelegt.

In einem zum Grundlagenvertrag gehörenden Brief verwies die Bundesrepublik Deutschland darauf, dass mit Abschluss des Vertrages keine Fragen der Staatsangehörigkeit verbunden sind und dass der Vertrag in keinem Widerspruch zum Ziel der Wiedervereinigung beider deutscher Staaten stehe.

Inhalte des Grundlagenvertrages

Artikel 1

Die Bundesrepublik Deutschland und die Deutsche Demokratische Republik entwickeln normale gutnachbarliche Beziehungen zueinander auf der Grundlage der Gleichberechtigung.

Artikel 2

Die Bundesrepublik Deutschland und die Deutsche Demokratische Republik werden sich von den Zielen und Prinzipien leiten lassen, die in der Charta der Vereinten Nationen niedergelegt sind, insbesondere der souveränen Gleichheit aller Staaten, der Achtung der Unabhängigkeit, Selbständigkeit und territorialen Integrität, dem Selbstbestimmungsrecht, der Wahrung der Menschenrechte und der Nichtdiskriminierung.

Artikel 3

Entsprechend der Charta der Vereinten Nationen werden die Bundesrepublik Deutschland und die Deutsche Demokratische Republik ihre Streitfragen ausschließlich mit friedlichen Mitteln lösen und sich der Drohung mit Gewalt oder der Anwendung von Gewalt enthalten. Sie bekräftigen die Unverletzlichkeit der zwischen ihnen bestehenden Grenze jetzt und in der Zukunft und verpflichten sich zur uneingeschränkten Achtung ihrer territorialen Integrität.

Artikel 4

Die Bundesrepublik Deutschland und die Deutsche Demokratische Republik gehen davon aus, daß keiner der beiden Staaten den anderen international vertreten oder in seinem Namen handeln kann.

Artikel 5

Die Bundesrepublik Deutschland und die Deutsche Demokratische Republik werden friedliche Beziehungen zwischen den europäischen Staaten fördern und zur Sicherheit und Zusammenarbeit in Europa beitragen.

Sie unterstützen die Bemühungen um eine Verminderung der Streitkräfte und Rüstungen in Europa, ohne dass dadurch Nachteile für die Sicherheit der Beteiligten entstehen dürfen.

Die Bundesrepublik Deutschland und die Deutsche Demokratische Republik werden mit dem Ziel einer allgemeinen und vollständigen Abrüstung unter wirksamer internationaler Kontrolle der internationalen Sicherheit dienende Bemühungen um Rüstungsbegrenzung und Abrüstung, insbesondere auf dem Gebiet der Kernwaffen und anderen Massenvernichtungswaffen, unterstützen.

Artikel 6

Die Bundesrepublik Deutschland und die Deutsche Demokratische Republik gehen von dem Grundsatz aus, daß die Hoheitsgewalt jedes der beiden Staaten sich auf sein Staatsgebiet beschränkt. Sie respektieren die Unabhängigkeit und Selbständigkeit jedes der beiden Staaten in seinen inneren und äußeren Angelegenheiten.

4.2 Die Verträge mit Moskau und Warschau

Schon vor den Verträgen mit der DDR und vor dem Viermächteabkommen über Berlin verhandelte die Bundesrepublik Deutschland mit der ehemaligen Sowjetunion und Polen über normalere Beziehungen.

In beiden Fällen stellte die Frage nach der Anerkennung der bestehenden Grenzen das Kernproblem dar.

1

Moskauer Vertrag

Vertrag zwischen der Bundesrepublik Deutschland und der UdSSR vom 12. Aug. 1970

Artikel 3

In Übereinstimmung mit den vorstehenden Zielen und Prinzipien (Verzicht auf Drohung mit Gewalt oder Anwendung von Gewalt) stimmen die Bundesrepublik Deutschland und die Union der Sozialistischen Sowjetrepubliken in der Erkenntnis überein, daß der Friede in Europa nur erhalten werden kann, wenn niemand die gegenwärtigen Grenzen antastet.

- Sie verpflichten sich, die territoriale Integrität aller Staaten in Europa in ihren heutigen Grenzen uneingeschränkt zu achten;
- sie erklären, daß sie keine Gebietsansprüche gegen irgend jemanden haben und solche in Zukunft auch nicht erheben werden;
- sie betrachten heute und künftig die Grenzen aller Staaten in Europa als unverletzlich, wie sie am Tage der Unterzeichnung dieses Vertrages verlaufen, einschließlich der Oder-Neiße-Linie, die die Westgrenze der Volksrepublik Polen bildet, und der Grenze zwischen der Bundesrepublik Deutschland und der Deutschen Demokratischen Republik.

Quelle: Wochenschau O, Nr. 6/7, 1972, Seite 114

3032200L

Warschauer Vertrag

[2]

Vertrag zwischen der Bundesrepublik Deutschland und der Volksrepublik Polen über die Grundlagen der Normalisierung ihrer gegenseitigen Beziehungen von 7. Dez. 1970

Die Bundesrepublik Deutschland
und die
Volksrepublik Polen
in der Erwägung, daß mehr als 25 Jahre seit Ende des Zweiten Weltkrieges vergangen sind, dessen erstes Opfer Polen wurde und der über die Völker Europas schweres Leid gebracht hat,
eingedenk dessen, daß in beiden Ländern inzwischen eine neue Generation herangewachsen ist, der eine friedliche Zukunft gesichert werden soll,
in dem Wunsche, dauerhafte Grundlagen für ein friedliches Zusammenleben und die Entwicklung normaler und guter Beziehungen zwischen ihnen zu schaffen,
in dem Bestreben, den Frieden und die Sicherheit in Europa zu festigen,
in dem Bewußtsein, daß die Unverletzlichkeit der Grenzen und die Achtung der territorialen Integrität und der Souveränität aller Staaten in Europa in ihren gegenwärtigen Grenzen eine grundlegende Bedingung für den Frieden sind,
sind wie folgt übereingekommen:

Artikel 1

(1) Die Bundesrepublik Deutschland und die Volksrepublik Polen stellen übereinstimmend fest, daß die bestehende Grenzlinie, die westliche Staatsgrenze der Volksrepublik Polen bildet.

(2) Sie bekräftigen die Unverletzlichkeit ihrer bestehenden Grenzen jetzt und in der Zukunft und verpflichten sich gegenseitig zur uneingeschränkten Achtung ihrer territorialen Integrität.

(3) Sie erklären, daß sie gegeneinander keinerlei Gebietsansprüche haben und solche auch in Zukunft nicht erheben werden.

Quelle: ebenda, Seite 115

1. **Welche entscheidende Wende erfuhr die Ost- und Deutschlandpolitik mit der Verabschiedung der genannten Verträge?**
2. **Der Grundlagenvertrag wurde in den Siebzigerjahren heftig diskutiert, weil man glaubte, das Ziel der deutschen Einheit (als damaliges Gebot des Grundgesetzes) sei mit der Anerkennung der Grenzen zwischen der DDR und der Bundesrepublik Deutschland für immer verloren.**
   Diskutieren Sie, welche Bedeutung in diesem Zusammenhang die (ungelöst gebliebene) Frage der Staatsbürgerschaft hatte.
3. **Fassen Sie in wenigen Sätzen oder Stichworten die Kerninhalte des Moskauer und Warschauer Vertrages zusammen.**

5 Von Deutschland nach Deutschland – der Weg zur deutschen Einheit

5.1 Politischer Kurswechsel in der ehemaligen Sowjetunion

Die völlig gegenläufige Entwicklung ließ die Kluft zwischen den beiden deutschen Staaten trotz Entspannungsbemühungen nahezu unüberbrückbar groß bleiben. Dies galt umso mehr, als insbesondere die Souveränität der DDR durch das sowjetische Machtmonopol bis in die 80er-Jahre hinein nur Bewegung innerhalb des östlichen Machtblockes zuließ.

Die Opposition hatte in dem politisch bestimmten Einflussbereich der früheren Sowjetunion kaum eine Chance gehört zu werden. Politischer Einfluss wurde ihr gänzlich versagt.

Hervorzuheben sind nur wenige offene Versuche politische Änderungen zu bewirken:

- Proteste am 17. Juni 1953 in Ostberlin und anderen Städten der damaligen DDR
- Ungarnaufstand 1956
- Prager Frühling 1968

Sie endeten alle mit einer blutigen Zerschlagung, an denen die Sowjetunion als Führungsmacht direkt beteiligt war.

Nach einer Demonstration mehrerer Arbeiter von den Baustellen der Ostberliner Stalin-Allee gegen die von der Zonenregierung erhobene Forderung einer Arbeitsnormensteigerung um mindestens zehn Prozent brach am 17. Juni 1953 in Ostberlin ein Volksaufstand waffenloser Männer und Frauen gegen die SED-Machthaber los.
Die Bauarbeiterstreiks weiteten sich zu einem Volksaufstand in Ostberlin und anderen Städten der DDR aus. Der Aufstand wurde durch sowjetische Truppen niedergeschlagen.
Foto: Ullstein Bilderdienst

Erst im März 1985 änderte sich der politische Kurs ebenso unverhofft wie schnell. **Michail Gorbatschow** übernahm in der ehemaligen Sowjetunion die Spitze des mächtigen Politbüros der KPdSU; er war gewillt u. a. auch die wirtschaftlichen Probleme des Landes unter Preisgabe bisher unantastbarer politischer Grundsätze zu lösen.

Michail Gorbatschow brachte einen Prozess ins Rollen, dessen wichtigste Auswirkungen von der Ausrufung der Republik Ungarn, von der Wahl eines nichtkommunistischen Ministerpräsidenten in Polen und den durch Massenproteste erzwungenen Umschwung in Ostberlin und der DDR, der Aufgabe des Führungsanspruches der SED, einem Wechsel in der politischen Führung Bulgariens und der Tschechoslowakei bis zu dem Sturz des rumänischen Diktators Ceauşescu reichten. Letztendlich zerfiel die UdSSR in eine Gemeinschaft Unabhängiger Staaten (GUS). Dies führte zu Gorbatschows eigenem – erzwungenen – Rücktritt sowie zum Verbot der Kommunistischen Partei KPdSU.

„Wer zu spät kommt, den bestraft das Leben“, sagte Gorbatschow in Ostberlin. Das Ende der Nachkriegszeit hatte begonnen. „Gorbi“ hat nicht nur die Offenheit und Freiheit der Medien durchgesetzt und den Umbau des Staatsapparates der Sowjetunion eingeleitet, er hat auch die Bedingungen für eine Umgestaltung der Weltpolitik geschaffen: Im Dezember 1987 unterzeichneten Reagan und Gorbatschow das erste wirkliche Abrüstungsabkommen in der Nachkriegsgeschichte. Es betraf die Verschrottung der Mittelstreckenraketen. Danach wurde über den Abbau der konventionellen Streitkräfte und die Vernichtung chemischer Waffen geredet. Das Abrüstungssignal wirkte: Ungarn begann am 2. Mai 1989 stückweise den Eisernen Vorhang abzubauen. Die Sogwirkung war damals nicht zu erahnen. Erst kamen ein paar. Dann sprach sich herum, dass es geht und wie es geht. Dann drückten die ungarischen Grenzer beide Augen zu und schließlich – im Herbst 1989 – kamen jeden Tag 500 bis 700 Menschen aus der DDR über Ungarn und Österreich in die Bundesrepublik Deutschland. Ein Stück Mauer war gefallen!

5.2 40 Jahre DDR – der Anfang vom Ende des zweiten deutschen Staates

Die Regierenden in Ostberlin hatten die Entwicklung noch nicht begriffen – oder wollten sie nicht wahrhaben.

Noch am 7. Oktober 1989 feierte die SED (Sozialistische Einheitspartei Deutschlands) sich selbst und das 40-jährige Bestehen der DDR. Obwohl allein im Herbst 1989 weit über 100 000 Menschen dem Land mit seinem „real existierenden Sozialismus“ den Rücken gekehrt hatten, erklärte Erich Honecker (Generalsekretär der SED und Vorsitzender des Staatsrates der DDR):

> *„Die DDR ist ein Grundpfeiler der Stabilität und Sicherheit in Europa.“*

An anderer Stelle zu einem anderen Zeitpunkt:

> *„Die Mauer wird als Friedenswall gegen den Imperialismus auch in 100 Jahren noch stehen.“*

Und dies, obwohl am 30. September 1989 ca. 7 000 Flüchtlinge nach dramatischen Tagen des Wartens und politischen Tauziehens mit Sonderzügen aus den bundesdeutschen Botschaften in Prag und Warschau ausreisen durften.

Die Übersiedler-Welle aus der DDR 1989

Jan.	4 600
Mai	10 600
Aug.	21 000
Sept.	33 000
Okt.	57 000
Nov.	133 400
Dez.	43 200

Karikatur: Die Tageszeitung (taz), entnommen aus: Politik und Unterricht aktuell, 5/1990: DDR 1989/90, S. 9

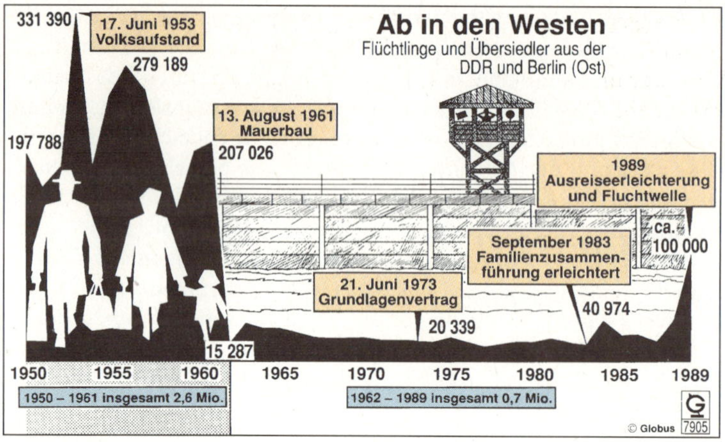

Die Flüchtlingswelle in die bundesdeutschen Botschaften signalisierte der gesamten Welt das Ende und die Machtlosigkeit des alten SED-Regimes. Das Nachgeben der Führung in Ostberlin im diplomatischen Kampf gab den „Zurückgebliebenen“ neuen Mut zur Formulierung ihrer politischen Ziele.

Zweifellos war die Macht des Staatsapparates durch die Krankheit des Staatsratsvorsitzenden Erich Honecker geschwächt. Doch wie ernst mussten die Demonstranten die Drohgebärden und Einschüchterungsversuche der DDR-Führung nehmen? Angst kam auf vor einer Parallele zur „chinesischen Lösung“, bei der in Peking ein Jahr zuvor ein Massaker unter hunderttausenden von Demonstranten angerichtet worden war. Doch trotz dieser Befürchtungen und der Knüppeleinsätze der Volkspolizei in Dresden, Leipzig und Ostberlin verstärkte sich die Entschlossenheit gegen die Staatsautorität vorzugehen.

Massendemonstration in Leipzig im Oktober 1989. Jeden Montag gingen hier hunderttausende auf die Straße, um der Forderung „Wir sind das Volk“ Nachdruck zu verleihen.

Foto: dpa

Michail Gorbatschow prägte den Satz „Wer zu spät kommt, den bestraft das Leben“, während Erich Honecker davon ausging, dass die „Mauer als Friedenswall … auch in 100 Jahren noch stehe“.
Stellen Sie dar, welche Rolle die beiden Politiker in dem 1989 beginnenden deutschen Einigungsprozess spielten.

3032204L

5.3 Von der Massenflucht zur Grenzöffnung

Schon im Vorfeld der Vorbereitungen zur 40-Jahr-Feier kam es zu Massenfluchtbewegungen von DDR-Bürgern. Ihr Weg führte zunächst über Ungarn, einem früheren sozialistischen („zuverlässigen") Land, in das die Bürger der Deutschen Demokratischen Republik ohne Visum reisen durften.

Ungarn war das erste zum Ostblock gehörende Land, welches sich in den 80er-Jahren nach vorher erfolglosen Versuchen z. B. in der Tschechoslowakei schrittweise vom Sozialismus und der Vorherrschaft der Sowjetunion lossagte.

Die Revolution in der DDR nahm ihren sichtbaren Anfang mit dem Abbau der Grenzanlagen zwischen Österreich und Ungarn im Mai 1989. Ein bisher verschlossenes Tor zum Westen öffnete sich . . .

Erstes Fluchtziel: Ungarn

Der Westen nahm den Abbau erster Stacheldrahtzäune an der ungarisch-österreichischen Grenze am 2. Mai 1989 vor allem als Geste: Die „Welt" schrieb von einem „Sinnbild des Wandels", der „Spiegel" von „eher symbolischer Bedeutung".

Im Osten dagegen erkannten Menschen sogleich die Chance. Sie machten sich auf den Riss im Eisernen Vorhang zu nutzen.
Zu Beginn der Ferienzeit kamen sie im Sommer 1989 in Trabis, Wartburgs und Ladas, per Motorrad, Eisenbahn und Anhalter nach Ungarn. Ihr Ziel: die ungarische Grenze in Österreich. Sie ließen ihre Autos zurück und überquerten das Sperrgebiet vor der Grenze zu Fuß. Jeden Abend brachen kleine Gruppen auf und schlichen durch Wälder und Weinberge zur Demarkationslinie.

Die aber wurde noch immer bewacht. Nur wenige Flüchtlinge kamen durch. Viele wurden abgefangen und zurückgeschickt mit einem Stempel, der sie brandmarkte. In der DDR wartete nun das Gefängnis auf sie. Die meisten von ihnen kehrten deshalb nicht in ihre ummauerte Heimat zurück, sondern warteten in Ungarn ab oder suchten Zuflucht in der bundesdeutschen Botschaft in Budapest.

Das war der Beginn einer neuen Abstimmung mit den Füßen, die durch Glasnost ausgelöst worden war: Massenflucht über das Ausland oder Bonner Botschaften.

1

Zeichnung: Peter Leger

Sie wurden nun zu Schlupflöchern in den Westen.

Zuerst rückte Budapest in den Brennpunkt. Am 7. August drängten sich schon 200 Menschen in der Botschaft, einem Bau aus dem 19. Jahrhundert mit winzigem Garten. Täglich wurden es mehr. Die Verhältnisse waren beengt.

Und immer mehr Flüchtlinge strömten ins Land und an die Grenze. Am 19. August veranstaltete Otto von Habsburgs „Paneuropa-Union" ein Friedens-Picknick direkt an der ungarisch-österreichischen Grenze bei Sopron. Die DDR-Flüchtlinge erfuhren davon – und rückten an. Als das hölzerne Grenztor für eine Delegation einen Spalt geöffnet wurde, drückten Hunderte von ihnen dagegen und riefen in Sprechchören: „Macht das Tor auf!" Auf der anderen Seite zerrten österreichische Delegierte. Da traten

die ungarischen Grenzer zur Seite; über sechshundert Menschen brachen in die Freiheit durch.
Vier Tage später, in der Nacht zum 24. August, drückten Rotkreuzleute den Flüchtlingen in der Budapester Botschaft einen „Permit de Voyage" auf Passierscheine. Auch sie durften nun ausreisen. „Die Menschen konnten vor Rührung kaum sprechen, sie lachten und weinten", erinnert sich der Botschaftsangestellte Michael Jansen, 48, „Es war der ergreifendste Augenblick meiner Laufbahn."
Es war zugleich das Signal zum Massenexodus. Nun drängten tausende DDR-Deutsche ins Land. Und ihr Freiheitswille war es, der die endgültige Öffnung der Grenze erzwang. Am 10. September gab die ungarische Regierung bekannt, dass ab Mitternacht alle DDR-Bürger ausreisen dürften.

Quelle: Hauke Brost, in: Berliner Illustrirte, Sonderausgabe, 12/89, S. 76

2 Zweites Fluchtziel: Botschaften in Prag und Warschau

Während über Ungarn zehntausende in den Westen gelangten, war die Lage in Polen und der Tschechoslowakei noch gespannt. Zahlreiche DDR-Bürger waren durch Oder und Neiße geschwommen, um in den von der Solidarność regierten Nachbarstaat zu gelangen. 400 DDR-Deutsche hatten dort in Bonns Botschaft in Warschau Unterschlupf gefunden, aber durften nicht heraus.
Deshalb wurde nach Ungarn zunächst vor allem Prag zum Fluchtpunkt der Hoffnungen. Anfang Oktober kamen in die deutsche Botschaft jeden Tag so viele Menschen, wie ein Dorf Einwohner hat: mal 300, mal 600. Mindestens 3 500 warteten in der letzten Septemberwoche in dem Gebäude, weitere tausende davor. Matratzen lagen auf allen Fluren, sogar auf Treppenstufen. Wo ein Bett stand, schliefen drei darin. Eine Toilette für je 300 Menschen. Stundenlang Schlange stehen für einmal Waschen. Die meisten Männer campierten draußen, damit wenigstens Frauen und Kinder Platz hatten. Viele Kinder litten an Durchfall. Das Essen wurde knapp, nur Frauen und Kinder bekamen noch etwas.
Die Männer hungerten. Um eine Statue im Botschaftsgarten hängten DDR-Bürger Schlüssel ihrer zurückgelassenen Trabis, auf die sie bis zu 14 Jahre gewartet hatten. Es sah wie eine Halskette aus. Die Botschaft musste wegen Überfüllung geschlossen werden.
Die ergreifendsten Szenen spielten sich draußen am Zaun ab, der etwa zwei Meter hoch ist und dessen Spitzen scharf zulaufen.

Foto: dpa

Davor überall tschechoslowakische Polizisten, auch Stasi-Leute aus der DDR. Die letzten Meter zum Zaun legten die Flüchtlinge aus der DDR darum im Laufschritt zurück. Kinder wurden über die Barriere gereicht. Jeweils fünf Mann hatten „Flugdienst": Sie halfen beim Rüberklettern; die Kinderwagen blieben auf der Straße stehen, so wie die Trabis, die im Umkreis von fünf Kilometern die Bürgersteige blockierten.
Beim Übersteigen des Zaunes wurden Menschen verletzt; sie lagen teils ohnmächtig auf dem Rasen. Kinder weinten und hielten verzweifelt ihre Teddys fest. Die Erlösung

3032206L

kam am Abend des 30. September, als Bonns Außenminister Genscher um 19 Uhr auf den Balkon der Botschaft trat: „Wir sind zu Ihnen gekommen, um Ihnen mitzuteilen, dass heute Ihre Ausreise ...“ Und dann der Schrei, den niemand, der ihn hörte, vergessen wird. In Sonderzügen durften die Deutschen durch die DDR in die Bundesrepublik Deutschland reisen, erst aus Prag, dann auch aus Warschau. Polizei und Militär säumten die Strecken durch Dresden, Chemnitz, Plauen. Überall versuchten junge Leute unter Lebensgefahr auf die Züge zu springen. Andere hielten brennende Kerzen und baten: „Vergesst uns nicht.“
Insgesamt kamen bis zur Öffnung der Mauer über die Bonner Botschaften 10 000 Menschen aus Ungarn, 17 000 aus der Tschechoslowakei und 4 800 aus Polen in den Westen.
Beim Aussteigen auf dem ersten Bahnhof hinter der Grenze sagte eine junge Frau: „Wir wissen, dass nicht alles Gold ist, was hier glänzt. Aber hier gibt es wenigstens keine Stasi.“

Berliner Illustrirte, Sonderausgabe, 12/89, S. 76 (Auszüge)

Foto: dpa

1. **Welche Rolle spielte Ungarn im politischen Prozess von der Massenflucht bis zur Grenzöffnung?**
2. **Erörtern Sie, welche Gefühle, Ängste, aber auch welche Erleichterung hinter dem Satz steckt „... aber hier gibt es wenigstens keine Stasi ...“**

Der 9. Oktober 1989: Tag der Entscheidung

3

Die Fluchtbewegung über die deutschen Botschaften in Budapest, Prag und Warschau stellte lediglich ein „Überdruckventil“ der sich in der DDR immer dramatischer zuspitzenden Situation dar.

Die Montagsdemonstrationen hatten ihren Schwerpunkt in Leipzig und Dresden. Überall war die Situation bis aufs Äußerste gespannt. Eine Augenzeugin berichtet:

Die Sicherheitskräfte wurden immer brutaler. Es war abzusehen, dass heute alles kippen musste. Mit dem Bewusstsein, Teilnehmer an einer blutigen Auseinandersetzung zu werden, ging ich gegen 14:30 Uhr in die Nikolaikirche ... Ich musste durch ein Heerlager von Polizisten und Staatssicherheit ... Die Atmosphäre in der Kirche war zum Zerreißen gespannt. Von draußen drangen die gewaltigen Sprechchöre zu uns hinein ... „Stasi raus!“ ... „Gorbi, Gorbi!“ ... „Wir bleiben hier!“ ... „Wir sind das Volk!“ Als wir hinausgingen, sahen wir sie: die Wagen, auf denen die Spezialeinheiten mit Helmen, Schilden und wer weiß, was noch saßen, zum Einsatz bereit ...

Quelle: Jetzt oder nie – Demokratie, Hrsg.: Neues Forum, Leipzig, Seite 83 f. (Auszüge)

4

Foto: dpa

Vorausgegangen waren dramatische Ereignisse zum 40. Jahrestag der DDR. Am schlimmsten hatten die Sicherheitskräfte mit Bereitschaftspolizei, Staatssicherheit und Betriebskampfgruppen am 7. Oktober gewütet. Mit Schützenpanzern und Wasserwerfern waren sie in der Innenstadt aufgefahren und hatten brutal alles zusammengeknüppelt, was sich ihnen in den Weg stellte bzw. mit Demonstrationen die Feierlichkeiten zum 40. Geburtstag der DDR störte.

Am Stadtrand standen Panzer, überall wurde gewarnt in die Stadt zu gehen.

Es blieb ungeklärt, warum dieser „Tag X" friedlich verlief. Sicher spielte eine Rolle, dass – anders als beim Aufstand in 1953 – diesmal die Sowjetarmee nicht eingegriffen hatte und auch nicht eingreifen würde, vielleicht war es auch die Friedfertigkeit, mit der die Demonstrationen abliefen, weil sich aus ihnen kein Gewalteinsatz rechtfertigen ließ, vielleicht war es auch der dramatische und eindringliche Appell von Kurt Masur, dem Dirigenten des Leipziger Gewandhausorchesters … Vielleicht war es auch eine Führungsschwäche der damaligen Regierung, verunsichert durch die eindringlichen Worte der Sowjetführung.

Der 9. Oktober brachte den Bürgerbewegungen starken Auftrieb. Moralisch waren sie schon jetzt der Gewinner der politischen Auseinandersetzungen.

Die SED stand vor einem Scherbenhaufen ihrer Politik. „Das Volk" machte nicht mehr mit und ließ sich nicht mehr einschüchtern.

Am 18. Oktober wurde Erich Honecker nach über 18-jähriger Herrschaft als SED-Chef abgelöst.

Egon Krenz wurde sein Nachfolger als Generalsekretär der SED.

Auf ihm ruhten nun alle Hoffnungen, aber seine Machtübernahme wurde von der ersten Stunde an auch sehr kritisch beurteilt.

Die Demonstrationen hörten nicht auf, immer mehr Menschen verlangten nicht nur

Foto: dpa

nach einem Personenwechsel, sondern sie forderten eine völlig neue Politik.
Die SED-Spitze war dieser Herausforderung nicht gewachsen. Massenaustritte aus der Partei zeigten das neue Selbstverständnis der Bürger.
Die Reisemöglichkeiten nutzten hunderttausende, um sich im Westen ein Bild davon zu machen, was Ihnen bisher vorenthalten worden war.
Hatte der Führungswechsel zunächst noch Hoffnungen genährt, es könne im versteinerten SED-System vielleicht doch noch etwas ändern, benötigte Krenz nur wenige Tage, um diesen bescheidenen Optimismus zu ersticken.
Für Krenz zählten – wie in alten Tagen – die „Genossinnen und Genossen", aber eben nicht die Bürgerinnen und Bürger.
Krenz nutzte nicht die Chance der DDR-Protestbewegung durch Abstriche am umfassenden Machtanspruch der SED entgegenzukommen. Weiterhin sollte die Partei allein bestimmen, was Sozialismus ist, wer als politisch vertrauenswürdig galt, wohin sich das bestehende System entwickeln sollte. Krenz drohte den Oppositionellen mit einem harten Kurs der Partei- und Staatsführung …

Na Egon, wie siehts aus an der Basis?
Zeichnung: Peter Leger

Engstirnigkeit und Machtwillen waren ein Schlag ins Gesicht aller Bürgerbewegungen. Die Krise in der DDR dauerte an …

Am 8. November 1989 trat das gesamte Politbüro der SED geschlossen zurück.

Welche historische Bedeutung hatten der 9. und der 18. Oktober 1989?

9. November 1989: Die Grenzen öffnen sich – Die Mauer stürzt ein 5

Berlin, Donnerstag, 9. Nov., 18 Uhr: Im Internationalen Pressezentrum an der Mohrenstraße beginnt eine Pressekonferenz mit Günter Schabowski, 60, im neuen Politbüro der SED verantwortlich für Informationspolitik.
18:56 Uhr: Ein Reporter der italienischen Nachrichtenagentur ANSA fragt routinemäßig, wie es denn nun aussehen solle mit einer neuen Reiseregelung für DDR-Bürger.
18:57 Uhr: Schabowski liest monoton einen ihm zugeschobenen Zettel ab: „Mir ist eben mitgeteilt worden – der Ministerrat der DDR hat beschlossen: **Privatreisen nach dem Ausland können ohne Vorliegen von Voraussetzungen – Reiseanlässe und Verwandtschaftsverhältnisse – beantragt werden.** Die Genehmigungen werden kurzfristig erteilt. Versagungsgründe werden nur in besonderen Ausnahmefällen angewandt."

Auch Visa zur ständigen Ausreise würden erteilt, die Ausreisen könnten „über alle Grenzübergangsstellen der DDR zur BRD beziehungsweise zu Westberlin erfolgen".
Ein paar Lidschläge lang ist Stille, bis die Presseleute die Sensation erfasst haben, die sich hinter dem dürren Amtsdeutsch verbirgt. Ab wann? „Wenn ich richtig informiert bin, nach meiner Kenntnis unverzüglich", sagt Schabowski, jetzt selbst zögernd.
Um **19:02 Uhr** endete die Pressekonferenz. Fünf Minuten später verbreitete ADN, die amtliche Nachrichtenagentur der DDR, die neue Reiseregelung.
Um **20:34 Uhr** meldet der Große Lagedienst der Berliner Polizei: An der Chausseestraße zwischen Wedding (West) und Berlin-Mitte (Ost) sind die ersten Ostberliner in den Westen gekommen – rund 60 Männer und Frauen.
Um **21:24 Uhr** überschreitet ein junges Paar eng umschlungen, weinend, am Übergang Bornholmer Straße die Grenze. Und um **21:28 Uhr** rollen dort die ersten Trabis über die weiße Linie. Ostberliner in der Bornholmer Straße, die schon im Bett liegen, wachen vom Getrappel und Hupen unter ihren Fenstern auf. Sie schauen hinaus, sehen das Loch in der Mauer. In fliegender Hast springen Dutzende in ihre Kleider und rennen hinüber.

Trabis vor dem Grenzübergang Schwerin
Hannoversche Allgemeine Zeitung, Sonderausgabe, 12/89, S. 27/Fotos: dpa (3)

Dichte Menschentrauben ballen sich an allen Übergängen. Gegen **22 Uhr** brechen alle Dämme. Tausende stürmen durch die Mauer, in die Freiheit, nach Westberlin. Nach Schätzungen der Polizei: 200 000.
Ein Trabi-Fahrer kurbelt die Scheibe herunter: „Ick fass mir pausenlos an' Kopp." **Die Nacht der deutschen Einigkeit hat begonnen. „Wahnsinn" ist ihr häufigstes Wort. Der Verkehr bricht zusammen. Autos hupen, Korken knallen, Konfetti regnet. Berlin erlebt das schönste Chaos der Welt.**

Quelle: Berliner Illustrirte, Sonderausgabe, 12/89, S. 22

Berlins Hauptverkehrsstraße: Die Straße des 17. Juni Hessisch-Niedersächsische Allgemeine, 11/89

Mauerbrocken als Souvenir. Ansichtssache.
Hannoversche Allgem. Zeitung, Sonderausgabe, 12/89, S. 27

Die ersten Stellungnahmen deutscher Spitzenpolitiker zeigten, dass auch im Westen niemand wusste, wie schnell der weitere Prozess ablaufen würde. Weitgehende Einigkeit bestand im Bestreben das Zusammenwachsen der beiden deutschen Staaten zu fördern. 6

Helmut Kohl, Bundeskanzler

Freiheit war, ist und bleibt der Kern der deutschen Frage. Das heißt vor allem: Unsere Landsleute in der DDR müssen selbst entscheiden können, welchen Weg in die Zukunft sie gehen wollen. Sie wissen selbst am besten, was sie wollen. Das gilt auch für die Frage der deutschen Einheit, die Frage der Wiedervereinigung.
Wer unsere Landsleute nicht bevormunden möchte, der sollte ihnen jetzt auch nicht einreden, das Beste sei die staatliche Teilung unseres Vaterlandes.
Wir sind noch lange nicht am Ziel: Das Recht aller Deutschen auf Selbstbestimmung ist noch nicht verwirklicht; der Auftrag des Grundgesetzes, die Einheit und Freiheit Deutschlands zu vollenden, ist noch nicht erfüllt.

Otto Graf Lambsdorff, Bundesminister a. D.

Meine Damen und Herren, es sei nochmals in aller Klarheit gesagt: Wir fordern das Selbstbestimmungsrecht für unsere Landsleute in der DDR. Wir – die Bundesrepublik Deutschland – respektieren jede in freier Beschlussfassung getroffene Entscheidung der Bevölkerung der DDR, sowohl zur Frage der Zweistaatlichkeit oder Einheit Deutschlands wie auch zur künftigen Wirtschafts- und Gesellschaftsordnung, wozu übrigens unerlässlich dann auch freie Gewerkschaften gehören.
Dass 40 Jahre Teilung an der Einheit der Nation, an der Einheit der Menschen nichts ändern konnten, das hat sich in diesen Tagen gleichwohl nachhaltig genug erwiesen.

Willy Brandt, Bundeskanzler a. D.

Meine Damen und Herren, über den Tag hinaus handelt der Prozess, den wir erleben – geschichtlich wird es einmal so gewertet werden –, vom Zusammenwachsen der Teile Europas, nicht von heute auf morgen, aber wohl zu einem wesentlichen Teil noch in dem Jahrzehnt, das vor uns liegt.
Meine verehrten Kolleginnen und Kollegen, neu und wiederholt stellt sich die Frage nach der deutschen Einheit. Ich habe, wie mancher hier weiß, auch wenn er es nicht immer richtig eingeordnet hat, was ich bedaure, seit vielen Jahren mein Problem mit dem „Wieder" bei der Vereinigung, weil ich überzeugt war und bin:
Dies suggeriert, als könnte etwas wieder so werden, wie es einmal war.

aus: Das Parlament, 12/89 (Auszüge)

Menschen aus Ost und West feiern auf der Mauer am Brandenburger Tor (Foto: dpa)

Im Vergleich zur weiteren politischen Entwicklung (die damals natürlich niemand vorhersehen konnte) klangen die Äußerungen der deutschen Spitzenpolitiker eher zaghaft.

1. **Versuchen Sie Gemeinsamkeiten und Unterschiede in den Bewertungen der historischen Situation zu finden.**
2. **Nehmen Sie aus heutiger Sicht Stellung zu der These von Willy Brandt, es könnte niemals „etwas wieder so werden, wie es einmal war."**

Kurz nach dem Fall der Mauer legte die Bundesregierung in einem so genannten 10-Punkte-Plan ihre deutschlandpolitischen Zielsetzungen fest. Im Gegensatz zu den politischen Diskussionen in der Bundesrepublik Deutschland war es in der DDR einmal mehr das Volk, welches in den traditionellen landesweiten Montagsdemonstrationen die Forderung nach einer möglichst schnellen Wiedervereinigung aufstellte.

Die „Übergangsregierung" der DDR unter Führung von Hans Modrow und Egon Krenz hatte keine andere Wahl als diesen Forderungen nachzukommen. Dabei wurde in den wichtigsten Punkten des Planes Übereinstimmung erzielt.

Foto: dpa

5.4 Beginn der Wiedervereinigung: Freie Wahlen, Wirtschafts-, Währungs- und Sozialunion

Mit Beginn des Jahres 1990 rückte der deutsche (Wieder-)Vereinigungsprozess in immer greifbarere Nähe. Die Menschen in der DDR bewegte neben der völligen Neuorganisation der politischen Strukturen insbesondere auch die Frage, wann und zu welchen Bedingungen sie in den Genuss der DM als harte Währung kommen würden. Der Spruch: **„Kommt die DM nicht nach hier, kommen wir zu ihr."** heizte das Tempo der Einigungsbemühungen in beiden Teilen Deutschlands ständig an. Anfängliche Vorbehalte der Alliierten gegen die Geschwindigkeit des Einigungsprozesses wurden schnell abgebaut. Auch hier spielte wieder das Einlenken Moskaus unter der Führung Gorbatschows eine entscheidende Rolle.

Am 18. März 1990 wählte die DDR erstmals in Freiheit die Abgeordneten der Volkskammer. 1

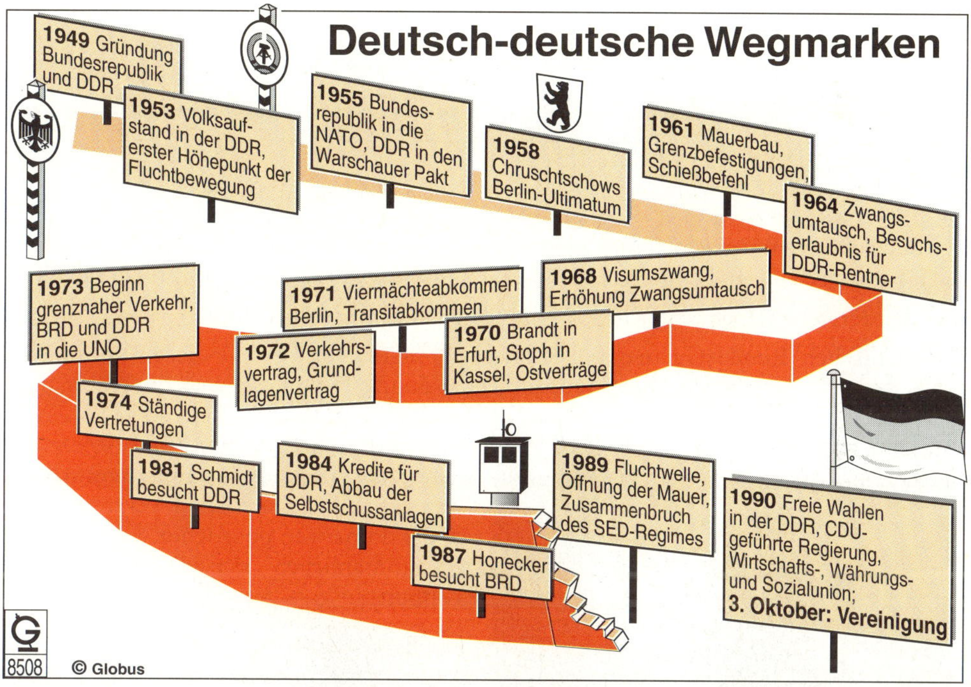

Ein erster Staatsvertrag, der zwischen der Bundesregierung und der Regierung der DDR ausgehandelt und von der Volkskammer der DDR sowie dem Deutschen Bundestag und dem Deutschen Bundesrat beschlossen wurde, legte die wirtschaftlichen, sozialen und währungspolitischen Eckdaten für den weiteren Weg zur deutschen Einheit fest.

Mit In-Kraft-Treten des Staatsvertrages am 1. Juli 1990 wurde das System der Zentralverwaltungswirtschaft abgelöst durch die Einführung der sozialen Marktwirtschaft in der DDR. Mit diesem schwerwiegenden wirtschafts- und sozialpolitischen Eingriff wurde „über Nacht" vieles anders.

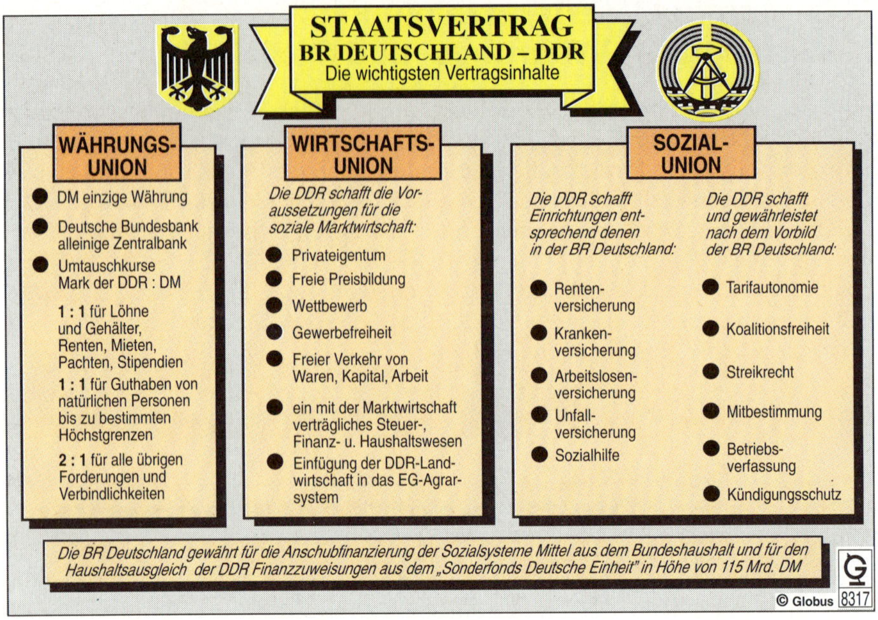

[2] Äußeres Zeichen des Wandels war die Einführung der DM als offizielles Zahlungsmittel der DDR. Der Staatsvertrag sah aber ebenso die stufenweise Übernahme einer Reihe wichtiger Wirtschafts- und Steuergesetze vor. Nicht zuletzt gerieten viele DDR-Betriebe durch wegfallende Subventionen und mangelnde Wettbewerbsfähigkeit in große finanzielle und existenzielle Schwierigkeiten.

Im Deutschen Bundestag und im Bundesrat prägten im Vorfeld dieses Vertragsabschlusses teilweise scharfe Kontroversen das Meinungsbild darüber, ob die Übergangsprobleme mit der vorliegenden Vereinbarung zu bewältigen seien. Eine Ablehnung hätte den deutschen Einigungsprozess wahrscheinlich nachhaltig verzögert und in der damaligen politischen Situation den Zusammenbruch der DDR bedeuten können.

Willensbekundung auf der Leipziger Montagsdemo Anfang Februar 1990 Foto: dpa

Nach anfänglicher Ablehnung stimmten schließlich große Teile der SPD im Bundestag zusammen mit den Regierungsparteien dem Vertragswerk zu.

Der Vertrag wurde mit 444 Stimmen der CDU, CSU, FDP und Teilen der SPD gegen 60 Abgeordnete der SPD und der GRÜNEN im Deutschen Bundestag angenommen. Im Bundesrat erfolgte ebenfalls eine Zustimmung.

3

Bundeskanzler Helmut Kohl (CDU) in seiner Regierungserklärung zu Beginn der Debatte vom 21. Juni 1990:

Die Bundesregierung will jetzt die Voraussetzungen dafür schaffen, dass bald alle Deutschen gemeinsam in Frieden, Freiheit und Wohlstand leben können. Wir stehen damit vor einer der größten Gestaltungsaufgaben der Nachkriegsgeschichte. Ich bin mir bewusst, dass der Weg, den wir jetzt einschlagen, schwierig sein wird. Das wissen auch die Menschen in der DDR. Wer jetzt behauptet, man hätte sich doch mehr Zeit lassen können, der verkennt die Realitäten in Deutschland, und der verdrängt die Erfahrungen der letzten Monate. Es sind die Menschen in der DDR, die das Tempo der Entwicklung bestimmt haben und im Übrigen weiter bestimmen werden. Die Menschen sind in die Bundesrepublik Deutschland gekommen, weil sie in der DDR keine Zukunftsperspektive mehr sahen, Menschen, die für den Aufbau in der DDR dringend gebraucht werden. Erst die Aussicht auf die Währungs-, Wirtschafts- und Sozialunion hat viele unserer Landsleute wieder Hoffnung schöpfen lassen.
Ein Hinauszögern des Staatsvertrages – mit welchen Argumenten auch immer – hätte den Zusammenbruch der DDR bedeutet.
Es wird harte Arbeit, auch Opfer, erfordern, bis wir Einheit und Freiheit, Wohlstand und sozialen Ausgleich für alle Deutschen verwirklichen können. Viele unserer Landsleute in der DDR werden sich auf neue und ungewohnte Lebensbedingungen einstellen müssen und auch auf eine gewiss nicht einfache Zeit des Übergangs. Aber niemandem werden dabei unbillige Härten zugemutet. Es wird niemandem schlechter gehen als zuvor – dafür vielen besser.

Quelle: Das Parlament, 29. Juni 1990 (Auszüge)

Antje Vollmer, Abgeordnete der Grünen: Wie aufregend und schön die Geschichte der Deutschen sein kann, das haben wir in den großen Oktoberdemonstrationen und in der Demonstration vom 4. November in den Straßen von Leipzig und Berlin gesehen. Diese Einheit hat die Welt fasziniert. Es war eine Einheit der Menschen, die von unten wächst, mit einer gemeinsamen Sprache, mit einer gemeinsamen, sehr phantasievollen demokratischen Kultur, eine Einheit, die die Last der gemeinsamen Geschichte nicht vergisst, und eine Einheit mit einem unbändigen Wunsch nach Selbstbestimmung und Freiheit: „Wir sind das Volk.“
Weil wir von dem Geist dieser Einheit in dem jetzigen Staatsvertrag nichts mehr spüren, lehnen wir diesen ab.
Gerade weil wir der damals entstandenen, von unten gewachsenen Einheit der Deutschen treu bleiben wollen, haben wir gute und stichhaltige Gründe gegen diesen Staatsvertrag zu stimmen.
Dieser Staatsvertrag wird die Spaltung gerade nicht überwinden. Vielmehr wird er die Spaltung zwischen den beiden Gesellschaften in Ost und West in der Praxis vertiefen.

Quelle: Das Parlament, 29. Juli 1990 (Auszüge)

Hans-Jochen Vogel, SPD-Vorsitzender: Wir wollen die deutsche Einheit als Ausfluss eines allgemeinen Menschenrechts, das vor allem Völkern zusteht, nämlich als Ausfluss des Selbstbestimmungsrechtes.
Auf dieser Grundlage streiten wir mit Ihnen über die deutsche Einheit. Aber wir streiten nicht über das Ob, wir streiten über das Wie. Wir streiten nicht über das Ziel, sondern über den besten Weg dorthin.
Worüber wir streiten und uns in demokratischer Weise zur Meinungsbildung auseinander setzen, das ist der abrupte, unflankierte Übergang von einem System in das andere, das ist die Frage, ob es richtig ist, die Schleusen von einem Tag auf den anderen mit einem Ruck zu öffnen; ob die Schutz- und Anpassungsmaßnahmen ausreichend sind; ob es als Folge des von Ihnen gewählten Weges nicht zu tieferen sozialen Brüchen

und Erschütterungen kommen wird als unvermeidbar; ob nicht mehr Betriebe zusammenbrechen und mehr Menschen arbeitslos werden, als das ohnehin unvermeidlich ist. Wir haben weitere Verbesserungen verlangt. Das waren und sind unsere hauptsächlichen Forderungen: Es muss verhindert werden, dass überlebens- und konkurrenzfähige Betriebe zusammenbrechen, weil ihnen in der kritischen Anfangsphase nicht geholfen wird. Jeder Betrieb, der gerettet wird, bedeutet weniger Arbeitslose und mehr Hoffnung für Menschen in der DDR. Das ist entscheidend.

Quelle: Das Parlament, 29. Juni 1990 (Auszüge)

1. **Was verstand man im Staatsvertrag unter der Wirtschafts-, Währungs- und Sozialunion?**
2. **Welche Bedeutung hatte die Einführung der „harten" DM für die damaligen Bewohner der DDR? Diskutieren Sie die Folgen für Guthaben oder Schulden von Privatpersonen bzw. Betrieben, die der Kurs von 1:1 bzw. 1:2 im Vergleich zum vorherigen Wertverhältnis von etwa 1:10 (oder mehr) mit sich brachte.**
3. **Erörtern Sie, inwieweit die Vereinigung ein Anschluss der DDR an die Bundesrepublik Deutschland war oder inwieweit sich für beide Teile neue politische und sonstige Rahmenbedingungen ergaben.**
4. **Vergleichen Sie Gemeinsamkeiten und zeigen Sie gravierende Unterschiede in den Stellungnahmen der Parteien.**
5. **Erörtern Sie differenziert, ob die Aussage „Es wird niemandem schlechter gehen als zuvor – dafür vielen besser." Bestand hatte und hat. Diskutieren Sie dabei auch die Bewertbarkeit von Veränderungen, die der politische und wirtschaftliche Systemwechsel mit sich brachte (Stichwort: Wie viel ist die Reisefreiheit wert?).**

Wenige Tage nach der Währungsunion begannen die Verhandlungen über den zweiten Staatsvertrag, den **Einigungsvertrag.** Dies war – wie alle vorhergehenden Ereignisse – keine alleinige Angelegenheit der Deutschen. Die Zwei-plus-vier-Gespräche spielten eine zentrale Rolle. Nur im Rahmen einer Einigung mit den Siegermächten konnten die DDR und die Bundesrepublik Deutschland die Einheit wiedererlangen.

Hier nahm die sowjetische Führung wiederum eine Schlüsselrolle ein, denn von ihr hing es ab, inwieweit sie bereit und politisch in der Lage war ihren Einflussbereich einzuschränken.

Die Bundesregierung verfolgte in enger Abstimmung mit ihren westlichen Verbündeten von Anfang an das Ziel, dass ein wieder vereinigtes Deutschland trotz geänderter politischer Strukturen und Landkarten in jedem Falle NATO-Mitglied bleiben müsse.

Am 16. Juli 1990 gelang der Durchbruch. Nach einem letzten persönlichen Gespräch zwischen Kohl und Gorbatschow in Moskau war klar, dass Deutschland nach einer Vereinigung die volle Souveränität erhalten und über seine Bündniszugehörigkeit selbst entscheiden solle.

3032216L

5.5 Der 3. Oktober 1990 – Tag der Deutschen Einheit

Am 31. August 1990 wurde die deutsche Einheit besiegelt: In Ostberlin wurde der deutsch-deutsche Einigungsvertrag unterschrieben. Er regelte in 45 Artikeln auf rund 1 000 Seiten in Anlagen Einzelheiten des DDR-Beitritts. Bis zuletzt gab es ein Tauziehen um die Fragen der Abtreibung und der Verwahrung der Stasi-Akten. Wichtige Auszüge im Wortlaut:

Vertrag zwischen der Bundesrepublik Deutschland und der Deutschen Demokratischen Republik über die

Herstellung der Einheit Deutschlands

Die Bundesrepublik Deutschland und die Deutsche Demokratische Republik.

ENTSCHLOSSEN, die Einheit Deutschlands in Frieden und Freiheit als gleichberechtigtes Glied der Völkergemeinschaft in freier Selbstbestimmung zu vollenden,

AUSGEHEND VON DEM WUNSCH der Menschen in beiden Teilen Deutschlands, gemeinsam in Frieden und Freiheit in einem rechtsstaatlich geordneten, demokratischen und sozialen Bundesstaat zu leben,

IN DANKBAREM RESPEKT vor denen, die auf friedliche Weise der Freiheit zum Durchbruch verholfen haben, die an der Aufgabe der Herstellung der Einheit Deutschlands unbeirrt festgehalten haben und sie vollenden,

IM BEWUSSTSEIN der Kontinuität deutscher Geschichte und eingedenk der sich aus unserer Vergangenheit ergebenden besonderen Verantwortung für eine demokratische Entwicklung in Deutschland, die der Achtung der Menschenrechte und dem Frieden verpflichtet bleibt,

IN DEM BESTREBEN, durch die deutsche Einheit einen Beitrag zur Einigung Europas und zum Aufbau einer europäischen Friedensordnung zu leisten, in der Grenzen nicht mehr trennen und die allen europäischen Völkern ein vertrauensvolles Zusammenleben gewährleistet,

IN DEM BEWUSSTSEIN, daß die Unverletzlichkeit der Grenzen und der territorialen Integrität und Souveränität aller Staaten in Europa in ihren Grenzen eine grundlegende Bedingung für den Frieden ist –

SIND ÜBEREINGEKOMMEN, einen Vertrag über die Herstellung der Einheit Deutschlands mit den nachfolgenden Bestimmungen zu schließen:

Artikel 1
Länder

(1) Mit dem Wirksamwerden des Beitritts der Deutschen Demokratischen Republik zur Bundesrepublik Deutschland gemäß Artikel 23 des Grundgesetzes am 3. Oktober 1990 werden die Länder Brandenburg, Mecklenburg-Vorpommern, Sachsen, Sachsen-Anhalt und Thüringen Länder der Bundesrepublik Deutschland.

(2) Die 23 Bezirke von Berlin bilden das Land Berlin.

Artikel 2
Hauptstadt, Tag der Deutschen Einheit

(1) Hauptstadt Deutschlands ist Berlin. Die Frage des Sitzes von Parlament und Regierung wird nach der Herstellung der Einheit Deutschlands entschieden.

(2) Der 3. Oktober ist als Tag der Deutschen Einheit gesetzlicher Feiertag.

Der Einigungsvertrag wurde am 31. August 1990 in Berlin unterzeichnet und am 20. September sowohl vom Bundestag in Bonn als auch von der Volkskammer in Ostberlin gebilligt; am 21. September billigte als letztes parlamentarisches Gremium der Bundesrat einstimmig den Vertrag.

Quelle: Wochenschau, Okt. 1990, S. 38 (Auszüge)

Foto: Presse- und Informationsamt der Bundesregierung
Quelle: Das Parlament, Nr. 40/41, 28. Sept./5. Okt. 1990, Seite 1

Bundespräsident Richard von Weizsäcker unterzeichnete am 24. September das Ratifizierungsgesetz zum Einigungsvertrag in Bonn. Damit stand der Verwirklichung der deutschen Einheit nichts mehr im Wege. Mit einem Festakt der DDR am 2. Oktober im Ostberliner Schauspielhaus und einem Staatsakt der Bundesrepublik Deutschland am 3. Oktober in der Westberliner Philharmonie wurde der Tag der Deutschen Einheit festlich begangen.

Nach vier Jahrzehnten der Trennung wurde die Teilung Deutschlands am Mittwoch, dem 3. Oktober 1990, überwunden. So nüchtern wird sich diese Feststellung vielleicht in den Geschichtsbüchern des Jahres 2090 lesen lassen.

Am 3. Oktober 1990 wurde Deutschland wieder ein neues Land – die Deutschen waren wieder vereint – und sie feierten diese Vereinigung in Berlin, in Leipzig in Dresden und Hamburg ebenso wie in Köln, Kassel, Fulda, Eschwege oder anderswo. Besonders groß war die Freude in den früheren grenznahen Gemeinden, hatte sich hier doch in den letzten Monaten das gemeinsame Leben schon fast normalisiert.

365 Tage vorher nicht einmal als Traum vorstellbar, war auf friedlichem Wege Wirklichkeit geworden. Die DDR löste sich mit dem Beitritt zur Bundesrepublik Deutschland um 0.00 Uhr als Staat auf. **Mit dem Hissen der Bundesflagge vor dem Berliner Reichstagsgebäude wurde die Einheit symbolisch vollendet.**

Die Zeremonie in Anwesenheit von Bundespräsident Richard von Weizsäcker, Bundeskanzler Kohl, der Volkskammerpräsidentin Bergmann-Pohl und des DDR-Ministerpräsidenten de Maizière wurde der Höhepunkt der offiziellen Feierlichkeiten.

In einem Staatsakt in der Berliner Philharmonie erklärte Bundespräsident Richard von Weizsäcker **„sich vereinen heißt teilen zu lernen“.** Er erinnerte daran, dass die deutsche Einheit ein Teil eines geschichtlichen Prozesses sei, der eine neue Friedensord-

3032218L

nung in Europa zum Ziele habe. „Diesem Ziel wollen wir Deutsche dienen, ihm ist unsere Einheit gewidmet", betonte er unter großem Beifall der Ehrengäste aus Politik, Wirtschaft und Kultur ganz Deutschlands.

Es sei wichtig, so der Bundespräsident, dass die Menschen in der ehemaligen DDR „ihre errungene Freiheit nicht als neuen Notstand erleben". Nunmehr gelte es, „öffentlich und privat umzudisponieren".

Weizsäcker rief dazu auf, zunächst einmal alles zu tun, um sich besser zu verstehen, denn „es wäre weder aufrichtig noch hilfreich, wollte man verschweigen, wie viel uns noch voneinander trennt . . ."

Als besonders bedrückend bezeichnete von Weizsäcker die Erblast des Misstrauens, die der Staatssicherheitsdienst hinterlassen habe. Darüber dürfe kein „Mantel des Vergessens" ausgebreitet werden.

Der Bundespräsident dankte der UdSSR und Michail Gorbatschow, den anderen osteuropäischen Völkern und allen Deutschen, „die in der DDR den Mut aufbrachten sich gegen Unterdrückung und Willkür zu erheben".

Bundestagspräsidentin Rita Süssmuth sprach sich für ein „solidarisches, europäisches und partnerschaftliches Deutschland" aus. Die Einheit sei ein „Baustein für das geeinte Europa".

Die bisherige Volkskammerpräsidentin, Bergmann-Pohl, appellierte: „Nehmen wir Rücksicht auf die Mentalität und Empfindlichkeit des anderen, stehen wir zusammen."

Der amtierende Bundesratspräsident Momper hieß „die neuen ostdeutschen Länder in unserer Mitte willkommen". Sie würden den Föderalismus stärken.

Alle Redner erinnerten auch an die Irrwege deutscher Geschichte einschließlich aller Verbrechen, die im deutschen Namen begangen wurden.

Am Donnerstag, dem 4. Oktober 1990, trat zum ersten Mal der neue deutsche Bundestag zusammen. Ihm gehörten nunmehr bis zur ersten gesamtdeutschen Wahl am 2. Dezember auch 144 Abgeordnete der früheren Volkskammer an.

1. **Nennen Sie die Bundesländer und deren Hauptstädte unseres vereinten Deutschlands.**
2. **Die Worte des Bundespräsidenten Richard von Weizsäcker „sich vereinen heißt teilen zu lernen" machten Geschichte. Wie deuten Sie diese Forderung? Ist sie nach Ihrer Meinung vom politischen und wirtschaftlichen Geschehen eingelöst worden?**

5.6 Deutschlands Verträge mit der ehemaligen Sowjetunion und Polen

Der deutsche Einigungsprozess näherte sich nun seiner Endphase. Am ersten Jahrestag der Maueröffnung unterzeichneten der sowjetische Präsident Gorbatschow und Bundeskanzler Kohl in Bonn einen **Vertrag über gute Nachbarschaft.** In ihm wurde die Zusammenarbeit Deutschlands und der früheren Sowjetunion in den nächsten 20 Jahren geregelt.

3032219L

Generalvertrag mit der Sowjetunion unterzeichnet

Bundeskanzler Kohl erklärte, der Vertrag stelle die Ernte der Bemühungen beider Seiten um eine gute Zukunft dar. Gorbatschow äußerte die Überzeugung, dieser Tag werde als der Beginn neuer Beziehungen zwischen beiden Ländern in die Geschichte eingehen und „gewaltige Folgen" haben.
Der von Kohl und Gorbatschow unterschriebene „Vertrag über gute Nachbarschaft, Partnerschaft und Zusammenarbeit", auch „Umfassender Vertrag" oder „Generalvertrag" genannt, stellt die Beziehungen auf eine neue, weit in die Zukunft reichende Grundlage. Unter anderem verzichten beide Staaten darin auf jegliche Gebietsansprüche und auf die Anwendung von Gewalt (Nichtangriffspakt) und vereinbaren jährliche Gipfeltreffen sowie regelmäßige Begegnungen ihrer Außen- und Verteidigungsminister. Außerdem wird die Bewahrung und Förderung der kulturellen Identität der in der Sowjetunion lebenden Deutschen garantiert.

Quelle: Hessisch-Niedersächsische Allgemeine, 10. November 1990, S. 1 (Auszüge)

In Ergänzung dieses Generalvertrages und zur Vervollständigung der **Zwei-plus-vier-Gespräche** liefen die Verhandlungen mit Polen über einen Vertrag zur endgültigen Festlegung der polnischen Westgrenze. Diese Frage wurde insbesondere unter den Vertriebenen kontrovers diskutiert, ging es doch darum, endgültig auf alle Ansprüche bezüglich der ehemaligen deutschen Ostgebiete zu verzichten.

In Fortsetzung des Warschauer Vertrages von 1970 unterzeichneten Bundesaußenminister Genscher und sein polnischer Amtskollege Skubiszewski am 14. November 1990 den deutsch-polnischen Vertrag.

Der Grenzvertrag mit Polen im Wortlaut

Artikel 1

Die Vertragsparteien bestätigen die zwischen ihnen bestehende Grenze, deren Verlauf sich nach dem Abkommen vom 6. Juli 1950 zwischen der Deutschen Demokratischen Republik und der Republik Polen über die Markierung der festgelegten deutsch-polnischen Staatsgrenze erstreckt.

Artikel 2

Die Vertragsparteien erklären, dass die zwischen ihnen bestehende Grenze jetzt und in Zukunft unverletzlich ist.

Artikel 3

Die Vertragsparteien erklären, dass sie gegeneinander keinerlei Gebietsansprüche haben und solche auch in Zukunft nicht erheben werden.

Quelle: Hessisch-Niedersächsische Allgemeine, 14. Nov. 1990 (Auszüge)

Mit dem sowjetischen Generalvertrag und dem polnischen Grenzvertrag wurde ein wichtiges Kapitel der Nachkriegsgeschichte endgültig abgeschlossen.

1. **Stellen Sie die Bedeutung der beiden Vertragswerke heraus und stellen Sie dar, inwieweit sich dadurch auch die weltpolitische Situation geändert hat.**
2. **In dem polnischen Grenzvertrag wird auch endgültig auf die früheren deutschen Ostgebiete verzichtet. Die Vertriebenen – an die im Vertrag erinnert wird – fühlen sich nunmehr als Opfer des 2. Weltkrieges und des Verhandlungstisches.**
   Wie stehen Sie zu der Tatsache, dass mit dem Grenzvertrag die Oder-Neiße-Linie nunmehr endgültig zur Grenze erhoben wurde und die östlich liegenden Gebiete damit anerkannt polnisch sind?

THEMENKREIS 6:
Parlamentarische Demokratie in der Bundesrepublik Deutschland

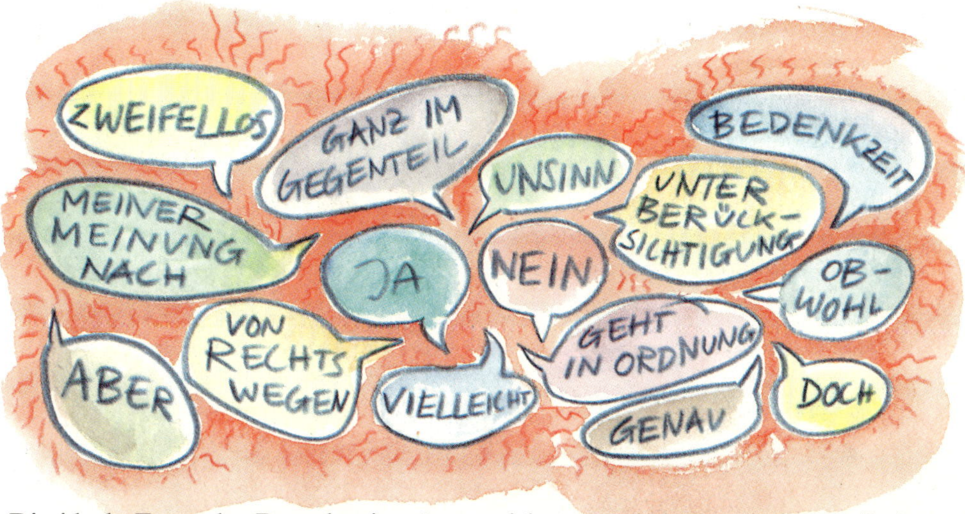

Die ideale Form der Demokratie wäre erreicht, wenn jede Entscheidung direkt von allen Wahlberechtigten getroffen würde. Diese unmittelbare Demokratie scheitert allerdings an der Zahl der Wahlberechtigten, die sich bei jeder Abstimmung versammeln müssten. Auch in der Schweiz, die direkte Demokratie teilweise praktiziert, fallen nur manche Entscheidungen bei Volksabstimmungen. In der überwiegenden Mehrzahl entscheidet auch hier ein vom Volk gewähltes Parlament.

Auch aus dem Grundgesetz der Bundesrepublik Deutschland leitet sich das **System der repräsentativen Demokratie** ab. Es gründet sich auf die Wahl von Vertretern des Volkes, von „Repräsentanten". Sie sind auf Zeit gewählt und innerhalb dieser Zeit nicht absetzbar. In der Bundesrepublik Deutschland beträgt eine Wahlperiode normalerweise 4 Jahre.

Ausgangspunkt für die demokratische Grundordnung ist **Artikel 20** des Grundgesetzes mit dem Wortlaut:

Alle Staatsgewalt geht vom Volke aus. Sie wird vom Volke in Wahlen und Abstimmungen und durch besondere Organe der Gesetzgebung, der vollziehenden Gewahlt und der Rechtsprechung ausgeübt.

Für den Bund wird in **Artikel 38** des Grundgesetzes die Art der Wahl präzisiert:

Die Abgeordneten des Deutschen Bundestages werden in allgemeiner, unmittelbarer, freier, gleicher und geheimer Wahl gewählt. Sie sind Vertreter des ganzes Volkes, an Aufträge und Weisungen nicht gebunden und nur ihrem Gewissen unterworfen.

Ein politisches System muss sich daran messen lassen, durch wen die Regierenden das Recht der Machtausübung bekommen, welche Möglichkeiten der einzelne Bürger hat, in den Entscheidungsprozess einzugreifen, und welche Kontrollmöglichkeiten bei der Machtausübung bestehen.

1 Wesensmerkmale der Demokratie

Für den Begriff „Demokratie“ selbst gibt es verschiedene Beschreibungen. Ganz einfach lässt er sich mit dem Wort „Volksherrschaft“ übersetzen.

Trotzdem ist die Frage, was Demokratie bedeutet und welchen Anspruch eine funktionierende Demokratie vor allem an die Bürgerinnen und Bürger stellt, nicht ganz einfach zu beantworten.

Dies gilt umso mehr, als die politische Struktur Deutschlands nach dem Zweiten Weltkrieg über 40 Jahre durch zwei Staaten geprägt war, die beide für sich in Anspruch nahmen, demokratisch zu sein und doch völlig unterschiedliche politische Systeme waren.

Nach dem politischen Selbstverständnis der Bundesrepublik Deutschland muss alle „Staatsgewalt vom Volke“ ausgehen.

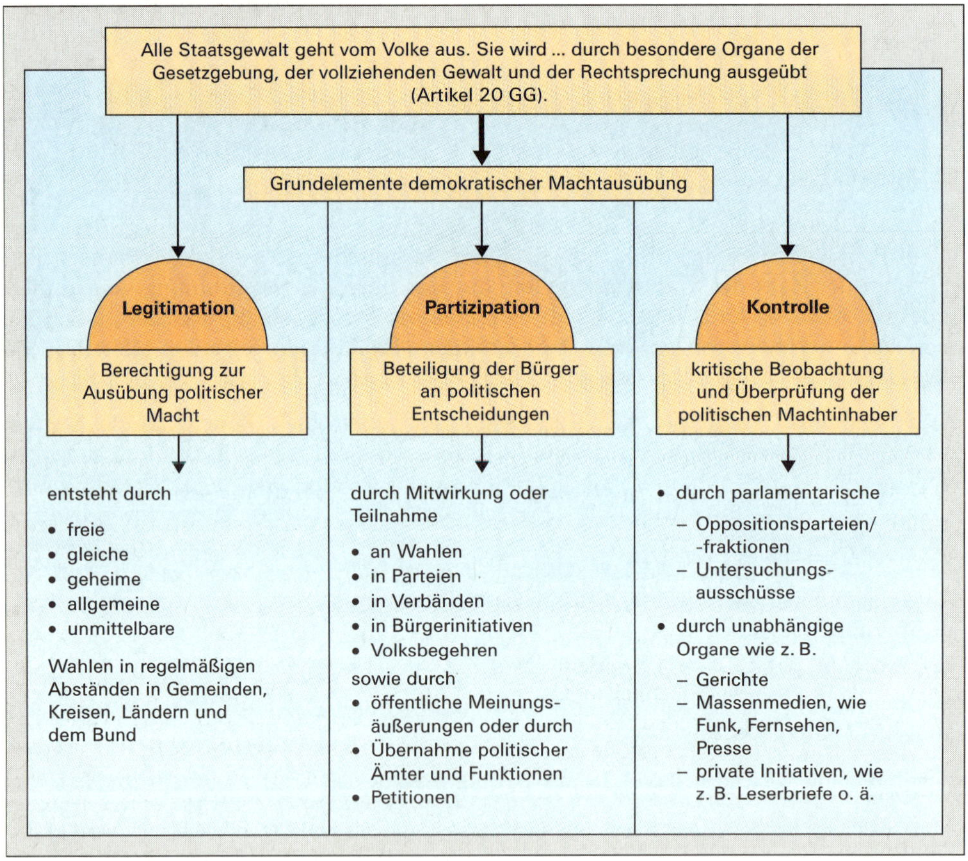

Ein politisches System muss sich daran messen lassen, durch wen die Regierenden das Recht der Machtausübung bekommen, welche Möglichkeiten der einzelne Bürger hat, in den Entscheidungsprozess einzugreifen, und welche Kontrollmöglichkeiten bei der Machtausübung bestehen. Nähere Informationen über diese drei Bereiche gibt Ihnen der folgende Textauszug:

Legitimation

Unter Legitimation wird die Berechtigung verstanden, politische Macht auszuüben. Eine solche Berechtigung kann auf verschiedene Weise entstehen bzw. von demjenigen, der sie für sich in Anspruch nimmt, behauptet werden:

In der Demokratie entsteht Legitimation in aller Regel durch Wahlen. Die Regierenden können sich auf einen unmittelbaren oder mittelbaren Auftrag, ein Mandat der Bevölkerung berufen. Diktatorische Regierungen, die nicht durch freie Wahlen ins Amt gekommen sind, versuchen häufig, ihre Rechtfertigung aus der Berufung auf das Gemeinwohl und den „wahren Volkswillen" herzuleiten, den nur sie angeblich kennen und verkörpern.

In traditionellen Herrschaftsformen (vor allem der absoluten Monarchie) galt die Berufung auf den göttlichen Willen als Quelle der Legitimation. Der Herrscher betrachtete sich als von Gott eingesetzte Obrigkeit, die von daher vom Willen des Volkes unabhängig war. Annäherungen an diese Legitimationsform sind in der Gegenwart beispielsweise im Iran, in der „Islamischen Republik" vorhanden.

In faschistischen Regierungsformen, besonders deutlich im deutschen Nationalsozialismus, gilt häufig der Führer als persönliche Verkörperung des Volkswillens. Seine Ausstrahlung und Begeisterungsfähigkeit (Charisma) wird zur Rechtfertigungsquelle eigener Art.

Demokratisch kann eine Regierungsform hingegen nur genannt werden, wenn sie ihre Legitimation direkt oder indirekt von der Zustimmung der Bevölkerung herleitet und die Bevölkerung die Möglichkeit hat, diese Zustimmung (durch Wahlen) in periodischen Abständen zu bestätigen oder zurückzunehmen.

Partizipation

Unter Partizipation wird politische Beteiligung der Bevölkerung an Entscheidungsprozessen verstanden. Dies reicht von der Teilnahme an Wahlen über die Mitwirkung in Parteien, Verbänden und Bürgerinitiativen bis hin zur verantwortlichen Übernahme politischer Ämter, Mandate und Funktionen.

Danach gelten als Formen politischer Partizipation unter anderem: Wahlbeteiligung, Mitgliedschaft in Parteien und Organisationen, öffentliche Demonstrationen, Eingaben und Beschwerden an die Adresse der Parlamente, Meinungsäußerungen, etwa durch Leserbriefe in der Presse.

In den letzten Jahrzehnten ist auch die Mitbestimmung der Betroffenen in gesellschaftlichen Teilbereichen wie Betrieben, Unternehmen, Schulen, Hochschulen sowie die Beteiligung der Bürger an Entscheidungen wie Verkehrsplanung, Bauplanung usw. als wichtige Partizipationsform in den Mittelpunkt der Aufmerksamkeit getreten. Unter Demokratisierung wird von daher die Ausweitung solcher Partizipationsmöglichkeiten verstanden.

Kontrolle

Unter Kontrolle wird jede Form der kritischen Beobachtung und Überprüfung der Handlungen politischer Machtinhaber verstanden. Wirksame Kontrolle setzt zunächst Information voraus: Machtträger müssen veranlasst werden, ihre Handlungen und die dafür vorhandenen Beweggründe offen zu legen und zur Diskussion zu stellen. Zu nennen sind hier z. B. die Kontrollinstrumente des Parlaments gegenüber der Regierung: Kleine und Große Anfragen, „Aktuelle Stunden" zur Debatte eines Problems, Einsetzung von Untersuchungsausschüssen zur Aufhellung eines zweifelhaften Sachverhalts usw. Ein wichtiger Träger von Kontrolle ist auch die Justiz: Das richterliche Prüfungsrecht, durch das z. B. das Bundesverfassungsgericht Gesetze auf ihre Übereinstimmung mit der Verfassung hin untersucht, ist eine Schranke für die Machtausübung von Regierung und Gesetzgeber.

Die Medien der öffentlichen Meinung (Presse, Rundfunk, Fernsehen) spielen gleichfalls eine wichtige Rolle. Nur wenn es möglich ist, in diesen Medien auch von der Regierungshaltung abweichende Positionen zum Ausdruck zu bringen, nur wenn Fehler

und Missstände offen aufgedeckt werden, kann von demokratischer Öffentlichkeit die Rede sein.
Ein Kontrollinstrument der Bevölkerung liegt in den periodisch stattfindenden Wahlen. Ähnliches gilt in Parteien und Organisationen bei der Wahl der Vorstände und der Aufstellung von Kandidaten für öffentliche Ämter.

Die Politikwissenschaft unterscheidet zwischen horizontaler Kontrolle (Kontrolle zwischen verschiedenen Institutionen auf gleicher Ebene, z. B. Kontrolle der Regierung durch das Parlament) und vertikaler Kontrolle (Kontrolle von unten, z. B. Kontrolle eines Vereinsvorstands durch die Mitgliederversammlung).

Quelle: Informationen zur politischen Bildung, Heft 193, Seite 3

PRO und CONTRA Basisdemokratie
Wie würden Sie entscheiden?

Wozu brauchen wir noch Volksvertreter, wenn per Internet-Anschluss im Jahre 2000 jeder selbst abstimmen kann? Das urdemokratische Schweizer Modell – Handhochheben auf der grünen Wiese – wird es zur virtuellen Wirklichkeit? Tatsache ist, dass das Netz ungeahnten Möglichkeiten der Teilnahme an politischen Entscheidungen ermöglichen wird. Technisch machbar ist die Abstimmung aus dem Wohnzimmer. Das Internet erlaubt jetzt nicht nur die Abstimmung, sondern auch eine elektronische Diskussion. Doch sollen die Bürger in den modernen Demokratien wirklich von der Couch aus erst diskutieren und dann entscheiden können, ob die Bundeswehr in Bosnien eingesetzt wird, ob die Gentechnik vorboten gehört und wie viel Steuern sie zahlen müssen?

Grundlage jeder Demokratie ist der demokratische Entscheidungsprozess, bei dem im freien Meinungsaustausch Argumente gewogen und gewertet werden. Am Ende steht zwar immer eine Abstimmung. Aber in den meisten Fällen ist das Ergebnis ein Kompromiss aus mehreren Meinungen, eine Lösung, mit der alle ein bisschen zufrieden (oder ein bisschen unzufrieden) sind.

Es ist zwar selten, dass sich eine politische Frage in der Demokratie mit einem klaren Ja oder einem klaren Nein beantworten lässt, wie es der Computer verlangt. Es ist auch selten, dass sich nur die eigenen Argumente durchsetzen, und die anderen völlig unbrücksichtigt bleiben.

Trotzdem muss man sich die Frage stellen, was Demokratie eigentlich bedeutet. Heißt Demokratie nicht so viel wie „Volksherrschaft?". Haben wir uns nicht schon allzu oft geärgert, dass die Bänke in den Abgeordnetenreihen leer waren? Haben wir uns nicht schon zu oft gefragt, wofür die Abgeordneten ihr Geld bekommen? Haben wir uns nicht schon zu oft darüber aufgeregt, dass wir nur zu Wahlkampfzeiten nach unserer Meinung gefragt werden, damit dann wieder für vier Jahre Ruhe um uns ist?

Also haben wir doch keine Angst, lassen wir das Volk herrschen und wenn es nur per Mausklick ist.

Die technischen Möglichkeiten gäbe es. Diskutieren Sie das Thema kurz an und halten Sie die wichtigsten Argumente in einer Pro- und Contra-Darstellung fest. Versuchen Sie aus den Meinungen, zwei Gruppen (bzw. zwei Lager) zu bilden. Jede Gruppe versucht dann möglichst viele und überzeugende Argumente zu finden, welche die jeweilige Position untermauern. Nach ca. 20 Minuten erfolgt eine Diskussion, an deren Ende eine Zusammenfassung stehen soll, die nach Möglichkeit eine gemeinsame Forderung an die demokratischen Entscheidungsabläufe darstellen soll.

2 Die Partei als politischer Willensträger

In §2 des Parteiengesetzes wird begrifflich festgelegt, was unter einer politischen Partei zu verstehen ist:

§2 Begriff der Partei (Auszug)

(1) Parteien sind Vereinigungen von Bürgern, die dauernd oder für längere Zeit für den Bereich des Bundes oder eines Landes auf die politische Willensbildung Einfluss nehmen und an der Vertretung des Volkes im Deutschen Bundestag oder einem Landtag mitwirken wollen, wenn sie ... insbesondere nach Umfang und Festigkeit ihrer Organisation, nach der Zahl ihrer Mitglieder und nach ihrem Hervortreten in der Öffentlichkeit eine ausreichende Gewähr für die Ernsthaftigkeit dieser Zielsetzung bieten.

(2) Eine Vereinigung verliert ihre Rechtsstellung als Partei, wenn sie sechs Jahre lang weder an einer Bundestagswahl noch an einer Landtagswahl mit eigenen Vorschlägen teilgenommen hat.

Das Grundgesetz der Bundesrepublik Deutschland beauftragt die Parteien mit der politischen Willensbildung. In Art. 21 GG heißt es:

„(1) Die Parteien wirken bei der politischen Willensbildung des Volkes mit ..."

Das Gesetz über die politischen Parteien vom 24. Juli 1967 beschreibt die Aufgaben der Parteien näher:

§1 Verfassungsrechtliche Stellung und Aufgaben der Parteien

(1) Die Parteien sind ein verfassungsrechtlich notwendiger Bestandteil der freiheitlichen demokratischen Grundordnung. Sie erfüllen mit ihrer freien, dauernden Mitwirkung an der politischen Willensbildung des Volkes eine ihnen nach dem Grundgesetz obliegende und von ihm verbürgte öffentliche Aufgabe.

(2) Die Parteien wirken an der Gestaltung des politischen Willens des Volkes auf allen Gebieten des öffentlichen Lebens mit, indem sie insbesondere

- auf die Bildung der öffentlichen Meinung Einfluss nehmen,
- die politische Bildung anregen und vertiefen,
- die aktive Teilnahme der Bürger am politischen Leben fördern,
- zur Übernahme öffentlicher Verantwortung befähigte Bürger heranbilden,
- sich durch Aufstellung von Bewerbern an den Wahlen in Bund, Ländern und Gemeinden beteiligen,
- auf die politische Entwicklung in Parlament und Regierung Einfluss nehmen,
- die von ihnen erarbeiteten politischen Ziele in den Prozess der staatlichen Willensbildung einführen und
- für eine ständig lebendige Verbindung zwischen dem Volk und den Staatsorganen sorgen.

(3) Die Parteien legen ihre Ziele in politischen Programmen nieder ...

Parteien sind Mittler zwischen Bevölkerung und Regierung und daher ein notwendiger Bestandteil unserer Demokratie.

– Die politische Willensbildung vollzieht sich vor allem über die Parteien. Sie fällen die wichtigsten politischen Entscheidungen und ermöglichen dem Bürger die politische Orientierung. Vorwiegend über die Mitwirkung in den Parteien, die notwendigerweise nach politischer Macht streben, lassen sich die politischen Entscheidungen beeinflussen.

– Entsprechend dem Prinzip der Volkssouveränität präsentieren die Parteien dem Bürger vor der Wahl Kandidaten. Bevor die Wähler über die Zusammensetzung des aus Parteimitgliedern bestehenden Parlaments entscheiden, hat demnach schon eine „Vorwahl" stattgefunden. Sie ist jedoch unumgänglich, da der Bürger anders keine Möglichkeit hätte, eine sinnvolle Auswahl zwischen konkurrierenden Parteien und Personen zu treffen. Die Parteien dienen damit der Wahlvorbereitung.

– Parteien dienen der politischen Führungsauslese. Wer sich politisch verantwortlich betätigt, gehört heutzutage in aller Regel einer Partei an, der er sein Mandat verdankt. Die parteipolitisch ungebundene Persönlichkeit spielt im politischen Leben heutzutage kaum mehr eine Rolle.

– Parteien, die die Regierung stellen, sollen den Staat politisch leiten. Sie besetzen die führenden Positionen mit ihren Mitgliedern. Ihre Möglichkeiten, die Minderheit zu „majorisieren", sind (neben den verfassungsrechtlichen Schranken) auch insofern begrenzt, als die Regierungsparteien nur ein Mandat auf Zeit besitzen. Parteien, die sich in der Opposition befinden, sehen ihre Aufgabe darin, die Regierung zu kritisieren, zu kontrollieren und Alternativen aufzustellen, damit möglichst schnell ein Wechsel eintritt.

– Parteien bündeln, wählen und drücken Interessen unterschiedlichster Richtung aus. Alle Vorstellungen lassen sich nämlich nicht ungefiltert repräsentieren. Die Parteien müssen versuchen, zwischen den gesellschaftlichen Gruppen einen Ausgleich zu schaffen, damit sich die einander widerstreitenden Konflikte nicht unversöhnlich zuspitzen.

Quelle: Bundeszentrale für politische Bildung, Hrsg., a. a. O., S. 3

Wollen Parteien ihre Aufgaben erfüllen, so bedürfen sie einer dauernden Organisation. Je mehr Mitglieder und Anhänger eine Partei hat, umso größer wird ihr Einfluss. Diese Mitglieder sind Bürger mit ähnlichen oder gleichen politischen Ansichten und Zielen. Für sie ist die Partei ein „Sammelbecken" ihrer Meinungen, die zusammengefasst politische Macht ermöglichen. Daher werden die Parteien auch oft als „Träger des politischen Willens der Bürger" bezeichnet.

1. <u>**Zur Diskussion**</u>
In der Weimarer Republik hatte man die Wahl unter mindestens dreißig Parteien. Heute sind es nur ca. fünf, die ernsthaft um die Macht und um Einflussnahme ringen. Reichen diese Parteien nicht oder woran liegt es, dass die Wahlbeteiligung zum Teil dramatisch zurückgeht? Hat das Parteiensystem versagt? Diskutieren Sie die Ursachen und Folgen der Wähler- und Wahlmüdigkeit.

2. <u>**Projektvorschlag**</u>
Über Parteien kann man eigentlich nur reden, wenn man sie kennt. Unter dem Stichwort „Wer vertritt denn mich?" sollten Sie einmal Parteien unter die Lupe nehmen. Wie gehen Sie vor?

„Türöffner"
Verfolgen Sie alles, was Politiker in der Tageszeitung, in Rundfunk- oder Fernsehbeiträgen, in Talkshows zu aktuellen Themen äußern, damit Sie erst einmal einen Eindruck über die Vielfalt der Meinungen gewinnen und sehen, wie sich Politiker überhaupt ausdrücken.

„Behauptung"
Stellen Sie eine Behauptung auf, die ein Problem für Sie darstellt. Dies kann z.B. Ihre Überzeugung sein, dass „die Politiker für die Herausforderungen der Gegenwart und der Zukunft keine Antworten haben" oder „Bei Parteien spielen die Probleme der jungen Generation kaum eine Rolle".

„Beweis"
Am besten, Sie besorgen sich die verschiedenen Parteiprogramme und untersuchen sie. Dabei muss zunächst festgelegt werden, woran man sie misst. Eine Möglichkeit wäre z.B. die Anfertigung eines Bewertungsschemas nach folgendem Muster:

Häufigkeit der Nennung im Parteiprogramm ↓		**Bewertung** der Aussagen zu diesem Problem					
		sehr oberflächlich kaum bewertbar		konkrete Aussagen, aber noch zu unpräzise		klare Vorstellungen sehr präzise, jugendnah	
Merkmal		1	2	3	4	5	6
Jugendarbeitslosigkeit							
Drogenproblematik							
Schule/Bildung							
Extremismus/ Gewaltbereitschaft							
Abtreibungsproblem							
Zukunftsperspektiven							
Umweltschutz							
...							

Die einzelnen Parteiprogramme sollten in arbeitsteiligen Gruppen behandelt werden. Danach stellen Sie die Ergebnisse vor und erstellen z.B. eine Wandzeitung mit den gewonnenen Erkenntnissen. Versuchen Sie aber auch herauszufinden, inwieweit das geschriebene Programm und die Wirklichkeit des Parteiverhaltens übereinstimmen. Dazu können sie z.B. einmal Kommunalpolitiker in die Schule einladen und mit ihnen über örtliche Jugendprobleme (z.B. ob ein Golfplatz wichtiger als ein Jugendzentrum oder eine Skateboardanlage ist) diskutieren.

3 Der föderalistische Staatsaufbau

„Die verfassunggebende Versammlung wird eine demokratische Verfassung ausarbeiten, die für die Länder eine Regierungsform föderalistischen Charakters schafft, die am besten geeignet ist die gegenwärtig zerrissene deutsche Einheit schließlich wiederherzustellen ... “

Unter diesem Ziel der drei alliierten Westmächte wurden die Ministerpräsidenten der westdeutschen Besatzungszonen im Juni 1948 aufgefordert die Voraussetzungen zur Errichtung eines (west-)deutschen Staates zu schaffen.

Dabei sollten die Rechte der beteiligten Länder bei gleichzeitiger Einrichtung einer „angemessenen“ Zentralinstanz geschützt werden.

Der **Parlamentarische Rat** erarbeitete daraufhin in den Jahren 1948/49 das Grundgesetz, in dem Bundestag und Bundesrat als Kernstücke des bundesstaatlichen (föderalistischen) Systems verankert sind.

Dabei bildet der Bundesrat die so genannte „Länderkammer“. In ihm sind die einzelnen Bundesländer entsprechend ihrer Einwohnerzahl vertreten. Vor der Wiedervereinigung waren es 10 Länder und Berlin, seit dem 3. Oktober 1990 sind es 16 Bundesländer bzw. Stadtstaaten.

24 110 © Erich Schmidt Verlag

Der Föderalismus der Bundesrepublik Deutschland ist nicht unumstritten. Nicht wenige Bürger können keine Vorteile, sondern nur Nachteile in der bundesstaatlichen Ordnung erkennen.

 3032228L

Argumente für die föderative Ordnung

- Der Föderalismus fördert die Demokratie. Der Bürger hat im Bundesstaat mehr Möglichkeiten seine demokratischen Befugnisse wahrzunehmen, denn er wählt nicht nur die Abgeordneten des Bundestages, sondern auch die des Parlaments seines Landes.

- Der Föderalismus macht staatliches Handeln überschaubarer und lebensnaher. Der Bürger ist im Bundesstaat nicht so absolut den meist anonymen Entscheidungen eines fernen Amtes oder einer entlegenen Behörde ausgesetzt wie im Einheitsstaat.

- Der Föderalismus fördert die Gewaltentrennung und intensiviert den Rechtsstaat. Zur klassischen horizontalen Gewaltenteilung tritt im Bundesstaat die vertikale Gewaltentrennung zwischen Gesamtstaat und Gliedstaaten.

- Der Föderalismus fördert Chancen und Wettbewerb der Parteien. Die Mehrheitsverhältnisse im Bundestag und in den Landesparlamenten der Bundesrepublik Deutschland sind verschieden. Damit kann die Opposition des Bundestages die Regierung in einer Anzahl von Ländern stellen, während die Regierungsparteien des Bundes die Opposition in diesen Ländern bilden.

- Der Föderalismus stärkt die Experimentierfreudigkeit und die Fähigkeit zu Neuerungen. Die Länder können in ihren Zuständigkeitsbereichen neue politische Ideen verwirklichen.

Argumente gegen die föderative Ordnung

- Der Föderalismus beeinträchtigt den Gleichheitsgrundsatz. Die unterschiedliche staatliche Leistungsfähigkeit und die verschiedenen politischen Zielsetzungen in den einzelnen Ländern verhindern, dass überall in der Bundesrepublik Deutschland gleichwertige Lebensbedingungen bestehen. Die Chancengleichheit ist nicht in allen Ländern im selben Maße gegeben, sodass unterschiedliche Auswirkungen im wirtschaftlichen, kulturellen und sozialen Bereich die Folge sind.

- Der Föderalismus ist teuer. Die sechzehn Regierungen und Parlamente, die zusätzlichen Verwaltungen der Länder und die komplizierte politische Entscheidungsfindung kosten mehr Geld als eine Regierung, ein Parlament, ein Verwaltungsapparat und ein einfacher Willensbildungsprozess im Einheitsstaat.

- Der Föderalismus macht den politischen Entscheidungsprozess schwerfällig und hat erhebliche Reibungsverluste zur Folge. Wirksames Regieren wird dadurch beeinträchtigt, wenn nicht gar unmöglich gemacht.

- Die Staatstätigkeit wird im Föderalismus unübersichtlich. Siebzehn verschiedene Entscheidungszentren in der Bundesrepublik Deutschland machen es unmöglich, dass die Öffentlichkeit oder der einzelne Bürger sich hinreichend über Ziele, Verfahren und Ergebnisse staatlichen Handelns unterrichten können. Politisches Desinteresse und Staatsverdrossenheit können die Folge sein.

Auszüge aus: Informationen zur politischen Bildung, Nr. 169, 1976, Seiten 8/9

3.1 Rechtsfragen zum Föderalismus

Artikel 20 des Grundgesetzes legt den bundesstaatlichen (föderalistischen) Aufbau der Bundesrepublik Deutschland fest:

(1) Die Bundesrepublik Deutschland ist ein demokratischer und sozialer **Bundesstaat.**

Das bedeutet, dass es in der Bundesrepublik Deutschland Länder mit eigenen Regierungen, Parlamenten und Verwaltungen gibt.

Artikel 79 des Grundgesetzes macht in Absatz 3 diese Vorschrift unumstößlich und unantastbar:

(3) Eine Änderung dieses Grundgesetzes, durch welche die Gliederung des Bundes in Länder, die grundsätzliche Mitwirkung der Länder bei der Gesetzgebung oder die in den Artikeln 1 und 20 niedergelegten Grundsätze berührt werden, ist unzulässig.

Durch diese Grundgesetzbestimmung ist der Föderalismus im Kern unabänderbar geworden. Solange das Grundgesetz gilt, kann nicht einmal mit einer verfassungsändernden Zweidrittelmehrheit des Bundestages und des Bundesrates die föderative Struktur geändert werden.

Art. 70 GG Die Länder haben das Recht der Gesetzgebung, soweit dieses Grundgesetz nicht dem Bunde Gesetzgebungsbefugnisse verleiht.
Es wird getrennt in:

- **Ausschließliche Gesetzgebung des Bundes:** Außenpolitik, Verteidigung, Staatsangehörigkeitsfragen, Passwesen, Währung, Geld und Münzwesen, Eisenbahn- und Luftverkehr, Post- und Fernmeldewesen u. a. (Art. 71, 73 GG).
- **Rahmengesetzgebung des Bundes:** Hierbei gibt der Bund die allgemeinen Richtlinien, welche die Länder bei der Gesetzgebung einzuhalten haben, z. B. Presse, Film, Jagdwesen, Naturschutz, Wasserhaushalt, Melde- und Ausweiswesen (Art. 75 GG).
- **Konkurrierende Gesetzgebung:** In diesem Bereich haben die Länder das Recht zur Gesetzgebung, solange der Bund von seinem Gesetzgebungsrecht keinen Gebrauch macht. Das Grundgesetz zählt hierzu 23 Gebiete auf, u. a. Strafrecht und Zivilrecht, Gerichtsverfahren und Strafvollzug, öffentliche Fürsorge, Kriegsschäden und Wiedergutmachung, Wirtschaftsangelegenheiten, Straßenverkehr, Umweltschutz, wie Abfallbeseitigung, Luftreinhaltung und Lärmbekämpfung (Art. 72, 74 GG).
- **Ausschließliche Gesetzgebung der Länder,** insbesondere auf kulturellem Gebiet (Schulen, Kunst, Wissenschaft) = Kulturhoheit.

Der Föderalismus der Bundesrepublik Deutschland wird entscheidend durch die verfassungsmäßige Homogenität (= grundsätzliche Übereinstimmung) von Bund und Ländern gekennzeichnet. Art. 28 Abs. 1 GG bestimmt: **„Die verfassungsmäßige Ordnung in den Ländern muss den Grundsätzen des republikanischen, demokratischen und sozialen Rechtsstaates im Sinne dieses Grundgesetzes entsprechen."**

3032230L

Um die verfassungsmäßige Homogenität sicherzustellen, gibt es weitere Regelungen, die zu den wesentlichen Bestandteilen des Föderalismus der Bundesrepublik Deutschland gehören und die die innere Souveränität der Länder ebenfalls einschränken:

- die Verpflichtung des Bundes nach Art. 28 Abs. 3 GG die oben gegebene verfassungsmäßige Ordnung in den Ländern zu gewährleisten,
- den Vorrang des Bundesrechts vor dem Landesrecht nach der Regel: „Bundesrecht bricht Landesrecht" (Art. 31 GG),

> **Auszug aus der Verfassung des Landes Hessen:**
> **Artikel 21:** (1) Ist jemand einer strafbaren Handlung für schuldig befunden, so können ihm die Freiheit und die bürgerlichen Ehrenrechte entzogen werden. Bei besonders schweren Verbrechen kann er zum Tode verurteilt werden.
> **Auszug aus dem Grundgesetz der Bundesrepublik Deutschland:**
> **Artikel 102:** Die Todesstrafe ist abgeschafft.

- das Instrument des Bundeszwangs, um ein Land, das seine Bundespflichten nicht erfüllt, mit Gewalt dazu anzuhalten (Art. 37 GG),
- die Einrichtung des inneren Notstandes, die es der Bundesregierung ermöglicht, nach Art. 87 a Abs. 4 GG die Bundeswehr oder nach Art. 91 GG die Polizeien der Länder für bestimmte Maßnahmen einzusetzen, wenn der freiheitlichen demokratischen Grundordnung in einem Land Gefahr droht.

aus: Informationen zur politischen Bildung, Nr. 169, 1976, Seite 10

1. Erläutern Sie den Begriff „Föderalismus" am Beispiel der Bundesrepublik Deutschland.
2. Nach welchen Grundsätzen muss die verfassungsmäßige Ordnung der Bundesländer aufgebaut sein und welche Möglichkeit hat der Bund diese Grundsätze abzusichern?
3. Was bedeutet die Aussage „Bundesrecht bricht Landesrecht"?
4. Nach dem 2. Weltkrieg waren mit Ausnahme der KPD alle von den Besatzungsmächten zugelassenen Parteien dafür, dass ein neuer deutscher Staat föderativ aufgebaut sein müsse. Für die SPD sagte ihr Vorsitzender Kurt Schumacher:
„So föderalistisch wie möglich, so zentralistisch wie nötig."
Begründen und beurteilen Sie diese Aussage aus Ihrer Sicht unter Zuhilfenahme der genannten Vor- und Nachteile des föderativen Staatsaufbaus. Beachten Sie hierbei besonders die neuen Bundesländer mit ihren speziellen Problemen.

3.2 Politische Interessenvertretung der Länder durch den Bundesrat

Zu den Merkmalen eines Bundesstaates gehört, dass die staatlichen Aufgaben sowohl vom Zentralstaat wie auch von den Gliedstaaten wahrgenommen werden. Für bestimmte Aufgaben ist nur der Bund, für andere sind allein die Länder zuständig. Daneben gibt es Aufgaben, die das Zusammenwirken von Bund und Ländern erfordern.

Damit die Länder die ihnen zukommende Aufgabe der Mitbestimmung oder Mitwirkung bei Entscheidungen des Bundes wahrnehmen können, bedarf es einer besonderen staatlichen Institution. Diese zentrale Rolle kommt dem Bundesrat zu. Über den Bundesrat verschaffen sich die Länder Einfluss auf die Bundesentscheidungen, um nicht zu ungefragten Befehlsempfängern des Bundes zu werden.

1 Der eine mag Weißwurst, der andere isst am liebsten Eisbein, die Front zwischen Bier- und Weintrinkern läuft quer durch die Sitzreihen der Bundesratsmitglieder, und auch in Dialekten und heimatlicher Sprachfärbung unterscheidet man sich erheblich. Denn obwohl das Fernsehen in Sekundenschnelle und moderne Düsenjets in Minuten Ländergrenzen in der Bundesrepublik Deutschland überwinden, legen „die Bayern“ Wert darauf, anders als „der Hamburger“ zu sein, spricht der Berliner gewöhnlich mehr Silben in der Minute als der Landsmann aus Baden und sind Rheinländer oft stolz in Gelddingen nicht so „pingelig“ zu sein wie die Schwaben ...

Diese Unterschiede bringen auch bunte Farbtupfer in den Bundesrat, der die verschiedenartigen Interessen dieser Länder gegenüber dem Bundestag und der Bundesregierung vertritt und umgekehrt die Länder über die politischen Entscheidungsprozesse in Bonn informiert.

Diese doppelte Funktion des Bundesrates als Bindeglied zwischen Bund und Ländern bringt den Bürgern optimale Leistungen. Denn schon bei der Ausarbeitung der Gesetze können die Erfahrungen der Länder im Umgang mit Gesetzen verwertet und kann Rücksicht auf die regionale Vielfalt der Probleme genommen werden. Der Grundsatz, das Wohl des gesamten Volkes müsse ebenso garantiert sein wie das gesunde Eigenleben der Länder, ist die Basis des Föderalismus, der kein Selbstzweck ist, sondern im Interesse des Bürgers arbeitet, trotz oft zu hörender Kritik an der „Verzettelung“ auf siebzehn Verwaltungen und dem „teuren Apparat des föderalistischen Staatensystems“.

Auch die Bürger können in unserem föderalistischen System stärker mitarbeiten als anderswo. Sie regieren mit dem Stimmzettel den Bund, der als Zentrale das Ganze, weniger seine einzelnen Teile, im Auge hat. In der Gemeinde bestimmen sie, welche Mitbürger die örtlichen Probleme der Gemeinschaft lösen sollen. Und schließlich bestimmen sie die Politik des Landes. Denn das ist die entscheidende Kammer. Es ordnet die Lebensverhältnisse zwischen der großen Perspektive des Bundes und dem Kirchturm des Dorfes. Und in ihrer Summe sind die Länder im Bundesrat Teil der Machtkontrolle in unserer Demokratie.

Quelle: Unser Bundesrat, Hrsg.: Bundesrat (Pressestelle), Bonn 1976

3032232L

Die Mitglieder des Bundesrates

2

Mitglied des Bundesrates kann nur sein, wer Mitglied einer Landesregierung ist. Wer Mitglied der Landesregierung ist, ergibt sich jeweils aus der Landesverfassung. Danach gehören in der Regel zur Landesregierung:

– der Ministerpräsident oder Bürgermeister oder Regierender Bürgermeister,
– die Minister oder Senatoren (in Bayern auch die Staatssekretäre, in Baden-Württemberg die Staatssekretäre mit Kabinettsrang).

Die Mitglieder des Bundesrates werden nicht gewählt, sie haben als Bundesratsmitglieder keine Amtsperiode. Sie werden durch Mehrheitsbeschluss der Landesregierung für die Dauer ihrer Zugehörigkeit zur Regierung bestellt. Wer aus der Landesregierung ausscheidet, muss auch aus dem Bundesrat ausscheiden. Der Bundesrat ist verfassungsrechtlich ein „ewiges Organ“. Er hat keine Amtsperiode wie der Bundestag, sondern erneuert sich fortlaufend, da nach jeder Wahl eines Landesparlaments die neu gebildete Landesregierung auch die Bundesratsmitglieder dieses Landes neu bestellt.
Damit können sich auch die politischen Mehrheitsverhältnisse im Bundesrat mit jeder Landtags- oder Senatswahl ändern.
Welche Kabinettsmitglieder des Landes zu Mitgliedern des Bundesrates bestellt werden, ist nicht allzu wichtig. Stets gehören die Regierungschefs dem Bundesrat an; im Allgemeinen die Landesminister für Bundesangelegenheiten, die meistens auch Bevollmächtigte des Landes beim Bund sind; die Innen-, Justiz-, Wirtschafts- und Finanzminister.

Quelle: Informationen zur politischen Bildung, Heft 169, Föderalismus, Seite 14

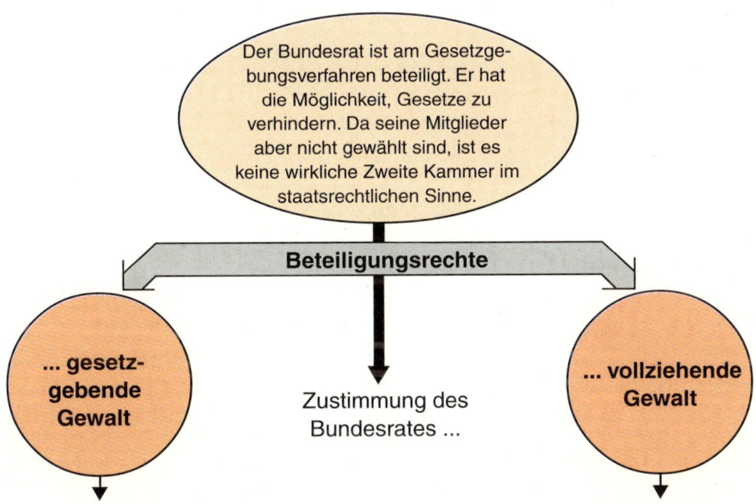

- mit 2/3-Mehrheit bei Verfassungsänderungen
- mit absoluter Mehrheit bei Zustimmungsgesetzen wie:
  – Änderungen der Landesgebiete
  – Steuern von Ländern und Gemeinden
  – Aufteilung der Gemeinschaftssteuern
  – Verteilung der öffentlichen Steueraufkommen
  – Erweiterung der Gesetzgebungskompetenz des Bundes im Verteidigungsfall

- mit absoluter Mehrheit bei:
  – Verwaltungsvorschriften über die Ausführung von Bundesgesetzen durch die Länder
  – Finanzverwaltung durch die Landesfinanzbehörden
  – Feststellungen von Rechtsverletzungen der Länder bei der Ausführung der Bundesgesetze
- mit 2/3-Mehrheit bei einer Anklage des Bundespräsidenten wegen Gesetzesverletzung vor dem Bundesverfassungsgericht

Hat (haben) die Oppositionspartei(en) des Bundestages über ihre Landesregierungen im Bundesrat die Mehrheit, kann das Länderorgan u. U. eine zweite Rolle einnehmen, die über die eigentlich beschriebene Funktion als reine Interessenvertretung der Länder hinausgeht.

Gesetze, die den Bundestag gegen den Willen der Opposition passiert haben, können – sofern sie zustimmungspflichtig sind – ggf. durch die Bundesratsmehrheit zu Fall gebracht werden.

Im Jahre 1997 scheiterten z. B. die gesetzlichen Vorhaben in Sachen Steuerreform und Rentenversicherung an der ablehnenden Haltung des Bundesrates.

Kraftprobe

Karikatur: Mussil

1. **Welche Rolle spielt der Bundesrat nach obiger Selbstdarstellung im politischen System der Bundesrepublik Deutschland?**
2. **Wie setzt sich der Bundesrat zusammen?**
3. **Wovon ist die parteipolitische Struktur des Bundesrates abhängig?**
4. **Erläutern Sie die Aussage der Bundesrat sei ein „ewiges Organ".**
5. **In vorstehendem Text wird dem Bundesrat neben der Interessenvertretung der Länder noch eine weitere politische Rolle unterstellt, die zumindest nicht geplant war. Um welches Problem handelt es sich hier und wann wird es besonders akut?**

3032234L

4 Organisation, Struktur und Aufgaben des Deutschen Bundestages und der Bundesregierung

4.1 Der Deutsche Bundestag

Der Ursprung unseres heutigen parlamentarischen Systems liegt im Beginn des letzten Jahrhunderts. Nach 1815 entstanden in den deutschen Mittel- und Kleinstaaten die ersten Parlamente. Sowohl in Preußen als auch sogar noch nach 1871 im Deutschen Reich wurde dabei an der konstitutionellen Monarchie festgehalten. Erst durch das Gesetz vom 28. Oktober 1918 wurde im Deutschen Reich das parlamentarische System eingeführt.

Zu Beginn der Weimarer Republik trat das Parlament gleichwohl weitgehende Ermächtigungen an den Reichspräsidenten ab. Durch Notverordnungen war der parlamentarische Prozess eingeschränkt. Spätestens mit dem Ermächtigungsgesetz vom 24. März 1933 hatte der Reichstag nur noch eine Scheinfunktion zu erfüllen.

Nach der Zerschlagung der Hitlerdiktatur trat der politische (Neu)aufbau der Bundesrepublik Deutschland mit der Wahl zum ersten Deutschen Bundestag am 14. August 1949 in eine entscheidende Phase.

Die **rechtlichen Grundlagen** des Deutschen Bundestages bilden:

- das Grundgesetz für die Bundesrepublik Deutschland vom 23. Mai 1949
- das Bundeswahlgesetz
- die Geschäftsordnung des Deutschen Bundestages gemäß Artikel 40 GG

1 Zu den Aufgaben des Bundestages äußerten sich einige Politiker verschiedener Parteien wie folgt:

„Wir machen das Gesetz; wir gestalten entscheidend die Innen- und Außenpolitik. Wir bilden den institutionellen Mittelpunkt des politischen Lebens der Bundesrepublik Deutschland. Nicht in der veröffentlichten Meinung und in den Medien, nicht in der Exekutive (Regierung und Verwaltung), nicht in der Rechtsprechung, sondern hier im Deutschen Bundestag ist der Ort, wo die kritische Auseinandersetzung um den besten Weg der deutschen Politik stattzufinden hat; hier fallen die richtungweisenden politischen Entscheidungen ...“

„Ist der Bundestag wirklich der Ort, an dem die großen Herausforderungen unserer Zeit analysiert, die Entwürfe zu ihrer Lösung gegeneinander gestellt und ... Konflikt(e) ... tatsächlich ausgetragen werden? Können wir alle wichtigen Strömungen und alle wichtigen Meinungen in unserer Auseinandersetzung hier wirklich wieder erkennen? Mir scheint, das alles blitzt in unseren Debatten nur gelegentlich auf. Das wird so oft von dem mühevollen Ringen um ... Gesetzentwürfe und Verordnungen überlagert und überwuchert, die in Wahrheit doch viel mehr den ... jeweiligen Willen der Regierung ausdrücken ...“

„Der Deutsche Bundestag ist nach unserer Verfassung das Herz unserer Demokratie, weil er das deutsche Volk vertritt, das höchste Verfassungsorgan, das uns das Mandat gab und dem wir Rechenschaft schulden. Unser Staat erwächst immer wieder aus der Selbstbestimmung unseres Volkes. Dieses wählt sich sein Parlament, welches für das Volk handelt ... Der Deutsche Bundestag ist das Instrument des deutschen Volkes, durch das es einwirkt, regelt und bestimmt.“

*„Das Parlament ist weit davon entfernt, eigentliches politisches Machtzentrum der Volkssouveränität in unserer Gesellschaft zu sein.
Es entpuppt sich ... als ein Ort verhältnismäßiger, politischer Ohnmacht. Während zentrale politische Entscheidungen außerhalb des Parlaments vorentschieden werden ...“*

*Wenn der Bundestag seiner Rolle gerecht werden will, dann muss das Volk sehen und erkennen können, dass im Parlament die wesentlichen politischen Angelegenheiten, die es betreffen und beschäftigen, vor seinen Augen und Ohren zur Sprache gebracht und entschieden werden. Viele Kritiker behaupten aber, dass die politische Willensbildung gar nicht im Parlament selbst, sondern zu einem großen Teil außerhalb des Bundestages – und sogar noch hinter verschlossenen Türen stattfindet. Dort, in den Sitzungen der Parteien und Ausschüssen findet die tatsächliche, politische Willensbildung statt. Bei dieser „Auslagerung“ der politischen Willensbildung übersehen die Kritiker aber, dass dieser Vorwurf nicht dem Bundestag selbst, sondern eher den Parteien, die in ihm vertreten sind, und der Regierung gemacht werden müsste.
Die Regierung sucht bei den sie unterstützenden Parteien bzw. Abgeordneten die Mehrheit für die Durchsetzung ihres politischen Willens. Die Opposition wiederum bei „ihren“ Abgeordneten Stimmen für ihre Politik. Im Parlament selbst wird dann mit allen Mitteln versucht, diesen jeweils – außerhalb – vorgefassten politischen Willen öffentlich zu vertreten.*

3032236L

Das Bundestagsplenum

Das Bundestagsplenum ist die Versammlung der Abgeordneten. Die Plenarsitzungen sind öffentlich. Nur in Ausnahmefällen kann die Öffentlichkeit ausgeschlossen werden.
Das Plenum ist der eigentliche Ort der parlamentarischen Meinungs- und Willensbildung. Hier vollzieht sich der kritische Dialog zwischen Regierungsmehrheit und Opposition, der das politische Geschehen in der Demokratie über- und durchschaubar macht. Hier äußert sich die Kontrollfunktion des Parlaments in Abstimmungen und Beschlüssen.

Die Aufgaben im Einzelnen:
- Konstituierung (Gründungsversammlung des Parlaments nach einer Bundestagswahl);
- Wahl des Präsidenten oder der Präsidentin und der Stellvertreter;
- Wahl des Bundeskanzlers;
- Vereidigung der Regierung und
- Beschluss der Gesetze.

Das Plenum verkörpert drei Hauptaufgaben des Verfassungsorgans Parlament:
- Gesetzgebung,
- Einsetzung und Kontrolle der Regierung,
- Beschluss über den Staatshaushalt.

Im Plenum vollzieht sich öffentlich:
- der parlamentarische Wettstreit der Ideen und Argumente,
- das Gegeneinander von Regierungsmehrheit und Opposition,
- die Beschlussfassung nach Mehrheitsprinzip,
- die Einhaltung der demokratischen Spielregeln,
- der Schutz der Minderheit durch besondere Verfahrensrechte.

Die Debatte im Plenum ist eine Informationsquelle erster Ordnung für die Öffentlichkeit. Sie soll – im Interesse der Wählerinnen und Wähler sowie der Durchsichtigkeit der politischen Vorgänge – noch einmal die Argumente für und gegen sowie den Weg sichtbar machen, den der Gesetzentwurf durch die verschiedenen Etappen der Beratung bis zum Schlusspunkt der Entscheidung im Plenum gegangen ist.

Die Fraktionen

Die Abgeordneten, die der gleichen Partei oder Parteien angehören, die aufgrund gleichgerichteter politischer Ziele nicht miteinander konkurrieren, schließen sich in Fraktionen zusammen. Zur Bildung einer Fraktion müssen sich mindestens 33 Abgeordnete (5 % von 656) zusammenschließen. Als parlamentarische Zusammenschlüsse der Parteien bestimmen sie das politische Handeln im Parlament. Sie wirken auch an der Gestaltung des Ablaufs der Bundestagsarbeit mit. Die Anzahl ihrer Mitglieder ist ausschlaggebend für die Berechnung ihrer Sitze in den Bundestagsausschüssen.
Nur eine Fraktion kann Gesetzesvorlagen, große und kleine Anfragen einbringen, namentliche Abstimmungen verlangen und Vertagungen oder Schluss der Sitzung beantragen.
Selten stimmen Abgeordnete im Plenum gegen ihre eigene Fraktion. Das hat mehrere Gründe. So akzeptiert der Abgeordnete weitgehend das Programm seiner Partei. Selbst wenn er in einer Frage nicht mit der Fraktionslinie übereinstimmt, fühlt er sich dennoch gegenüber seiner Fraktion verpflichtet sie zu unterstützen (Fraktionssolidarität).
Bei typischen Gewissensentscheidungen (z. B. Abtreibung) dagegen schnellt die Zahl der „Abweichler" in die Höhe.
Meist findet eine allgemeine Aussprache statt, in der man die „Marschroute" festlegt. Der Fraktionssprecher informiert die

Öffentlichkeit über die Beschlüsse und Beratungen der Fraktion.
Ist Fraktionsdisziplin und -solidarität legitim und notwendig, darf ein Fraktionszwang, durch den alle Abgeordneten sich die Meinung der Fraktionslinie zu Eigen machen müssen, nicht ausgeübt werden. Er verstößt gegen Artikel 38 GG, der die Weisungsgebundenheit der Abgeordneten verbietet. Die Grenzen zwischen Fraktionsdisziplin und Fraktionszwang sind freilich fließend . . .

Präsidium und Ältestenrat

Der Bundestagspräsident wird vom Bundestag für die Dauer der Wahlperiode gewählt. Üblicherweise stellt ihn die stärkste Fraktion.
Der Präsident vertritt den Bundestag und regelt seine Geschäfte. Er hat die Würde und Rechte des Hauses zu wahren. Er besitzt das Hausrecht und die Polizeigewalt im Bereich des Parlaments. Er eröffnet, leitet und schließt die Sitzung, erteilt Abgeordneten und Regierungsmitgliedern sowie den Vertretern der Bundesländer das Wort. Er kann alle Redner zur Sache verweisen und ihnen in bestimmten Fällen (z. B. bei Überschreitung der Redezeit nach vorheriger Mahnung) das Wort entziehen. Ferner kann er Ordnungsverletzungen durch Ordnungsrufe und durch den Ausschluss Abgeordneter von den Plenarsitzungen bis zu 30 Sitzungstagen ahnden.
Der Bundestagspräsident hat mehrere Vizepräsidenten.
Der Präsident und seine Stellvertreter bilden das Präsidium, das zusammen mit weiteren von den Fraktionen benannten Abgeordneten den Ältestenrat darstellt. Dieser entscheidet über den Zeit- und Arbeitsplan des Bundestages sowie über dessen innere Angelegenheiten.

Die Bundestagsausschüsse

Kein Abgeordneter kann heute die politischen, wirtschaftlichen und gesellschaftlichen Probleme in ihrer Gesamtheit überschauen. Das Plenum ist daher für seine Entscheidungen auf die Vorarbeit von Abgeordneten angewiesen, die sich mit besonderen Bereichen und Einzelproblemen auch besonders beschäftigen. Das geschieht in den Ausschüssen. Dort werden die schwierigsten und zeitraubendsten Arbeiten des Bundestages geleistet.
Die Ausschüsse werden entsprechend der Zusammensetzung des Bundestages von sachkundigen Abgeordneten der Fraktionen gebildet.
Ausschüsse sind auch die Adressaten von Informationen der Regierung, wenn aus Gründen der Geheimhaltung das Plenum nicht öffentlich unterrichtet werden kann.
Jeder Bürger kann sich schriftlich mit Bitten oder Beschwerden an den Bundestag wenden. Alle diese „Petitionen" (lat. = Bittschriften) werden vom Petitionsausschuss bearbeitet. In diesem Fall erhalten die Einsender in jedem Fall eine Nachricht. Die Arbeit dieses Ausschusses hat dem Parlament schon wichtige Hinweise auf Mängel in Regierung, Verwaltung und Rechtsprechung und auch Unzulänglichkeiten der Gesetzgebung vermittelt.

aus: Das Zeitbild, Themen der Zeit aus Politik, Wirtschaft und Forschung, Januar 1982, 24. Jahrgang

1. Untersuchen Sie die Stellungnahmen der genannten Politiker zu der Rolle des Bundestages als „Herzstück" demokratischer Willensbildung. Welche unterschiedlichen Auffassungen werden hier deutlich und wie werden sie begründet?
2. Nennen Sie die Aufgaben des Bundestagspräsidiums und des Ältestenrates.

3. **In Fraktionssitzungen wird vor wichtigen Abstimmungen in der Regel eine einheitliche Marschroute festgelegt.**
   a) **Welche Bedeutung kommt der Fraktionsdisziplin und -solidarität zu und welche Auswirkungen hat dies für die Fraktion und die einzelnen Abgeordneten?**
   b) **Versuchen Sie einen kritischen Zusammenhang zwischen dem Art. 38 GG (Weisungsgebundenheit der Abgeordneten) und der von ihm erwarteten Fraktionsdisziplin herzustellen.**
   c) **Warum wird in obigem Text behauptet, die Grenzen zwischen Fraktionsdisziplin und Fraktionszwang seien fließend?**
4. **<u>Handlungsorientierte Aufgabe</u>**
   Bilden Sie Arbeitsgruppen mit ca. 4 Personen, die sich mit dem Thema „Was darf man von 656 Bundestagsabgeordneten erwarten" beschäftigen.

1. Schritt:
Erarbeiten Sie in den Gruppen eine „Mängelliste" mit Themen, die Sie mit Ihrem Bundestagsabgeordneten gerne besprechen würden. Verwenden Sie die Methode des „Brainwriting", indem Sie einen Zettel nach folgendem Muster erstellen:

... das brennt mir unter den Nägeln

1. Frage	**2. Frage**	**3. Frage**

2. Gruppenmitglied: Das fällt *mir* dazu ein

3. Gruppenmitglied: Das fällt *mir* dazu ein

4. Gruppenmitglied: Das fällt *mir* dazu ein

2. Schritt:
Jedes Gruppenmitglied erhält einen solchen Zettel und trägt in die obere Zeile drei Fragen ein. Nach ca. 5 Minuten werden die Zettel im Uhrzeigersinn weitergegeben. Die folgenden Gruppenmitglieder schreiben unter die Fragen als Ergänzung, was ihnen dazu jeweils einfällt oder was sie im Einzelnen besonders interessieren würde.

3. Schritt:
Die Fragen werden der Klasse vorgestellt und ebenso wie die Zusatzfragen erläutert. Vielleicht entscheiden Sie sich, von allen Ergebnissen eine Wandzeitung oder etwas Ähnliches zu erstellen. Eine weitere Möglichkeit besteht darin, die drei Themen zu ermitteln, die der Klasse am wichtigsten erscheinen (Rangfolge bilden).

4. Schritt:
In tiefergehender Gruppen- oder Projektarbeit werden diese Themen bearbeitet. Vorschlag: Laden Sie „Ihren" Bundes- oder Landtagsabgeordneten ein, damit er Ihnen etwas über seine Arbeit und seine Erfahrungen erzählen kann. Stellen Sie ihm ruhig auch kritische Fragen (z.B. Wozu brauchen wir 656 Abgeordnete? Verdienen die Abgeordneten zu viel? Wie vertritt ein Abgeordneter einen Wahlkreis? Was stellt sich ein Abgeordneter unter „Bürgernähe" vor? Warum bleiben oft viele Plätze im Plenum leer? Was hat Meinungsfreiheit mit Fraktionsdisziplin zu tun?

4.2 Der Abgeordnete im Spannungsfeld von Gewissensentscheidung, Abhängigkeit und imperativem Mandat

Der Abgeordnete ist an Aufträge und Weisungen nicht gebunden und nur seinem eigenen Gewissen unterworfen – so lautet zumindest der Inhalt des Grundgesetzes in Artikel 38.

Aber: Was wären die Politiker ohne den Rat der Lobbyisten? Oder: Was wäre die Politik ohne Fraktionszwänge, denen sich das Gewissen des Einzelnen doch nur allzu oft beugen muss (dies wird zumindest erwartet, wenn die politische Karriere ungestört weiterlaufen soll).

Einsilbige Antworten gibt es auf diese Fragen sicherlich nicht, wohl aber ein ganzes Bündel von Einzelproblemen:

1

Der Lobbyist ist in Bonn immer dabei

„Was wären die Politiker ohne den Rat der Lobbyisten?"

Weit mehr als hundert Verbände haben in der Bundeshauptstadt ihren Sitz. Ihren Repräsentanten, die überall zu finden sind, gesellen sich noch einige hundert Verbindungsleute der Wirtschaft hinzu. Auf einen Volksvertreter, so meint man in Bonn, kommen etwa zwei Interessenvertreter. Vom Verein für Deutsche Schäferhunde, dem Verband der Schwarzbuntzüchter, der Organisation bäuerlicher Junggeflügelmäster bis hin zu den Samenkaufleuten und der Senf-, Suppen- und Fruchtsaftindustrie sind nahezu jeder Berufszweig und jedes Gewerbe vertreten.

Die Interessenvertreter, die sich selbst allerdings nur ungern Lobbyisten nennen, sind überall dabei: im Bundeshaus, an der Bar, bei Empfängen, auf Partys, im Presseclub. Die Pflege von Kontakten zu den Parlamentariern ist ihre Hauptarbeit, deren Beratung und Beeinflussung sind ihr Hauptziel.

Die Beziehungen zwischen Politikern und Lobbyisten existieren auf verschiedenen Ebenen – in den Büros der Abgeordneten, aber auch in privater Umgebung. Parlamentarier schätzen zwar den fachlichen Rat der Lobby, sie fürchten aber auch deren Einfluss. Das Heer der Lobbyisten rekrutiert sich zum Beispiel aus Juristen, Volkswirten, ehemaligen Bundestagsabgeordneten, pensionierten Botschaftern und früheren Generälen.

Oft nennt man die Interessenvertreter auch „Frühstücksdirektoren". Denn viele der Begegnungen zwischen Politikern und Lobby-

3032240L

isten sind mit einem Essen oder einem Empfang verbunden. „Dann kommt es sehr auf die Bewirtung an", schreibt der Hauptgeschäftsführer des Bundesverbandes der freien Berufe. „Champagner oder Kaviar etwa sollte man nur mit Vorsicht einsetzen. Politiker, aber auch Journalisten bekommen sonst allzu leicht den Eindruck, sie sollten gekauft werden." Sie mit Erbsensuppe abzuspeisen, das allerdings sei auch nicht gerade angebracht ...

Quelle: FAZ, 24. Sept. 1986, Seite 7

Der Abgeordnete X ist ratlos

Es handelt sich um einen frei erfundenen Fall, bei dem alle Ähnlichkeiten mit bestimmten Ereignissen, Personen und Parteien rein zufällig sind. Dennoch: in Bonn ein Alltagsfall! 2

Im Bundestag steht eine Änderung des Jugendarbeitsschutzgesetzes an. Sollen jugendliche Arbeitnehmer, Auszubildende und Jungarbeiter unter 18 Jahren generell bis 20 Uhr oder in Branchen wie dem Gaststätten- und Hotelgewerbe auch bis 22 Uhr beschäftigt werden? Der Abgeordnete X, der sich schon länger mit diesem Problem beschäftigt und sich dazu auch eine Meinung gebildet hat, wird noch einmal nachdenklich, als er am Tag vor der entscheidenden Abstimmung im Bundestag die Post studiert:

Lieber Karl!

Als aktives Mitglied der Gewerkschaft empfehlen wir dir dringend dich morgen konsequent für die Interessen der jugendlichen Arbeitnehmer einzusetzen. Was ein Auszubildender lernen soll, kann ihm auch vor 20 Uhr beigebracht werden. Es gilt auch, die berechtigten Freizeitinteressen der Jugendlichen zu vertreten. Unsere Jugendvertreter stehen im Wort. All das Gerede von der Existenzkrise der Hotels und Restaurants ist nicht stichhaltig. Genau besehen geht es sehr viel mehr um die Gewinninteressen der Gastronomie ...

Sehr geehrter Herr Abgeordneter!

In der Frage des Jugendarbeitsschutzgesetzes wenden wir uns an Sie als unserem zuständigen Wahlkreisabgeordneten. Wir dürfen noch einmal in Erinnerung bringen, dass der Fremdenverkehr mittlerweile die stärkste Säule in unserer Region geworden ist. Ein Beschäftigungsverbot für Jugendliche nach 20 Uhr zieht unweigerlich auch gesamtwirtschaftliche Schäden nach sich. Wir bauen darauf, dass Sie die Interessen unseres Wahlkreises richtig vertreten werden. Auf der letzten Mitgliederversammlung des Fremdenverkehrsvereins haben Sie viel Verständnis für unsere Anliegen bekundet. Wir hoffen, dass Sie jetzt nach der Wahl Ihren damaligen Worten auch Taten folgen lassen ...

Lieber Parteifreund!

Im Auftrag des Parteivorstandes darf ich Sie daran erinnern, dass wir gerade im Wahlkampf den jugendlichen Arbeitnehmern einiges versprochen haben. Wir stehen im Wort. Um glaubwürdig zu bleiben, sollten unsere Wahlaussagen nicht ständig durch Kompromisse verwässert werden. Auch die Mitgliederversammlung hat in der letzten Woche eine eindeutige Ablehnung der vorgesehenen Ausnahmeregelungen gebracht. Unser Erfolg bei der letzten Wahl ist ja gerade darauf zurückzuführen, dass es uns gelungen ist, die Erstwähler direkt und mit eindeutigen programmatischen Aussagen anzusprechen. Wenn wir die jetzt bei dieser Gelegenheit mit einer Ausnahmeregelung vor den Kopf stoßen, brauchen wir uns bei denen vor der nächsten Wahl gar nicht mehr sehen zu lassen ...

Lieber Fraktionskollege!
Wir haben bereits in der letzten Fraktionssitzung darauf hingewiesen, dass wir lediglich mit Rücksicht auf unseren Koalitionspartner für eine Kompromisslösung eintreten, die für Jugendliche ab 16 Jahren auch die Beschäftigung bis 22 Uhr vorsieht. Für unseren Koalitionspartner ist das eine Frage von elementarem Interesse. Ein Scheitern der Regierungsvorlage würde draußen als Schwäche aufgefasst. Angesichts der knappen Mehrheit appellieren wir noch einmal an die Solidarität. In der Probeabstimmung haben sich $^{3}/_{4}$ unserer Kollegen für diese Lösung ausgesprochen. Wir halten es deshalb für zumutbar, dass die anderen ihre Bedenken in dieser Frage zurückstellen. Im Zweifelsfalle bitten wir dringend um ein Gespräch noch vor der morgigen Sitzung.

Quelle: Zeitlupe, Hrsg.: Bundeszentrale für politische Bildung, Bonn 1980 („Der Abgeordnete"), Seite 14 f.

3 Die Frage, ob ein Abgeordneter ausschließlich seinem eigenen Gewissen unterworfen ist oder ob er sich in jedem Falle der Mehrheit seiner Partei fügen muss, ist umstritten.

Egal wie sich „unser" Abgeordneter entscheidet, allen kann er es nicht recht machen. Er gehört in diesem Fall zu jenem Viertel der Fraktion, das sich bei der Probeabstimmung gegen den Kompromiss ausgesprochen hat. Ihm kommen jedoch immer mehr Zweifel, ob er unter Berücksichtigung aller Argumente bei seiner Auffassung bleiben soll. Ohne diese Stimmen der Minderheit wäre z. B. die Regierungsvorlage zum Scheitern verurteilt. Er spielt die verschiedenen Gesichtspunkte noch einmal durch:

Gewissensfreiheit
Der Abgeordnete, der um eine eigene Entscheidung ringt, findet Rückenstärkung im Grundgesetzartikel 38: „... Sie sind Vertreter des ganzen Volkes, an Aufträge und Weisungen nicht gebunden und nur ihrem Gewissen unterworfen."

Lobby, Lobbyismus
So wird die Einflussnahme von Verbänden auf die Politik bezeichnet, um für ihre Interessen günstige Gesetze zu erreichen. Sie bemühen sich im Vorraum der Entscheidung (engl. lobby = Vorhalle) Entwicklungen und Korrekturen in ihrem Sinne vorzunehmen. Die wichtigsten Anlaufstellen bilden dabei die Regierung und die Ministerien. Die „Gemeinsame Geschäftsordnung der Ministerien" (§23 GGO) erlaubt es, Verbandsvertreter bereits bei der Erstellung der Gesetzesentwürfe heranzuziehen, bevor diese im Bundestag diskutiert werden. Verbände sind außerdem bestrebt über die Parteien möglichst viele ihrer Mitglieder in den Bundestag zu entsenden.

Fraktionsdisziplin, Fraktionssolidarität
So bezeichnet man ein Verhalten, bei dem sich ein Abgeordneter trotz kontroverser Auffassung der Mehrheitsmeinung seiner Fraktion anschließt. Ein Fraktionszwang existiert allerdings nicht. Befürworter rechtfertigen den Sinn der Fraktionsdisziplin mit folgenden Argumenten: Der eigentliche Ort der Diskussion, in der jeder Abgeordnete für seine Position kämpfen kann, ist die Fraktionssitzung. Der Mehrheitsbeschluss – häufig auch ein durch Minderheiten beeinflusster

3032242L

Kompromiss – sollte dann jedoch alle Mitglieder binden, um durch den geschlossenen Stimmeneinsatz der Mehrheitsmeinung zum Sieg zu verhelfen bzw. um im Bundestag und in der Öffentlichkeit einheitlich auftreten zu können. Zugleich sichert die Fraktionsdisziplin dem Abgeordneten die Freiheit vor dem mitunter recht massiven Druck der Verbände, der Parteigremien oder der Bürger.

Wenn Abgeordnete bewusst einer Abstimmung fernbleiben, sich der Stimme enthalten, abweichend abstimmen oder sogar bei wiederholten größeren Meinungsverschiedenheiten die Fraktion wechseln, dann wirbelt das meistens viel Staub auf.

In der Presse werden solche Abgeordnete oft als **„Abweichler, Rebell, Dissident, Einzelgänger, Gewissenstäter, Überläufer"** bezeichnet.

Imperatives Mandat

So wird die Abhängigkeit des Abgeordneten von Weisungen seiner Wähler oder seiner Partei bezeichnet (lat. imperatum = Befehl, Auftrag). Danach wäre der Abgeordnete verpflichtet, die Aufträge und Entscheidungen der Gruppe zu vertreten, die ihn gewählt und seine Kandidatur ermöglicht hat. Der Art. 38 untersagt ein strenges imperatives Mandat. Dennoch ist hier ein Spannungsverhältnis zum Art. 21 GG unverkennbar: „Heute gleicht der Parlamentarier eher dem ‚Soldaten', den die Partei auf die Kampfstätte des Parlamentes schickt, um dort ihre Forderungen zu vertreten. Parteigebundenheit ist die Voraussetzung für eine Kandidatur, die Partei bietet den organisatorischen und finanziellen Rahmen, Übereinstimmung mit den Zielen der Partei ist Voraussetzung für ein erfolgreiches parlamentarisches Wirken und – für die Wiederwahl."

Quelle: Zeitlupe, a. a. O. S. 14 f.

Karikatur: Bensch

4 Die Argumente von Befürwortern und Gegnern des freien Mandats sind vielfältig. Sie lassen sich in knapper Form zusammenfassen:

Freies Mandat	Imperatives Mandat
– Die Person des Abgeordneten spielt zumindest bei den Erststimmen die entscheidende Rolle. – Grundgesetz Artikel 38 (Ungebundenheit des Abgeordneten). – Abgeordnete dürfen nicht zu Befehlsempfängern werden. – Innerparteiliche Minderheiten kommen zur Geltung. – Parteien können ihren Kurs ändern, sodass der Abgeordnete dann den Wählerwillen eher repräsentiert als die Partei.	– Abgeordnete verdanken ihr Mandat nur der Partei. – Grundgesetz Artikel 21 (politische Willensbildung durch die Parteien). – Abgeordnete müssen Fraktionsmehrheit demokratisch akzeptieren. – Die gesamte Regierung ist unter Umständen von einem einzigen Abgeordneten abhängig. – Einzelne Abgeordnete können nie den Wählerwillen verkörpern. Sie dürfen daher nicht das Wahlergebnis durch Fraktions- oder Parteiwechsel verändern.

Dazu die Grundgedanken eines Mitbegründers der Bundesrepublik Deutschland:

Wenn sich mehrere Abgeordnete zu einer Fraktion zusammenschließen, unterwerfen sie sich damit naturgemäß der Disziplin dieser Fraktion ...
Man macht sich von der Einrichtung des Fraktionszwanges oft recht übertriebene Vorstellungen. Es kommt nur selten vor, dass eine Fraktion förmlich Fraktionszwang beschließt.
Wie ist dies nun mit dem Art. 38 des Grundgesetzes in Einklang zu bringen, der besagt, dass der Abgeordnete nur seinem Gewissen unterworfen und an Aufträge nicht gebunden ist? ... Wenn der Gehorsam gegen seine Fraktion sein Gewissen belastet, muss er seinem Gewissen folgen und anders stimmen, als die Fraktion es wünscht. Freilich kann es dann niemand der Fraktion übel nehmen, wenn sie meint sich um ihrer inneren Geschlossenheit willen ... von dem anders denkenden Mitglied trennen zu sollen.“

Quelle: Carlo Schmid, Der Deutsche Bundestag, in: H. J. Netzer (Hrsg.), Adenauer und die Folgen, Verlag C. H. Beck, München 1965, Seiten 49–51

1. **In diesem Kapitel ist beispielhaft von dem Abgeordneten X die Rede. Der Abgeordnete befindet sich im Widerstreit mehrerer Interessen.**
   Versuchen Sie das angesprochene Problem zu erklären und gehen Sie dabei auf die genannten Begriffe „Gewissensfreiheit, Fraktionsdisziplin und -solidarität, Lobbyismus und imperatives Mandat“ ein.
2. **Versuchen Sie unter Abwägung der Argumente pro und contra imperatives Mandat und Fraktionsdisziplin zu einem eigenen Urteil in der Frage der Mandatsausübung zu kommen.**

3032244L

4.3 Sonderrechte für Abgeordnete

Abgeordnete verfügen über einige **Sonderrechte,** die private Bürger nicht haben. Nicht 1
zuletzt deswegen geraten sie häufig ins Kreuzfeuer der Kritik der öffentlichen Meinung. Auch in öffentlichen Publikationen wie Zeitungen oder Zeitschriften werden des Öfteren kritische Fragen aufgeworfen, die unter Umständen bestehende Vorurteile über die Abgeordnetentätigkeit nähren:

Zeichnung:
Bensch

Zu den am kritischsten beurteilten Sonderrechten der Abgeordneten gehört sicherlich die Möglichkeit, dass sich das Parlament die **Höhe der Dienstbezüge (Diäten) selbst festlegen** kann.

Die Bundesrepublik Deutschland hat sich in ihrer Verfassung verpflichtet ihren Abgeordneten eine **„angemessene, ihre Unabhängigkeit sichernde Entschädigung zu gewähren“.** Diese lag im Jahre 1997 bei ca. 17.422 DM/Monat, wovon die Grundentschädigung in Höhe von DM 11.300 zu versteuern war, die zusätzliche „Aufwandsentschädigung“ von DM 6.122 nicht versteuert werden musste. Hinzu kommen freie Fahrten mit der Bundesbahn und dem Flugzeug.

Verantwortliche Parlamentsarbeit erfordert sicherlich die volle Kraft des Abgeordneten. Damit ist die Abgeordnetentätigkeit auch ein „Beruf“, der bezahlt werden muss.

Zu niedrige Abgeordnetendiäten könnten in erster Linie folgende Nachteile bewirken:

- Qualifizierte Kräfte, die in der freien Wirtschaft über entsprechend hohe Einkünfte verfügen, wären nur noch bedingt bereit durch ihre Arbeit im Bundestag unter Umständen größere Einkommenseinbußen in Kauf zu nehmen. Struktur und Zusammensetzung des Bundestages würden sich evtl. langfristig ändern.
- Das Streben nach wirtschaftlicher Besserstellung könnte die erforderliche Unabhängigkeit der Abgeordneten gefährden, wenn sie in verstärkter Zahl versuchen würden, ihre Einkünfte durch Beraterverträge o. Ä. aufzubessern.

  Durch die Annahme von Nebentätigkeiten bzw. der „Ausschau nach zusätzlichen Einkommensquellen“ (Th. Eschenburg) würde aber nicht nur die politische Unabhängigkeit gefährdet, sondern auch die für die politische Arbeit zur Verfügung stehende Zeit eingeschränkt.

Kennzeichnen Sie die wesentlichen Merkmale der Diätenregelung für Abgeordnete. Berücksichtigen Sie auch folgenden Text, in dem der vielfach kritisierte Bezug zu hoher Diäten einmal aus ganz anderer Sicht dargestellt wird:
Einerseits soll der Abgeordnete möglichst frei von Interessen agieren, andererseits hält man ihm die Höhe der Diäten vor. Die Zeiten, da das Parlament nur materiell Unabhängigen offen stand, gehören der Vergangenheit an. Wie anders als durch eine relativ großzügige Diätenzahlung sollte der Abgeordnete vor der Abhängigkeit von anderen – sicherlich nicht uneigennützigen – Geldgebern gefeit sein! „Reichtümer" kann er im Bundestag ohnehin nicht erwerben. Die Diäten sind nämlich kein Reinverdienst. Allein ein Viertel seiner Grunddiäten muss der Abgeordnete für die Altersversorgung aufbringen; Beiträge für die Partei, die Fraktion und den Wahlkreis schlagen genauso zu Buch wie die Kosten für Büro, Telefon, Sekretärin und Verkehrsmittel. Schließlich ist der Abgeordnete in der Regel zu einer doppelten Haushaltsführung genötigt.
Für politische Spitzenleute bedeuten die Diäten eher ein bescheidenes Salär. Vergleichbare Posten in der Wirtschaft z. B. werden viel höher dotiert.

Quelle: Informationen zur politischen Bildung, a. a. O. S. 33

2 Auch im strafrechtlichen Sinne verfügen Abgeordnete über einige Sonderrechte. Hierbei handelt es sich um

- die **Indemnität,**
- die **Immunität** und
- das **Zeugnisverweigerungsrecht.**

Die **Indemnität** sichert die strafrechtliche Unverantwortlichkeit für Reden und Abstimmungen im Parlament. Art. 46, 1 des Grundgesetzes bestimmt:

„Ein Abgeordneter darf zu keiner Zeit wegen seiner Abstimmung oder wegen einer Äußerung, die er im Bundestag oder in einem seiner Ausschüsse getan hat, gerichtlich oder dienstlich verfolgt oder sonst außerhalb des Bundestages zur Verantwortung gezogen werden. Dies gilt nicht für verleumderische Beleidigungen."

Die Indemnität sichert den freien Meinungsaustausch im Parlament. Außerdem ist sie ein Bestandteil der grundgesetzlich garantierten Meinungsfreiheit.

Die **Immunität** schützt den Parlamentarier vor Strafe und Verfolgung. Im Gegensatz zur Indemnität kann sie jedoch im Einzelfall aufgehoben werden. Art. 46, 2 des Grundgesetzes lautet:

„Wegen einer mit Strafe bedrohten Handlung darf ein Abgeordneter nur mit Genehmigung des Bundestages zur Verantwortung gezogen oder verhaftet werden, es sei denn, dass er bei Begehung der Tat oder im Laufe des folgenden Tages festgenommen wird."

Die Immunität soll die Abgeordneten nicht bevorteilen. Es soll sich bei ihr lediglich um ein Schutzrecht der Parlamente handeln, nämlich zur Erhaltung seiner Vollzähligkeit und Sicherstellung seiner ständigen Handlungs- und Beschlussfähigkeit. Daneben soll sie die Abgeordneten vor Schikanen und willkürlichen Strafanzeigen und somit deren Arbeitsfähigkeit schützen.
„Es ist Sache des Parlaments, darauf zu achten, dass mit der Immunität kein Missbrauch getrieben wird, dass sie nur als Schutz gegen politisch bestimmte Willkür, nicht als Anreiz zur Gesetzeszuwiderhandlung dient. Die moralische Autorität des Parlaments kann nicht pfleglich genug behandelt werden, nicht groß genug sein. Es ist z. B. nicht einzusehen, warum einem Abgeordneten der Führerschein wegen Autofahrens nach Alkoholgenuss nicht entzogen werden soll. Er braucht den Führerschein nicht dringender als jeder Landarzt.
Während der Dauer der Immunität verjährt eine Strafe nicht. Nach Ablauf seines Mandats kann der Abgeordnete belangt werden.“

aus: Eschenburg, Th., Staat und Gesellschaft in Deutschland, München 1963, S. 505

Das **Zeugnisverweigerungsrecht** soll das Vertrauensverhältnis zwischen dem Bürger und dem Abgeordneten nicht stören und die Kontrollfunktion des Parlaments starken. In Art. 47 des Grundgesetzes heißt es:

„Die Abgeordneten sind berechtigt, über Personen, die ihnen in ihrer Eigenschaft als Abgeordneter oder denen sie in dieser Eigenschaft Tatsachen anvertraut haben, sowie über diese Tatsachen selbst das Zeugnis zu verweigern. Soweit dieses Zeugnisverweigerungsrecht reicht, ist die Beschlagnahme von Schriftstücken unzulässig.“

Nach der Strafprozessordnung kann in der Bundesrepublik Deutschland eine Zeugenaussage gerichtlich erzwungen werden. Neben den Abgeordneten genießen nur noch Verlobte, Ehegatten, Ärzte und Pfarrer das Zeugnisverweigerungsrecht.

Zusätzlich sind Abgeordnete im Rahmen von Wahlvorbereitungen von ihren parlamentarischen Pflichten entbunden. Außerdem haben sie das Recht zur kostenlosen Benutzung öffentlicher Verkehrsmittel.

Erläutern Sie in eigenen Worten die genannten Sonderrechte von Abgeordneten und versuchen Sie deren Notwendigkeit zu begründen.

4.4 Aufgaben und Rolle der Opposition

Im traditionellen deutschen Demokratieverständnis gilt das Parlament vielfach als Kontrollorgan der Regierung. Entgegen dieser weit verbreiteten Vorstellung wird die Kontrollfunktion in der Regel allerdings nur von einem Teil des Parlaments – der Opposition – wahrgenommen. Nur sie hat ein wirkliches Interesse daran, Kritik zu üben und die Regierungsarbeit zu überprüfen.

Dagegen arbeitet die parlamentarische Mehrheit mit der von ihr gestellten Regierung naturgemäß Hand in Hand. Ganz selten kommt es vor, dass eine Mehrheitsfraktion die Regierung öffentlich angreift. Sie bedient sich meist Kontrollmaßnahmen, die der Öffentlichkeit nicht bekannt werden. Dazu gehören z. B. die Besprechungen des Kanzlers mit dem(n) Fraktionsvorsitzenden der Regierungspartei(en).

Die Scheidelinie verläuft damit zwischen der Regierung und der parlamentarischen Mehrheit einerseits und der Opposition andererseits.

„Ätsch, der gehört mir!" Zeichnung: Hanel

Das Grundgesetz kennt den Begriff der parlamentarischen Opposition nicht. Ihre tragende Rolle in der Demokratie hat aber das Bundesverfassungsgericht mit dem **„Recht auf verfassungsmäßige Bildung und Ausübung einer Opposition"** als ein grundlegendes Prinzip der „freiheitlich demokratischen Grundordnung" hervorgehoben.

Harte parlamentarische Auseinandersetzungen beinhalten auch die Gefahr, dass die Opposition als Gegenpol der Regierungspartei der bedingungslosen „Neinsagerei" bezichtigt wird …

Bei der Ausübung ihrer Tätigkeit stehen der Opposition abgestuft eine Reihe von Möglichkeiten und Mitteln der Kontrolle zur Verfügung:

1

Notwendigerweise konzentriert sich die **Redeschlacht** zwischen Regierung und Opposition auf das Grundsätzliche. Das Detail der Politik wird, und dies ist das zweite wichtige Kontrollorgan für die Opposition, in den Ausschüssen des Parlaments geprüft und bewertet. In den **Ausschüssen** stehen die Regierungsvertreter Rede und Antwort und dort liefert sich auch der Sachverstand eine schärferes Duell, als er es im Bundestag kann, wo Experten sich um eine verständliche Sprache bemühen müssen, vereinfachen und sogar schweigen dürfen, weil es zunächst nur um die Abgrenzung politischer Standorte geht.

Kleine Anfragen, die nach der Geschäftsordnung Auskunft über „bestimmte bezeichnete Bereiche“ verlangen, werden von mindestens 33 Abgeordneten schriftlich gestellt und ebenso beantwortet.

Große Anfragen (auch Interpellation genannt) müssen schriftlich gestellt und von mindestens 33 Abgeordenten (Fraktionsstärke) unterstützt werden. An deren Beantwortung durch die Regierung schließt sich im Plenum eine Aussprache an, wenn mindestens 33 Abgeordnete sie verlangen. Vor allem die Opposition nutzt diese Möglichkeit, um die Regierung zu zwingen Rede und Antwort zu stehen und Rechenschaft über Vorgänge von grundsätzlichem Interesse abzulegen.

Die auf 60 Minuten begrenzte **mündliche Anfrage (Fragestunde)** leitet die Plenarsitzung ein. Die Fragen muss der Abgeordnente – jeder darf in einer Sitzungswoche bis zu zwei an die Bundesregierung richten – in der Regel drei Tage vor der Fragestunde einreichen. Da die Abgeordneten (vorher nicht bekannte) Zusatzfragen stellen, können die Minister und die Staatssekretäre von der Opposition in die Enge getrieben werden.

Die **aktuelle Stunde** dient der Verlebendigung der Debatten. Um der „Lust am Monologisieren“ entgegenzuwirken, darf jeder Redebeitrag eine bestimmte Zeit nicht überschreiten.

Quelle: Informationen zur politischen Bildung, Nr. 119/124, Seite 41, 42.

Parlamentarische Untersuchungsausschüsse sind eine gefürchtete Einrichtung, denn sie werden im Allgemeinen nur eingesetzt, wenn Parlamentarier Korruption, politische Misswirtschaft oder Amtsmissbrauch wittern. Untersuchungsausschüsse signalisieren meist eine Stunde der Opposition. Wo könnte sie ihr Kontrollrecht besser wahrnehmen als im Untersuchungsausschuss? Wo noch unmittelbarer an der Aufdeckung von Sündenfällen mitwirken? Im Untersuchungsausschuss kann sie selbst in Richter- und Anklägerpose auftreten. Allerdings, wie der Ausschuss verfährt, bestimmt

letztlich die Koalitionsmehrheit. Sie entscheidet auch über den Bericht, den er erstattet, und über die Konsequenzen, die dem Plenum empfohlen werden.
In einer **Verfassungsklage** vor dem Bundesverfassungsgericht in Karlsruhe, der nach dem Untersuchungsausschuss schärfsten Waffe, steckt überhaupt der härteste politische Vorwurf, der einer Regierung gemacht werden kann: dass ihre Handlungen im Gegensatz zur Verfassung stünden. Eine solche Klage wird Normenkontrollklage genannt. Das Gericht soll prüfen, ob eine Maßnahme, ein völkerrechtlicher Vertrag mit den Normen des Grundgesetzes in Einklang steht.

Das konstruktive Misstrauensvotum ist die schwerste Waffe der Opposition und zugleich der beste Schutz der Regierung. Das konstruktive Misstrauensvotum ermöglicht die Abwahl des Kanzlers, aber nur durch die Wahl eines neuen, und das nur mit absoluter, der Mehrheit aller Abgeordneten. Erstmals in der Geschichte der Bundesrepublik Deutschland ist dies im Jahre 1972 auch einer breiten Öffentlichkeit bewusst geworden. Die damaligen Kräfteverhältnisse im Bundestag, die die CDU/CSU-Fraktion durch den Fraktionswechsel einiger Abgeordneter von der Minderheit zur Mehrheit zu machen schienen, führten zum Versuch die Regierung Willy Brandts zu stürzen und die Opposition an die Macht zu bringen. Der Versuch scheiterte.

Das zweite Misstrauensvotum in der Geschichte des Deutschen Bundestages wurde im Jahre 1982 von dem damaligen Oppositionsführer Dr. Helmut Kohl gegen den amtierenden Bundeskanzler Helmut Schmidt eingebracht. In der Koalition von SPD und F. D. P. waren offensichtlich unüberbrückbare Spannungen aufgetreten, die den größten Teil der F. D. P. dazu bewog, beim Misstrauensantrag mitzustimmen. Bundeskanzler Helmut Schmidt wurde durch dieses Votum gestürzt und der bisherige Oppositionsführer Kohl trat wenige Stunden später mit der Ablegung des Amtseides die Regierungsherrschaft an.

Quelle: Bundestag von a–z, Heft „opposition", Hrsg.: Presse- u. Informationszentrum d. Deutschen Bundestages, Bonn

Die **Rollenverteilung von Regierung und Opposition ist nicht frei von kritischen Beurteilungen.** Dabei geht es nicht zuletzt um die Frage der konstruktiven Rolle einer Opposition in demokratischen Parlamenten.

Dazu Ausführungen des ehemaligen Bundespräsidenten Richard von Weizsäcker:

2

Die Regierung ist heute an der Macht ...

Die Opposition will morgen an die Macht. Also hat in den Augen der Regierung die Gegenwart das Übergewicht über die Zukunft.
Immer wieder muss die Regierungspartei oder Koalition, zumal bei knappen Mehrheitsverhältnissen, Kompromisse suchen, um am Ruder zu bleiben.
Die Verlängerung der Gegenwart wird zum alles beherrschenden Thema. Wer sorgt da noch für die Zukunft? ...
Wer kann es da noch riskieren, um einer verantwortlichen Zukunftsvorsorge willen Vorschläge zu machen, die eine Belastung in der Gegenwart mit sich bringen und Streit im eigenen Lager auslösen könnten?

Die Opposition ist die Regierung von morgen ...

Als Minderheit hat man die demokratische Pflicht die Regierung zu kontrollieren und zu kritisieren, nicht aber sie zu stärken.
Der ständige Streit in jeder Opposition kreist daher um die Frage, ob man für ungelöste Probleme realisierbare Alternativvorschläge machen soll oder nicht.
Dagegen scheint vor allem ein taktisches Argument zu sprechen: Wenn nämlich die alternativen Vorschläge gut sind, dann wird die Regierung sie übernehmen und sich selbst dafür belohnen lassen. Die Folge ist dann oft, dass die Opposition nicht das ist, was sie eigentlich sein sollte, nämlich ein Trainingslager für die Zukunft.

Quelle: v. Weizsäcker, Richard: Die deutsche Geschichte geht weiter, dtv-Buch, Nr. 1082, 3. Aufl., 1986, Seite 150

3032250L

Das parlamentarische System ist dadurch gekennzeichnet, dass die Regierung aus dem Parlament hervorgeht – von der Theorie her ein Verstoß gegen die Gewaltenteilung. Da die Regierung nur mit Zustimmung des Parlaments handeln kann, da die Mehrheit des Parlaments die Regierung wählte, versagt die Mehrheit der Parlamentarier der Regierung ihre Zustimmung nicht – das ist auch logisch. Die Opposition jedoch, die also die Kontrolle allein zu übernehmen hat, vermag einen Regierungssturz deshalb nicht herbeizuführen, weil sie eben nicht die Mehrheit hat. Die Mehrheit aber ist wiederum zur Abwahl der einen und zur Neuwahl der anderen Regierung notwendig. 3
Also fällt die Kontrolle an den Wähler zurück. Das Volk steht ohnmächtig den Institutionen gegenüber, die es kontrollieren soll.
Es hat die Pflicht, sich notfalls auch in außerparlamentarischen Aktionen gegen Machtmissbrauch zur Wehr zu setzen . . .

Quelle: Sternberger, Dolf, Gewaltenteilung und parlamentarische Regierung in der Bundesrepublik Deutschland, Seite 325

1. Welche Aufgaben hat eine Oppositionspartei(fraktion) im Parlament Ihrer Mcinung nach zu erfüllen?
2. Untersuchen Sie kritisch die Verwirklichung der Gewaltenteilung zwischen Bundestag und -regierung. Diskutieren Sie unter diesem Gesichtspunkt die Rolle der parlamentarischen Opposition und nehmen Sie die Aussagen von Sternberger und v. Weizsäcker kritisch unter die Lupe.

4.5 Was tun unsere Abgeordneten eigentlich?

Brief eines Bürgers an den Ältestenrat des Deutschen Bundestages:

Sehr geehrte Damen und Herren!
Bei den Fernsehausschnitten über die letzte Sitzung musste der Zuschauer ein fast leeres Bundeshaus wahrnehmen, nur wenige Abgeordnete nahmen an der Sitzung teil . . .
Es ist doch ein falsches Demokratieverständnis, wenn sich Personen in den Bundestag wählen lassen, aber nicht an den Sitzungen teilnehmen, egal, ob es sich um interessante Themen handelt oder nicht.
Auch wir in der freien Wirtschaft . . . können nicht einfach fernbleiben und interessanteren Verpflichtungen nachgehen, die uns evtl. mehr einbringen.
Abgeordnete, die sich hieran nicht halten wollen oder können, sind abzulösen und zu ersetzen, auch während einer Legislaturperiode.
Bitte nehmen Sie mein heutiges Schreiben als Beginn eines neuen Denkprozesses über die Tätigkeit der Abgeordneten . . .

Quelle: Deutscher Bundestag, 25 Jahre Demokratie, S. 11, Hrsg.: Presse- und Informationsamt der Bundesregierung

Auszug aus einer Rede des früheren Bundestagspräsidenten Stücklen:

Es dient der Demokratie, wenn die Bürger Gelegenheit haben den Verlauf der parlamentarischen Auseinandersetzung unmittelbar zu verfolgen. Wir wissen und müssen in Kauf nehmen, dass dabei gelegentlich auch ungünstige Eindrücke entstehen können. Nicht jeder Zuschauer berücksichtigt beim Anblick eines schwach besetzten Hauses, dass ein **großer Teil der parlamentarischen Arbeit außerhalb des Plenums** geleistet wird. Deshalb sollte unser aller Bemühen darauf gerichtet sein, dem vorzubeugen und irrigen Vorstellungen von der Arbeit des Parlamentes und seiner Mitglieder entgegenzuwirken.
Alle diejenigen aber, die unsere Arbeit mit kritischer Aufmerksamkeit verfolgen, bitte ich auch in Bezug auf die Parlamentsarbeit daran zu denken, dass die Abgeordneten ja auch nur Menschen sind.

Quelle: Deutscher Bundestag, Stenografischer Bericht der 1. Sitzung der 9. Legislaturperiode, Plenarprotokoll 9/1

[1] Ist die persönliche Anwesenheit im Plenarsaal tatsächlich unverzichtbarer Bestandteil der parlamentarischen Mitarbeit?

Oder sollte man es nicht doch dem persönlichen Entscheidungsbereich des einzelnen Abgeordneten überlassen, wo er seine Tätigkeitsschwerpunkte setzt?

Die Ansprüche an die Volksvertreter sind sehr unterschiedlich, die zur Verfügung stehende Zeit ist in der Regel aber sehr begrenzt.

Die Parlamentarier bleiben meist nicht aus Bequemlichkeit fern; vielmehr lässt ihnen der rigoros verplante Wochenablauf oft genug keine andere Wahl. Von Montag bis Mittwoch tagen die Volksvertreter fast durchgehend in Fraktionen, Arbeitskreisen und Ausschüssen. Weil dort die politischen Vorentscheidungen fallen, will niemand fehlen.

Plenarsitzungen und Ausschusssitzungen überschneiden sich zum Teil. Und so bleiben nur die Plenarsitzungen übrig, um Büroarbeit zu erledigen, Besucher und Gesprächspartner zu empfangen.

Reisen ist hier Pflicht, Zeitunglesen Dienst, unerlässliche Arbeit wie Briefe schreiben, Telefonieren, Kontaktpflege mit Besuchern aus dem Wahlkreis, Sprechstunden, Diskussionen und Interviews (im Wahlkreis), Aktenstudium, Berichte schreiben. Das meiste davon bleibt dem Bürger verborgen.

Quelle: POLITIK...betrifft uns, 1/85, Seite 22

3032252L

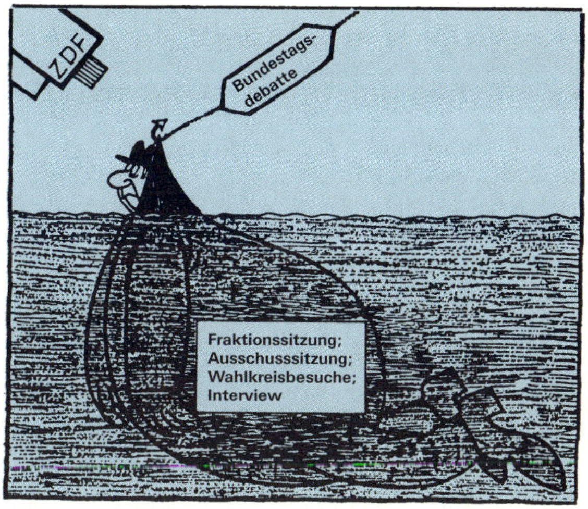

„Nur wenig ist sichtbar."

Einerseits ...

. . . sind Abgeordnete gewählte Vertreter des Volkes. Dass sie geschlossen an den Parlamentssitzungen teilnehmen, sollte zu ihren unmissverständlichen Pflichten gehören.
Wo soll sonst – außer im Parlament – ein gemeinsamer Gedanken- und Erfahrungsaustausch stattfinden?

Eine direkte Rückkopplung ist nur im Parlament möglich, daran ändern auch moderne Kommunikationsmöglichkeiten wie Telefon, Bildschirm o. Ä. nichts. **Nur im Parlament kann der Abgeordnete seine Rechte als Volksvertreter geltend machen.**

Andererseits ... 2

. . . fragt man sich auch, ob ein Abgeordneter wirklich an jeder Sitzung teilnehmen muss, um sich nicht selten stundenlange Debatten mit längst bekannten Argumenten anzuhören.
„. . . Die Debatte im Plenum (ist) eben nicht in erster Linie dazu da, bei einzelnen Abgeordneten die Meinung erst zu bilden.
Die Plenardebatte dient vielmehr dazu, fertig gebildete Meinungen gegeneinander zu stellen und so die Probleme, um die es geht, für die Öffentlichkeit deutlich zu machen.
Das ‚Zum-Fenster-Hinausreden' in der Plenardebatte ist daher nichts Negatives, sondern geradezu ihr Sinn."

Als MdB von morgens bis abends eingespannt?

3 Ein Arbeitstag im Deutschen Bundestag beginnt gegen acht Uhr morgens und endet oft erst gegen 22 Uhr. Die Abgeordneten haben keine geregelten Dienststunden. Es wird von ihnen erwartet, dass sie immer da sind.
Die Arbeit eines Abgeordneten beginnt morgens mit dem Abholen und der Durchsicht der Post. Ab neun Uhr stehen Arbeitssitzungen auf dem Terminkalender. Das Plenum tagt oder Ausschüsse oder Arbeitskreise der Fraktionen und besondere Arbeitsgruppen.
Nach kurzer Unterbrechung in der Mittagszeit geht es weiter. Der Abgeordnete sitzt am Schreibtisch in seinem Zimmer zwischen Aktenbergen. Er empfängt Besucher, führt Telefongespräche, informiert sich, erledigt Post. Er verhandelt in den Ministerien, weil es zum Beispiel um den Straßenbau in seinem Wahlkreis geht oder um ein Gesetz, für das er der Sachverständige seiner Fraktion ist.
An Wochenenden und in der sitzungsfreien Zeit arbeitet er im Wahlkreis oder wieder am Schreibtisch. Er spricht auf

Veranstaltungen, diskutiert mit Bürgern, schreibt Artikel, bereitet Reden vor, berichtet den Wählern von seiner Arbeit.
Diese Belastung zwingt den Abgeordneten dazu, manchmal zwei Dinge zur gleichen Zeit zu tun. Im Plenum liest er zum Beispiel die Zeitungen, die er lesen muss, um informiert zu sein; im Arbeitszimmer verfolgt er die Debatten am Lautsprecher mit. Wenn er im Plenum, vor allem bei Abstimmungen, gebraucht wird, ist er zur Stelle.
Die Abgeordneten haben Hilfskräfte und die Verwaltung des Deutschen Bundestages stellt zahlreiche Mittel zur Verfügung.
Sekretärinnen und Assistenten können dem Abgeordneten die einfache, die technische Arbeit abnehmen, die seine Zeit zu sehr beansprucht.
Die Arbeit der Abgeordneten setzt Verantwortungsbewusstsein und große Sachkenntnis voraus. Sie erfordert auch außergewöhnlich viel Zeit. Im Durchschnitt arbeiten die Abgeordneten 70 Stunden in der Woche.

Die großen zusammenfassenden Verbände, die Gewerkschaften, Beamtenbund usw., die wiederum in sehr viele Einzelgruppen zerfallen, wie Lehrer-, Juristen-, Ärzte-, Metallarbeiter-, Bergarbeiterverbände usw., bis hinunter zu den örtlich begründeten Bürgerverbänden stellen jeweils besondere Ansprüche.
Diese reichhaltige Skala, welche die Bevölkerung in ihren differenzierten Schichten widerspiegelt, zwingt den Abgeordneten neben seiner Spezialisierung in Bonn auch für seine Fraktion ein gültiger Interpret – Deuter – der gesamtpolitischen Tätigkeit und der gesamtpolitischen Vorstellungen seiner Partei zu sein.
Daraus wiederum ergibt sich, dass der Abgeordnete in seinem Spezialgebiet noch zusätzlich ein beträchtliches Maß an Arbeit hat, da er für seine Kollegen sowohl Antworten als auch Vorstellungsentwürfe für deren Wahlkreis – Reden zu einem speziellen Thema – vorbereiten muss.

Quelle: Presse- und Informationszentrum des Deutschen Bundestages (Hrsg.), 70 Stunden in der Woche ..., Bonn o. J.

Erquicklich

Autovertreter verkaufen Autos.

Versicherungsvertreter verkaufen Versicherungen.

Und Volksvertreter?

Stanislaw Jery Lex, polnischer Satiriker

Sie haben unterschiedliche Stellungnahmen und Meinungen zum Problem der Anwesenheitspflicht der Abgeordneten im Plenarsaal gelesen.

1. **Welche Rolle hat ein Abgeordneter im Bundestag (oder im Landtag, Senat, Kreistag usw.) zu erfüllen?**
2. **Worauf führen Sie die teilweise sehr kritische Haltung der Bevölkerung gegenüber der Arbeit von Abgeordneten zurück und welche Eigenschaften müsste deshalb ein „idealer Abgeordneter" aus Ihrer Sicht haben?**
3. **Wie stellen Sie sich die Arbeit der Abgeordneten vor? Schätzen Sie ihren Verdienst.**

4.6 Wahlen zum Deutschen Bundestag

4.6.1 Wahlkampf – notwendiges Übel?

Es ist ganz natürlich, dass sich die konkurrierenden Parteien, sobald der Wahltag näher rückt, besonders anstrengen und um jeden kleinen Vorteil ringen. Denn ein Prozent Wählerstimmen mehr oder weniger kann über Haben oder Nichthaben entscheiden.

Im Wahlkampf versucht jede Partei zunächst die eigenen Anhänger und Sympathisanten möglichst geschlossen zur Stimmabgabe für die „bewährte Partei" zu bewegen. Wenn die eine Partei 95 Prozent ihrer Anhänger zur Wahlbeteiligung animiert und die andere nur 80 Prozent, ist der Wahlkampf entschieden. Aber auch fünf Prozent Unterschied machen bei knappen Mehrheitsverhältnissen schon viel aus.

Die meisten unserer Mitbürger lassen sich leichter *gegen* etwas und jemanden begeistern als *für* eine Sache oder eine Person. Daher beschäftigen sich die Parteien im Wahlkampf zu 70 Prozent mit den Schwächen der Gegner (und mit der Gefahr, die von diesen Gegnern angeblich ausgeht) und sie beschäftigen sich nur zu 30 Prozent mit den eigenen Vorteilen.

Und dann gibt es noch die **Wechselwähler.** Nur etwa 70 Prozent wählen die Partei, für die sie schon beim letzten Mal gestimmt haben, ganz sicher wieder. Die anderen Wähler können in ihrer politischen Meinung „umgebogen", sie können aber auch „gehalten" werden. Wechselwähler sind ein recht eigenartiges Völkchen. Ein Teil von ihnen schaut sich den ganzen Wahlrummel in Ruhe an und wählt dann schweren Herzens das kleinere Übel. Der größere Teil aber lässt sich von der Partei, die im Wahlkampf die beste Form zeigt, mitreißen. Daher versucht jede Partei, mit ihren Argumenten, durch die großen Veranstaltungen, durch die Werbung, mit Plakaten oder Autoaufklebern ein Klima zu schaffen, das möglichst begeisternd wirkt. Daher üben sich die Parteien mehr in Stimmungsmache als in trockenen Argumenten.

Je nach Erfolg und Misserfolg setzen sich in den Parteien nach dem Wahltag die einen oder anderen Kräfte durch. Das alles schafft eine gewisse Beweglichkeit sowie Erneuerungsfähigkeit unseres politischen Systems und auch die Bereitschaft auf den Wähler zu hören und von ihm zu lernen, weil die eigene Macht ja von seiner Stimme abhängt. Der Wahlkampf wirkt also gegen Erstarrung und Verkrustung des politischen Lebens.

Quelle: Bunte, Nr. 37, 1986, siehe auch „Der Wahlkampf – Theorie und Praxis", Verlag Wissenschaft und Politik (Köln)

Ein großer Teil der Wahlkämpfe wird von Werbefachleuten getragen, die versuchen politische Standpunkte in Kurzform und einprägsam an die Wähler heranzutragen.

Dagegen nehmen sachlich geführte Informations- oder Aufklärungskampagnen während des Wahlkampfes einen geringen Raum ein.

Der Wahlwerbung wird häufig vorgeworfen, dass ...

... sie mit Scheinargumenten arbeitet,

... der Wähler manipuliert wird,

... werbewirksame Wahlkampfslogans häufig Ängste im Wähler schüren, weil man sich gerade davon den größten Werbeerfolg verspricht,

... sie gegenteilige Meinungen künstlich dramatisiert und in Schwarzmalerei umsetzt,

... der Bürger kaum politisch aktiviert wird, weil ihm das Interesse der Parteien jeweils nur vor der Wahl gilt.

Welche Funktion messen Sie dem Wahlkampf in einer Demokratie bei?

4.6.2 Wahlrecht und demokratische Wahlgrundsätze

In allen demokratischen Staaten liegt die oberste Staatsgewalt beim Volk. Das Grundgesetz der Bundesrepublik Deutschland lautet in Artikel 20:

„Alle Staatsgewalt geht vom Volke aus. Sie wird vom Volke in Wahlen und Abstimmungen durch besondere Organe der Gesetzgebung, der vollziehenden Gewalt und der Rechtsprechung ausgeübt."

Über die Wahl zum Deutschen Bundestag sagt das Grundgesetz in Artikel 38:

„Die Abgeordneten ... werden in **allgemeiner, unmittelbarer, freier, gleicher und geheimer Wahl** gewählt."

Jeder Bürger, der das 18. Lebensjahr vollendet hat, besitzt das **aktive Wahlrecht.** Sofern er nicht entmündigt ist und seinen Wohnsitz oder dauernden Aufenthalt seit mindestens drei Monaten im Wahlgebiet hat, darf er wählen.

Unter **passivem Wahlrecht** versteht man das Recht gewählt zu werden. Voraussetzung für die Wählbarkeit ist das aktive Wahlrecht sowie der Besitz der deutschen Staatsangehörigkeit seit mindestens einem Jahr vor der Wahl.

Die Rechtsgrundlagen für die Wahlen sind meist in der Verfassung enthalten; Einzelheiten werden in Wahlgesetzen und -ordnungen geregelt.

Wählen heißt: Sich zwischen verschiedenen Möglichkeiten entscheiden können. Im Rahmen eines politischen Systems sind Wahlen ein Prüfstein für Parteien und Kandidaten. Erst die Wahl schafft die Legitimation (Berechtigung) für die Regierungsparteien als Träger der Staatsgewalt. Dies kann allerdings nur dann gelten, wenn der Wahlakt auf demokratischen Prinzipien beruht (Artikel 20, 38 GG).

Wahlen in der Bundesrepublik Deutschland sind:

allgemein	unmittelbar	frei	gleich	geheim
Jeder, der das aktive Wahlrecht besitzt, darf wählen und sich beim Vorliegen des passiven Wahlrechts wählen lassen.	Abgeordnete werden vom Wähler direkt gewählt.	Keine Ausübung von staatlichem Zwang, keine Wahlpflicht.	Jede Stimme zählt gleich stark.	Niemand darf während der Wahl die Entscheidung Einzelner erfahren.

Für eine demokratische Wahl sind diese Grundsätze unabdingbar. Allerdings erlangen sie erst dann ihre volle Wirksamkeit, wenn sich der einzelne Bürger seiner politischen Verantwortung bei der Stimmabgabe bewusst ist.

 3032256L

4.6.3 Die Bedeutung des Wahlsystems

Die Gestaltung des Wahlsystems ist mehr als nur eine Verfahrensfrage. Grundsätzlich gibt es zwei Wahlsysteme:

– Mehrheitswahl – Verhältniswahl

Bei der **Mehrheitswahl** wird das Wahlgebiet in Wahlkreise eingeteilt. Aus jedem Wahlkreis erhält ein Bewerber einen Sitz in der Volksvertretung. Es ist derjenige, der die meisten Stimmen bei der Wahl auf sich vereint. Die Stimmenanteile der Mitbewerber sind damit bedeutungslos – auch wenn das Ergebnis sehr knapp ausgefallen sein sollte (z. B. 51 % : 49 %).

Dieses Verfahren wird in unterschiedlicher Weise in Frankreich, England und in den USA angewandt.

Werden die Abgeordnetenplätze hingegen nach dem Prinzip der **Verhältniswahl** vergeben, stellt das Parlament einen Spiegel der Wählerschaft dar. Entsprechend der Stimmenzahl werden die Sitze verteilt. Damit bleibt auch der Wille der Wähler, die ihre Stimme der oder den unterlegenen Partei(en) gaben, im Parlament wirksam erhalten.

Im Gegensatz zum Mehrheitswahlsystem, bei dem ein Bewerber direkt (persönlich) gewählt wird, kann die Verhältniswahl nur über Bewerberlisten erfolgen.

Anhänger und Gegner des Mehrheitswahlsystems machen folgende Argumente für ihre Auffassungen geltend:

Befürworter des Mehrheitswahlsystems

- Klare Mehrheitsverhältnisse als Ergebnis des Wahlausgangs.
- Keine ungewissen Koalitionsverhandlungen mit kleinen Parteien.
- Gemäßigte Politik der großen Parteien durch das Bestreben den schwankenden Grenzwähler für sich zu gewinnen.
- Stabilität durch Zweiparteienstruktur.
- Wähler der kleinen Parteien stimmen evtl. mit der Koalitionsentscheidung nicht überein.

Gegner des Mehrheitswahlsystems

- Hoher Anteil von „Papierkorbstimmen“, d. h. letztlich bedeutungslosen Wählerentscheidungen. Verzerrung des Wählerwillens.
- Fehlende Ausgleichsfunktion kleiner Parteien.
- Widerspruch zum Grundsatz der Parteienvielfalt und Chancengleichheit.
- Koalitionsaussagen und grundsätzliche Positionsklärung sind schon vor der Wahl möglich.

Wägen Sie die Argumente von Befürwortern und Gegnern des Mehrheitswahlsystems ab und nehmen Sie selbst dazu Stellung.

1 Das in der Bundesrepublik Deutschland gültige Wahlrechtsgesetz sieht für den Deutschen Bundestag eine **Kombination von Mehrheits- und Verhältniswahl** vor.

Die Bundesrepublik Deutschland besteht aus 328 Wahlkreisen mit ungefähr gleichen Bevölkerungszahlen. Die Anzahl entspricht der Hälfte der Bundestagsmandate. Jeder Wähler hat zwei Stimmen. Die Erststimme kommt dem Wahlkreiskandidaten zugute, die Zweitstimme der Partei, die in jedem Bundesland eine Kandidatenliste erstellt. Damit sind in dem Wahlsystem der Bundesrepublik Deutschland die Elemente der **Personen- und Listenwahl** vereint. Die Verteilung der Sitze erfolgt proportional nach einem besonderen Verfahren. Sie richtet sich dabei ausschließlich nach dem Verhältnis der Zweitstimmen!

Allerdings bleiben einer Partei die errungenen **Direktmandate** in jedem Fall erhalten; 328 Abgeordnete werden mit ihnen ins Parlament gewählt.

Erringt etwa eine Partei in einem Bundesland mehr Direktmandate mit den Erststimmen, als ihr nach den Zweitstimmen Sitze im Parlament zustehen, behält sie diese zusätzlichen Sitze als **Überhangmandate.** Die Gesamtzahl der Abgeordneten erhöht sich dann entsprechend auf 657 oder mehr Mandatsträger.

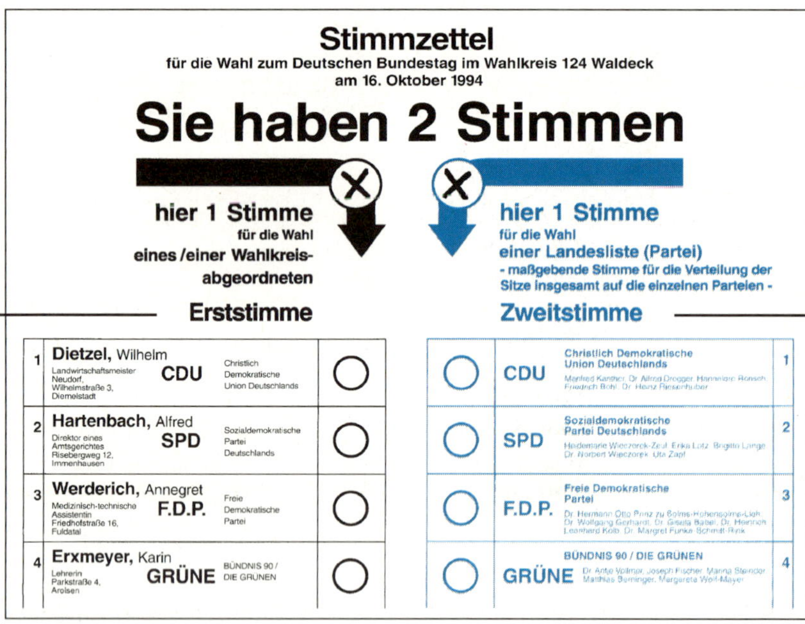

Stimmzettel
für die Wahl zum Deutschen Bundestag im Wahlkreis 124 Waldeck
am 16. Oktober 1994

Sie haben 2 Stimmen

hier 1 Stimme
für die Wahl
eines/einer Wahlkreis-abgeordneten
Erststimme

hier 1 Stimme
für die Wahl
einer Landesliste (Partei)
- maßgebende Stimme für die Verteilung der Sitze insgesamt auf die einzelnen Parteien -
Zweitstimme

1	**Dietzel,** Wilhelm Landwirtschaftsmeister Neudorf, Wilhelmstraße 3, Diemelstadt	**CDU**	Christlich Demokratische Union Deutschlands	○	○	**CDU**	**Christlich Demokratische Union Deutschlands** Manfred Kanther, Dr. Alfred Dregger, Hannelore Rönsch, Friedrich Bohl, Dr. Heinz Riesenhuber	1
2	**Hartenbach,** Alfred Direktor eines Amtsgerichtes Risebergweg 12, Immenhausen	**SPD**	Sozialdemokratische Partei Deutschlands	○	○	**SPD**	**Sozialdemokratische Partei Deutschlands** Heidemarie Wieczorek-Zeul, Erika Lotz, Brigitte Lange, Dr. Norbert Wieczorek, Uta Zapf	2
3	**Werderich,** Annegret Medizinisch-technische Assistentin Friedhofstraße 16, Fuldatal	**F.D.P.**	Freie Demokratische Partei	○	○	**F.D.P.**	**Freie Demokratische Partei** Dr. Hermann Otto Prinz zu Solms-Hohensolms-Lich, Dr. Wolfgang Gerhardt, Dr. Gisela Babel, Dr. Heinrich Leonhard Kolb, Dr. Margret Funke-Schmitt-Rink	3
4	**Erxmeyer,** Karin Lehrerin Parkstraße 4, Arolsen	**GRÜNE**	BÜNDNIS 90 / DIE GRÜNEN	○	○	**GRÜNE**	**BÜNDNIS 90 / DIE GRÜNEN** Dr. Antje Vollmer, Joseph Fischer, Marina Steindor, Matthias Berninger, Margarete Wolf-Mayer	4

Personenwahl:
328 Direktmandate

Listenwahl:
328 Listenplätze und -mandate

3032258L

Sitzverteilung nach Hare/Niemeyer 2

Bei den Bundestags- und den meisten sonstigen Wahlen erfolgt die Sitzverteilung nach dem System von **Hare/Niemeyer:**

$$\text{Sitze} = \frac{\text{auf die Partei entfallene Stimmenzahl} \cdot \text{Zahl der zu vergebenden Sitze}}{\text{Gesamtzahl der abgegebenen gültigen Stimmen}}$$

Beispiel: Wahlergebnis:

Partei	gültige Stimmen
A:	820
B:	600
C:	540
D:	420

zu vergebende Sitzplätze: 10

$$\text{Partei A} = \frac{820 \cdot 10}{2\,380} = 3{,}4453$$

$$\text{Partei B} = \frac{600 \cdot 10}{2\,380} = 2{,}5210$$

$$\text{Partei C} = \frac{540 \cdot 10}{2\,380} = 2{,}2689$$

$$\text{Partei D} = \frac{420 \cdot 10}{2\,380} = 1{,}7647$$

Die einzelnen Parteien erhalten zunächst die der jeweiligen Zahl vor dem Komma entsprechende Zahl von Sitzen. Hier wären es für A, B, C und D jeweils 3, 2, 2 und 1 Sitz.

Die noch zu vergebenden 2 restlichen Sitze erhalten die Parteien, die hinter dem Komma in obiger Rechnung die größten Zahlen aufweisen. In diesem Falle wären es die Parteien D (0,7) und B (0,5).

1. **Erläutern Sie die Begriffe „Mehrheits- und Verhältniswahl" sowie „Listen- und Personenwahl" und stellen Sie die entsprechenden Zusammenhänge dar.**
2. **Was bedeutet es, wenn man vom „gemischten Wahlsystem" der Bundesrepublik Deutschland spricht?**
3. **Wie kommen Überhangmandate zustande?**
4. **Wovon hängt die Sitzverteilung im Parlament ab?**
5. **Ermitteln Sie, wie viele Mandate jede Partei bei insgesamt 20 Abgeordnetenplätzen in folgendem Beispiel erhält (aufgrund der Erststimmen bestehen keine Überhangmandate!).**

Partei A	**7 200 Stimmen**	**Partei C**	**5 100 Stimmen**
Partei B	**6 600 Stimmen**	**Partei D**	**1 000 Stimmen**

6. **Welche Folgen würden sich ergeben, wenn die Partei C bei unverändertem Zweitstimmenanteil (Aufgabe 5) schon 6 Direktmandate errungen hätte?**

Nicht alle Parteien kommen in den Bundestag. Um einer zu starken Zersplitterung mit Koalitionsbildungen aus vielen kleinen Parteien vorzubeugen, hat man die **5%-Klausel** eingeführt. Eine Partei muss bei einer Wahl mindestens 5% der abgegebenen Zweitstimmen oder drei Direktmandate auf sich vereinigen. Erst dann wird sie im Bundestag durch Abgeordnete vertreten sein. Die 5%-Klausel ist nicht unumstritten, aber sie verhindert Splitterparteien und soll damit die Effektivität der Bundestagsarbeit erhöhen. 3

Ähnliche Diskussionen, wie sie um das Wahlsystem geführt werden, trifft man auch bei der 5%-Klausel an. Obwohl die grundsätzliche Zulässigkeit der Klausel außer Frage steht, lassen sich einige Einwände vorbringen:

Kritik an der 5%-Klausel

Manche Wissenschaftler und Politiker (verständlicherweise vor allem der kleineren Parteien) greifen die Fünfprozentklausel an, weil sie die Macht der bereits im Parlament vertretenen Parteien einfriere und für kleinere Parteien die Chance der Einflussnahme verringere. Es heißt, sie sichere ein Parteienkartell ab und erschwere das Entstehen neuer Parteien.

Da die Stimmen für eine Partei, die nicht fünf Prozent erringt, bei der Mandatsverteilung keine Rolle spielen, besteht die Gefahr, dass der „Wählerwille" – ein oft missbrauchter Ausdruck – verfälscht wird.

Wähler, die für eine Splitterpartei stimmen, verlieren jeglichen Einfluss auf die Zusammensetzung des Parlaments. Ihre Stimme kommt nicht zum Tragen. Dies erscheint nicht unproblematisch, da in einer Demokratie prinzipiell jeder Bürger die gleiche Chance besitzen muss, den politischen Willensbildungsprozess mitzugestalten.

Tatsächlich liegt die Sperrwirkung höher als fünf Prozent, denn manche Bürger wählen eine kleine Partei deshalb nicht, weil sie befürchten ihre Stimme zu „verschenken". Dieses psychologische Handikap gilt vor allem für (kleinere) demokratische Parteien, deren Anhänger im Zweifelsfall für eine andere große Partei stimmen, während Wähler extremer Parteien in höherem Maß bereit sind eine „verlorene" Stimme in Kauf zu nehmen. So wirkt die Sperrklausel allein schon durch ihr Vorhandensein als eine gewisse Abschreckung, die Stimme einer kleinen Partei zu geben.

Quelle: Informationen zur politischen Bildung, Heft 171, Seite 20 (Auszüge)

Wahl-Parcours
Zeichnung: Hanel

Befürwortung der 5%-Klausel

Andererseits muss beobachtet werden: Die Fünfprozentklausel zementiert keineswegs automatisch und für immer das derzeitige Parteiensystem. Die Fünfprozentklausel verfestigt nicht unbedingt das jeweilige Parteiensystem, zumal Parteien schon bei einem Stimmenanteil von 0,05 % an der Wahlkampfkostenerstattung beteiligt werden. Wenn manche Gruppierungen und Parteien die Sperrklausel heftig kritisieren, so liegt dies auch an ihrem aussichtslosen Bemühen, einen gewissen Prozentsatz der

Bevölkerung für sich zu gewinnen. Vielfach ignoriert die Kritik an der Sperrklausel die Voraussetzungen für die Funktionsfähigkeit eines parlamentarischen Parteienstaates und einer Massendemokratie. Die Klausel bedeutet sicherlich eine gewisse Einschränkung des demokratischen Grundsatzes, dass jede Stimme den gleichen Wert haben soll, aber sie lässt sich mit der unverzichtbaren Notwendigkeit rechtfertigen die parlamentarische Arbeit funktionsfähig zu halten. **Bestände nämlich überhaupt keine Sperrklausel, genügten schon ungefähr 0,2 % der Stimmen für ein Mandat.** Der Sinn der Wahl liegt eben nicht ausschließlich darin, im Parlament ein Spiegelbild der Meinungen und Interessen der Bevölkerung hervorzubringen. Die Wahl soll vielmehr auch die Voraussetzung dafür schaffen, dass ein Parlament eine einigermaßen handlungsfähige und verantwortungsbewusste Regierung hervorzubringen vermag.

Quelle: Informationen zur politischen Bildung, a. a. O. S. 20

1. **Wie beurteilen Sie die 5%-Klausel im Wahlrecht der Bundesrepublik Deutschland?**
2. **Stellen Sie die gemeinsame Problematik von Mehrheitswahlsystem und 5%-Klausel dar.**

Die Bundestagswahlen regelt das Bundeswahlgesetz. Landes- und Kommunalwahlrechte sind Ländersache. Hier findet aber häufig eine Orientierung am Bundeswahlrecht statt.

5 Die Bundesregierung

Zur Bundesregierung gehören der Bundeskanzler und die Bundesminister. Die Regierung stellt das ausführende Organ (Exekutive) im parlamentarischen System dar. Sie ist an die Beschlüsse des Bundestages (Legislative) gebunden.

Die Arbeit der Bundesregierung wird von drei Grundsätzen geprägt:

- **Kanzlerprinzip**
- **Ressortprinzip**
- **Kollegialprinzip**

Diese drei miteinander verbundenen Regierungsprinzipien zeigen, dass der Kanzler einerseits zwar den Bundesministerien übergeordnet ist (Kanzlerprinzip) und auch die Ablösung einzelner Minister verlangen kann, andererseits aber auch nur die Rolle eines Gleichen unter Gleichen in der Regierungsmannschaft einnimmt (Kollegialprinzip, Ressortprinzip).

Durch das parlamentarische System wird gesichert, dass die vom Bundeskanzler verfolgten Richtlinien nicht dem Willen der Parlamentsmehrheit widersprechen.

5.1 Wahl und Aufgaben des Bundeskanzlers

Das Regierungssystem der Bundesrepublik Deutschland wird oft als **„Kanzlerdemokratie"** bezeichnet. Das zeigt, dass ein nicht unerheblicher Teil der Macht in den Händen des Regierungschefs liegt.

Die **Richtlinien der Politik** werden vom Bundeskanzler bestimmt. Inwieweit es ihm gelingt, innerparteiliche Streitigkeiten zu schlichten und sein Konzept durchzusetzen, hängt von der Persönlichkeit des Kanzlers ab.

Der Bundeskanzler ist umgekehrt natürlich direkt vom Vertrauen des Bundestages und insbesondere seiner Fraktion abhängig. Schließlich wird er von den Abgeordneten gewählt.

Die Einzelheiten dieser Wahl schreibt das **Grundgesetz** im **Artikel 63** vor:

Entsprechend dem Wahlergebnis schlägt der Bundespräsident einen Kanzler vor. Hierbei ist der Präsident an keine Vorgaben oder Bedingungen gebunden.

Allerdings kommen in der Praxis nur zwei Kandidaten infrage, unter denen er auswählt:

- Der bisherige Kanzler oder der Spitzenkandidat der Regierungspartei, sofern das Wahlergebnis eine Regierungsfortsetzung ermöglicht,
- der Kanzlerkandidat der Opposition, sofern diese die Parlamentsmehrheit hat.

Der Bundestag wählt den Kanzler mit absoluter Mehrheit. Geschieht dies nicht, kann ein anderer Kandidat binnen 14 Tagen mit absoluter Mehrheit gewählt werden.

Binnen 7 Tagen erfolgt die Ernennung durch den Bundespräsidenten.

„Kommt eine Wahl innerhalb dieser Frist nicht zustande, so findet unverzüglich ein neuer Wahlgang statt, in dem gewählt ist, wer die meisten Stimmen erhält.

Vereinigt der Gewählte die Stimmen der Mehrheit der Mitglieder des Bundestages auf sich, so muss der Bundespräsident ihn binnen 7 Tagen nach der Wahl ernennen.

Erreicht der Gewählte diese Mehrheit nicht, so hat der Bundespräsident ihn binnen 7 Tagen entweder zu ernennen oder den Bundestag aufzulösen."

Damit hat der Bundespräsident durch sein Vorschlagsrecht zwar Einfluss auf die Regierungsbildung, die Entscheidung wird aber durch den Bundestag selbst gefällt.

Das Parlament hat auch das Recht und die Möglichkeit des **konstruktiven Misstrauensvotums** gegen den Bundeskanzler.

3032262L

Artikel 67 GG

(1) Der Bundestag kann dem Bundeskanzler das Misstrauen dadurch aussprechen, dass er mit der Mehrheit seiner Mitglieder einen Nachfolger wählt und den Bundespräsidenten ersucht, den Bundeskanzler zu entlassen. Der Bundespräsident muss dem Ersuchen entsprechen und den Gewählten ernennen.
(2) Zwischen dem Antrag und der Wahl müssen achtundvierzig Stunden liegen.

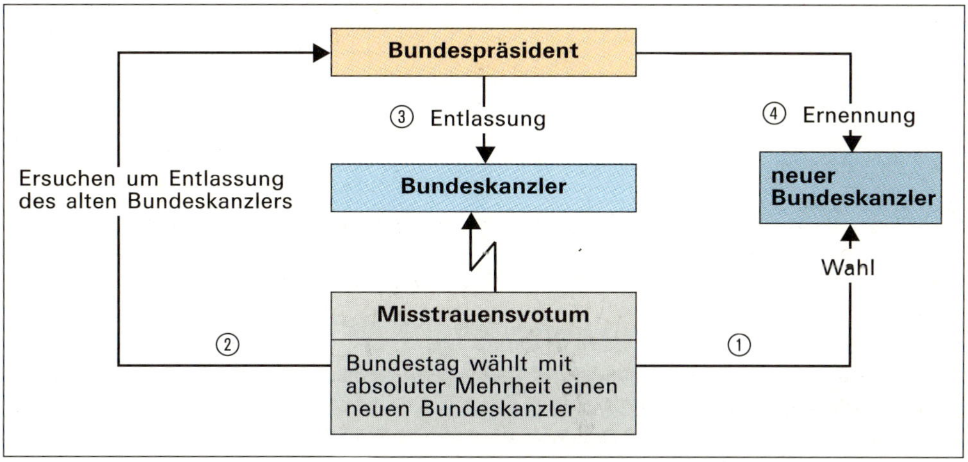

Ebenso kann der Regierungschef die **Vertrauensfrage** an das Parlament stellen:

Artikel 68 GG

(1) Findet ein Antrag des Bundeskanzlers, ihm das Vertrauen auszusprechen, nicht die Zustimmung der Mehrheit der Mitglieder des Bundestages, so kann der Bundespräsident auf Vorschlag des Bundeskanzlers binnen einundzwanzig Tagen den Bundestag auflösen. Das Recht zur Auflösung erlischt, sobald der Bundestag mit der Mehrheit seiner Mitglieder einen anderen Bundeskanzler wählt.
(2) Zwischen dem Antrage und der Abstimmung müssen achtundvierzig Stunden liegen.

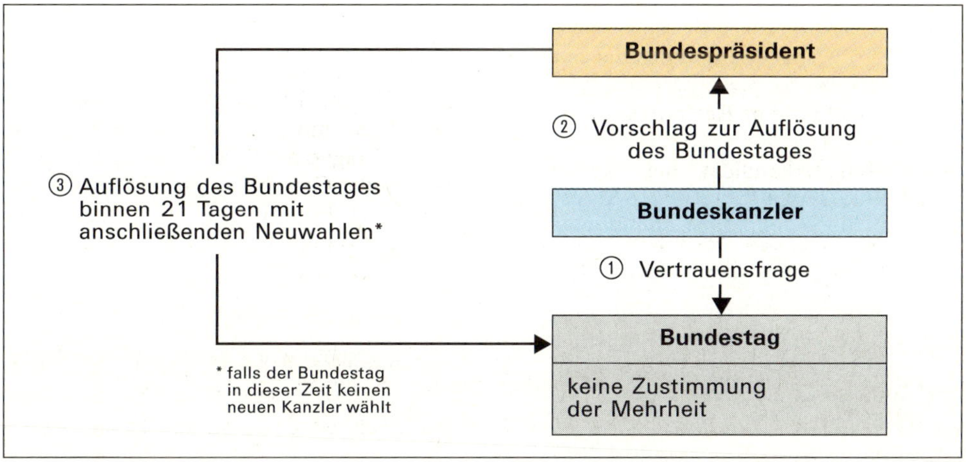

Wie stark der Bundeskanzler seine politischen Vorstellungen durchsetzen kann, bestimmt schließlich auch das Ergebnis der Bundestagswahl. Bei der absoluten Mehrheit einer Partei setzt sich die Regierung in der Regel nur aus Mitgliedern einer Fraktion zusammen. Der Kanzler kann von seiner **Richtlinienkompetenz** starken Gebrauch machen.

Sobald allerdings Koalitionen für eine Regierungsmehrheit erforderlich sind, ist eine verstärkte Rücksichtnahme auf den Koalititionspartner erforderlich.

1. **Erläutern Sie das Verfahren der Kanzlerwahl.**
2. **Warum bezeichnet man das System der Bundesrepublik Deutschland auch als „Kanzlerdemokratie"?**
3. **Beschreiben Sie die Verfahren von Misstrauensvotum und Vertrauensfrage.**

5.2 Die Bundesminister und ihre Ressorts

Der Bundeskanzler muss nach seiner Ernennung die Regierungsmannschaft zusammenstellen. Dabei ist er an keine Richtlinien oder Vorschriften gebunden. Oft wird der Wahlkampf aber vonseiten der Regierungspartei(en) schon mit den Anwärtern auf die einzelnen Ministerposten bestritten und auch die Opposition wirbt mit einem „Schattenkabinett".

Nach **Artikel 64 GG** werden die Bundesminister auf Vorschlag des Bundeskanzlers vom Bundespräsidenten ernannt. Die Anzahl der Ministerien ist nirgends festgelegt.

Jeder Minister vertritt die Politik der Regierung und leitet als Ressortchef (Ressort = Geschäftsbereich) eine Verwaltungsbehörde.

Den Ministern untersteht der Behördenapparat, den sie leiten, koordinieren und beaufsichtigen. Sie verantworten die nicht immer transparente Tätigkeit der Ministerialbürokratie, die sich zumeist als loyaler Sachwalter der jeweiligen Regierung versteht. Hohe politische Beamte (Staatssekretäre und Ministerialdirektoren) können jederzeit in den politischen Ruhestand versetzt werden, weil die Regierung die Gewähr haben muss, dass die Spitze der Ministerialbürokratie ihre Politik unterstützt und nicht lähmt oder gar durchkreuzt. Um die Minister in der Öffentlichkeit zu entlasten und sie im Parlament zu vertreten, sind ihnen parlamentarische Staatssekretäre aus dem Kreis der Bundestagsmitglieder zugeordnet.
Die Auffassung, die sich ein großer Teil der Bevölkerung zu Eigen macht, dass ein Minister Fachmann für das Ressort sein muss, das er leitet, beruht auf einem unzureichenden Verständnis („Fachmannsideologie"), weil sie die Unerlässlichkeit eines parlamentarischen Parteienstaates verkennt und die politische Geschlossenheit des Kabinetts unterschätzt. Die Entscheidungen, die ein Minister trifft, sind meistens politischer Natur und selten Ausfluss der „neutralen" Haltung eines Fachmannes. Minister, die nicht unbedingt Intimkenner ihres Fachgebietes zu sein brauchen, ja es angesichts der Vielfältigkeit und Verflochtenheit der Probleme überhaupt nicht sein können und sich auf die fachkundige Ministerialbürokratie verlassen, übernehmen vielmehr die politische Verantwortung. Sie tragen die Konsequenzen, die – im Extremfall – bis zum Rücktritt reichen.

Quelle: Informationen zur politischen Bildung, Nr. 119/124, S. 22

Will ein Minister vorzeitig aus seinem Amt ausscheiden, muss er ein entsprechendes Gesuch an den Bundeskanzler richten. Bei dessen Einverständnis wird vom Bundespräsidenten die Entlassungsurkunde ausgefertigt. Hauptgründe für vorzeitige Ministerrücktritte sind in der Regel Gesundheit, Arbeitsbelastung oder zwingende politische Gründe (Verwicklung in Affären, Druck von der Opposition usw.).

Darüber hinaus kann der Bundeskanzler das Kabinett auch von sich aus jederzeit umbilden und Ministerwechsel vornehmen. Er beantragt in diesem Falle lediglich die Ausfertigung entsprechender Entlassungs- und Ernennungsurkunden beim Bundespräsidenten.

1. Kennzeichnen Sie die Wege der Ernennung und Entlassung eines Ministers.
2. Welche Hauptaufgaben haben Minister zu erledigen?
3. Nennen Sie möglichst zahlreiche derzeit im Amt befindliche Bundesminister und deren Ressorts.

6 Die Aufgaben des Bundespräsidenten

Zur Rolle des Bundespräsidenten:

In der Dynamik des Parteienstaates ist der Bundespräsident im Gegensatz zum Bundeskanzler eine vorwiegend statische Figur. Wo er aber wirkt, da muss es im Stillen und unauffällig geschehen. Er ist nicht zum Regieren und Regulieren, sondern zum Behüten und Beraten, zum Ausgleichen und Sammeln bestellt.
Er kann verhindern, aber nicht lenken. Selbst in den Fällen wie der Bundestagsauflösung oder des Gesetzgebungsnotstandes, wo er selbst einen Schalthebel der Staatsführung stellen kann, hat er nur die Möglichkeit von der bisherigen Richtung abzuweichen, ohne den künftigen Kurs selbst zu bestimmen. Er kann vielleicht kraft seiner persönlichen Autorität andere überreden oder gewinnen, so zu handeln, wie er es für richtig hält, aber er kann sie nie zwingen. So sind ihm selbst bei größter Überlegenheit seiner eigenen Wirksamkeit durch die Haltung und Einstellung vor allem des Bundeskanzlers, aber auch der Bundesminister, die er selbst nicht auswählen kann, Schranken gesetzt."
„Für den Bundespräsidenten ist eine besondere Behörde, das Bundespräsidialamt, eingerichtet. Das Bundespräsidialamt, das einem Staatssekretär untersteht, bereitet seine Amtshandlungen vor, z. B. für die Beamtenernennungen, für die Ausfertigung der Gesetze und für die Ordensverleihungen."
Gerade bei der außerordentlich autoritätsempfindlichen Stellung des Bundespräsidenten bedarf jede seiner politischen und repräsentativen Amtshandlungen einer sorgfältigen Vorbereitung und Prüfung. Der Chef des Bundespräsidialamtes nimmt regelmäßig an den Kabinettssitzungen teil, um den Bundespräsidenten zu informieren. „Der Bundeskanzler unterrichtet den Bundespräsidenten laufend über seine Politik und die Geschäftsführung der einzelnen Bundesminister durch Übersendung der wesentlichen Unterlagen, durch schriftlichen Bericht über Angelegenheiten von besonderer Bedeutung sowie nach Bedarf durch persönlichen Vortrag." (Geschäftsordnung der Bundesregierung, § 5)

aus: Eschenburg, Th., Staat und Gesellschaft in Deutschland, S. 651

Artikel 54 GG
(1) Der Bundespräsident wird ohne Aussprache von der Bundesversammlung gewählt. Wählbar ist jeder Deutsche, der das Wahlrecht zum Bundestage besitzt und das vierzigste Lebensjahr vollendet hat.
(2) Das Amt des Bundespräsidenten dauert 5 Jahre. Anschließende Wiederwahl ist nur einmal zulässig.
(3) Die Bundesversammlung besteht aus den Mitgliedern des Bundestages und einer gleichen Anzahl von Mitgliedern, die von den Volksvertretungen der Länder nach den Grundsätzen der Verhältniswahl gewählt werden.

Artikel 55 GG
(1) Der Bundespräsident darf weder der Regierung noch einer gesetzgebenden Körperschaft des Bundes oder eines Landes angehören.

Artikel 58 GG
Anordnungen und Verfügungen des Bundespräsidenten bedürfen zu ihrer Gültigkeit der Gegenzeichnung durch den Bundeskanzler oder durch den zuständigen Bundesminister. Dies gilt nicht für die Ernennung und Entlassung des Bundeskanzlers, die Auflösung des Bundestages gemäß Artikel 63 …

Artikel 59 GG
(1) Der Bundespräsident vertritt den Bund völkerrechtlich. Er schließt im Namen des Bundes die Verträge mit auswärtigen Staaten. Er beglaubigt und empfängt die Gesandten.

Artikel 59 a GG
(1) Die Feststellung, dass der Verteidigungsfall eingetreten ist, trifft der Bundestag. Sein Beschluss wird vom Bundespräsidenten verkündet.

Artikel 60 GG
(1) Der Bundespräsident ernennt und entlässt die Bundesrichter, die Bundesbeamten, die Offiziere und Unteroffiziere, soweit gesetzlich nichts anderes bestimmt ist.
(2) Er übt im Einzelfalle für den Bund das Begnadigungsrecht aus.

Artikel 82 GG
(1) Die nach den Vorschriften dieses Grundgesetzes zustande gekommenen Gesetze werden vom Bundespräsidenten nach Gegenzeichnung ausgefertigt und im Bundesgesetzblatte verkündet.

**Die Aufgaben des Bundespräsidenten werden in vorliegenden Textauszügen global mit den Worten „behüten und beraten“, „ausgleichen und sammeln“, „verhindern, aber nicht lenken“ beschrieben.
Versuchen Sie diese Beschreibungen zu interpretieren.**

3032266L

7 Wie entsteht ein Gesetz?

Jede Gesetzesvorlage, die durch den Bundestag, die Bundesregierung oder den Bundesrat eingebracht wird, muss zunächst im Bundestag drei Lesungen unterzogen werden. Wird sie nach der dritten Lesung angenommen, erfolgt die Weiterleitung an den Bundesrat. 1

Bei sog. „einfachen" Gesetzen hat der Bundesrat lediglich ein Mitwirkungs- und Einspruchsrecht. Wird der Einspruch des Bundesrates mit der Mehrheit seiner Stimmen beschlossen, so kann er durch Beschluss der Mehrheit der Mitglieder des Bundestages zurückgewiesen werden. Ein mit Zweidrittelmehrheit beschlossener Einspruch des Bundesrates kann nur durch eine Zweidrittelmehrheit des Bundestages, mindestens die Mehrheit seiner Mitglieder, zurückgewiesen werden (Art. 77 Abs. 3 und 4 GG). Der Bundesrat hat dann keine Möglichkeit, das Zustandekommen eines Gesetzes zu verhindern. Er hat nur ein aufschiebendes Veto.

Bei den zustimmungspflichtigen Gesetzen übt der Bundesrat volle Mitbestimmung aus.

Verfassungsändernde Gesetze bedürfen nach Art. 79 Abs. 2 GG einer Zustimmung von zwei Dritteln (46) der Stimmen des Bundesrates. Werden diese nicht erreicht, ist keine Änderung des Grundgesetzes möglich. Der Bundesrat hat ein absolutes Veto.

Der Zustimmung der absoluten Stimmenmehrheit (= Mehrheit der Mitglieder) des Bundesrates bedürfen unter anderem

- Gesetze, die die Finanzen der Länder beeinflussen können;
- Gesetze, die die Verwaltungshoheit der Länder, d. h. die Selbstständigkeit der Länderverwaltung, berühren;
- Gesetze, die Gemeinschaftsaufgaben von Bund und Ländern zum Gegenstand haben;
- Gesetze, die im Falle eines Gesetzgebungsnotstandes, z. B. bei einer Regierungskrise, verabschiedet werden;
- Gesetze, die im Zusammenhang mit einem Verteidigungsfall, d. h., wenn das Bundesgebiet mit Waffengewalt angegriffen wird oder ein solcher Angriff unmittelbar bevorsteht, erlassen werden;
- Gesetze über das Verfahren von Gebietsänderungen der Bundesländer.

Der Bundesrat kann durch Verweigerung der Zustimmung das Zustandekommen eines Gesetzes verhindern (Art. 78 GG). Er hat ein absolutes Veto. Etwa 50 % der Bundesgesetze bedürfen der Zustimmung des Bundesrates.

1. Von wem können Gesetzesvorlagen im Bundestag eingebracht werden?
2. Worin unterscheiden sich einfache und zustimmungspflichtige Gesetze?

2 Der **Vermittlungsausschuss** soll in der Regel einen Einigungsvorschlag erarbeiten, damit Bundestag und Bundesrat einer Vorlage zustimmen können. Diesem Ausschuss gehören Bundestagsabgeordnete, anteilig der Stärke der einzelnen Fraktionen, und 16 Bundesratsmitglieder (je eines aus jedem Bundesland) an.

Einspruch darf der Bundesrat bei nicht zustimmungspflichtigen Gesetzen erst erheben, wenn ein Vermittlungsvorschlag nicht zustande gekommen ist oder vom Bundestag abgelehnt wurde. Diesen Einspruch kann der Bundestag mit der Mehrheit seiner Mitglieder zurückweisen.

Hat der Bundesrat seinen Einspruch mit einer Zweidrittelmehrheit beschlossen, so kann der Bundestag den Einspruch nur mit einer Zweidrittelmehrheit zurückweisen.

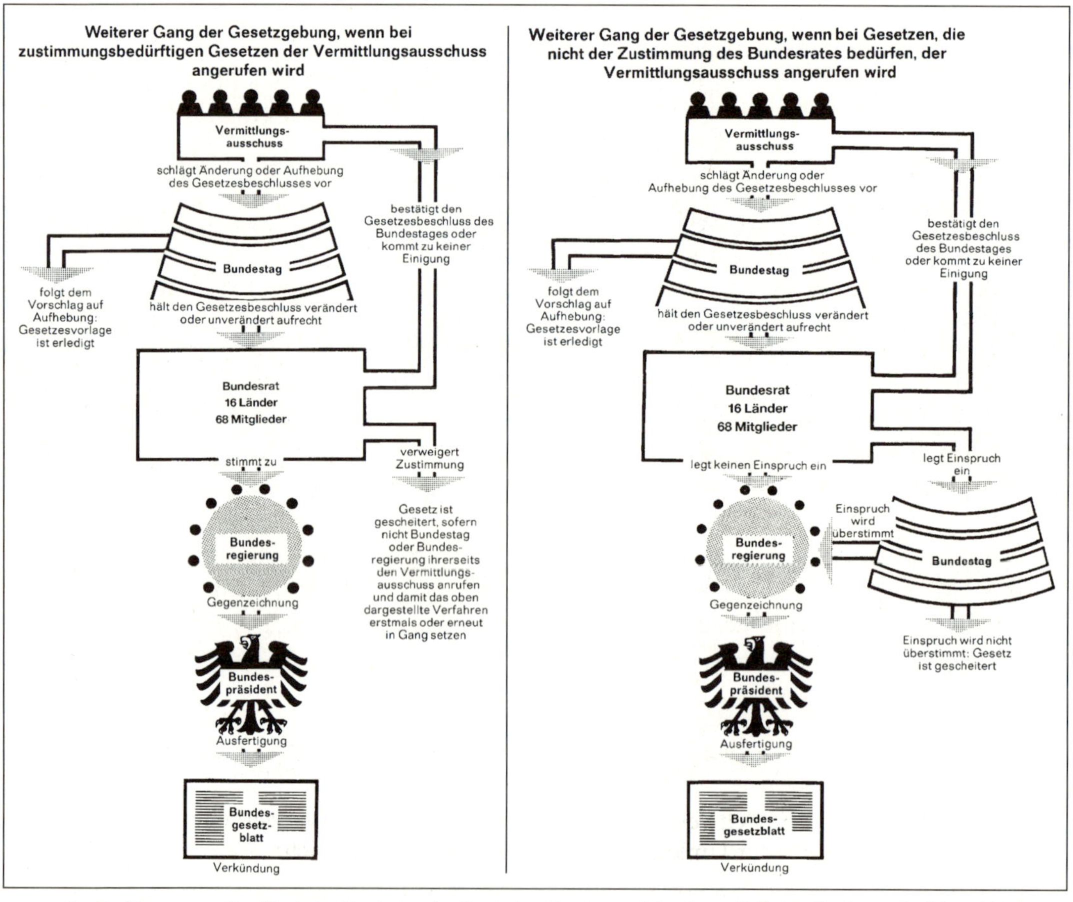

Quelle: Trossmann, Der Deutsche Bundestag, in: Deutscher Bundestag, Kürschners Volkshandbuch, a.a.O. Seiten 22/23

1. **Der Bundesrat erhebt gegen eine nichtzustimmungspflichtige Gesetzesvorlage Einspruch mit absoluter Mehrheit/Zweidrittelmehrheit. Wie ist die Rechtslage?**
2. **„In den Gesetzgebungsverfahren spiegelt sich auch die föderale Struktur der Bundesrepublik Deutschland." Wie lässt sich diese Aussage begründen?**

3032268L

THEMENKREIS 7:
Spannungsfelder der Weltpolitik

Auf dem „Raumschiff" Erde leben zurzeit über 6 Milliarden Menschen – häufig ohne das Bewusstsein auch tatsächlich „in einem Boot" zu sitzen. Armut und Überbevölkerung und damit verbundene Umweltprobleme, Spannungen und Kriege bedrohen ernsthaft unsere Lebensgrundlage.

Ansätze zur Zusammenarbeit und zur Lösung der Probleme gibt es schon seit geraumer Zeit. Aber es gibt auch noch ebenso viele Spannungsfelder, die unsere gemeinsame Zukunft bedrohen.

Das Bewusstsein einer weltweiten Zusammenarbeit muss größer werden. Die Worte eines Astronauten, bei der Umkreisung der Erde, sprechen für sich:

> *„... am ersten Tag deutete jeder auf sein Land, am dritten oder vierten Tag zeigte jeder auf seinen Kontinent,*
> *ab dem fünften Tag sahen wir nur noch die Erde als unseren gemeinsamen Planeten ..."*

denn ...

> *„... eine zweite Arche Noah wird es nicht geben, die uns in eine bessere Zukunft hinüberrettet."*
> *(Bundespräsident Richard von Weizsäcker)*

1 Der Nord-Süd-Konflikt – globale Gefährdung – gemeinsame Verantwortung

Die Menschen können.
Quelle: UNICEF-Zeitungsanzeige, 1991

Guten Tag, liebe Schüler in Deutschland, heute ist der … – ein ganz normaler Tag.

Ein ganz normaler Tag, denn auch heute sterben auf der Welt ca. 40 000 Kinder an Unterernährung und den Folgekrankheiten. Dazu kommt noch eine große Zahl von Erwachsenen – besonders ältere Menschen und Mütter –, die das gleiche Schicksal ereilt.

Ein ganz normaler Tag – einer von 365 im Jahr –, ein Tag ohne besondere Katastrophen, wie Tod durch Krieg, Naturkatastrophen (wie z. B. Taifune, Überschwemmungen) oder Krankheitsepidemien, wie z. B. Malaria oder Aids.

Über 150 Millionen Kinder dieser Welt leiden dazu unter Gesundheitsschäden und nicht mehr zu behebenden Wachstumsstörungen. Über 100 Millionen Kinder zwischen 6 und 12 Jahren besuchen keine Schule.

Zahlen aus: UNICEF, Zur Situation der Kinder 1991, Köln 1991, S. 9

KÖNNEN/WOLLEN/MÜSSEN WIR ETWAS DAGEGEN TUN?

3032270L

Sind die Menschen nicht selbst schuld?

Müssen wir helfen?

Wir haben doch mit uns selbst genug zu tun. Es gibt bei uns doch auch genügend Arme, Obdachlose, Wohnungsnot, Pflegenotstand, dann der dringend notwendige Aufbau unserer neuen Bundesländer, Hilfe für die osteuropäischen Länder, Zahlungen an die EU, UNO, Katastrophenhilfe usw.

Foto: dpa

Ihre Verarmung – unsere Verantwortung?!

Dennoch: Wir müssen helfen – nicht nur wegen der grauenhaften Bilder der hungernden und sterbenden Menschen. Nein, auch für uns selbst:

Denn diese Welt gehört uns allen. Wir alle sitzen in einem Boot:

- Die Abholzung des Regenwaldes kann z. B. auch bei uns zu einer Klimakatastrophe führen.
- Umweltschäden in der Dritten Welt können auch unser Leben beeinträchtigen.
- Durch Hunger und Elend hervorgerufene Konflikte in den Entwicklungsländern bedrohen den Weltfrieden und damit auch uns.
- Kriege können zu Umweltschäden führen, die auch uns schaden können (z. B. die in Brand gesetzten Ölquellen in Kuwait).
- Immer mehr Flüchtlinge strömen in die reichen Länder. Dieser Asylantenstrom droht unsere Wohlstandsgesellschaften zu ersticken.
- Die Wohlhabenden können sich nicht einmauern oder durch Militär abschotten, wenn diese Ströme zu Völkerwanderungen in den „goldenen“ Norden oder Westen würden.
- Verarmte Menschen sind keine Kunden für unsere hochwertigen, aber teuren Produkte. Gerade wohlhabende Länder sind aber auf den Export angewiesen.
- Die Schuldenkrise in den Entwicklungsländern kann auch in den reichen Ländern zu Bankenzusammenbrüchen und daraus folgenden Finanz- und Wirtschaftskrisen führen.
- Zahlreiche arme Bauern werden die Produktion von Rauschgift nur dann einstellen, wenn ihnen andere Einkommensmöglichkeiten gegeben werden (z. B. in Südamerika).
- ...

Die nachfolgende Betrachtung der Entwicklungsländer kann nicht vollständig sein, da sie den Rahmen eines Schulbuches sprengen würde. Dargestellt werden zentrale Probleme, die mehr oder weniger auf die jeweiligen Länder zutreffen.

1.1 Die Kluft zwischen den Wohlstandsgesellschaften und den Entwicklungsländern

1.1.1 Unsere Erde – vier Welten

Moderne Verkehrsmittel und Nachrichtentechniken geben den Anschein, dass unsere Welt immer mehr zu einer Einheit wird. Dennoch trennen diese Welt tiefe Risse.

Der breite Riss, der Jahrzehnte Ost- und Westeuropa trennte, scheint seit den Revolutionen in den östlichen Ländern zusammengenäht zu werden. Immer tiefer wird jedoch der Riss zwischen Nord und Süd, zwischen Reichtum der Länder auf der nördlichen und Armut der südlichen Länder dieser Weltkugel.

1 Während die Industriegesellschaften Westeuropas und Nordamerikas sowie Japans den meisten ihrer Angehörigen einen früher nie gekannten Wohlstand ermöglichen, entbehren große Teile der Bevölkerung in vielen Ländern Afrikas, Asiens und Lateinamerikas oft das Nötigste zum Überleben.

Nach Schätzungen der Weltbank leben in diesen Teilen der Welt mehr als eine Milliarde Menschen in absoluter Armut, das heißt, sie sind nicht in der Lage ihre Grundbedürfnisse nach Nahrung, Kleidung, Wohnung, Gesundheit und Ausbildung zu decken. Das soziale Elend dieser Menschen ist für uns, die wir in der Regel in materieller Sicherheit aufwachsen, kaum vorstellbar, das vom Kampf um das tägliche Überleben geprägte Verhalten von uns kaum nachvollziehbar.

Reichtum hier …

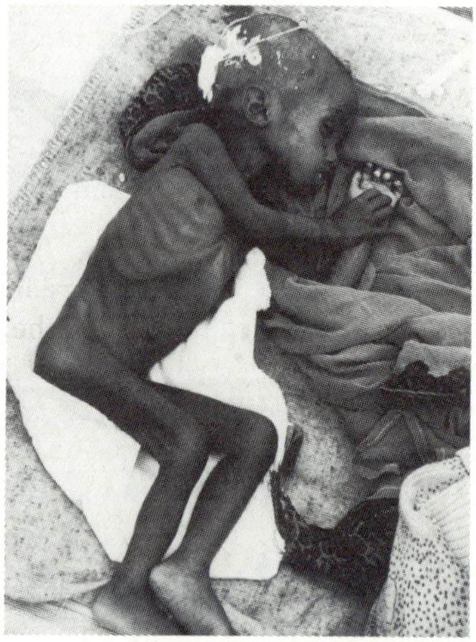

… und bittere Armut dort …

Foto: dpa

3032272L

Trotz vieler internationaler Bemühungen und gewisser „Fortschritte“ in verschiedenen „Entwicklungsländern“ ist die Kluft zwischen den reichen Staaten der nördlichen Halbkugel und den armen auf der südlichen Seite in den letzten Jahren noch größer geworden.

Die daraus erwachsenen Spannungen lassen uns von einem globalen Nord-Süd-Konflikt sprechen.

„Ist was?“ Zeichnung: Hanel

Man unterteilt die Länder der Erde in:

- **1. Welt:** Westliche Industrieländer mit hohem Lebensstandard.
- **2. Welt:** Länder Osteuropas, die gerade einen Wandel in ihren politischen und wirtschaftlichen Systemen mehr oder weniger stark vollziehen.
- **3. Welt:** Die Entwicklungsländer, wobei solche, die weiterentwickelt sind, als „Schwellenländer“ bezeichnet werden.
- **4. Welt:** Die ärmsten Entwicklungsländer.

Was ist das, ein Entwicklungsland? 2

Entwicklungsländer sind arm. Das stimmt. Aber einige Entwicklungsländer sind reicher als Spanien oder Irland. In Entwicklungsländern leiden einige hundert Millionen Menschen Hunger. Das stimmt. Aber in vielen Entwicklungsländern gibt es mehr zu essen, als die Menschen brauchen. Was also sind die Merkmale von Entwicklungsländern?

Entwicklungsland: Diese Bezeichnung vermittelt den Eindruck, es handele sich um ein Land, das sich entwickelt oder das sich entwickeln sollte.

Erstens: Viele Entwicklungsländer haben ältere Kulturen als wir Deutsche. Sie haben unserer jüngeren europäischen Kultur manche Anregungen gegeben. Entwicklung kann sich also nicht auf die Kultur beziehen, kann nicht bedeuten, dass Menschen sich entwickeln müssten. Entwickeln heißt aus europäischer Sicht einzig und allein: wirtschaftliche Entwicklung (Aufholen eines Rückstandes, z. B. im Einkommen, in der Wirtschaftsleistung, im Warenangebot) und soziale Entwicklung (Verbesserung der Lebensbedingungen des Einzelnen in der Gesellschaft).

Zweitens: Entwickeln muss nicht für jedes Land heißen wirtschaftlich die industrialisierten Ländern Europas oder Nordamerikas nachzunahmen.

Drittens: Nicht jedes Entwicklungsland befindet sich tatsächlich auf dem Weg einer fortschreitenden Entwicklung. Viele haben in den letzten Jahren Rückschläge in ihrer wirtschaftlichen Entwicklung erlitten.
Dies vorausgeschickt, lassen sich einige Merkmale beschreiben, die allgemein als typisch für Entwicklungsländer gehalten werden:

- Ungleiche Verteilung der Güter und Ländereien. Wenige reiche Großgrund- bzw. Fabrikbesitzer stehen der großen Mehrzahl der Bevölkerung, die nahezu nichts besitzt, gegenüber.
- Keine Arbeitsplätze (evtl. Gelegenheitsjobs) für die Ärmsten.
- Keine soziale Absicherung.
- Starkes Bevölkerungswachstum – besonders bei den Armen.
- Unterernährung und schlechte gesundheitliche Betreuung.
- Hohes Analphabetentum.
- Einseitige Abhängigkeit vom Weltmarkt – Entwicklungsländer exportieren Agrarprodukte und Rohstoffe zu oft fallenden Preisen, importieren Fertigwaren, Maschinen und/oder Rohöl zu oft steigenden Preisen.
- Schlechte Infrastruktur, d. h. wenige oder schlecht ausgebaute Straßen, Telefonnetze, Bahnlinien usw.

Quelle: Grupp. C., Dritte Welt im Wandel, Stuttgart 1988, S. 8

3 *Der Schock ist immer wieder enorm:* Der anfängliche Schock ist immer wieder enorm. Ich bin mehrmals in Indien gewesen und selbst jetzt, jedes Mal haut es einen erst wieder mal um. Dieser Kontrast von einer durchorganisierten und sehr geordneten Welt in eine Welt, wo Sie meinen, dass die Verkommenheit ihren Höhepunkt erreicht. Weiter kann man gar nicht absinken. Wenn Sie in Kalkutta ankommen und sehen links und rechts aus dem Taxi: Da sind die Gerüche. Da ist diese Hitze. Da ist der Lärm. Die ganze Atmosphäre ist so drückend und dicht …

Die Kinder – das ist fürchterlich: Das andere, was einen eigentlich immer wieder fürchterlich nervlich kaputtmachen kann, das ist das Elend der Kinder, Kinder, die am Anfang ihres Lebens stehen, die theoretisch die Zukunft in den Händen halten. Wenn man sieht, dass die eben verdammt sind, vollständig ohne Aussicht auf irgendetwas, auf irgendeinen Fortschritt. […]

Eltern verkrüppeln ihre Kinder zum Betteln: Immer wieder bestätigt wurde mir und das habe ich auch gesehen, dass verkrüppelte Kinder dort betteln. Diese Kinder sind von ihren Eltern verkrüppelt worden, um eine höhere „earning power“ zu haben, das heißt, dass größeres Mitleid erregt und mehr erbetteltes Geld von ihnen nach Hause gebracht wird […]

Morgens um 8 Uhr kommen die Lastwagen und karren die Leichen weg: Ich habe die Slums von Kalkutta besucht, wo ein großer Teil der Bevölkerung auf der Straße geboren wird, auf der Straße ohne Obdach das Leben verbringt und auch auf der Straße stirbt … Morgens um 8, 9 Uhr kommen die Lastwagen und karren die Leichen weg wie Müll. […]

Meine Reaktion ist, dass ich jedes Mal, wenn ich von einem Besuch in einem solchen Land zurückkomme, die alltäglichen Sorgen, die sich die Menschen hier machen, nicht mehr sehr ernst nehmen kann und eigentlich etwas lächerlich finde.

Quelle: Hülsmeier, C., Ein Entwicklungsexperte berichtet aus Indien

KNA-Bild

3032274L

1.1.2 Wie Hunger „gemacht wird"...?!

Die Erde dröhnt, krachend fällt ein Baum nach dem anderen auf den Urwaldboden, auf den bisher kaum ein Mensch den Fuß gesetzt hatte. Aber den schweren Maschinen und der Kraft der Kettensägen ist kein Baum gewachsen... Ein Quadratkilometer Regenwald nach dem anderen verschwindet von der Erdoberfläche. Für eine Hand voll Dollar in den Händen der Arbeiter in den Armutsregionen dieser Welt, für ein Frühstücksbrett aus Teak oder einen Schrank aus Mahagoniholz in den reichen Industrienationen, für goldene Bilanzen von multinationalen Konzernen oder wofür? Was sich in Jahrhunderten entwickelt hat, wird in wenigen Jahren unwiederbringlich vernichtet.

Warum fragt man sich heute und die Frage werden sich auch noch Generationen nach uns stellen!

Warum ist der Reichtum der Welt so ungleich verteilt?

Warum gelingt es nicht, den Hunger der Welt zu stillen, ohne die Lebensgrundlagen zu zerstören?

1. **Rollenwechsel**
   „Was würde ich tun, wenn...?"
   Gehen Sie einmal davon aus, dass Sie für einen Tag die Möglichkeit hätten, auf die „Dritte-Welt-Politik" Einfluss zu nehmen. Das Erste, was Sie zu tun haben, ist, dass Sie sich mit folgendem Fragenkatalog auseinandersetzen und ihn beantworten. Danach sollen Sie Ihre Meinung zur „Dritten-Welt-Politik" in drei Thesen zusammenfassen.
2. **Meinungsbefragung**
   Sie können den folgenden Fragenkatalog auch zum Gegenstand einer Meinungsbefragung (Repräsentativerhebung) in der Schule oder in deren Umfeld machen. Selbstverständlich können die Fragen abgeändert, erweitert oder gekürzt werden. Werten Sie die Ergebnisse aus und versuchen Sie, daraus geeignete Schlussfolgerungen über die Einstellung der Bevölkerung zur Frage der Entwicklungshilfe und „Dritte-Welt-Politik" zu ziehen.

Behauptung	**Dem stimme ich... ... voll und ganz**					**... gar nicht zu**
	6	**5**	**4**	**3**	**2**	**1**
1. Die Entwicklungsländer sind an ihrem Schicksal selbst schuld.						
2. Wer arbeitet, braucht in keinem Land der Erde zu hungern.						
3. Uns betrifft es doch gar nicht, wenn in Indonesien der Urwald gerodet wird.						
4. Wer viele Kinder zeugt, muss auch sehen, wie er sie satt bekommt.						
5. Die Entwicklungshilfe fließt sofort wieder in die Industrieländer zurück.						
6. Anstatt Waffen sollen die Entwicklungsländer besser Nahrungsmittel kaufen.						
7. Auch der Urwald wächst nach, deshalb kann der Regenwald gerodet werden.						
8. Die Bettelei in Entwicklungsländern ist ein Zeichen für mangelnden Fleiß.						

Behauptung	Dem stimme ich... ... voll und ganz ... gar nicht zu					
	6	5	4	3	2	1
9. Für die Entwicklungshilfe wird zu viel Geld bezahlt.						
10. Kinder sind in unterentwickelten Ländern eine Art „Altersversorgung“.						
11. Wohlstand in reichen Ländern ist nur auf Kosten armer Länder zu erhalten.						
12. Der Tourismus schadet den Entwicklungsländern mehr als er nutzt.						
13. Das Durchschnittsalter in Entwicklungsländern ist ähnlich hoch wie bei uns.						
14. Auch heute werden Entwicklungsländer noch von uns ausgebeutet.						
15. Rohstoffexport ist für viele Entwicklungsländer die einzige Einnahmequelle.						
16. Konzerne verdienen mit der Armut in Entwicklungsländern gutes Geld.						
17. Die Regierungen in vielen Entwicklungsländern sind korrupt.						
18. Entwicklungsländer sollten sich ein Beispiel an unserem politischen System nehmen.						
19. Die Industrieländer müssten mehr Entwicklungshilfe zahlen.						
20. Wer Entwicklungshilfe zahlt, muss auch politischen Einfluss nehmen können.						

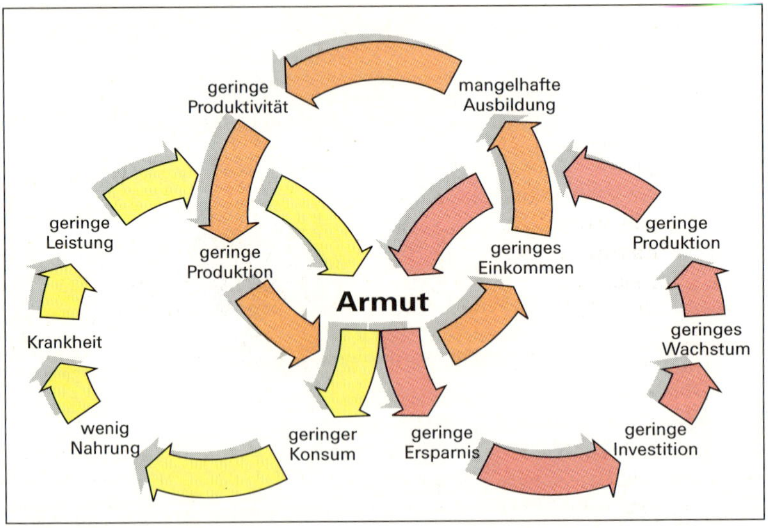

Teufelskreis der Armut
nach: Informationen zur politischen Bildung, Heft 221, Bonn 1988, S. 10

3032276L

Die Entwicklungsländer sind untereinander sehr verschieden: Die Menschen haben verschiedene Religionen, Bräuche, Sitten, es herrscht unterschiedliches Klima, verschiedene wirtschaftliche Voraussetzungen in der Landwirtschaft, Infrastruktur, im Bildungs- und Entwicklungsstand, verschiedene Vorkommen von Bodenschätzen usw. ...

Daneben gibt es bestimmte Regionen, die öfter von Naturkatastrophen heimgesucht werden, wie Überschwemmungen, Erdbeben, Taifunen, Dürrekatastrophen, Krankheitsepidemien (z. B. Cholera, Aids) usw. ...

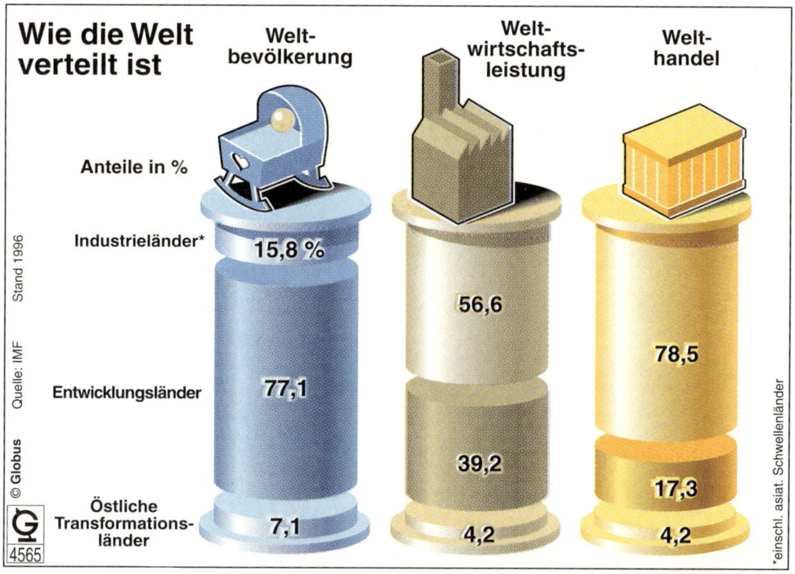

Problem: Bevölkerungsexplosion

Noch nie in der Geschichte der Menschheit sind so viele Kinder geboren worden wie in den vergangenen dreißig Jahren. Die Menschheit nimmt jährlich um 80 Millionen Menschen zu. Pro Tag sind das 220 000 Menschen, pro Stunde 9 000, pro Minute 150. **Die meisten davon in der „Dritten Welt".** Würde man sich die Welt zur Jahrhundertwende als ein „Weltdorf" vorstellen, in dem nur 100 Einwohner leben, so wären es 58 Asiaten, 13 Afrikaner, 10 Lateinamerikaner, neun Europäer, fünf Nordamerikaner und fünf Sowjetrussen. Das bedeutet, dass dann gut 80 % aller Menschen in den Entwicklungsländern leben. Schon heute sind es 70 Prozent aller Menschen.

1

In den Entwicklungsländern werden doppelt so viele Kinder geboren wie in den Industrieländern.

Quelle: Misereor, Hrsg. Wege in die Verarmung, a. a. O.

Kann unsere Erde diese Bevölkerungsexplosion überhaupt verkraften?

Es gilt als sicher, dass auf der Erde 8–10 Milliarden Menschen durch den Einsatz modernster Mittel und Methoden ernährt werden könnten – eine weltweite Verteilung und sinnvolle Zusammenarbeit aller Länder vorausgesetzt.

Doch der Preis dafür wäre hoch: Es ist fraglich, ob die Energieträger (Erdöl, Kohle, Holz), die Rohstoffe zur Erzeugung von Gütern, Grundwasser zum Trinken und Bewässern der Ackerböden und reine Luft zum Atmen für 10 Milliarden Menschen bei höherem Lebensstandard reichen werden. Es könnte alle treffen – auch die Reichen.

Zurzeit führt der Bevölkerungsdruck in den Entwicklungsländern zu ausgeweiteten Besiedelungen der immer stärker schrumpfenden landwirtschaftlichen Flächen. Der gleichzeitig gestiegene Bedarf an Bau- und Feuerholz führt zur Abholzung der Wälder. Die Folge: Bodenerosion, Bildung von Wüsten ohne Humus und eine klimatische Verschiebung. Dürren und Missernten einerseits sowie Überschwemmungskatastrophen andererseits werden vom Sonderfall zum Normalfall.

> Ein an afrikanische Frauen gerichtetes Sprichwort:
> *„Ihr seid begehrt, weil ihr viele Kinder gebärt und Arme zum Arbeiten habt!“*

Nun könnte man natürlich der Meinung sein, dass die Lösung dieses Problems ganz einfach ist: Man bekommt einfach weniger Kinder und dann geht es einem schon besser.

Warum bekommen gerade die Armen so viele Kinder?

Sie bekommen sie, weil es die Familie, die Religion und die Gesellschaft so will:

- Sie bekommen sie, weil gerade bei den Ärmsten viele Kinder ein hohes gesellschaftliches Ansehen bringen.
- Sie bekommen sie, weil es entweder keine Altersversicherung gibt oder man so arm ist, dass man sich eine evtl. bestehende nicht leisten kann.
- Sie bekommen sie, weil sie die Kinder als Arbeitskräfte brauchen. Auf dem Feld helfen, das Vieh hüten, der Mutter helfen die zu verkaufenden Produkte auf den entfernten Markt zu tragen oder Wasser zu holen, auf den Müllkippen der Großstädte nach Verwertbarem suchen, zu betteln oder gar zu stehlen; alles Arbeiten, die von Kindern verrichtet werden und zum Überleben der Familie beitragen.
- Sie bekommen sie, weil in vielen Gesellschaften Mädchen als weniger „wertvoll“ gelten als Jungen. Nicht nur, weil sie „weggeheiratet“ werden und ein Junge als Altersversorgung zu Hause bleibt, sondern auch, weil das Ansehen der Mutter und besonders des Vaters mit der Geburt von Jungen steigt.

„Ein Kind hat nicht nur einen Mund, sondern zwei Arme!“

So heißt es im Volksmund in Indien. Vor allem auf dem Land gilt noch heute die Faustregel, dass ein Kind nur die ersten fünf Lebensjahre etwas kostet. Ab dem sechsten hilft es auf dem Feld und ernährt sich selbst. Eine einfache Kosten-Nutzen-Rechnung, die nicht von der Brutalität der Eltern in Indien zeugt, sondern aus der Not geboren ist. Dort ist im Übrigen die Kindersterblichkeit wie in allen anderen Entwicklungsländern besonders hoch: sechs Kinder müssen durchschnittlich geboren werden, damit ein Junge überlebt, der seine Eltern im Alter versorgt, heißt es in Indien.

Quelle: UNICEF, Hrsg. Zur Situation der Kinder in der Welt 1991, Köln 1991, S. 28

> Indischer Brautspruch: *„Mögest du Mutter von 8 Söhnen werden!“*

3032278L

Problem: Mangelernährung

2

Große Teile der Bevölkerung in den Entwicklungsländern sind falsch oder nicht ausreichend ernährt.

Was bedeutet das? Gemeint sind hier nicht die Zusammenbrüche der Nahrungsmittelversorgung nach Dürren, Überschwemmungen, anderen Naturkatastrophen oder Krieg, die die grässlichen Bilder verhungernder Menschen zeigen.

Gemeint sind hier die „normalen" Situationen in vielen Entwicklungsländern. Unter- und Mangelernährung vollzieht sich undramatisch, ist bei oberflächlicher Betrachtung kaum zu erkennen und für Sensationsmeldungen ungeeignet.

Es werden tagtäglich von vielen Menschen einfach zu wenige Kalorien und lebensnotwendige Nährstoffe (wie Eiweiß, Fette, Vitamine) zu sich genommen.

Hunger und Unterernährung in der Dritten Welt sind – wie nicht anders zu erwarten – unter den *Ärmsten in Stadt und Land* am meisten verbreitet, d. h. unter Arbeitslosen und unterbeschäftigten Bewohnern städtischer Slums, unter Familien ohne Ernährer, unter landlosen und landarmen Landbewohnern, die keine hinreichende Kaufkraft oder nicht genug Land besitzen, um sich das notwendige Nahrungsminimum zu beschaffen.
Kleinkinder und deren *Mütter* aus diesen Randgruppen sind jeweils besonders gefährdet: denn die ungleiche Verteilung zwischen Kontinenten, Ländern und sozialen Schichten setzt sich bis in die Familien hinein fort. Haushaltsuntersuchungen haben ergeben, dass die arbeitenden Erwachsenen den besten Teil der Nahrung für sich beanspruchen. Für schwangere und stillende Frauen und die Kinder, die besonders proteinreiche Nahrung benötigen, bleibt oft nur ein ungenügender Rest, da sie als „unproduktiv" betrachtet werden.

Quelle: Keller, B. Der Nord-Süd-Konflikt, Frankfurt/M. 1991, S. 34

Damit schließt sich der Kreis: Mangel- und Unterernährung führen zu Krankheit und Gebrechlichkeit, beide bewirken eine geringe Leistungsfähigkeit, diese führt zur totalen Armut, die eine weitere Unterernährung bewirkt.

Ein weiterer Teufelskreis: Unterernährung führt zur Kindersterblichkeit, daher entstehen größere Familien, die jedoch immer schlechter ernährt werden können und folglich immer geringere Überlebenschancen haben.

Wie kommen sie aber aus diesen Teufelskreisen heraus, die Armen – die in Slums wohnen, bei schlechten hygienischen Bedingungen und verseuchtem Wasser –, wenn sie kaum Einkommen haben, um wenigstens notwendige Lebensmittel kaufen zu können?

Problem: Umweltzerstörung

3 Das Anwachsen der Bevölkerung zwingt zum Teil zur Abkehr jahrhundertealter Praktiken.

Früher rodeten z. B. die Bauern in Afrika – südlich der Sahara – ein Stück Land, indem sie die Steppe und den Wald abbrannten. Der von der Asche gedüngte Boden wurde bestellt. Wenn er nicht mehr ergiebig genug war, zog man weiter, rodete ein anderes Stück Land. Da man erst nach ca. 15 Jahren wieder kam, konnten die durch die Brandrodung vernichteten Pflanzen, Büsche und Bäume wieder nachwachsen. Durch die anwachsende Bevölkerung wurde das fruchtbare Land immer knapper. Die Menschen kamen also immer öfter zu den sich erholenden Flächen zurück. Im Jahr 1991 waren es im Durchschnitt gerade nur noch 6 Jahre, bis man wieder kam, um abzubrennen. Die Vegetation kann sich immer weniger erholen. Die Folge: Aus Wald und Gebüsch wird Steppe oder unbewachsenes Land, der dünne Mutterboden liegt brach, der Regen schwemmt ihn weg, aus fruchtbarem Land wird Wüste – und die Sahara wächst nach Süden.

Ein ähnlicher Effekt wird im gleichen Gebiet – bedingt durch Entwicklungshilfe – beobachtet. Mit dem gespendeten Geld wurden Bohrungen von Tiefbrunnen finanziert. Jetzt verfügte man dort über erheblich mehr Wasser. Die Nomaden, die immer gerade so viel Tiere halten, wie getränkt werden können, vergrößern logischerweise ihre Viehherden. Die Steppen werden überweidet, junge Triebe von Bäumen und Gebüsch abgefressen, es fehlen die Wurzeln zum Halten des Mutterbodens, das fruchtbare Land wird kleiner (= Bodenerosion), die Wüste größer.

So ensteht ein weiterer Teufelskreis: Mehr Menschen und mehr Vieh verbrauchen immer mehr fruchtbares Land – die Wüste wächst – das fruchtbare Land wird immer knapper für immer mehr Menschen . . .

Problem: Zerstörung des Regenwaldes

4 Emilio ist 25 Jahre alt. Verheiratet, fünf Kinder. Das pechschwarze Haar klebt ihm in der Stirne. Es ist eng, heiß und stickig in dem klapprigen Bus auf der Transamazonica. „Zu Hause waren wir elf Geschwister", erzählt er. „Wir waren zu viele für unsere Parzelle. Der Boden gab nichts mehr her und außerdem gibt es einfach kein Land mehr. Die Großgrundbesitzer – Sie verstehen. Deswegen bin ich weggegangen."

Emilio und Familie sind auf der Fahrt in den Norden Brasiliens. Wie zahllose andere landlose Bauern. Das Land ist knapp geworden im Süden. Allzu viele Kinder müssen

3032280L

ernährt werden. Das vererbbare Land reicht nicht mehr aus. Und der Boden guter Qualität gehört ohnehin den Großgrundbesitzern. Da nimmt es nicht wunder, dass Emilio – und Millionen andere – von der Erschließung Amazoniens Wunder – sprich fruchtbares Land – erwartet.
Brasilien lässt zu, dass seit Jahrzehnten das größte Regenwaldgebiet der Erde „erschlossen" wird.

Quelle: Heinzelmeier, H., Wie man aus Wäldern Wüste macht, in: Das Parlament, Nr. 12 vom 17. März 89

Der Regenwald hat viele Feinde:

- Große Konzerne, die die riesigen Bäume fällen, um das Tropenholz in der gesamten Welt zu verkaufen,
- Einheimische, die nachziehen, um das gerodete Land als Ackerland zu nutzen,
- Großgrundbesitzer, die durch Brandrodung den Wald in Weideflächen für immer größere Rinderherden verwandeln. Das Fleisch wird jedoch nicht an die eigene Bevölkerung, sondern auf dem Weltmarkt verkauft.
- Konzerne, die den Wald roden, um Bodenschätze abzubauen,
- Regierungen, die diese Vernichtung des Regenwaldes dulden,
- Menschen in den wohlhabenden Ländern – also auch wir –, die Tropenholz kaufen und immer mehr Rindfleisch verzehren.

Warnung ...

Währenddessen warnen weltweit Wissenschaftler vor den Folgen einer solchen Politik. Diese Warnung gilt nicht nur für Brasilien. Sie gilt für alle tropischen Regenwälder der Welt – ob im Amazonasbecken, in Zentralafrika oder auf dem indonesischen Archipel. Überall betreiben heute internationale Großkonzerne, illegale Holzfällerbanden und ein Millionenheer armer Bauern in einer unheiligen Allianz einen gigantischen Raubbau an der einzigartigen ökologischen Ressource „tropischer Regenwald". Zumeist angetrieben von einer ungebremsten „Erschließungsideologie" der jeweiligen Regierungen. Sie versprechen sich davon viel Geld. Die Regenwälder werden vielfach auch deshalb als Siedlungsgebiet für landlose Bauern ausgewiesen, weil damit – im Sinne des Großgrundbesitzes – politisch brisante Agrarreformen vermieden werden können . . .
Agrarreformen sind nicht das Allheilmittel zur Lösung der vielfachen Not in Entwicklungsländern. Zumindest in Brasilien jedoch könnte auf diese Weise einiges bewegt werden. Dort liegen mehr als 1,5 Millionen Quadratkilometer landwirtschaftlicher Nutzfläche brach. Sie gehören Großgrundbesitzern, die sich jedoch mit Erfolg allen Versuchen, im Zuge einer Agrarreform dieses Brachland zur Verteilung an Kleinbauern freizugeben, widersetzen.
Amazonien stattdessen als Siedlungsland auszuweisen, führt in die Irre. Es wird auch nie so etwas wie dessen Kornkammer werden. Wer einmal im üppigen Wildwuchs eines tiefgrünen Urwaldes gestanden hat, vermag zwar kaum zu glauben, dass hier nicht auch ein ertragreicher Feldbau betrieben werden könnte. Aber Regenwald ist für Feldbau, ja selbst für eine weitläufige Viehzucht, nur sehr bedingt geeignet. Der Grund dafür ist – verkürzt ausgedrückt – sehr einfach: Der Regenwald ist eine Art oberirdischer Nährstoffkreislauf, ein kurzgeschlossenes Ökosystem, das aus sich selbst heraus lebt. Holzt man die Bäume ab, wäscht der Regen in Kürze den wenigen Humus weg. Der Schaden ist irreversibel, das heißt, man kann ihn kaum wieder gutmachen.

Quelle: Heinzelmeier, H., a. a. O.

Und die Folgen ...

Die tropischen Regenwälder sind ein wichtiger Sauerstoffspender, Luftfilter, Regen- und Klimaregulator.

Ein Rückgang der Regenwälder erhöht den Treibhauseffekt und verändert die Wetterbedingungen in der gesamten Welt. Fruchtbare Gebiete werden zu Dürreregionen, andere Länder werden durch sintflutartige Regenfälle überschwemmt.

Daneben beherbergen die tropischen Regenwälder über 80 Prozent aller verschiedenen Pflanzenarten in der Welt und unzählige Tierarten. Sie verschwinden mit der Rodung.

Das Nahrungsangebot auf den lokalen Märkten und sogar auf den Weltmärkten kann sich durch die planvollere Erforschung des Regenwaldes drastisch ändern. Allein an den Bäumen von Neuguinea hängen mehr als 250 Arten von essbaren Früchten, von denen höchstens 25 die Märkte Südostasiens erreicht haben und bis heute nur 3 von ihnen bei uns auf den Tisch gelangen. Dabei können die Früchte einen gewaltigen Beitrag zur Lösung der Welternährungsprobleme leisten.
Kaum jemandem ist vermutlich bewusst, dass mindestens eins von vier Medikamenten direkt oder indirekt von Rohstoffen aus dem tropischen Regenwald geliefert wird. Krebsspezialisten sind davon überzeugt, dass es in Amazonien mindestens 10 Pflanzen gibt, aus denen sich wirksame Medikamente gegen Krebs herstellen lassen können. Andere Pflanzen bergen Stoffe zur Geburtenkontrolle, die eventuell wirksamer und sicherer sind als unsere Pille, die ursprünglich aus der Yam-Wurzel stammt. Verschiedene Gummis, Harze, Öle usw., die Grundstoffe von Shampoo, Sonnenschutzcremes, Nagellack, Lippenstiften, Möbelpolitur usw. sind, werden aus Pflanzen des Regenwaldes gewonnen.
Die Forschung hat bis heute noch nicht einmal ein Prozent der Regenwaldpflanzen genauer untersucht. Die ungeheueren Möglichkeiten der Zukunft sind noch offen, vorausgesetzt, Wissenschaftler kommen eher in den Regenwald als Holzfäller und Bulldozerfahrer.

Quelle: Vgl. Greenpeace, Hrsg. Tropischer Regenwald, Nr. 11/88, S. 10 f.

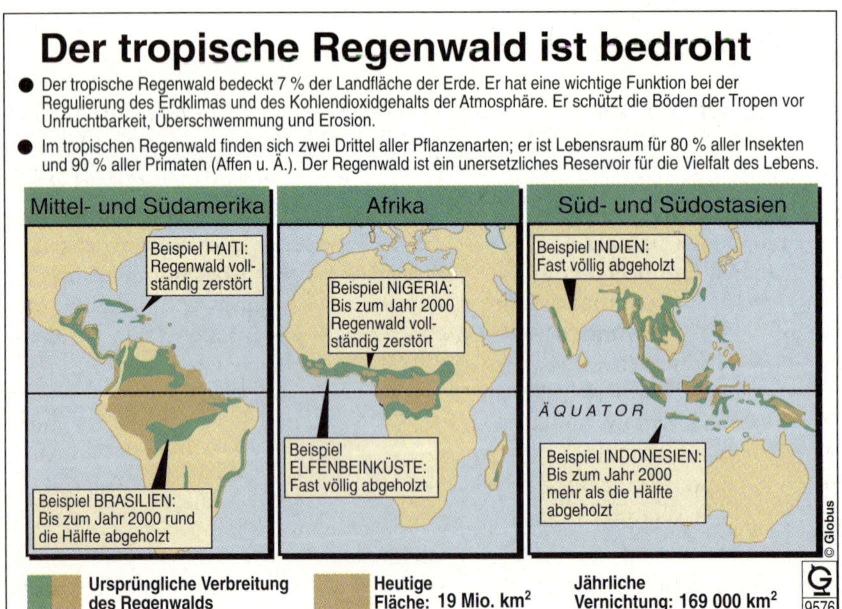

3032282L

Nicht übersehen werden darf, dass mit der Waldvernichtung auch der Lebensraum von unzähligen Menschen vernichtet wird. Diese Menschen werden dann oftmals auch zu Hilfsbedürftigen.

„Was würdet ihr tun, wenn wir in eure Geschäfte gingen und alle Waren mitnähmen, ohne zu bezahlen? Ihr würdet uns ins Gefängnis werfen, habt ihr gesagt. Was würdet ihr tun, kämen wir in euer Camp und steckten die Hütten in Brand? Ihr würdet euch wehren und vielleicht einen von uns töten, habt ihr gesagt. Ich danke euch für den guten Rat. Nun wissen wir Punan-Indianer, was wir mit euch tun müssen, wenn ihr in unseren Wald kommt unser Holz zu stehlen und unsere Sagopalmen niederzubrennen."

Quelle: Tebaran Aguth, Punan-Indianer in Borneo, zitiert in GEO, 10/86

Problem: Ungleiche Einkommensverteilung 5

In den Entwicklungsländern sind die Einkommen sehr unterschiedlich verteilt. Ein kleiner Teil – die herrschende Klasse – verfügt über den Großteil des Kapitals, Betriebe und landwirtschaftlich nutzbaren Bodens. Diesem steht ein Großteil der Bevölkerung entgegen, der mehr oder weniger mittellos ist.

Es gibt wenig Industriebetriebe, die Arbeitsplätze bereitstellen. In den landwirtschaftlichen Großbetrieben wird die Handarbeit mehr und mehr von Maschinen verdrängt. Durch die Vernichtung fruchtbaren Bodens werden Kleinlandwirte arbeits- und mittellos. Sie sind dann gezwungen, sich durch Gelegenheitsarbeiten (z. B. Straßenhandel, Wasserverkäufe in den Slums, Schuhputzen, Aushilfe in der Landwirtschaft, Suche nach Verwertbarem auf den Müllhalden der großen Städte usw.) mehr oder weniger gut am Überleben zu erhalten oder zu betteln. Hier sind besonders die Kinder wichtige Zusatzverdiener für die Familien. Bei niedrigem Einkommen fallen auch wenig Steuern an – Steuern machen drei Viertel der Staatseinnahmen aus. Folge: Den Regierungen fehlt daher das Geld für wichtige Vorhaben, z. B. den Bau von Straßen, Krankenhäusern, Schulen …

Und die Reichen – sie geben nichts ab, beuten die Armen aus und halten ihre Macht durch ihr Kapital, notfalls auch mit Gewalt.

6 Problem: Bildungswesen

In vielen Entwicklungsländern können große Teile der Bevölkerung weder lesen noch schreiben.

Was bedeutet das? Die meisten Menschen ohne jede Schulbildung haben weder Zugang zu einer Berufsausbildung noch zu Nachrichten und Informationen, die für ihre persönliche Entwicklung wichtig sein können.

In 40 Ländern der Dritten Welt sind mehr als die Hälfte der über fünfzehnjährigen Einwohner Analphabeten. Die meisten dieser Länder (30) liegen in Afrika.

Obwohl die Chance, eine Schule besuchen zu können, sich in einigen Entwicklungsländern erheblich verbessert hat, können viele Kinder sie nicht wahrnehmen, weil sie arbeiten müssen, um mit für den Lebensunterhalt der Familie zu sorgen. Das trifft vor allem auf die Kinder der Armen und ganz besonders auf Mädchen zu.

So werden diese Kinder kaum Chancen auf einen Arbeitsplatz und damit auf ein geregeltes Einkommen haben.

7 Problem: Gesundheitswesen

Viele Menschen sind medizinisch nicht ausreichend versorgt.

Was bedeutet das? Wie gut oder schlecht eine Bevölkerung medizinisch versorgt ist, lässt sich grob an diesen drei Daten ablesen: Zahl der Einwohner je Beschäftigten im Gesundheitswesen, Säuglingssterblichkeit und Lebenserwartung.

In über 30 Entwicklungsländern kommt auf mehr als 5 000 Einwohner ein einziger Arzt, in Äthiopien sogar auf 88 000 Einwohner (bei uns auf 420). Allerdings gibt es von Land zu Land große Unterschiede: Am wenigsten medizinisch versorgt sind die Menschen in den afrikanischen Ländern südlich der Sahara, gefolgt von den Bewohnern Südostasiens.

In den Industrieländern werden die Menschen im Durchschnitt 76 Jahre alt, in 20 afrikanischen Ländern nur 50 Jahre. In 25 Ländern Afrikas erleben von 1 000 Säuglingen mindenstens 100 nicht ihren ersten Geburtstag, bei uns sind es unter 10.

3032284L

Problem: Abhängigkeit vom Weltmarkt

Den Entwicklungsländern fällt auf dem Weltmarkt noch weitgehend die Rolle zu den Industrieländern Rohstoffe (Agrar-, Bergbauprodukte, Erdöl) zu liefern. 8

Was bedeutet das? Export von Rohstoffen ist für viele Länder der Dritten Welt die wichtigste, für einige sogar die einzige Möglichkeit sich Devisen (Zahlungsmittel in fremder Währung) zu beschaffen. Devisen aber werden benötigt, um notwendige Importe (Nahrungsmittel, Industriegüter) bezahlen zu können. Die Weltmarktpreise für Rohstoffe sind aber starken Schwankungen ausgesetzt, da sie – wie auch die Preise für andere Güter – von Angebot und Nachfrage beeinflusst werden. Zur Deckung des Devisenbedarfs fördern die Entwicklungsländer immer mehr Rohstoffe, um mehr exportieren zu können; das Überangebot aber lässt die Preise weiter rutschen. Viele Entwicklungsländer können notwendige Einfuhren nicht mehr aus eigenen Einnahmen bezahlen.

Quelle: Grupp, C., Dritte Welt im Wandel, Stuttgart 1988, S. 10 f.

„Tut mir Leid, der Traktor kostet jetzt mehr und für deinen Kaffee kann ich nicht mehr so viel geben!“

Die Abhängigkeit vom Weltmarkt führt in den Entwicklungsländern zu Monokulturen. Riesige Tee-, Kaffee-, Bananenplantagen u. a. werden von den Regierungen gefördert, um durch den Export möglichst viel Devisen für den Import und die Zahlung von Auslandsschulden (s. unten) zu bekommen. Der Anbau von Produkten zur Ernährung der eigenen Bevölkerung geht zurück. Daher wird das Nahrungsmittelangebot für die Armen immer knapper, für die Exportprodukte sinken auf dem Weltmarkt durch Überangebote die Preise. Die Kleinbauern werden zu Landarbeitern bei den Großgrundbesitzern und erhalten Löhne, die kaum oder gar nicht mehr ausreichen, um sich selbst zu ernähren.

Ein weiterer Nachteil für die Entwicklungsländer entsteht, wenn die reichen Länder die Einfuhr von Produkten aus den Entwicklungsländern erschweren, um ihre eigene Wirtschaft zu schützen.

9 Problem: Schuldenkrise

Sinkende Exporterlöse und höhere Preise für Importe lassen die Auslandsschulden der Entwicklungsländer wachsen. Zahlreiche Länder (u. a. Brasilien, Argentinien) versuchten, moderne Industrieländer zu werden. Es wurden teure Industrieprojekte aber auch unnütze Prunkprojekte gebaut. Dafür nahmen die Länder Kredite auf, in der Hoffnung diese durch vermehrte Exporte wieder zurückzuzahlen. Die Schulden steigen und mit ihnen die Zins- und Tilgungszahlungen. Sie verschlingen einen erheblichen Teil der Exporterlöse, die damit für die Entwicklung des Landes und die Versorgung der eigenen Bevölkerung verloren gehen.

Hauptschuldnerländer sind die Staaten Lateinamerikas.

Zwei weitere Gründe sollen hier noch genannt werden: Einmal sind es gerade die zahlreichen Reichen aus den verschuldeten Ländern Südamerikas, die ihr Kapital im Ausland anlegen und dadurch die Finanzkrise ihres Landes noch erschweren.

Zum anderen sind es Waffenkäufe und kriegerische Auseinandersetzungen, die die Schuldenkrise noch erheblich verstärken.

10 Problem: Rüstung und Krieg contra Hunger

Viele Entwicklungsländer werden von nur wenigen Herrschern regiert, die mehr ihr eigenes als das Wohl ihres Volkes im Auge haben. Dabei stehen Machtbewusstsein und Stolz an erster Stelle. Aus Stammesfehden werden kriegerische Auseinandersetzungen, zu denen die Industriestaaten ihren Beitrag leisten, indem sie die notwendigen Waffen liefern.

Während das Massenelend wächst, steigen vielfach die Ausgaben für Rüstung.

 3032286L

Gerade die Regionen der armen Länder werden immer wieder von Stammesfehden, Bürgerkriegen oder Kriegen gegen Nachbarländer erschüttert.

Neben den hohen Rüstungsausgaben werden die betroffenen Länder besonders durch die Zerstörungen bei diesen kriegerischen Auseinandersetzungen, die daraus folgenden Lähmungen ihrer Wirtschaften und den Tod sowie das Flüchtlingselend vieler Menschen geschwächt.

1. **Welche Maßnahmen müssen ergriffen werden, um die Bevölkerungsexplosion zu dämmen?**
2. **Was versteht man unter „Mangelernährung" und welche Folgen entstehen durch diese?**
3. **Inwieweit kann die Vernichtung der Regenwälder ein globales Weltproblem werden?**
4. **Nehmen Sie Stellung zu der These:**
   „Ungleiche Einkommensverteilung, mangelhaftes Gesundheits- und Bildungswesen sind die Basis einer Verbesserung der Lebensbedingungen in den Entwicklungsländern."
5. **Erklären Sie die einseitige Abhängigkeit der Entwicklungsländer vom Weltmarkt.**
6. **Wie sind zahlreiche Entwicklungsländer in die Schuldenkrise gekommen?**

1.2 Entwicklungspolitik – Welcher Weg aus der Not?

Als die Meldungen von einer der größten Hunger- und Dürrekatastrophen über die Fernsehschirme der Welt flimmerten, hatte Walter G., Inhaber einer der international führenden Anbieter von Tiefbrunnentechnik eine Idee. Den Menschen des am schlimmsten betroffenen Gebietes wollte er helfen.

Um die Bedingungen für die landwirtschaftliche Produktion zu verbessern, ließ er mehrere Tiefbrunnen bohren. Mithilfe von Motorpumpen sollte die Bewässerung erheblich erhöht werden. Der technische Erfolg war durchschlagend. Die Tiefbrunnen führten das ganze Jahr hindurch Wasser, die Bewässerung konnte kontinuierlich fortgesetzt werden und die Ernteerträge erhöhten sich. Nicht berücksichtigt wurde jedoch, dass die Tiefbrunnen mit ihrer motorbetriebenen Wasserversorgung den umliegenden herkömmlichen Brunnen buchstäblich das Wasser abgruben.

Durch die intensive Nutzung des Tiefbrunnens sank der Grundwasserspiegel in der Region, sodass schließlich denjenigen Bauern, die nicht an den Segnungen des Tiefbrunnens teilhaben konnten, sogar weniger Wasser zur Verfügung stand als vorher. Um ihre eigene Ernte jedoch ebenfalls sicherstellen zu können, waren sie gezwungen, Wasser aus dem Tiefbrunnen zu beziehen. Das Wasser wurde aber nicht kostenlos abgegeben, sondern zu steigenden Preisen verkauft. Es entwickelte sich ein lukratives Geschäft mit der Folge, dass diejenigen, die durch den Brunnenbau ohnehin schon Vorteile hatten, sich durch den Wasserverkauf noch zusätzlich bereichern konnten.

Wahlmöglichkeiten zur Lösung des Problems

Der Planungsminister von Bangladesh, des Landes, in dem die Hälfte der Menschen lebt, die zu der Gruppe der ärmsten Länder gehören, gab vor einigen Jahren auf die Frage, wie man sicherstellen könnte, dass Entwicklungshilfe in Gestalt von Wasserpumpen tatsächlich den Armen und nicht den örtlichen Mächtigen zugute komme, zur Antwort: Es gebe keine befriedigende Lösung dieses Problems, man könne nur zwischen drei Möglichkeiten wählen:

– Eine revolutionäre Umgestaltung der Gesellschaft, die sicher dringend erforderlich sei, um Korruption, Illoyalität, Unterdrückung der Schwächeren, zurückzudrängen. Wenn ihm jemand ein Rezept verraten könne, wie man das mit Aussicht auf Erfolg und zu tragbaren Bedingungen machen könne, würde er diesen zum Friedensnobelpreis vorschlagen.

– Mit denen, die örtlich Land, Einfluss und Macht haben, zusammenzuarbeiten. Die örtlich Einflussreichen würden nie eine Hilfe für die Ärmsten zulassen, wenn sie nicht zuerst davon profitierten, schon um ihre Position zu halten. Danach erst könne man vielleicht mit ihrer Duldung auch die Armen erreichen.

– Sich aus allem heraushalten und nichts zu tun.

(Winfried Böll [Abteilungsleiter im BMZ bis 184], Sind alle Komplicen einer raffinierten Vernichtungsmaschine?; in: Frankfurter Allgemeine Zeitung v. 9. Juli 1985, S. 8)

1. **Der Wert aller erzeugten Güter- und Dienstleistungen beträgt in der Bundesrepublik Deutschland ca. 4 Billionen DM (1988).**

   In Ziffern: 4.000.000.000.000 DM

   Wie viel Prozent fließen davon Ihrer Meinung nach in die Entwicklungshilfe?

   a) **0,30 % (12 Mrd. DM)**
   b) **1,00 % (40 Mrd. DM)**
   c) **3,00 % (120 Mrd. DM)**
   d) **5,00 % (200 Mrd. DM)**
   e) **8,00 % (320 Mrd. DM)**
   f) **10,00 % (400 Mrd. DM)**
   g) **20,00 % (800 Mrd. DM)**

2. **Finden Sie eine geeignete Überschrift zu der nebenstehenden Karikatur:**

   a) Bei ihren zügellosen Forderungen, junger Mann, müssen Sie bedenken, dass wir in der Bundesrepublik auch 5 Millionen Arbeitslose haben …

   b) Ich fotografiere Sie ja gerne, aber Geld kriegen Sie dafür nicht.

   c) Wenn Sie so viel im Leben gearbeitet hätten wie ich, dann müssten Sie jetzt nicht betteln.

   d) ??? (Ihr eigener Vorschlag)

aus: Entwicklung und Zusammenarbeit, Nr. 3/1988, Seite 17 in Wochenschau Nr. 6, Nov./Dez. 1990

Was in der Dritten Welt passiert, berührt die ganze Welt. Auch Europa macht einen Wandel durch, wenn sich Asien, Afrika oder Lateinamerika wandeln.

3032288L

So sind die wohlhabenden Länder in der Pflicht, zu helfen. Seit über 30 Jahren wird Entwicklungshilfe praktiziert. Dennoch wurde die Not immer größer. Trotz aller Entwicklungshilfe ist die Kluft zwischen Nord und Süd größer anstatt kleiner geworden. Angesichts dieser enttäuschenden Bilanz erscheint Entwicklungshilfe – jedenfalls in der bisher betriebenen Form – zunehmend fragwürdig. Warum konnte die bisherige Hilfe die Probleme nicht lösen, warum hat sie sogar zulassen müssen, dass Not und Elend größer geworden sind?

War sie zu gering? War sie falsch ausgelegt? Blieben wesentliche Punkte unberücksichtigt? Was muss geändert werden, damit ein Zusammenbruch in vielen Ländern vermieden wird? Eine genaue Antwort ist ungewiss, gewiss ist jedoch, dass ein schnelles Handeln nötig ist, denn es ist „fünf vor zwölf", jeden Tag ist es für viele Menschen sogar schon zu spät.

Lange – eigentlich viel zu lange – wurde der Brotkorb für die Hungernden zu hoch gehängt. Im Vordergrund der „Hilfe" stand nicht selten das eigene Geschäft, der Eigennutz. Was nicht heißen soll, dass Entwicklungsländern am besten mit Geschenken geholfen wäre. Weit gefehlt. Es geht nicht so sehr um Almosen als um die Erkenntnis, dass Geschäfte zweiseitiger Natur sind und auf Dauer nur von einem gegenseitigen Austausch geprägt sein können.

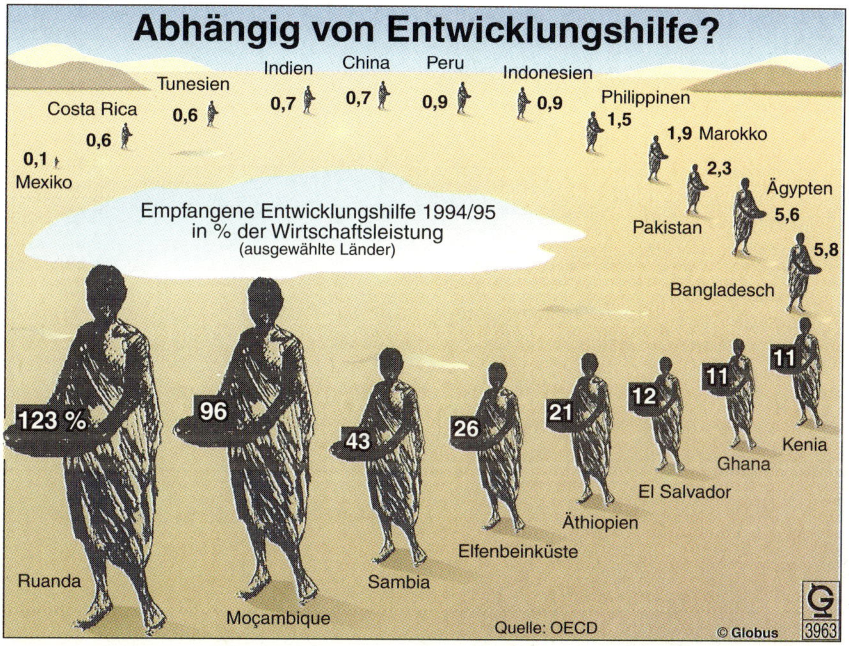

Programme allein genügen sicherlich nicht, um die Probleme der Entwicklungsländer zu lösen, aber ohne Programme wird eine Lösung auch nicht zu erreichen sein.

Zu beobachten ist ein Übergang von der Entwicklungshilfe zur Entwicklungspolitik. Entwicklungshilfe umfasst alle Lieferungen und Leistungen an die Dritte Welt, die eine echte Vergünstigung darstellen, z. B. Geld- oder Sachspenden.

Entwicklungspolitik ist umfassender. Sie beinhaltet alle Maßnahmen, die von den Entwicklungs- und Industrieländern ergriffen werden, um die wirtschaftliche und soziale Entwicklung in der Dritten Welt zu fördern. Entwicklungshilfe ist damit ein Mittel der Entwicklungspolitik.

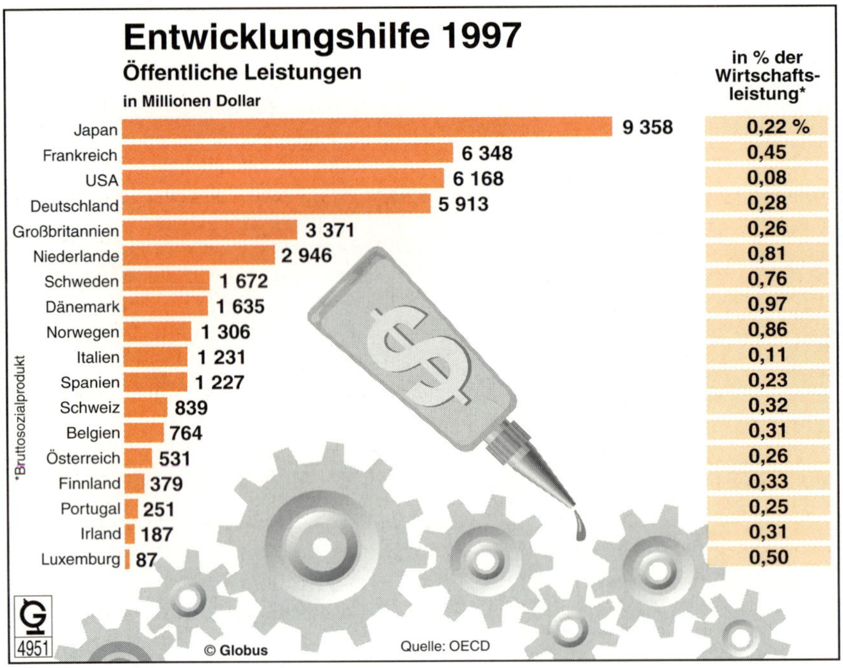

Oben und unten im Weltall? Auf die Perspektive kommt es an!

1.2.1 Forderungen und Programme

Die Entwicklungsländer haben selbst Forderungen erhoben, wie ihnen die Industrienationen und die übrige Welt helfen sollten (Auszüge):

Die Länder der Dritten Welt stellen eine Reihe von Forderungen mit dem Ziel eine neue Ordnung der Weltwirtschaft zu erreichen. Sie begründen ihre Forderungen so:

- Die Industrieländer haben während der Kolonialzeit und auch danach durch ungerechte Handelsbedingungen der Dritten Welt Schaden zugefügt; sie müssen dafür zu einem Ausgleich bereit sein.
- Für die wirtschaftliche Partnerschaft und Gleichberechtigung zwischen armen und reichen Ländern ist es unabdingbar, dass die Armen nicht durch restriktive (einschränkende) Maßnahmen der Reichen benachteiligt werden. Vielmehr haben die Reichen die Pflicht den Armen zu ihrer Entwicklung Ressourcen zu übertragen (das sind Hilfsmittel wie Geld, technische Kenntnisse usw.).

Der Katalog von Forderungen enthält als wichtigste Punkte:

Auf dem Gebiet der weltweiten Politik

- Die Anerkennung der Entwicklungsländer als vollwertige und gleichberechtigte Partner der internationalen Gemeinschaft, mit dem Recht auf eigenständige Entwicklung.
- Die Anerkennung, dass jeder Staat die volle Verfügungsgewalt über seine Bodenschätze und auch das Recht hat, bestehende ausländische Fabriken und andere Investitionen nach eigenen Regelungen zu enteignen.

Auf dem Gebiet von Handel und Wirtschaft

- Die internationale Arbeitsteilung soll geändert werden mit dem Ziel den Entwicklungsländern einen größeren Anteil an der Weltindustrieproduktion zu sichern.
- Entwicklungsländern müssen im Handel und in anderen Bereichen Präferenzen (Bevorzugungen) eingeräumt werden.

Auf dem Gebiet der Rohstoffe

- Im Rahmen eines umfassenden (integrierten) Rohstoffprogramms sollen Abkommen geschaffen werden, die eine Stabilisierung der Preise für einzelne Rohstoffe garantieren.
- Die Weiterverarbeitung von Rohstoffen in den Herkunftsländern soll gefördert werden.
- Die Wettbewerbsfähigkeit von Naturprodukten (z. B. Jute oder Baumwolle) gegenüber synthetisch hergestellten Produkten muss verbessert werden. 1

Auf dem Gebiet der Landwirtschaft

- Die Agrarproduktion der Entwicklungsländer muss gesteigert werden, damit sie ihren Nahrungsmittelbedarf selbst decken können.
- Die Finanzhilfen für die Entwicklung der Landwirtschaft sind zu erhöhen.
- Die bestehenden Nahrungsmittel-Hilfsprogramme sollen verbessert werden.

Auf dem Gebiet der Währung und Finanzen

- Der Zugang der Entwicklungsländer zu den Kapitalmärkten muss verbessert werden.
- Die Entwicklungsländer müssen vor den Folgen weltweiter Inflation geschützt werden.
- Die Schuldenlast der Entwicklungsländer sollte erleichtert werden.

Auf dem Gebiet der allgemeinen Entwicklung

- Die Industrieländer sollen das gesteckte Ziel verwirklichen 0,7 % ihres Bruttosozialproduktes für die öffentliche Entwicklungshilfe aufzubringen.

Quelle: Partner Dritte Welt, Verlag deutsche Jugendbücherei, Köln 50, Seite 51

2 Auszug aus den Grundlinien der Entwicklungspolitik der Bundesrepublik Deutschland

• Ziel der deutschen Entwicklungspolitik ist die Verbesserung der wirtschaftlichen und sozialen Lage der Menschen in den Entwicklungsländern und die Entfaltung ihrer schöpferischen Fähigkeiten. Deshalb

– hilft sie, die elementaren Lebensvoraussetzungen der Menschen zu sichern und sie in Stand zu setzen sich selbst zu helfen;
– fördert sie die regionale Zusammenarbeit und die Integration der Entwicklungsländer in die Weltwirtschaft.
– trägt sie zum Aufbau einer leistungsfähigen Wirtschaft und zu gesellschaftlicher Vielfalt als Voraussetzung für die Entwicklung aus eigener Kraft bei;

• Deutsche Entwicklungspolitik ist vorrangig auf die armen Bevölkerungsschichten ausgerichtet. Wo Menschen in Hunger und Armut leben, leistet die Bundesregierung unmittelbar wirkende Hilfe zur Befriedigung der Grundbedürfnisse und stärkt Willen und Fähigkeit der Armen zur Selbsthilfe.

• Die Entwicklungspolitik der Bundesregierung unterliegt ebenso wie die anderen Politikbereiche dem grundgesetzlichen Auftrag dem deutschen Volk zu nützen und Schaden von ihm zu wenden. Entwicklungspolitik ist deshalb auf Interessenausgleich ausgerichtet. In der staatlichen Entwicklungszusammenarbeit respektiert die Bundesregierung die Interessen ihrer Partner und ihre Eigenständigkeit bei der Bestimmung ihres Entwicklungsweges, erwartet aber ebenso die Respektierung ihrer eigenen entwicklungspolitischen, wirtschaftlichen und außenpolitischen Ziele und Interessen.

• Die Verwirklichung der Menschenrechte ist ein wesentliches Ziel der Politik der Bundesregierung. In der entwicklungspolitischen Zusammenarbeit unterstützt sie Entwicklungsländer in ihrem Bemühen um rechtsstaatliche und demokratische Strukturen. Dabei müssen unterschiedliche kulturelle, insbesondere religiöse Wertvorstellungen sowie soziale Gegebenheiten berücksichtigt werden. Staatliche Willkür und die Bedrohung Einzelner oder bestimmter Bevölkerungsgruppen erschweren staatliche Entwicklungshilfe oder machen sie unmöglich. In solchen Fällen kann der Not leidenden Bevölkerung Hilfe über nichtstaatliche Wege zukommen.

• Entwicklungspolitik als Friedenspolitik

Entwicklungspolitik ist Teil der weltweiten, auf Frieden und Stabilität gerichteten Politik der Bundesregierung. Als solche fördert sie die Kräfte des Ausgleichs und widersetzt sich solchen, die gewaltsame Lösungen und den Herrschaftsanspruch totalitärer Ideologien anstreben.

1. Diskutieren Sie die Forderungen der Entwicklungsländer und versuchen Sie zu beurteilen, inwieweit diese realisierbar sind. Welche Folgen hätte dies für uns?

2. Vergleichen Sie a) die Grundsätze der EU und b) die Grundlinien der Entwicklungspolitik in Deutschland mit den Forderungen der Entwicklungsländer.

3. Diskutieren Sie die nebenstehende Karikatur.

„Ist dir klar, dass ich dich in der Hand habe?“
Karikatur: Haitzinger

1.2.2 Ansätze zur Verbesserung zukünftiger Entwicklungspolitik

Was ist Entwicklung? Das scheint eine müßige Frage angesichts von Hunger und Not auf der Welt zu sein. Entwicklung, so lautet eine nahe liegende Antwort, ist die Beseitigung von Mangel in der Welt und die Förderung von Wohlstand. Das Ziel von Entwicklung muss sein: Kein Mensch auf Erden soll mehr Hunger leiden, jeder Mensch muss ein Dach über dem Kopf haben, eine Schule besuchen können, ärztliche Betreuung finden, wenn er krank ist, muss die Möglichkeit haben einen Beruf zu erlernen und auszuüben, seine Regierung frei zu wählen – es gibt kaum Zweifel darüber, **was** Entwicklung erreichen soll.

Nur: **Wie** diese Ziele zu erreichen seien, darüber herrscht unter Fachleuten Meinungsverschiedenheit.

Die Meinungsverschiedenheiten über die Wege der Entwicklung sind entstanden, weil man feststellen musste, dass es für diese in der Geschichte beispiellose Aufgabe der Menschheit kein einfaches und alle Probleme lösendes Rezept gibt.

Anfänglich, in den Sechzigerjahren, herrschte die Ansicht vor, der beste Weg der Entwicklung führe über die Industrialisierung. Anfangserfolge bestätigten diese Theorie. Aber nach zehn, fünfzehn Jahren musste man feststellen, dass der erwartete Dauererfolg mit Einkommenswachstum bei den Massen ausblieb. Deshalb mussten andere Wege der Entwicklung gesucht werden. Ein Ergebnis der Suche war, etwas überspitzt gesagt: Für jedes Land, für jedes Problem muss ein eigener Weg gefunden werden. Denn: Hunger in Äthiopien hat andere Ursachen als Hunger in Indien – also kann man Hunger nicht überall mit den gleichen Mitteln bekämpfen.

Ein weiteres Ergebnis: Das erste Ziel muss es sein, Armut und damit Hunger und Not rasch zu lindern und bald zu beseitigen. Alle Menschen müssen die Möglichkeit haben sich mit dem Lebensnotwendigen zu versorgen, die „Grundbedürfnisse" zu befriedigen. Aber dies kann nur ein Teilziel sein, denn menschenwürdiges Leben braucht mehr als Essen und Behausung. Jeder Mensch muss die Sicherheit haben, dass er nach Überwindung der größten Not nicht wieder in Armut zurückfällt; jeder Mensch muss die Chancen haben, seinen Lebensweg selbst zu bestimmen, einen Beruf auszuüben und Einfluss zu nehmen auf seine Umgebung, seine Regierung; jeder Mensch muss die berechtigte Hoffnung haben können, dass seine Kinder in einer friedlichen, sicheren, gesunden Welt leben werden.

Menschen kann nur dann dauerhaft geholfen werden, wenn ihnen die Möglichkeit offen steht sich selbst zu helfen. Selbsthilfe bedeutet für den Einzelnen, dass er und seine Familie in der Lage sind das Lebensnotwendige mit der eigenen Kraft und den eigenen Fähigkeiten zu erwirtschaften.

Gesellschaft und Staat müssen hierfür Bedingungen schaffen, sie müssen das zur Verfügung stellen, was ihre Einwohner für ein menschenwürdiges Leben brauchen: z. B. Straßen, Schulen, Krankenhäuser, Märkte, Spar- und Kreditmöglichkeiten, eine unabhängige Rechtsprechung freie Beteiligung an Wahlen, aktive Teilnahme an gesellschaftlichen Entscheidungen.

Arme Länder, Regierungen mit geringen Haushaltsmitteln, brauchen hierfür, wenn sie aus eigener Kraft nicht mehr weiterkommen, Unterstützung von außen. „Hilfe zur Selbsthilfe" ist das Schlüsselwort dieses neuen Weges entwicklungspolitischer Zusammenarbeit: Entwicklung durch Entfaltung der schöpferischen Kräfte im Menschen.

Quelle: Grupp, C., a. a. O. S. 53 f.

Nachfolgend sollen einige Kernprobleme beleuchtet werden, die im Prinzip auf Entwicklungspolitik für alle Länder zutreffen. Eine Vollständigkeit würde den Rahmen eines Schulbuches sprengen. Dies gibt Ihnen die Möglichkeit spezielle Probleme unter Hinzuziehung aktueller Berichte aus den Massenmedien zusätzlich zu erörtern.

Berücksichtigung besonderer Traditionen

Hilfe zur Selbsthilfe – dabei darf auf keinen Fall der Fehler begangen werden, den Menschen in den Entwicklungsländern unseren Lebensstil aufzwingen zu wollen. Die Menschen haben andere Kulturen, leben anders, essen und arbeiten anders als wir. Der Versuch, Entwicklungsländer durch Industrialisierung von ihrer Armut zu befreien, scheiterte sicherlich, weil man diesen Grundsatz nicht berücksichtigte.

Besondere Berücksichtigung des Umdenkens bedarf auch die Rolle der Frauen in den Entwicklungsländern, da sie oft die Hauptlasten der Familien tragen.

Gerade die Frauen müssen z. B. verstärkt eine Schul- und Berufsausbildung erhalten. Sie ist Grundlage einer dringend einzuführenden Geburtenkontrolle. Gesundheitsvorsorge – aber auch die Einführung besserer Techniken in Haushalt und der Feldarbeit lässt sich nur dann verwirklichen.

Angepasste Technologie

Eines hat die Dritte Welt im Überfluss: Arbeitskräfte. Und am meisten mangelt es ihr an Kapital. Also läge es nahe, die Jahrhundertaufgabe der Entwicklung der Dritten Welt in einer Weise anzugehen, die möglichst wenig Geld kostet und möglichst vielen Menschen Arbeit verschafft. Aber ganz so einfach ist die Sache auch hier wieder nicht.

Ein Beispiel: Ein Bewässerungskanal lässt sich mit einigen Baggern ausheben, aber nur wenige Leute wären beschäftigt. Der Kapitaleinsatz wäre hoch. Die gleiche Arbeit lässt sich auch von tausend Menschen mit Spaten ausführen. Das scheint vernünftiger zu sein, denn tausend Menschen hätten Arbeit und Einkommen – so denken entwicklungsbewusste Europäer. Außerdem wird dadurch dem Verdacht vorgebeugt, der Baggereinsatz sei empfohlen worden, um der europäischen Baggerindustrie zu einem Auftrag zu verhelfen. Aber wie werten es die Verantwortlichen in einem Entwicklungsland, wenn ihnen vorgeschlagen wird auf Bagger zu verzichten? Könnten sie nicht vermuten, die Industrieländer wollten ihnen moderne Maschinen vorenthalten, um Entwicklungshilfe zu sparen und die Dritte Welt unterentwickelt zu lassen?

Quelle: Grupp, C., a. a. O. S. 58

3032294L

Lebensmittelhilfe

Es hat sich inzwischen herausgestellt, dass die kostenlose Nahrungsmittelhilfe in Katastrophenfällen unerwünschte Nebenwirkungen hat. Eine davon: Viele Bauern in Entwicklungsländern haben dadurch Schwierigkeiten, ihre Ernten abzusetzen. Die Hilfslieferungen, z.B. aus europäischen Überschüssen, drückten die Preise des einheimischen Getreides. Hunger in Äthiopien hieß ja nicht, dass überall in Afrika Mangel an Getreide herrschte. Ja, es hieß nicht einmal, dass überall in Äthiopien die Ernten schlecht waren. Die Bauern klagten über die Konkurrenz aus Europa. Sie blieben auf ihren Ernten sitzen.

Quelle: Grupp, C. a. a. O., S. 29

Subventionen

Den gleichen Effekt haben die riesigen landwirtschaftlichen Überschüsse in den reichen Ländern. Diese werden auf dem Weltmarkt zu Preisen verkauft, die unter den eigentlichen Herstellungskosten der Landwirte liegen – z.B. Fleisch, Weizen und Milchprodukte aus der EU. Diese niedrigen Preise sind aber nur möglich, weil die Landwirte mit Subventionen, d.h. Zuzahlungen der EU, unterstützt werden.

Die Bauern in den armen Ländern erhalten keine Subventionen von ihren Regierungen. Daher können sie ihre eigenen Produkte nicht absetzen, da sie teurer sind. Es werden dann nur noch Produkte für den Eigengebrauch angebaut, die Felder veröden. Länder, die sich früher selbst ernähren konnten, sind auf unsere Nahrungsmitteleinfuhren angewiesen. Sie zahlen dafür Geld an das Ausland, das anderweitig dringend benötigt wird. Die Menschen in ihren ländlichen Gebieten verarmen.

Kontrolle

Öfter konnte in der Vergangenheit festgestellt werden, dass Geld und Produkte aus der Entwicklungshilfe nicht oder nur in begrenztem Maße bei den Menschen ankamen, denen man helfen wollte.

Korrupte Regierungen, Staatsdiener, Reiche oder Kriminelle haben des Öfteren die Leistungen für sich verwendet und den Hilfsbedürftigen unterschlagen.

Als Beispiel ein Auszug aus dem Buch „Tödliche Hilfe – Bericht von meiner letzten Dienstreise in Sachen Entwicklungshilfe“:

Die Geschäfte mit den Pumpen laufen folgendermaßen: Einer oder mehrere Reiche zahlen das Einstiegskapital für die Pumpe. Dann bestechen sie den Vertreter der *Bangladesh Agricultural Development Corporation*, der eigentlich nach technischen Kriterien den Standort für die Pumpe aussuchen soll, teilweise mit für Bangladesch riesigen Summen. Es war von bis zu 40.000 Taka [10 Taka = 1 DM] die Rede. So erreichen sie, dass die Pumpe auf ihrem Land installiert wird. Damit können die übrigen Bauern nichts mehr dagegen tun, dass der gesamte Gewinn aus der Pumpe an den neuen Besitzer fließt. Alle müssen ihm für das Wasser aus dem Brunnen ein Viertel ihrer Ernte abliefern. Der Reiche besitzt jetzt nicht nur die Verfügungsgewalt über die jeweilige Menge Wasser, die jeder bekommt, sondern es kommt sogar vor, dass der Pumpenbesitzer das Entgelt für die Bewässerung willkürlich auf ein Drittel der Ernte erhöht. Anfangs muss die Pumpe zwar noch abbezahlt werden – die Regierung verkauft die Pumpen, die sie von den Gebern kostenlos erhält, allerdings zu relativ niedrigen Preisen an die Bauern –, aber wenn sie abbezahlt ist, beginnt das große Geschäft. Ein Viertel der Ernte des gesamten, mithilfe der Pumpen bewässerten Landes bei nur sehr geringen Unterhaltskosten. So schaffen wir in großer Geschwindigkeit neue „**water lords**“.

Es muss also kontrolliert werden, dass die Leistungen auch zu denjenigen kommen, denen geholfen werden soll. Schwierigkeiten gibt es, wenn Regierungen solche Kontrollen als Bevormundungen und Einmischen in ihre Angelegenheiten ablehnen.

Umweltschutz

Vor wenigen Jahren noch galt die Sorge um die Erhaltung oder Wiederherstellung einer gesunden Umwelt als ein typisches Problem reicher Länder. Heute wird Umweltschutz auch in der Dritten Welt als notwendig für eine zukunftssichere Entwicklung erkannt. Bodenerosion als Folge zunehmender Vegetationszerstörung (Ursachen: Abholzung, zu große Viehbestände, Monokulturen, Einsatz moderner Ackergeräte) vernichtet wertvolles Kulturland. Wüsten dehnen sich aus, Waldvernichtung verändert den Wasserhaushalt und das Klima, Industriekonzentrationen in Millionenstädten verschmutzen Luft und Wasser. Man darf allerdings von Regierungen armer Entwicklungsländer nicht erwarten, dass sie rascher auf die Erkenntnis von Umweltschäden reagieren als die zuständigen Ministerien in Industrieländern. Viele Entwicklungsländer haben aber inzwischen Umweltschutzbehörden geschaffen, die gezielt beginnen Umweltschäden zu beseitigen oder zu verhüten, z. B. durch Aufforstung, durch Kontrolle der Industrie, durch Beratung der Bauern.

In der Bundesrepublik Deutschland werden Entwicklungsprojekte für die Dritte Welt heute schon im Stadium der Planung auf Umweltverträglichkeit geprüft.

Quelle: Grupp, C., a. a. O. S. 57

Während in Deutschland die Einfuhr von Tropenhölzern immer stärker zurückgeht, ist Japan der größte Abnehmer in der Welt und damit maßgeblich am Rückgang der Regenwälder beteiligt.

3032296L

Futtermittelimport

Vor allem in Brasilien werden täglich riesige Flächen des Regenwaldes gerodet. Zum Abbau von Bodenschätzen, als Weideland für die riesigen Viehherden der Großgrundbesitzer, aber auch um immer mehr Futtermittel wie Soja anzubauen, die exportiert werden.

Allein die EU führt jährlich mehr als 20 Millionen Tonnen Futtermittel aus Ländern der Dritten Welt ein.

Das bedeutet: Ungefähr jedes achte Schnitzel, jede achte Wurst oder jeder achte Hamburger u. a. haben ihren Ursprung in den Ländern der Dritten Welt. Sie sorgen dort für Armut (s. vorne), Nahrungsmittelknappheit und die Zerstörung der Regenwälder. Bei uns bringen die großen Viehmästereien Umweltprobleme, z. B. Verseuchung der Böden und des Grundwassers durch Gülle.

Das Vieh der Reichen frisst das Brot der Armen

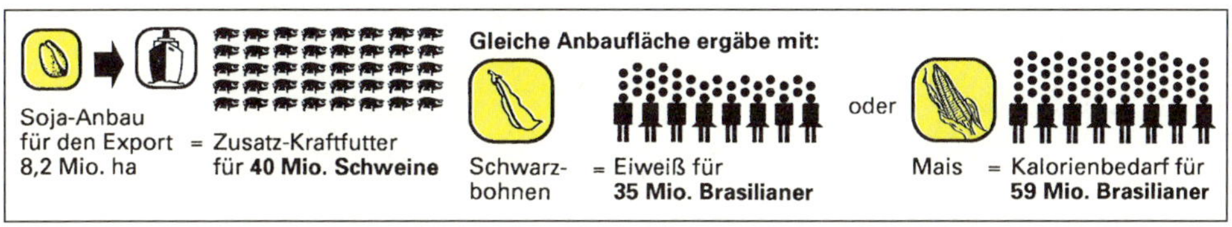

Quelle: Rudolf H. Strahm: Warum sie so arm sind, a. a. O. S. 50

Rohstoffe

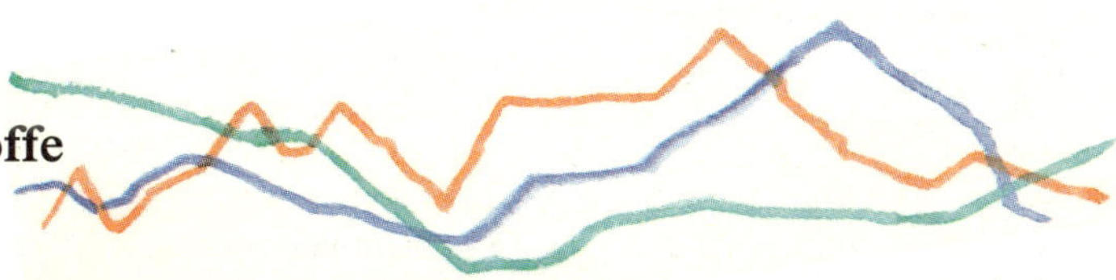

Die Haupteinnahmequellen vieler Entwicklungsländer sind die Exporte von landwirtschaftlichen Produkten und Bodenschätzen. Diese werden jedoch nicht verarbeitet, sondern als Rohstoffe verkauft. Dadurch fehlen dringend benötigte Arbeitsplätze, die das Elend vieler Menschen lindern könnten (s. vorne). Die Rohstoffpreise unterliegen auch starken Schwankungen und sind in den letzten Jahren sogar gefallen (s. Abhängigkeit vom Weltmarkt).

Um die Mindereinnahmen auszugleichen und die hohen Auslandsschulden zu bezahlen, erhöhen die Länder ihr Angebot, was zu weiteren Preisverfällen führt. Daher fordern die Entwicklungsländer einen Welt-Rohstoff-Fonds, der Rohstofflager finanzieren soll. Sinkt der Preis für einen Rohstoff, kauft der Fonds und lagert ein, steigt der Preis, verkauft der Fonds. So sollen die Preisschwankungen ausgeglichen werden.

Weg aus der Schuldenkrise

Viele Entwicklungsländer, vor allem in Südamerika und Afrika, zahlen pro Jahr für Zins und Schuldentilgung mehr als sie Entwicklungshilfe erhalten. Auch geht ein großer Teil der Exporterlöse hierfür ins Ausland. Dafür würden die Gelder doch im Inland so dringend benötigt.

Die Bundesrepublik Deutschland erlässt den ärmsten Ländern ihre Altschulden und gewährt zum Teil neue Zuschüsse, die nicht mehr zurückgezahlt werden müssen. Andere Staaten verfahren ähnlich.

Den Drittländern werden die Schulden nicht erlassen, sie erhalten aber niedrigere Zinssätze und längere Rückzahlungszeiten.

„Verzeihen Sie! ... Aber wenn Sie vor Ihrem Ableben noch Ihre Schulden tilgen wollen ...!“ Karikatur: Mester

Generell muss den Entwicklungsländern aber die Möglichkeit gegeben werden, über höhere Rohstoffpreise und einen erweiterten Welthandel, ihre Schulden selbst zurückzuzahlen.

 3032298L

Problem: Drogenexport

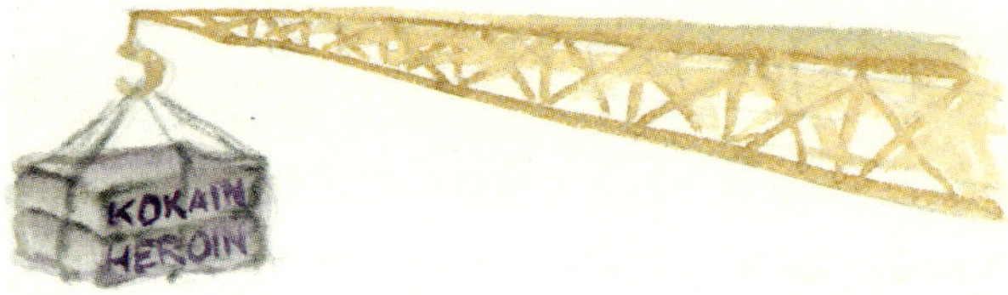

Es ist leider bittere Wahrheit, dass der einzigste Rohstoff, dessen Preise steigen, die Drogen sind. Die Drogenmafia macht zwar das größte Geschäft, viele arme Anbauer verdienen damit aber ihren Lebensunterhalt und verschiedene Staaten sehen in den Geldern ein willkommenes Zusatzeinkommen. Lesen Sie dazu folgenden Bericht:

Rauschgift ist das einzige gut bezahlte Produkt

Trotz aller Anstrengungen sind die Erfolgsaussichten im Kampf gegen den Drogenhandel jedoch so lange gering, wie die weltwirtschaftlichen Ursachen des wachsenden Drogenexportes aus Lateinamerika nicht angegangen werden: Die Preise für die nützlichen Rohstoffe Kaffee, Zinn, Mais oder Bananen sind in den vergangenen Jahren rapide gefallen, während die Preise für den bedrohlichen Rohstoff Rauschgift ständig weiter steigen. Der Drogenanbau sichert hunderttausenden von Landbewohnern in Lateinamerika den Lebensunterhalt. Tagelöhner verdienen für Arbeiten auf Kokafeldern 40.000 peruanische Intis pro Tag, für das Pflücken von Bananen oder Kakao erhalten sie gerade 10.000. Noch drastischer ist der Unterschied für die Händler in Peru. Verkaufen sie ein Kilo Mais an den Staat, dann erhalten sie 250 Intis. Kolumbianische Drogenhändler bezahlen für ein Kilo Kokapaste dagegen 1,2 Millionen Intis. Aus diesem Grund leben derzeit über 250 000 Peruaner vom Drogenanbau.

Quelle: Kessler, W., in: Die Rheinpfalz, 26. Okt. 89

Was können wir selbst tun?

Obwohl die bisherige Entwicklungshilfe nicht so wirksam war, wie man gehofft hatte, obwohl sogar manchmal Nachteile durch sie entstanden, sind sich viele Fachleute darin einig: **Entwicklungshilfe hat Schlimmes nicht verhindern können, sie hat aber Schlimmeres verhütet.**

Wir können ...

- öffentlich Politiker/innen und politische Parteien auffordern Perspektiven für eine gerechtere Neugestaltung der Weltwirtschaft zu entwickeln;
- in Familie, Bekannten- und Kollegenkreis über derartige Probleme sprechen;
- bei Wahlen unsere Entscheidung von dem entwicklungspolitischen Engagement der Parteien abhängig machen;
- beim täglichen Einkauf darauf achten, aus welchen Ländern die Produkte kommen;
- nach Möglichkeit Kaffee, Tee, Honig, Bananen u. a. m. in Dritte-Welt-Läden einkaufen. Dort sind die Waren zwar etwas teurer als in normalen Geschäften, dafür erhalten die Kleinbauern und Genossenschaften aber auch garantiert höhere Preise für ihre Produkte.

Gerade durch bewusstes Einkaufen können wir als Verbraucher/innen ein kleines Zeichen setzen. Dies mag angesichts der großen weltwirtschaftlichen Probleme nur wenig sein, doch es war schon immer ein verhängnisvoller Fehler, nichts zu tun, weil man nur wenig tun kann.

Quelle: Krämer, G., in: Eine Welt für alle, Köln 1990, S. 2

1. Erklären Sie die Forderung: „Entwicklungshilfe muss Hilfe zur Selbsthilfe werden."
2. Lebensmittelhilfe – ja oder nein? Stellen Sie Vor- und Nachteile gegeneinander und wägen Sie ab, unter welchen Umständen eine solche Hilfe erfolgen sollte.
3. „Subventionen unterstützen die Landwirtschaft in den reichen und ruinieren diese in den armen Ländern." Diskutieren Sie diese These.
4. Warum werden gerade für Mädchen und Frauen in den Entwicklungsländern bessere Bildungschancen gefordert?
5. Diskutieren Sie die Karikaturen auf dieser Seite.
6. Unterbreiten Sie Vorschläge, wie Sie selbst den Menschen in den Entwicklungsländern helfen könnten und überlegen Sie, wann und wie oft Sie dies schon getan haben.

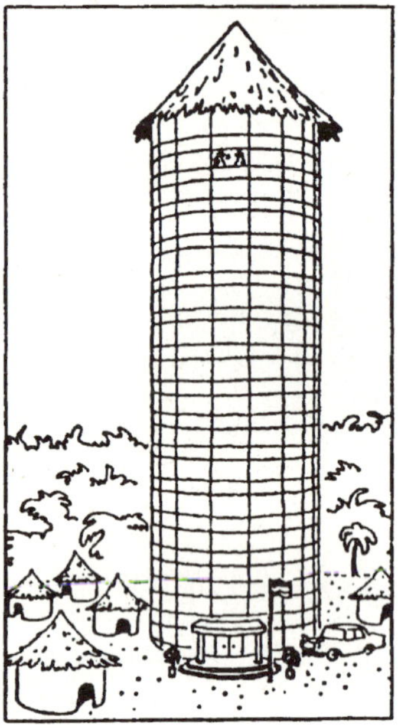

„Glauben Sie mir, Meier, das Allerwichtigste bei der Entwicklungspolitik ist Einfühlungsvermögen."

Fortschritt

Zeichnung: Pielert

„Ehrlich, du glaubst gar nicht, wie du uns Leid tust!"

Zeichnung: Haitzinger

„Brot für die Welt"

Zeichnung: Wolter

3032300L

2 Krieg und Frieden

55 Millionen Menschen wurden Opfer des Zweiten Weltkrieges. Seit 1945 kam es zu mehr als 155 gewaltsamen Auseinandersetzungen, zu Kriegen, Bürgerkriegen oder anderen kriegsähnlichen Konflikten, von denen zur Zeit noch über 30 schwelen.

Iran, Irak, Kuwait, Vietnam, Falkland, Kambodscha, Biafra, Sudan, Korea, Eritrea, Jugoslawien, Serbien, Kroatien ... Die Reihe ist nicht vollständig und würde es – sofern man die Menschen kennt – auch nicht bleiben. Wer ist es morgen?

Mehr als 35 Millionen Menschen sind in den 50 Jahren nach dem Zweiten Weltkrieg wieder in diesen oder anderen Konflikten und Auseinandersetzungen umgekommen. Über 15 Millionen wurden zu Flüchtlingen oder Asylsuchenden ...

1

ZU SPÄT kam für ihn der Waffenstillstand. Dieser irakische Infanterist war beim Vormarsch der Alliierten auf Kuwait-Stadt gefallen – stellvertretend für den Tod in der Wüste veröffentlichen wir sein Bild. (AP-Funkbild)

Trotz der internationalen Ächtung des Krieges gibt es weiterhin Staaten und politische Gruppen, die zur Durchsetzung ihrer Ziele Gewalt anwenden.

Jüngere Beispiele aus der Geschichte sind der Golfkrieg und die Auseinandersetzungen zwischen Serben und Kroaten.

Wie immer waren auch hier die meisten der Opfer Zivilpersonen, also keine Soldaten, sondern wehrlose Frauen, Kinder, Alte und Kranke. Ob es auf diesen Unterschied überhaupt ankommt, ist die weitere Frage, denn schließlich gilt, dass jedes Menschenleben zu achten und zu schützen ist.

2

90% der Toten sind Zivilisten

Washington (dpa). 90 Prozent der Toten bei Kampfhandlungen sind weltweit Zivilisten. Darauf wird in einer Studie über „militärische und soziale Ausgaben der Welt“ hingewiesen, die jetzt in den USA vorgelegt wurde. Anfang der 80er-Jahre lag diese Zahl noch bei 74 Prozent. Ursache sind offenbar die immer verheerender wirkenden konventionellen Waffen wie Streubomben, die in ihrer Zerstörungskraft kleinen Nuklearwaffen nahe kommen.

Trotz des Tauwetters zwischen den Supermächten sind 1990 weltweit über 900 Milliarden Dollar für die Rüstung ausgegeben worden. Die Ausgaben lagen damit real um 60 Prozent über denen in den Siebzigerjahren.

Quelle: Hessisch-Niedersächsische Allgemeine, 10. Juni 1991

Kriege kennen keine humanitären Gewinner, Verlierer sind wir alle, jeder Einzelne – ganz gleich, ob als Zivilist oder als Soldat –, aber auch die gesamte Menschheit, die mit jedem weiteren Krieg in vielfältiger Weise verliert – und dabei ihre Existenzberechtigung auf dieser Erde infrage zu stellen bereit ist.

Noch bis vor wenigen Jahren wurden die Problemstellungen der Weltpolitik mit „Nord-Süd- und Ost-West-Konflikt“ beschrieben.

Im Zeitalter der Entspannungspolitik zwischen den Supermächten und der politischen sowie wirtschaftlichen Öffnung des gesamten Ostblockes ist diese Grobeinteilung untauglich geworden.

Dass das Thema Krieg und Frieden trotzdem nichts an Aktualität verloren hat, kommt daher, dass der Friede bei uns zwar sicherer geworden zu sein scheint, aber ein weltweiter Frieden noch lange nicht erreicht ist.

Die Bedrohung tickt wie eine Zeitbombe mit mörderischer, weil vielfach unkalkulierbarer Sprengkraft.

Die Hand am Abzug haben dabei nicht selten Diktatoren, denen jegliche demokratische Kontrolle fehlt ...

Es sind nicht mehr so sehr die Großmächte mit ihren (immer noch) erschreckenden Waffenarsenalen, die die Welt in Atem halten.

Die Friedensbedrohung geht heute eher von den Staaten aus, die mit westlicher und östlicher Militär- und Wirtschaftshilfe überhaupt erst in die Lage versetzt wurden Nachbarstaaten zu bedrohen oder zu bekriegen.

Die Gefahr für die Welt ist dabei nicht kleiner geworden. Ursache ist nicht zuletzt, dass Konflikte durch die zur Verfügung stehenden Waffensysteme weltweite Dimensionen annehmen können.

Moderne Militärtechnologie kennt kaum noch Grenzen. Atomkopfbestückte Lang-, Mittel- oder Kurzstreckenraketen befinden sich nicht nur im Besitz der so genannten Weltmächte.

Eine ganze Reihe von Drittländern versucht die Tür dazu aufzustoßen. Geschäftstüchtige Rüstungsexporteure helfen dabei.

Häufig sind es die Ärmsten der Armen, die in kriegerischen Auseinandersetzungen ihre ohnehin klägliche Lebensexistenz verlieren.

Also: Haben wir nichts dazugelernt? Lässt man uns überhaupt lernen? Was müssen, was können wir tun, damit sich die Geschichte nicht immer wieder wiederholt? Wer trägt die Verantwortung für das, was passierte und dafür, dass nicht immer wieder das Gleiche passiert?

2.1 Rüstung und Abrüstung

2.1.1 Rüstung als Problem des 20. Jahrhunderts

Brauchen wir die Wehrpflicht und den Eurofighter?

Mehr als 50 Jahre lebt die Bundesrepublik Deutschland nun schon im Frieden... Hatten wir nur Glück oder haben wir aus der Vergangenheit gelernt? Wie sicher wären wir, wenn wir die Bundeswehr oder die Wehrpflicht abschaffen würden? Können wir – wie es von den Sprechern einer Partei verlangt wird – ohne Folgen aus der NATO austreten, weil die Welt sicherer erscheint? Oder ist die globale Bedrohung zu groß geworden, dass wir uns auch vor früher unendlich weit entfernten Staaten und Diktaturen fürchten müssen, weil der Weltraum keine Grenzen für Raketen kennt? Gibt es auch ein bisschen Sicherheit oder muss es gleich alles sein? Brauchen wir den Eurofighter und die Soldaten zur Verteidigung oder nur, um Arbeitsplätze zu sichern?

Handlungsvorschlag:
Starten Sie eine Umfrage zum Thema Verteidigung.

Möglichkeit I
Bringen Sie die Sache auf den Punkt, indem Sie ganz einfach die Frage stellen:

Brauchen wir die Bundeswehr?	Ja	Nein	Weiß nicht

Die Befragten sollten spontan, d. h. ohne große Überlegungen antworten. Fertigen Sie Strichlisten an und werten das Ergebnis dann aus.

Möglichkeit II

Sie fertigen eine ausführlichere Umfrage nach dem folgenden Muster an:

Wie bewerten Sie die folgenden Aussagen?

	Damit stimme ich ... ... völlig überein					**... gar nicht überein**
	1	**2**	**3**	**4**	**5**	**6**
1. Rüstung dient in erster Linie der Abschreckung anderer Staaten.						
2. Wenn die Bundeswehr abgeschafft würde, hätte ich Angst um die Sicherheit.						
3. Wenn die Bundeswehr ihre Aufgabe erfüllen soll, muss sie über modernes Gerät verfügen.						
4. Ohne Soldaten wäre der Frieden in der Welt eher gesichert als mit den weltweiten Armeen.						
5. Eine einseitige Abrüstung würde dazu führen, dass man als friedliebende Nation angesehen würde und keine Aggressionen zu befürchten hätte.						
6. Da es keinen Warschauer Pakt mehr gibt, könnte auch die NATO aufgelöst werden.						
7. Die Bedrohung ist so global geworden, dass auch weit entfernte Konflikte zu einer direkten Bedrohung für uns werden können.						
8. Ich glaube nicht daran, dass irgendein Weltkonflik auf uns übergreifen könnte.						
9. Die Bundeswehr braucht den Eurofighter als modernes Kampfflugzeug.						
10. Sicherheit ist durch nichts zu ersetzen und muss im Zweifelsfall mit Gewalt verteidigt werden.						
11. Wenn in anderen Staaten Menschenrechte. verletzt werden (z.B. Völkermord), müssen wir bereit sein, den Menschen dort auch mit militärischen Mitteln zu helfen.						
12. Wir hatten eigentlich Glück, dass wir 50 Jahre von Kriegen verschont blieben, auf vernünftiges Verhalten ist dies nur zum geringen Teil zurückzuführen.						
13. Friede würde automatisch einkehren, wenn alle Gelder, die in die Rüstung gesteckt werden, für die Entwicklungshilfe verwandt würden.						
14. Zu viel der Entwicklungshilfe wird wieder für Rüstungsgüter ausgegeben.						

Werten Sie die Ergebnisse aus und diskutieren Sie darüber. Schreiben Sie eine persönliche Stellungnahme zu der Frage „Wie sichern wir den Frieden?“

3032304L

Die Lösung des Rüstungsproblems gehört zu den dringenden Aufgaben der Weltgemeinschaft, darin sind sich die meisten Staaten einig. Trotzdem werden nach wie vor unvorstellbare Summen für die Rüstung ausgegeben. Geld, welches an anderen Stellen dringend benötigt wird, aber dort fehlt. Die Tatsache, dass Staaten schon in Friedenszeiten zum Kriege rüsten und fortlaufend ihre militärischen Fähigkeiten zu verbessern versuchen, hat nicht nur wirtschaftliche, sondern auch soziale Auswirkungen. 1

Insbesondere in der Nachkriegszeit hat die Rüstung weltweit in einem Ausmaß zugenommen, das alle bis dahin gültigen Vorstellungen überstieg.

Dies muss im Zusammenhang mit drei Entwicklungen gesehen werden:

- dem Ost-West-Konflikt,
- dem Rückzug von Kolonialmächten und dem Entstehen der Dritten Welt,
- dem rüstungstechnologischen und wirtschaftlischen Fortschritt in der Nachkriegszeit.

Wurden 1913 – zu einem Zeitpunkt, als die Großmächte Deutschland, England und Frankreich im Wettrüsten begriffen waren – zwischen 3 und 3,5 Prozent des Bruttosozialproduktes für Rüstung ausgegeben, so sind es heute ca. 7 Prozent, in Entwicklungsländern oft deutlich mehr.

Quelle: Joachim Krause, Rüstung und Abrüstung, in: Weltprobleme, Hrsg.: Peter J. Opitz, erschienen in: Bundeszentrale für politische Bildung, 3. Auflage, Bonn 1990

Ursache für die riesigen Rüstungsanstrengungen der Nachkriegszeit war ohne Zweifel der Ost-West-Konflikt. Die Jahre nach der Niederlage des Deutschen Reiches hatten die tief greifenden Meinungsunterschiede zwischen den Großmächten USA und Sowjetunion bezüglich der zukünftigen Gestaltung der internationalen Ordnung deutlich werden lassen.

Der Streit um die Deutschland-Frage, die gewaltsame Gleichschaltung Osteuropas, der Korea- und Vietnamkrieg und andere Konflikte waren die wichtigsten Etappen auf dem Weg zu einer weltumspannenden Gegnerschaft zwischen beiden Staaten und ihren jeweiligen Verbündeten.

Dazu kam der Versuch der Großmächte, in der Dritten Welt möglichst Einfluss, d. h. Verbündete zu haben. So wurden diesen Ländern oft unverantwortlicherweise modernste Waffen geliefert.

Am 8. Mai 1945 wurden um 23:01 Uhr nach der vorherigen Kapitulation der deutschen Wehrmacht die Kämpfe an allen Fronten eingestellt. Mochten in früheren Jahrhunderten in Deutschland aus Anlass des eben erreichten Schweigens der Waffen die Glocken geläutet haben, so war das in diesem Falle schon nicht möglich, weil viele der deutschen Glockentürme in Schutt und Asche lagen.
Die Stunde null bedeutete das Ende des gesamten staatlichen, politischen, wirtschaftlichen und geistigen Lebens in Deutschland, und es entstand die bange, zu diesem Zeitpunkt fast unbeantwortbare Frage, wie es weitergehen solle. Das Bewusstsein des Friedens wollte sich eigentlich gar nicht einstellen. Inmitten der zerbombten Städte, der Flüchtlingsströme, der Not und der Verzweiflung schien der Gedanke an Frieden weit zurückgedrängt zu sein. Zwar war die unmittelbare Bedrohung durch Kriegshandlungen nun vorbei, aber der Kampf um das materielle Überleben beanspruchte alle Kräfte.
Der erste Schritt zum Frieden waren sicher die Planungen, die die alliierten Siegermächte für die Nachkriegszeit entwickelt hatten. Angesichts des eben überstandenen Krieges mit Tod und Zerstörung in einem bisher noch nicht gekannten Ausmaß ging es um die Errichtung einer dauerhaften Weltfriedensordnung, die einen allgemeinen neuen Krieg in Zukunft ausschließen sollte. Allerdings waren die Ausgangspunkte innerhalb der alliierten Koalition sehr unterschiedlich. Die USA sahen den eigentlichen Grund für die Krisen der 20er-Jahre und für die Zerstörgung der Staatenwelt im Zweiten Weltkrieg in den unterschiedlichen Wirtschaftssystemen und im nationalen Wirtschaftsegoismus und sie strebten daher danach, überall liberale Systeme einzurichten, die durch Teilnahme am Welthandel und am internationalen Austauschsystem politische und soziale Stabilität gewährleisten sollten. Die (damalige) UdSSR dagegen fühlte sich durch die seit langem bestehende ständige Bedrohung ihrer Existenz durch andere Mächte, die im Falle des deutschen Angriffs fast das Ende des Sowjetstaates bedeutet hätte, so gefährdet, dass sie unverlierbare Sicherheitspositionen und Einflussbereiche beanspruchte. **Zunächst schienen beide Seiten bereit gewesen zu sein, der jeweils anderen Seite in ihrer Zielsetzung entgegenzukommen, aber auf die Dauer waren der Anspruch der USA auf die „Offenheit der Welt" und das sowjetische Sicherheitsverlangen nicht miteinander zu vereinbaren. Eine Verständigung war nicht möglich; der Konflikt wurde unausweichlich.**

Quelle: Handelsblatt, Signaturen der Zeit, 29./30. Juli 1988 (Auszüge)

2 Zwei Militärbündnisse umspannten seit dieser Zeit die Welt: NATO und WARSCHAUER PAKT.

Beide Organisationen wurden innerhalb von 10 Jahren nach Ende des Zweiten Weltkrieges gegründet, die Bundesrepublik Deutschland und die damalige DDR gehörten beiden gegenüberstehenden Blöcken an.

In den Jahren unmittelbar nach dem Ende des Zweiten Weltkrieges hatten die Siegermächte ursprünglich ihre Streitkräfte drastisch reduziert.

Von über 5 Millionen Soldaten blieben bei den westlichen Alliierten nur noch ca. 900 000 Mann unter Waffen, während die damalige Sowjetunion von über 11 Millionen auf nur 2,5 Millionen Soldaten zurückging.

Aber mit Beginn des Kalten Krieges begann auch die Aufrüstung, die in den Siebziger- und Achtzigerjahren auf ihren Höhepunkt zusteuerte.

Maßgebend für die politische und militärische Situation war das „Gleichgewicht des Schreckens", einer Vorstellung, nach der Frieden nur gesichert sein könne, wenn man

3032306L

einen hochgerüsteten Gegner mit mehr und vor allem moderneren Waffen von einem Angriff abhalten könne. Dahinter stand die Überlegung, dass das Risiko eines Angreifers für einen Militärschlag dann zu groß sei.

Karikatur: Haitzinger

War schon die konventionelle Kriegführung auf dem Hintergrund der Erfahrungen des Zweiten Weltkrieges fraglich, so erhielt der Zwang des durch Waffen gesicherten Friedens eine letzte Steigerung und Zuspitzung durch die Möglichkeiten der atomaren Kriegführung. Mit der Atombombe und später den atomaren Gefechtsfeldwaffen und Raketen war eine Waffe von solcher Drohmöglichkeit, solcher Zerstörungskraft und solch unabsehbaren Folgewirkungen entwickelt worden, dass zwar einerseits die Risikoschwelle eines zukünftigen Krieges ungeheuer angehoben wurde, dass aber andererseits die Folgen unabsehbar erschienen. Beide Seiten entwickelten neben der konventionellen Bewaffnung eine ganze Palette atomarer Waffen, wenn auch die Auffassung, ob das atomare Potenzial gleich wirksam und ausgewogen sei, auf beiden Seiten vielfach unterschiedlich war. Es bildete sich eine besondere Taktik und Strategie der atomaren Kriegführung aus, die in immer feinerer Abstufung den Einsatz von Atomwaffen zu durchdenken versuchte.

Es ist keine Frage, dass die Möglichkeit zur atomaren Kriegführung die Bedingung zur weiteren Aufrechterhaltung des Friedens geworden war. Die Schwelle für einen möglichen Krieg war höher, der bewaffnete Friede damit einerseits sicherer, die Folgen im Falle eines Krieges aber andererseits unabsehbar geworden. Die Gewalt der Waffen, die Belastung der Volkswirtschaften durch die Rüstung und die Möglichkeit zur Selbstauslöschung stießen an ihre eigene Grenzen.

Quelle: Handelsblatt, Signaturen der Zeit, 29./30. Juli 1988

„Ich bin doch gezwungen, aufzurüsten! Zählen Sie nach: Der da drüben kann mich zwölfmal töten, ich ihn nur elfmal!“

Zeichnungen: Wolter

Nuklearwaffen veränderten die Bedrohung

3 Das Gleichgewicht des Schreckens gründete sich ursprünglich auf herkömmliche Waffenarten. **Mit der Entwicklung von Atomwaffen veränderte sich die Situation nicht nur quantitativ, sondern sie wurde eine grundsätzlich andere.** Lassen sich Atomwaffen überhaupt mit konventionellen Waffen vergleichen?

Eine schwer zu beantwortende Frage, schließlich kann es keine „guten“ und „bösen“ Waffen geben. **Dennoch gilt, dass Atomwaffen eine Zerstörungskraft erreicht haben, die sowohl die Entwicklung noch größerer Waffen als auch den Einsatz bereits vorhandener Sprengköpfe sinnlos erscheinen lässt.**

Hierin liegt ohne Zweifel ein wichtiger Unterschied zu herkömmlichen Waffenarten und -systemen.

Wechselseitiges Rüsten führte über die Jahrtausende stets zwangsläufig dazu, dass ein Herrscher sich irgendwann für stark genug hielt, einen anderen Staat zu überfallen. Und in der Regel gab es dabei einen Sieger. Die Aussicht, dass Kriege am Ende einen Sieger haben, hat über Jahrtausende die Bereitschaft zum Kriege erhalten.
Die Entwicklung immer wirkungsvollerer Waffen – vom Speer bis zur Rakete – hatte das Ziel eine Übermacht zu erlangen, die es keinem Angreifer mehr ermöglichen würde, einen Sieg zu erringen (oder keinem Verteidiger mehr eine Niederlage abzuwehren). Allerdings war der Wunsch in den Besitz einer dauerhaft überlegenen Bewaffnung zu gelangen bis zur Mitte unseres Jahrhunderts technisch so wenig zu verwirklichen wie die Reise zum Mond.
Seit 1945 verfügt der Mensch über diese Waffe, die ihn befähigt einen Gegner völlig zu vernichten. Unangreifbarkeit oder Unbesiegbarkeit schienen endlich erreichbar zu sein. Aber wie die drachenblütige Hornhaut Siegfrieds oder die Haut des Achilles hat auch diese Unverwundbarkeit eine Lücke: Wenn der Gegner über die gleichen Waffen verfügt und sie ausreichend schützen kann, vermag er seinerseits die alles vernichtende Fracht unabwendbar auf den Weg zu schicken, selbst nachdem er verheerend angegriffen worden ist.
Das Ungeheuerliche dieser Möglichkeit lässt ahnen, warum diese Waffen der Menschheit nicht Hoffnung auf ein Ende aller Kriege gegeben, sondern sie in Verwirrung und Angst versetzt haben. Erläuternde Begriffe wie „kalkulierbar hohes Risiko eines Angreifers“ oder „gesicherte gegenseitige Vernichtungsmöglichkeit“ sollten verdeutlichen, warum die Existenz der Atomwaffen Kriege verhüten kann, sollten dieses unfassbare Phänomen begreifbar machen. Aber alle Versuche, diese Mischung aus Hoffnung und Wahnsinn in Worte zu fassen, waren nicht geeignet das Gewicht auf die Seite der Hoffnung zu verlagern. Die Möglichkeit sicherer Verhütung von Krieg wurde also genau in dem Augenblick vollends infrage gestellt, als sie zum ersten Mal greifbar war. **Die Atomwaffe ist die logische Folge der jahrtausendelangen Suche nach militärischer Unverwundbarkeit – und zugleich ihr logisches Ende.** Mehr als völlige Vernichtung der Menschheit ist vielleicht denkbar, aber es setzt dem Antrieb zur Weiterentwicklung von Massenvernichtungswaffen ein Ende – und ebenso der Bereitschaft zum Kriege. Somit ist die bisher fürchterlichste Waffe die erste, die zu dauerhaftem Frieden führen kann.
Warum ist dieser Umstand kein Anlass zur Freude? Nun, dieses Mittel zum Zweck ist alles andere als beruhigend oder ethisch unanfechtbar. Nicht Achtung vor dem Leben, nicht Moral, nicht Friedfertigkeit, nicht Vernunft haben zu diesem erhofften Ereignis geführt, sondern eine unerklärliche Zwangsläufigkeit, die man auch als Folge von Unvernunft bezeichnen könnte. Das macht das Ergebnis Frieden oder Nicht-Krieg so wenig zufriedenstellend. Deshalb

findet der Wunsch nach „Frieden ohne Waffen“ heute viel Zustimmung – besonders unter denen, die an sich selbst und andere hohe ethische Ansprüche stellen. Sie sagen: **Die Geschichte lehrt, dass Waffen, mit denen gedroht wird, irgendwann auch benützt werden. Atomwaffen dürfen aber nicht mehr benützt werden.**
Andere sagen, die historische Erfahrung lehrt auch, dass Konflikte zwischen Völkern und Staaten durch das Vorhandensein von Waffen nicht ihren Anfang, höchstens ihr schlimmes Ende finden. Es sind die sich zuspitzenden Spannungen, die zu Krisen und Kriegen führen, nicht die Waffen. Menschen können einander auch mit bloßen Fäusten umbringen. Also muss die Forderung heißen: „Tut alles, damit Konflikte sich nicht zu gefährlichen Krisen steigern!“ Denn: Waffen kann man abschaffen, das Wissen und ihre Herstellung nicht. **Spannungen und Konflikte kann man nicht abschaffen, aber man kann die Bereitschaft mehren sie gewaltlos auszutragen.**

Quelle: Frieden und Sicherheit, Hrsg.: Arbeitsgemeinschaft für Jugend und Bildung e.V. Wiesbaden, Universum Verlagsanstalt, 1989, Seite 4

1. **Nennen und erläutern Sie die Hauptgründe für die Rüstungsbestrebungen der Nachkriegszeit. Stellen Sie dabei die besondere Rolle der deutschen Frage im Zusammenhang mit den Interessen der westlichen Alliierten und der damaligen Sowjetunion dar.**
2. **Wie haben sich die Rüstungsausgaben der Welt in diesem Jahrhundert verändert?**
3. **Was verstand/versteht man unter dem „militärischen Gleichgewicht“?**
4. **Diskutieren Sie in diesem Zusammenhang den Aussagegehalt der drei Karikaturen.**
5. **Inwiefern veränderten die Atomwaffen das Bedrohungspotenzial?**
6. **Nehmen Sie persönlich zur Frage Stellung, ob Kriege eher durch mehr oder eher durch weniger Waffen unmöglich werden.**

2.1.2 Frieden schaffen ohne Waffen – oder: Abrüstung zum Überleben ?!

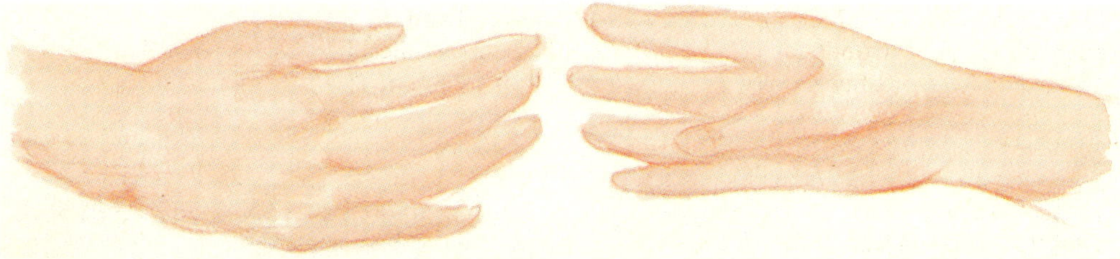

Zunächst zögernd, aber dann immer nachdrücklicher, hatte in den Sechzigerjahren ein Nachdenken über die Friedenssicherung im atomaren Zeitalter eingesetzt und die Möglichkeiten und Risiken gegeneinander abgewogen.

Nachdem die Rüstungsspirale an ihre Grenze gestoßen war, bildete sich die Auffassung, dass der allseitig gewünschte Friede nicht nur durch immer mehr Waffen, sondern auch – gemeinsam vereinbart – durch weniger Waffen hergestellt werden könne. Die Friedensbewegung hatte in den westlichen Staaten einen besonderen Anteil an dieser Umkehrhaltung der politischen Machthaber.

1 Während die Friedensbewegung im Westen ihre Meinung sehr offen bekunden konnte, geschah dies im Osten oftmals nur unter großem politischen Druck. Dennoch wurde z. B. auch in der ehemaligen DDR die von evangelischen Christen getragene Bewegung „Schwerter zu Pflugscharen" zum Inbegriff der Protesthaltung gegen die Hochrüstung.

Frieden schaffen ohne Waffen

55 Millionen Menschenleben hat der Zweite Weltkrieg gefordert. Die Erinnerung an diesen Krieg lebt fort, nicht nur in unserem Land; das Leid der NS-Barbarei ist vielen Völkern heute noch sehr bewußt. Zu Recht, denn wir sind aufgefordert, aus der jüngsten Vergangenheit zu lernen.

N I E W I E D E R K R I E G !

Das muß unsere Erwartung an die Zukunft sein, das ist unsere geschichtliche Verpflichtung.

Doch: Seit 1945 hat es über 130 Kriege auf der Welt gegeben. 25 Millionen Menschenopfer kosteten sie.

Und: Das Rüstungskarussell dreht sich mit zunehmender Geschwindigkeit. Das Geld, das die Rüstung verschlingt, fehlt den Verhungernden unserer Erde. Vergessen wir nicht, daß heute etwa ein Drittel der Menschheit so ernährt wird, wie die Häftlinge im Konzentrationslager Auschwitz.

Friedenssicherung durch verstärkte Rüstung? Die Antwort kann nur NEIN lauten, denn:
"Wir sterben nicht erst am Krieg,
wir sterben schon an der Rüstung."
(Prof. Helmut Gollwitzer)

Die Weltausgaben für militärische Zwecke werden sich 1980 auf 500 Milliarden Dollar belaufen - eine schier unvorstellbare Summe! Sie bedeutet:

- Die Militärausgaben allein eines halben Tages würden ausreichen, um das gesamte Programm der Weltgesundheitsorganisation zur Ausrottung der Malaria zu finanzieren.

Nichts sei heute notwendiger, wird immer wieder behauptet. Aber durch das Wettrüsten - so der anerkannte Friedensforscher Carl Friedrich von Weizsäcker - wird der dritte Weltkrieg wahrscheinlicher.

Weder ein heißer, noch ein erneuter kalter Krieg darf entstehen. Wir müssen die Abschreckungsstrategie in Frage stellen, uns für eine echte Friedenspolitik einsetzen, so auch für kalkulierte einseitige Abrüstungsschritte. Wir fordern:

FRIEDEN SCHAFFEN OHNE WAFFEN!

3032310L

In seinem Buch „So lasst uns denn ein Apfelbäumchen pflanzen" setzte sich Hoimar von Ditfurth sehr kritisch mit der Strategie der atomaren Abschreckung auseinander. Das Abschreckungskonzept wird von den Anhängern der Friedensbewegung infrage gestellt. Mit der konventionellen und insbesondere der atomaren Hochrüstung verbindet sich nach deren Überzeugung die größte Bedrohung der Menschheit überhaupt. Als Schlussfolgerung ergibt sich die Forderung nach einer völligen Abschaffung der Rüstung („Frieden schaffen ohne Waffen").

2 „... **aber hat das nukleare ‚Gleichgewicht des Schreckens' etwa nicht dazu beigetragen, dass uns in Europa der Friede seit 1945 erhalten geblieben ist?** Und ergibt sich daraus etwa nicht der Umkehrschluss, dass folglich jeder Eingriff in dieses Gleichgewicht ... den weiteren Erhalt dieses Friedens aufs Spiel setzen würde?

Es ist erstaunlich, wie viele Menschen dieses von allen Rüstungsbefürwortern nachgeplapperte Argument für überzeugend halten. Sie sind ganz offensichtlich blind gegenüber dem zentralen Denkfehler, auf dem es beruht. **Von der gleichen Aussagekraft wäre auch die Feststellung, dass die ‚Titanic' sich in Sicherheit befunden habe, bevor sie auf den Eisberg stieß.** Es mag durchaus sein, dass die von vielen offenbar schon für bemerkenswert lang gehaltene Friedensperiode in Europa eine Folge des Prinzips wechselseitiger ‚Abschreckung' gewesen ist. Beruhigung für die Zukunft aber ließe sich daraus doch nur ziehen, wenn wir sicher sein könnten, dass es sich bei diesem durch Abschreckung gewährleisteten Frieden um einen Zustand handelt. (Wenn die ‚Titanic' bewegungslos in ihrem Heimathafen liegen geblieben wäre, ja dann, aber auch nur dann, hätte man sie für alle Zukunft in Sicherheit glauben können.)

... Wer den Frieden durch Abschreckung aufgrund der Erfahrung der letzten vier Jahrzehnte für eine ausreichende Sicherung der Zukunft hält, verdrängt total, dass die ‚Abschreckung', der er vertrauen zu können glaubt, ihren Charakter nicht für alle Zeiten unverändert beibehalten kann ...

... und dass ‚Abschreckung' den Ausbruch einer nuklearen Auseinandersetzung mit absoluter Sicherheit verhindern könne, das glauben nicht einmal ihre glühendsten Verfechter.

Das Ende des nuklearen Holocaust ist daher, so, wie die Dinge bisher liegen, einzig und allein eine Frage der Zeit. Vierzig Jahre Frieden in Europa unter dem atomaren Schirm? Sehr schön! Vielleicht werden auch noch sechzig Jahre daraus oder sogar hundert.

Aber was nützt das der Menschheit, was nützte es uns oder unseren Kindern oder Enkeln, wenn am Ende dieser Frist, wie lange es auch immer dauern mag, das Ende von allem steht, was ‚unsere Welt' ausmacht? Wenn am Ende dieser Frist nicht nur die weitere Geschichte, sondern auch die ganze Vergangenheit, alles, was Menschen bisher geleistet und hervorgebracht haben, annulliert würde, als ob es das nie gegeben hätte? **So leben wir denn in der Situation von Delinquenten, über die das Todesurteil schon gesprochen ist und die jetzt nur noch auf die Festlegung des Exekutionstermins warten."**

Quelle: von Ditfurth, Hoimar. So lasst uns denn ein Apfelbäumchen pflanzen, Knaur, 1988, Seite 210, 215

Während des Golfkrieges Anfang des Jahres 1991 bewegte sich die Welt am Rande einer Katastrophe. Mit modernstem technischen Kriegsgerät zwangen die Bündnispartner ihren Kriegsgegner Saddam Hussein innerhalb von 43 Tagen zum Rückzug aus dem sechs Monate zuvor besetzten Kuwait. Die Waffen hatten gesiegt, aber der

Friede war trotzdem nicht eingekehrt. Zurück blieben neben brennenden Ölfeldern und zerstörten Häusern auch Millionen von flüchtenden Menschen und tausende von Toten.

Ein Grund mehr, dass auch die westlichen und östlichen Waffenexporteure erneut hinsichtlich ihrer teilweise hemmungslosen Geschäftspraxis kritisiert wurden. Ein Grund mehr aber auch für die Rüstungsgegner, darauf hinzuweisen, welche riesigen Summen mit Rüstungsinvestitionen gerade in den unterentwickelten Ländern vergeudet werden. Mittlerweile gehen mehr als 80% aller Rüstungsexporte in die Länder Asiens, Afrikas und Lateinamerikas.

3

Golf-Duell

Karikatur: Tomicek

Chemiewaffen sind für eine Reihe von Drittweltstaaten eine attraktive Alternative zu Nuklearwaffen geworden, deren Herstellung meist technisch außerhalb ihrer Möglichkeiten liegt.

Nahezu 20 Staaten der Dritten Welt wird heute nachgesagt chemische Waffen entweder schon zu besitzen oder selber produzieren zu können. Der Einsatz von Giftgas seitens des Irak gegen den Iran und gegen die Kurden hat in den 80er-Jahren ganz erheblich dazu beigetragen, das Bewusstsein für dieses Problem zu schärfen.

Die Aufrüstungstendenzen in der Dritten Welt sind vielfältiger Art. Dabei geht es zum einen um hier ungelöste politische Spannungen (z.B.: israelisch-arabischer Konflikt), oftmals aber auch um die Frage der Machterhaltung von Militärregimen, die bestrebt sind die besondere Rolle des Militärs innerhalb von Gesellschaft und Politik durch entsprechende Rüstungsbeschaffungen zu unterstreichen.

3032312L

1. Die Strategie der Abschreckung wird in den vorliegenden Beiträgen in ihrer Wirksamkeit und Richtigkeit angezweifelt.
   Hoimar von Ditfurth vergleicht die jetzige Situation der Menschheit mit der eines nur noch auf den Hinrichtungstermin wartenden Todeskandidaten und Prof. Helmut Gollwitzer behauptet, dass wir nicht erst am Krieg, sondern schon an der Rüstung sterben.
   a) Welche Argumente werden von beiden Vertretern der Friedensbewegung ins Feld geführt?
   b) Ob die bisherige Friedensperiode ein Ergebnis des militärischen Gleichgewichtes war oder nicht, bleibt umstritten. Tatsache ist, dass an die Stelle des Gleichgewichtes des Schreckens etwas anderes treten müsste, wenn man auf diese Strategie verzichtete. Wie könnten Sie sich persönlich die Rahmenbedingungen für einen dauerhaften Frieden in Europa und der Welt vorstellen?
2. Die Rüstungsgegner begründen ihre Forderungen auch mit wirtschaftlichen und entwicklungspolitischen Argumenten.
   Stellen Sie dar, worum es dabei geht.
3. Alle gesellschaftlichen Gruppen sind sich mehr oder weniger darin einig, keinen Krieg zu wollen. Aber der Weg dahin ist nach wie vor umstritten.
   Listen Sie zusammenfassend auf, welche Argumente die Demonstranten, die beide für Frieden eintreten, mit sich tragen könnten.

2.2 Vom Gegeneinander zum Miteinander – Wandel der Militärblöcke

Der Ost-West-Konflikt führte in den Siebziger- und Achtzigerjahren zu Waffenarsenalen, die an Zerstörungsfähigkeit alles bisher Bekannte übertrafen.

Nach Berechnungen von Kritikern der atomaren Rüstung reichen auch heute noch die vorhandenen Kapazitäten an Kernwaffen aus, um jede Stadt der Erde mehrfach zu zerstören.

Ein nuklearer Schlagabtausch zwischen den Großmächten hätte verheerende Folgen. Nach wissenschaftlichen Berechnungen gäbe es dabei bis zu 250 Millionen Tote; ein Nuklearkrieg dürfte zudem klimatische Veränderungen nach sich ziehen, die das Leben der Menschheit insgesamt infrage stellten.

In den Siebzigerjahren kam eine Studie zu dem Schluss, dass von dem, was eigentlich verteidigt werden solle, nur noch wenig übrig bleiben würde.

Die Frage, ob diese Rüstung überhaupt noch einen sicherheitspolitischen Sinn bringe oder nicht sogar sicherheitsgefährdend wirke, trat stärker als jemals zuvor ins Blickfeld öffentlicher Diskussionen.

Hinzu kam die begründete Befürchtung, dass nicht einmal politische Ereignisse einen solchen – für unwahrscheinlich gehaltenen Krieg – auslösen könnten, sondern ein technisches Versagen.

Das Umdenken der Politiker wurde aber nicht zuletzt auch mit handfesten wirtschaftlichen Zwängen eingeleitet. Insbesondere die Staaten des Warschauer Pakts trugen bislang eine im Verhältnis gesehen weitaus größere Verteidigungslast als die westlichen Bündnisstaaten.

„Vierzig Jahre lang haben wir bis zu einem Viertel des Sozialproduktes in die Waffenproduktion gesteckt, die USA nur über sechs Prozent, die anderen NATO-Staaten drei bis vier Prozent."

Professor Daschitschew, Leiter des Moskauer Instituts für internationale, wirtschaftliche und politische Studien und zeitweiliger Berater Gorbatschows, über den wahren Umfang der Hochrüstung in der Sowjetunion in der Vergangenheit.

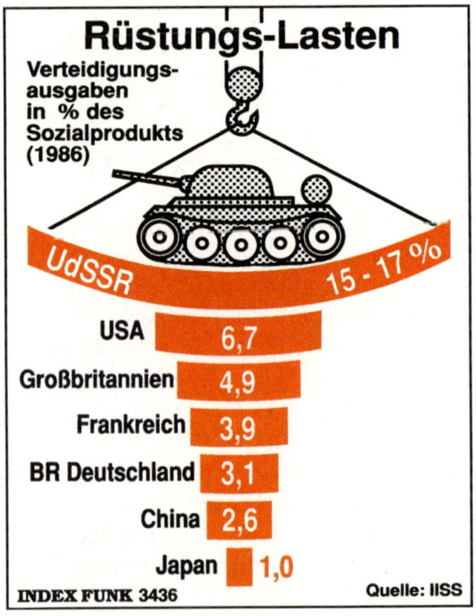

1 Diese gewaltige Rüstungsbelastung konnte vom sozialistischen Wirtschaftssystem nicht verkraftet werden. Die ohnehin bestehenden Versorgungsprobleme wurden noch weiter verschärft.

Die sowjetische Wirtschaft war damals in einem Maße auf militärische Belange eingestellt, wie es hierzulande in Friedenszeiten undenkbar wäre. Bewusst aufgebaute Überkapazitäten im militärischen Bereich bewirkten eine Verschwendung von anderweitig dringend benötigten wirtschaftlichen Kapazitäten.

3032314L

Auch die Erkenntnis, dass das westliche Bündnis bereit und in der Lage war die militärischen Herausforderungen des Warschauer Paktes sowohl politisch als auch ökonomisch zu beantworten, brachte in der Ära Gorbatschow neue Chancen für Frieden und weltweite Abrüstung.

„Präsident Gorbatschow hat bei seinen Gesprächen mit Bundeskanzler Kohl im Kaukasus zu verstehen gegeben, dass es gerade die feste Haltung der NATO zur sowjetischen Hochrüstung Anfang der 80er-Jahre gewesen sei, die ein Umdenken in der sowjetischen Außenpolitik erzwungen habe."
Verteidigungsminister Stoltenberg, 27. Okt. 1990 in München

Gorbatschows Antworten auf die Wirtschaftsmisere und die hohen Rüstungslasten lauteten:

- Perestroika = Erneuerung von Wirtschaft und Gesellschaft
- Glasnost = Offenheit, sozialistische Meinungsvielfalt

Die Veränderungen erreichten schnell auch die Randgebiete der damaligen Weltmacht Sowjetunion. Das gesamte Gefüge der östlichen Wirtschafts- und Militärgemeinschaft begann zu wanken. Wo noch kurz zuvor die Macht des Sozialismus unumstritten war, begannen sich demokratische Prozesse zu formieren.

Im Vorfeld der deutschen Vereinigung vom 3. Oktober 1990 fanden auch Verhandlungen über den militärischen Status des geeinten Deutschland statt. Nach einem persönlichen Gespräch zwischen Bundeskanzler Kohl und dem damaligen sowjetischen Präsidenten Gorbatschow war der Weg zur vollen Souveränität Deutschlands frei. Dies beinhaltete auch den Rückzug der sowjetischen Truppen aus dem Gebiet der früheren DDR.

Warschauer Pakt: Ende besiegelt/Umdenken in der NATO 2

Budapest (dpa/AP).
35 Jahre nach seiner Gründung hörte der Warschauer Pakt am 1. April 1991 auf als Militärbündnis zu bestehen. Seine politische Organisation bestand bis März 1992 fort, um der Nato einen Verhandlungspartner zu erhalten. Die Außen- und Verteidigungsminister des östlichen Bündnisses unterzeichneten in Budapest ein entsprechendes Dokument.
Danach erlischt die gegenseitige Verpflichtung zum Beistand im Fall eines Angriffes.
Dem Warschauer Pakt gehörten die UdSSR, Polen, die Tschechoslowakei, Rumänien, Bulgarien, Ungarn und die DDR an, die schon 1990 mit der deutschen Einigung ausschied.
Die Paktorganisation wurde offiziell am 14. Mai 1955 in Warschau gegründet, und zwar, wie es hieß, als Reaktion auf den Beitritt der Bundesrepublik Deutschland zur Nato am 5. Mai 1955. Jedoch hatte schon seit 1947 ein System von Verteidigungs- und Freundschaftsabkommen zwischen der damaligen UdSSR und den anderen Vertragspartnern bestanden.
In Erinnerung bleibt vor allem, dass Truppen des Warschauer Paktes 1968 in die Tschechoslowakei einmarschierten, um die Reformbewegung mit der Bezeichnung „Prager Frühling" niederzuwalzen.
Mit der Auflösung des Warschauer Paktes musste die Nato ihre politische Rolle und militärische Strategie völlig neu überdenken.
Früher war die Lage klar; der Feind stand im Osten, kommentiert ein Diplomat. Die künftigen Szenarien könnten jedoch sehr viel weniger eindeutig und unter den Verbündeten zum Streitfall werden.

Quelle: Hessisch-Niedersächsische Allgemeine, März 1991 (mit Abänderungen der Verfasser)

Ein deutliches Beispiel für die politischen Unsicherheiten in Osteuropa waren der militärische Umsturzversuch in der Sowjetunion vom August 1991 sowie die Unwägbarkeiten nach dem Zerfall und der Auflösung des Sowjetreiches Ende 1991.

In ihren neuen Strategien stellt die NATO auch weiterhin in Rechnung, dass Russland nach wie vor ein gewaltiges Waffenarsenal hat. Ein weiteres Risiko liegt in der unsicheren Lage vieler russischer Republiken. Die politischen Spannungen und wirtschaftlichen Schwierigkeiten bergen Zündstoff und stellen ein explosives Gemisch dar. Wie nah Konflikte herantreten können, zeigt der Kampf im früheren Jugoslawien. Nicht zuletzt müssen sich NATO-Staaten auch von islamischen Staaten bedroht fühlen.

Auf dem Trockenen Karikatur: Wolter

1. **Nennen Sie einige Gründe, die zum militärpolitischen Umdenken führten und stellen Sie dar, inwieweit hier gleichermaßen oder mit unterschiedlichen Anteilen der Friedensgedanke als solcher oder aber auch wirtschaftliche Gedanken eine Rolle spielten.**
2. **Glasnost und Perestroika wurden zu den Schlüsselworten der sowjetischen Innen- und Außenpolitik der Achtzigerjahre. Was drückt sich in diesen beiden Begriffen aus?**
3. **Nach einhelliger Auffassung fordert der Wandel der Militärblöcke dazu auf, mehr für eine neue Friedensordnung in der Welt zu tun. Welche Rolle könnte dabei den europäischen Staaten zukommen?**
4. **Die Rolle der NATO hat sich nach dem Wegfall des Warschauer Paktes geändert. Stellen Sie dar, was die Karikatur dazu aussagen will.**

Die Abrüstungsvereinbarungen wirkten sich gerade auch in der Bundesrepublik Deutschland aus. Der Truppenabzug der Sowjets wurde begleitet von Truppenreduzierungen der westlichen Streitkräfte. 3

Die Truppenreduzierungen zogen handfeste wirtschaftliche Folgen nach sich. In der Zwickmühle befanden sich neben Gewerkschaftlern auch alle Kommunalpolitiker, die jahrelang gegen die Hochrüstung protestierten und nun für den Erhalt „ihrer" Kasernen einzutreten hatten.

Weltpolitisch zwar unbedeutend, aber für die Betroffenen sicher auch ein Aspekt der Abrüstung:

Wie eine kleine Völkerwanderung

Die deutschen Gewerkschaften sind gegen Krieg. Sie haben unzählige Demonstrationen gegen das Töten am Golf organisiert und verlangen Rüstungsexporte nur an NATO-Staaten zuzulassen. Doch diese Forderung ist die Schlagzeile. Darunter gibt es noch das Kleingedruckte. Die Gewerkschaften ringen um eine moralische Position, aber sie stecken in einer Zwickmühle. Rund 250000 Arbeitnehmern in der Bundesrepublik Deutschland bietet die Waffenindustrie Lohn und Brot, und schon jetzt schrumpft die Branche. Die Bundeswehr hat die Aufträge reduziert und der Exportanteil am Umsatz liegt unter fünf Prozent.

Der Rahmen der angestrebten Truppenreduzierungen in der Bundesrepublik Deutschland steht zwar fest, aber die Zahl der damit verbundenen Probleme scheint zu steigen, je konkreter die einzelnen Schritte werden.

Diese Folgen stellen sich als eine kleine Völkerwanderung dar. 1,3 Millionen Soldaten gab es 1991 im vereinten Deutschland – 400000 der Alliierten, 426000 der sowjetischen Streitkräfte und 525000 der Bundeswehr. Insgesamt sollen im Laufe dieses Jahrzehnts 800000 von ihnen verschwinden: Durch Abzug der Westgruppe der sowjetischen Streitkräfte (WGS), durch Verringerung der alliierten Soldaten und den Abbau der Bundeswehr auf ihre neue Stärke von 370000.

Die örtlichen Auswirkungen werden sehr unterschiedlich sein. Schwierig wird es vor allem in solchen Bereichen, in denen gleichzeitig Bundeswehrstandorte aufgegeben oder verkleinert werden.

Auch da ist es möglich, dass politischer Druck die Weichen anders stellt, als die Experten auf der Hardthöhe es vorhatten. Sie mussten sich ohnehin mit einer Fülle von Anfragen der Bundestagsabgeordneten und Bürgermeister, mit Resolutionen von Personalräten, mit Unterschriftenlisten von Unterstützerkreisen herumschlagen. **„Alle sind für die Abrüstung, aber keiner in seinem Wahlkreis,"** ist ein Spruch, der unter den für die Beantwortung solcher Briefe zuständigen Offizieren die Runde macht. Ihren internen Kalkulationen zufolge müssten eher noch ein paar Divisionen zusätzlich aufgestellt werden, wollte man den Begehrlichkeiten der St.-Florians-Jünger nachgeben. Denn viele kämpfen nicht nur um den Erhalt der bisherigen Truppe, sondern hätten gerne weitere Einheiten oder Stäbe dazu.

Quelle: Hessisch-Niedersächsische Allgemeine, 8. März 1991

„Friedenspolitik dürfte zu wichtig sein, um sie an Arbeitsplatzproblemen scheitern zu lassen." Diskutieren Sie diese Aussage und stellen Sie dabei die besondere Situation von Kommunalpolitikern und Gewerkschaftlern heraus.

2.3 Standortbestimmung Bundeswehr

2.3.1 Die Bündnisfrage

In den Sechzigerjahren war es der Vietnamkonflikt, der auch in Deutschland tausende von Studenten zu Protestdemonstrationen auf die Straße trieb, mit denen man sich gegen die amerikanische Einmischung in diese Auseinandersetzung wandte. Anfang der Neunzigerjahre rückte die Bedrohung mit dem Golfkonflikt wörtlich näher. Mit dem Krieg im ehemaligen Jugoslawien stand der Krieg plötzlich „vor der Haustür".

Außerdem hatte sich die weltpolitische Rolle Deutschlands gewandelt. Motto. „Wer in guten Zeiten mitbestimmen will, von dem wird auch verlangt, dass er in Krisenzeiten loyal an der Seite der verbündeten steht" – oder „Wer Schutz erwartet, muss auch selbst schützen wollen".

Also: **Deutsche Soldaten an die Fronten in der Welt?**

Bislang 34 000 Heeressoldaten bei Kriseneinsätzen

Von MICHAEL J. INACKER

Koblenz

34 000 Heeressoldaten der Bundeswehr sind bislang bei internationalen Krisen- und Friedensmissionen eingesetzt worden.

Nach dem Zusammenbruch des Warschauer Pakts sahen sich die deutschen Landstreitkräfte vor einer neuen Herausforderung: Bis dahin noch darin ausgebildet, in festgelegten Gefechtsstreifen in Europa zu agieren, wurden deutsche Soldaten zunächst nach Kambodscha, dann nach Somalia und schließlich nach Bosnien zu internationalen Friedenseinsätzen entsandt. Diese neue Aufgabe führte im April 1994 zur Gründung des Heeresführungskommandos, das die Aufgabe hat, solche internationalen Einsätze national zu führen und gleichzeitig die Einsatzbereitschaft aller deutschen Korps und deutschen Anteile an internationalen Verbänden – insgesamt 185 000 Soldaten – sicherzustellen. Es ist außerdem die oberste nationale territoriale Kommandobehörde.

Für die Bundeswehr hat sich der „schrittweise Ansatz" vom Aufbau eines Feldlazaretts für die UNO bis hin zur Entsendung von regulären Einsatzverbänden im SFOR-Einsatz bewährt. So seien die Soldaten langsam „an die neuen Aufgaben herangeführt" worden. Für ihren Einsatz in Bosnien habe die Bundeswehr „inzwischen große Anerkennung" bei allen Verbündeten erhalten. Insgesamt seien 3 000 Soldaten in Somalia und mehr als 30 000 Bundeswehr-Soldaten in 10 Kontingenten seit 1995 in Bosnien zur Friedensbewahrung eingesetzt worden.

Die neuen Aufträge haben nach Ansicht der Generäle innerhalb und außerhalb der Bundeswehr eine „hohe Zustimmung" gefunden. „In einer sehr großen Zahl melden sich junge Männer freiwillig zu den Auslandseinsätzen, weil sie helfen wollen." Allerdings betont Reinhard, den „humanitären Charakter" von Bundeswehr-Einsätzen nicht überzubetonen, „denn sonst wären wir ein erweitertes Rotes-Kreuz". Hauptaufgabe bleibe die militärische Landes- und Bündnisverteidigung.

Deshalb sei es unter seinem Kommando „zentrales Führungsprinzip gewesen, die Soldaten körperlich und geistig professionell auf militärische Einsatzfähigkeit vorzubereiten". Wenn die Soldaten „kämpfen können, können sie in Not- und Krisensituationen wie in Bosnien oder bei der Oder-Flut schnell und effektiv auch humanitär helfen". Das Abschneiden deutscher Soldaten in den Nato-Gefechtübungszentren zeige, dass „die Bundeswehr mit jeder anderen Nation in Ausrüstung und Ausbildung gut mithalten kann".

3032318L

1. Stellen Sie fest, welche Meinung(en) in Ihrer Klasse/Lerngruppe zu der Frage „Sollen Bundeswehrsoldaten an weltpolitischen Krisenherden eingesetzt werden?" vorherrschen. Sie können dazu auch eine spontane Abstimmung vornehmen, um dann in Arbeitsgruppen die „Pro- und Contra-Argumente" zu erarbeiten und gegenüberzustellen.

2. Erkundigen Sie sich bei den namhaften Parteien nach deren Positionen zum Thema Auslandseinsätze der Bundeswehr. Vielleicht erachten Sie es als sinnvoll (und machbar), die gegensätzlichen Standpunkte z.B. in einer Podiumsdiskussion mit den jeweiligen Parteien zu erörtern.

Die Bundeswehr wurde 1954 ins Leben gerufen. Vorausgegangen waren heftige Debatten über die Wiederbewaffnung. Unter dem Eindruck des Machtstrebens der damaligen Sowjetunion setzt sich die Auffassung durch, dass die Sicherheit des Westens nur durch militärische Schlagkraft gegeben sei. 1

Die Befürworter der deutschen Wiederbewaffnung erklärten, dass es das eigentliche Ziel sei, die Sicherheit vor der als aggressiv gedachten Sowjetunion zu wahren und dadurch den Frieden aufrechtzuerhalten. Die einzige Sprache, so wurde argumentiert, die die Sowjetunion verstehe, sei die der Macht, der Drohung und des Militärs. Es war die immer wieder in der Geschichte gestellte Frage, ob es angesichts einer solchen Konfrontation von Machtblöcken Sicherheit und Frieden nur durch mehr Waffen oder durch weniger Waffen geben könne. Die Antwort in den 50er-Jahren lautete, dass man einem hochgerüsteten Gegner nur mit mehr Waffen begegnen könne.

Die Gegner der Wiederbewaffnung waren bei der Sozialdemokratie, bei den Kirchen und allgemein in der breiten Öffentlichkeit zu finden. In den Kirchen vor allem war die Ablehnung jedes Wehrdienstes aus Gewissensgründen weit verbreitet. Die Sozialdemokraten hingegen erkannten die sowjetische Bedrohnung im Prinzip zwar an, glaubten aber, dass eine einseitige Integration der Bundesrepublik Deutschland in ein westliches Militärbündnis die deutsche Teilung auf Dauer vertiefen müsse und nur zu einer Verstärkung der Rüstung und der internationalen Spannungen führen werde.

Quelle: Handelsblatt, a. a. O. Nr. 114

In der Bundesrepublik Deutschland hat heute jeder taugliche männliche Staatsbürger eine gesetzlich festgelegte Zeit „beim Bund" zu dienen.

Die Bundeswehr als ein Instrument der Friedenssicherung mit dem Auftrag der militärischen Landesverteidigung ist legitimiert durch die Wehrverfassung. Durch das Grundgesetz ist der Auftrag der Bundeswehr klar bestimmt:

„Der Bund stellt Streitkräfte zur Verteidigung auf." (Artikel 87a Absatz 1)

„Handlungen, die geeignet sind und in der Absicht vorgenommen werden, das friedliche Zusammenleben der Völker zu stören, insbesondere die Führung eines Angriffskrieges vorzubereiten, sind verfassungswidrig." (Artikel 26 Absatz 1)

2

„Rückversicherungen gegen die Unvernunft“

Auszüge aus einer Rede Richard von Weizsäckers vor dem Arbeitskreis „Wehrdienst und Berufswelt“:

Der Zweck des Wehrdienstes ist im Grunde leicht zu bestimmen. Gleichwohl haben nicht wenige Menschen ihre Schwierigkeiten zu beschreiben und anzunehmen, was er bedeutet. **Mit dem Wehrdienst erfüllt der Bürger die Pflicht für seinen Staat Krieg abzuwenden und eine Politik des Friedens ohne Diktat von außen zu gewährleisten und damit innere und äußere Freiheit zu bewahren.**
Die Bundeswehr begründet ihre Aufgabe nicht mit Feindbildern, ganz im Gegensatz zu manchen Streitkräften anderer Staaten. Gerade weil sie es auch früher nicht getan hat, wird es ihr jetzt gelingen, ihren fortdauernden Auftrag verständlich zu machen ...
Unsere Bundeswehr ist Teil einer Sicherheitspolitik, die die Fähigkeit zur **Verteidigung als Voraussetzung für eine Politik des Ausgleichs und der Entspannung** begreift. Streitkräfte sind auf nicht absehbare Zeit auch Rückversicherungen gegen Rückfälle in Unvernunft, sie sind Voraussetzung und Garant für den Aufbau und Erhalt eines stabilen Systems gegenseitiger Sicherheit und sie bestimmen das Gewicht unseres Beitrages dazu.

Quelle: Süddeutsche Zeitung, 6. Juli 89

Von deutschem Boden soll nie wieder Krieg ausgehen – kann, muss oder soll das heißen, dass sich nie mehr ein Deutscher an einem Krieg beteiligt?

Bundeswehr und NATO

3 Die Bundeswehr ist Bestandteil der NATO. Damit genießt die Bundesrepublik Deutschland den militärischen Schutz der Bündnispartner, hat aber auch Bündnispflichten.

Während des Golfkrieges wurde der so genannte „Bündnisfall“ diskutiert, d. h., es entstand die Frage, ab wann bzw. bei welchem Anlass die Bundeswehr aktiv in die Kriegshandlungen miteingreifen müsse, um z. B. den NATO-Bündnispartner Türkei zu verteidigen.

In der Bundesrepublik Deutschland entbrannte in diesem Zusammenhang eine hitzige Diskussion über die Auslegung des „Bündnisfalles“, insbesonders aber darum, wer wann zu entscheiden habe, ob ein solcher Fall vorliege oder nicht.
Den Deutschen wurde insbesondere vom Ausland wegen dieses Verhaltens „Feigheit“ und „Drückebergerei“ vorgeworfen. Andere wiederum sahen das Problem, dass sich die Deutschen noch nicht mit ihrer neuen Rolle nach der Vereinigung zurechtgefunden hätten.

Der „hässliche Deutsche“ einst und jetzt. Zeichnung: Pielert

3032320L

Dem **„Bündnisfall"** liegen Bestimmungen des NATO-Vertrages von 1949 zugrunde. Im Folgenden eine Zusammenfassung. Zum Thema Verteidigung sieht der Vertrag vor: Die NATO-Partner konsultieren sich, wenn die Unversehrtheit des Gebiets, die politische Unabhängigkeit oder die Sicherheit einer der Parteien bedroht sind (Art. 4). **Sie vereinbaren einen bewaffneten Angriff gegen einen oder mehrere von ihnen in Europa oder Nordamerika als einen Angriff gegen alle anzusehen.** Jeder Vertragsstaat wird daher der angegriffenen Partei in Ausübung des Rechts der individuellen und kollektiven Selbstverteidigung (Art. 51 Satzung der Vereinten Nationen) Beistand leisten.

Quelle: Frieden und Sicherheit, 1991, Universum Verlagsanstalt, S. 15

1. **Fassen Sie die Hauptargumente von Befürwortern und Gegnern der deutschen Wiederbewaffnung von 1954 zusammen und stellen Sie diese Diskussion in Zusammenhang mit der damaligen weltpolitischen Situation.**
2. **Die Rolle der Bundeswehr wurde von Bundespräsident Richard von Weizsäcker wie folgt umschrieben:
„Unsere Wehrverfassung ist demokratisch legitimiert. Sie erfordert persönliche Bereitschaft zum Dienst. Wer ihn leistet, muss sich von der Überzeugung getragen fühlen, dass es um unserer Freiheit willen notwendig ist, Lasten … auch des persönlichen Dienstes für das Gemeinwesen auf sich zu nehmen." Was hat der Bundespräsident damit ausdrücken wollen? Wie stehen Sie dazu?**
3. **Was versteht man unter dem „Bündnisfall"?**
4. **Wann ist die Bundeswehr im Rahmen des NATO-Konzeptes zur aktiven Teilnahme an kriegerischen Auseinandersetzungen gefordert?
Diskutieren Sie über die Notwendigkeit dieser militärischen Einbindung.**

2.3.2 Das Recht auf Kriegsdienstverweigerung

In der Bundesrepublik Deutschland gab es schon seit Bestehen der Bundeswehr ein verfassungsrechtlich verbrieftes Recht auf Kriegsdienstverweigerung. Danach darf niemand zum Dienst mit der Waffe gezwungen werden:

„Niemand darf gegen sein Gewissen zum Kriegsdienst mit der Waffe gezwungen werden.“ (Artikel 4 Absatz 3)

aber:

„Wer aus Gewissensgründen den Kriegsdienst mit der Waffe verweigert, kann zu einem Ersatzdienst herangezogen werden.“ (Artikel 12 a Absatz 2)

„Wer als Wehrpflichtiger den Dienst mit der Waffe verweigert, kann dies nur aus Gewissensgründen tun.“ (Artikel 4 Grundgesetz)

Die Entscheidung für oder gegen den Dienst mit der Waffe fällt vielen nicht leicht. Stellvertretend für viele andere sind nachfolgend einige Aussagen von Wehrpflichtigen zur persönlichen Entscheidungssituation wiedergegeben:

Ich habe eine ganz klare Haltung

Ich habe den Kriegsdienst verweigert, Zivildienst geleistet und fühle mich nicht als Drückeberger oder als Feigling. Ich habe so gehandelt, wie ich handeln musste.
Die Anweisung, die Moses von Gott erhielt, war unmissverständlich und unverschnörkelt. Sie war so klar, dass er sie in Stein meißeln konnte: „Du sollst nicht töten.“ Da gab es kein Aber, kein Wenn, keine Bedinungen, keine Klauseln, es war eine Anweisung ohne Kleingedrucktes, das man je nach Bedarf unterschiedlich deuten konnte. Dennoch: Dic Menschen machten sich ihre Kommentare zu diesem Gebot. Nach dem Motto: Alles Nähere regelt der Mensch. Er regelte seine eigenen Fehler und Schwächen, bettete sie in Erklärungen zu der Anweisung ein: „Eigentlich sollst du ja nicht töten, aber wenn …“ Es gab viele Wenns: wenn es für eine gerechte Sache ist – wenn du dich verteidigen musst – wenn es um das Vaterland geht – wenn es um den Glauben geht – wenn es um die Freiheit geht – wenn es um Sozialismus, Kaiserreich, die Kolonien, die Rohstoffe, die Weltanschauung, die Ideologie geht.
Für mich gibt es kein „eigentlich nicht, aber wenn …“.

Ich musste mich nicht entscheiden

Ich bin nicht gefragt worden und ich bin glücklich darüber. Ich wurde nach allen Regeln militärisch-medizinischer Kunst begutachtet – und für nicht tauglich befunden. Starke Kurzsichtigkeit reichte damals noch aus, um am „Bund“ vorbeizukommen. Und seitdem stelle ich mir immer wieder die Frage: Wenn ich tauglich gewesen wäre – hätte ich gedient oder hätte ich verweigert? Eine schlüssige Antwort habe ich bis heute nicht gefunden. Denn es gibt in Sachen Bundeswehr so entsetzlich viele Argumente, die alle irgendwie richtig sind und sich alle mehr oder weniger widersprechen. Aber eines ist klar:
Krieg heißt töten. **Ich möchte aber nicht töten müssen. Allerdings möchte ich auch nicht getötet werden. Ich möchte schon verteidigt werden. Von wem?** Na ja, irgendwie muss die Bundeswehr eben doch sein. Und woher nehme ich das Recht nur die anderen für meine Verteidigung kämpfen zu lassen?
Ich möchte Sicherheit, möchte Frieden und Freiheit. Wie man das macht, wie man das garantiert – das weiß ich leider auch nicht. Ich war nicht tauglich, ich musste mich nicht entscheiden. Und darüber bin ich heute noch froh.

Ich bleibe ratlos

Für die Älteren ist das sehr einfach: Sie haben Gewalt und brutale Unterdrückung, Massenmord, Terror und den Zusammenbruch eines Schreckensregimes miterlebt.

3032322L

Und deshalb wissen sie, was die Bundeswehr zu verteidigen hat – unser System, das kein Schreckenssystem ist. Das genügt ihnen.
Mir genügt es nicht, mir, der ich demnächst „Abschreckung“ spielen muss, „Verteidigung“ erlernen soll.
Man sagt mir ja immer wieder, was ich verteidigen soll, was verteidigenswert ist: Frieden, Freiheit, Frieden in Freiheit oder Freiheit in Frieden, die freiheitliche demokratische Grundordnung. **Ich bleibe ratlos. Ist Frieden nur die Abwesenheit von Krieg? Freiheit nur die Abwesenheit brutaler Unterdrückung?** Besteht die freiheitliche demokratische Grundordnung nur im Fehlen von staatlichem Terror?

Oder sind Freiheit und Frieden vielleicht ganz im Privaten anzusiedeln? Stehen sie für die Möglichkeit ein schnelles Motorrad für zwei Monatslöhne kaufen zu können? Mit der Freundin auch ohne Trauschein zusammenziehen zu dürfen? Für die Wahl zwischen Studieren und Jobben? Zwischen Anpassung und Ausflippen, zwischen Protest und Karriere? Ist das das Notwendige? Ist es das, woran ich glaube, wofür ich meinen Kopf hinhalten soll?
Ich bleibe ratlos.

Ich gehe hin

Bundeswehr ja oder nein ist für mich keine Frage.
Wenn die Diplomatie versagt, müssen wir uns entscheiden, ob wir unsere Demokratie preisgeben oder erhalten wollen. Wollen wir weiterhin so leben wie bisher, nämlich in Freiheit, müssen wir auch bereit sein, dafür zu kämpfen, denn **unsere Demokratie ist verteidigungswürdig.**
Wir alle wollen, dass die Menschenrechte geachtet werden, dass die Grundrechte eingehalten werden, dass die Rechtsprechung unabhängig ist und bleibt. Den Wert dieser Rechte verstehen wahrscheinlich nur die richtig, die sie nicht haben. **Der Pazifist kann nur Pazifist sein, weil er in einer Demokratie lebt.**
Wie viele tausende Kurden hat der irakische Diktator Hussein hinschlachten lassen und die Welt schaute zu. Was uns bedroht, sind nicht in erster Linie Waffen. Es ist die Spaltung der Welt in Demokratie und Diktatur. Gefahren für den Frieden entstehen immer dann, wenn Menschenrechte missachtet und Freiheiten unterdrückt werden. Ich töte auch nicht gerne, aber um unsere Demokratie dort zu schützen, wo die Vernunft der Menschen aufhört, gehe ich zum Bund ...

Das Problem der Verweigerung trifft auch Reservisten. Im Falle des Golfkrieges stieg die Zahl der Verweigerer sprunghaft von sonst durchschnittlich ca. 5 000 pro Monat auf über 25 000 an. Aus Überzeugung oder aus Angst oder ist das vielleicht sogar völlig egal?

Setzen Sie sich mit den Argumenten der Wehrpflichtigen auseinander, die sich zu entscheiden haben, was sie tun. Bringen Sie Ihre eigene Haltung zur Frage der Wehrpflicht mit ins Spiel und denken Sie über den Spruch „Stell dir vor, es ist Krieg und keiner geht hin“ nach.

2.4 Der israelisch-arabische Konflikt – ein dauernder Krisenherd unserer Welt?

Zur Geschichte Palästinas

Kaum eine Region auf der Welt ist so spannungsgeladen wie der Nahe Osten. Selbst in einer Zeit, wo in Osteuropa revolutionäre Umwälzungen stattfanden, blieben die Fronten in und um Israel und den arabischen Staaten nach wie vor verhärtet. Radikalismus und Extremismus beherrschen die Szene. 1

Im Nahen und Mittleren Osten hat die gewaltsame Austragung von Konflikten eine jahrhundertealte Tradition. Dies liegt nicht zuletzt daran, dass hier verschiedene Konfliktfelder aufeinander prallen: nationale Rechte, religiös begründete Ansprüche, regionale und Großmachtinteressen.

Seit dem Altertum war das Heilige Land Durchzugsland für die Heerzüge der Antike. Im Jahre 63 v. Chr. besetzten es die Römer, nach 70 n. Chr. war Palästina dem Römischen Reich einverleibt. Der Tempel der Juden in Jerusalem wurde damals zerstört. Die Masse der jüdischen Bevölkerung wurde damals über die gesamte Welt zerstreut. Die Epoche der jüdischen Diaspora (Zerstreuung) begann.

In der Folgezeit fielen im Jahre 636 n. Chr. moslemische Araber in das Land am Jordan ein. Im Hochmittelalter wurde das Land dann zum Anziehungspunkt der christlichen Kreuzfahrer.

Zu Beginn des 20. Jahrhunderts hielten England und Frankreich als europäische Großmächte die Region unter Kontrolle und betrieben eine auf Wahrung der eigenen Interessen abgestimmte Politik.

Die Hoffnungen der Araber auf Unabhängigkeit und politische Selbstbestimmung wurde durch diese Fremdherrschaft ebenso unterdrückt wie die Einheitserwartung der arabischen Völker.

Auf jüdischer Seite entwickelte sich ebenfalls der Wunsch nach einer neuen Heimat. Die Forderung des Zionismus nach einem Judenstaat auf dem Boden der einstigen Väter wurde durch das wachsende antijüdische Verhalten in der Welt verstärkt.

„Reise nach Jerusalem …“

Die Bewegung des politischen Zionismus führte zu einer verstärkten jüdischen Einwanderung nach Palästina. Sie traf auf das fast gleichzeitig erwachte Interesse der Araber sich von fremder Vormundschaft zu befreien.

2 Britisches Mandat

Am 24. Juli 1923 wurde Großbritannien von der Völkerbundgemeinschaft das Mandat über Palästina übertragen. Danach sollte die britische Regierung dafür Sorge tragen, dass in Palästina „die Errichtung einer jüdischen nationalen Heimstätte . . . und die Entwicklung von Selbstverwaltungseinrichtungen sowie die Wahrung der bürgerlichen und religiösen Rechte aller Einwohner Palästinas, ohne Unterschied der Rasse und Religion“ gesichert würden.

Als zionistische Siedler zu Beginn dieses Jahrhunderts in größerer Zahl nach Palästina einwanderten, war das Land keinesfalls leer, sondern relativ dicht bevölkert. Wollten

3032324L

die Zionisten an ihrem Ziel eines jüdischen Staates festhalten, so waren Konflikte vorhersehbar.

Der Nationalismus der Juden traf nicht nur auf ein bereits besiedeltes und kultiviertes Land, sondern auch auf einen erwachenden Nationalismus der Araber.

Schildern Sie die geschichtlichen Dimensionen des noch heute andauernden israelisch-arabischen Problems. Diskutieren Sie, ob und inwiefern es überhaupt belegbare Ansprüche auf das umstrittene Land gibt oder geben kann.

Entstehung des Staates Israel

1947 beschlossen die Vereinten Nationen Palästina in einen jüdischen und arabisch-palästinensischen Staat zu teilen. Die Araber lehnten diesen Teilungsplan ab, die Juden riefen trotzdem am 14. Mai 1948 den Staat Israel aus.

3

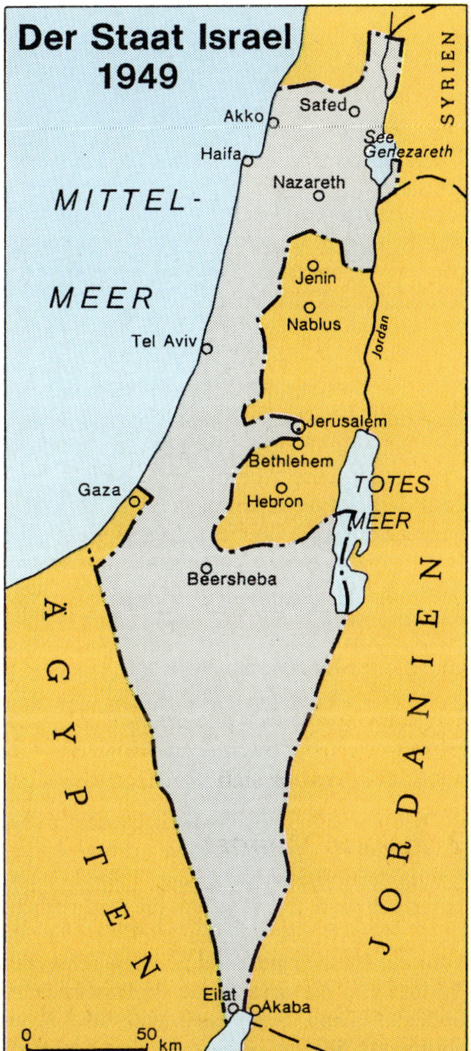

Die über das jüdische Volk hereingebrochene Vernichtung, in der in Europa Millionen Juden zur Schlachtbank geschleppt wurden, bewies eindeutig die Notwendigkeit die Frage des heimat- und staatenlosen jüdischen Volkes durch Wiedererrichtung des jüdischen Staates zu lösen. Dieser Staat sollte seine Tore für jeden Juden weithin öffnen und dem jüdischen Volke die Stellung einer gleichberechtigten Nation unter den Völkern verleihen.
Die jüdischen Flüchtlinge, die sich aus dem furchtbaren Blutbade des Nationalsozialismus in Europa retten konnten, und Juden anderer Länder strömten ohne Unterlass nach Israel, trotz aller Schwierigkeiten, Hindernisse und Gefahren.
Am 29. November 1947 fasste die Vollversammlung der Vereinten Nationen einen Beschluss, der die Errichtung eines jüdischen Staates Israel vorsah und erlaubte selbst alle notwendigen Schritte zu ergreifen, um diesen Beschluss durchzuführen. Diese Anerkennung des Rechtes des jüdischen Volkes auf die Errichtung seines Staates durch die Vereinten Nationen kann auf Beschluss nicht rückgängig gemacht werden.

Quelle: Der israelisch-arabische Konflikt, Hrsg.: Bundeszentrale für politische Bildung, 1990, Seite 35

Kriege und Besetzungen

Schon am Tage nach der Ausrufung des israelischen Staates mündete der bis dahin verdeckt geführte Krieg in eine erste offene Auseinandersetzung. Im Verlauf dieses Krieges festigte der junge Staat Israel seine Position und lebte seither im Kriegszustand. In dessen Mittelpunkt stand und steht die Palästinenserfrage, denn auch dieses Volk sucht seine Heimat.

Im Sechstagekrieg von 1967 veränderte sich die geografische und damit auch die politische Lage entscheidend.

Israel besetzte in dem Blitzkrieg die syrischen Golanhöhen, das Westjordanland, die Altstadt von Jerusalem, die Sinaihalbinsel und den Gazastreifen. Dadurch kamen auch hunderttausende Palästinenser unter israelische Besatzung. Das Palästinenserproblem, wie es uns heute begegnet, war entstanden.

4 Das Sicherheitsproblem Israels

Die große Schreckensvorstellung der Israelis ist auch heute noch durch fehlerhafte Politik und mangelnde Wehrfähigkeit eines Tages von den Arabern „in das Meer getrieben zu werden", wie es von deren Seite im Jom-Kippur-Krieg von 1973 zum Kriegsziel erklärt wurde.

Die Vernichtung der Juden Europas durch die Nazis bleibt ein grundlegendes Trauma der israelischen Gesellschaft. Man kann seine Auswirkung auf den Prozess der Nationwerdung nicht hoch genug einschätzen. (...) Im Falle Israels waren die Bilder, die in einem entscheidenden frühen Stadium auf den dunklen Grund der Seele eingebrannt wurden, die Bilder einer Hölle. Diese Hölle war die Vernichtung eines Drittels des jüdischen Volkes. Daraus erklärt sich das nahezu besessene Misstrauen, der alles überwiegende Drang sich in einer Welt, die solche Katastrophen zuließ, nur auf sich selbst zu verlassen. Daraus erklären sich die Ängste und die Vorurteile, die Leidenschaften, der Schmerz und der Stolz, die das öffentliche Leben kennzeichnen und wahrscheinlich noch lange Zeit auf die Nation einwirken werden. Die bleibende Erinnerung an die Vernichtung durch die Nazis lassen die arabischen Vernichtungsdrohungen glaubwürdig erscheinen. (...)

Quelle: Elon, Amos: Die Israelis. Gründer und Söhne. Molden Taschenbuch, Wien/München/Zürich 1972, S. 225 f., 231.

Die Verteidigungsfähigkeit Israels, insbesondere gegen einen umfassenden Landangriff, hängt von der Fähigkeit ab innerhalb von 24 Stunden die wehrpflichtigen Bürger des Landes mobilisieren zu können. Da dies gleichzeitig einen schweren Verlust für die israelische Volkswirtschaft bedeutet, kann Israel sich eine Mobilmachung nur leisten, wenn es den Ausbruch von Feindseligkeiten erst für wahrscheinlich und nicht schon als nur möglich betrachtet.

Israel benötigt daher für seine militärische Sicherheit

- **ein System, das so früh wie möglich vor einem bevorstehenden Angriff warnt, und**
- **Positionen, von denen aus die stehenden Einheiten der israelischen Streitkräfte den Angreifer daran hindern können, in das israelische Kernland vorzustoßen, während dort die Reservisten mobilisiert werden.**

3032326L

Die Aufrechterhaltung der Besatzung vermindert die Aussichten auf eine Akzeptierung Israels durch seine arabischen Nachbarstaaten und durch die Palästinenser. Sie stößt auch international auf Bedenken und führt damit zu steigenden politischen Kosten für ein Land, das in hohem Grade auf Unterstützung aus dem internationalen Bereich angewiesen ist.

Das israelische Sicherheitsdilemma besteht somit darin, dass die Aufrechterhaltung der derzeitigen militärischen Sicherheitslage die Gewinnung einer politischen Sicherheit im Wege der Akzeptierung Israels durch die arabische Seite vereitelt...

Quelle: Büren, Rainer: Ein palästinensischer Teilstaat? Zur internen, regionalen und internationalen Dimension der Palästinafrage, Nomos Verlag, Baden-Baden 1982, S. 111 u. 113.

Zitiert nach: Gagel, Walter: Positionen im Nahost-Konflikt, Sichtweisen und Handlungsmöglichkeiten der Israelis und der Palästinenser, in: Sozialwissenschaftliche Materialien für die Sekundarstufe II/Kollegstufe, hrsg. von Andersen, U., Gagel, W., Haungs, P. und Schörken, R., Ernst Klett Verlag, Stuttgart 1988, S. 31 f.

Palästinenser ohne Heimat

Seit dem Sechstagekrieg ist die Masse der Palästinenser in allen arabischen Staaten verstreut. Nur ein kleiner Teil lebt in den von Israel besetzten Gebieten.

Unter der Dachorganisation PLO formierten sich die Gegner Israels. Mit Terroranschlägen, wie z. B. Flugzeugentführungen, versuchten sie in den Siebziger- und Achtzigerjahren auf sich und ihre Probleme aufmerksam zu machen.

5

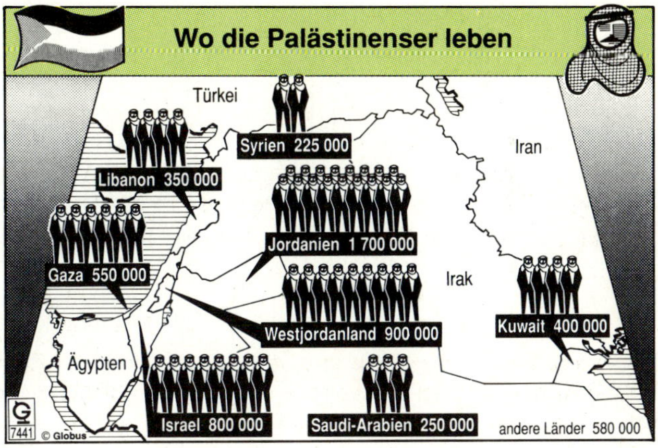

Zankapfel Siedlungspolitik

Die Israelis lassen aber keinen Zweifel, dass sie das besetzte Land als ihr eigenes betrachten. Mit zahlreichen Siedlungsprojekten wurden Juden im Westjordanland und im Gazastreifen sesshaft. Die Araber sehen hierin mangelnden Friedenswillen und den Anlass, ihren Kampf gegen Israel fortzusetzen.

1. **Was führte zur Gründung des israelischen Staates im Jahre 1949 und inwieweit wurden dadurch auch die Ansprüche anderer Völker berührt?**
2. **Worin bestehen Ihrer Meinung nach die speziellen Probleme der Palästinenser?**
3. **Erläutern Sie, worin Israel sein spezielles Sicherheitsproblem sieht und inwiefern dieses mit der Siedlungspolitik direkt zusammenhängt.**
4. **Erörtern Sie die These, dass eine Fortsetzung der Siedlungspolitik ihrerseits die Sicherheit Israels selbst gefährdet.**

6 UNO-Resolution 242

Im Sechstagekrieg von 1967 verabschiedete die UNO die Resolution Nr. 242, die bis in die Gegenwart diskutiert wird. Die Resolution sollte einen Kompromiss darstellen, der allen Mitgliedsstaaten die Annahme ermöglichte. Dennoch schien sie für die Israelis unannehmbar zu sein, weil sie auch die Räumung besetzter Gebiete beinhaltet, während die Palästinenser die Resolution ablehnten, weil sie meinten, dass sie „die nationalen Rechte ihres Volkes auslöscht".

Resolution des Weltsicherheitsrates Nr. 242 vom 22. Nov. 1967

Der Sicherheitsrat unterstreicht, dass es nicht angeht, Territorium durch Krieg zu erobern, und dass es nötig ist, für einen gerechten und dauernden Frieden zu wirken, der es jedem Staat der Region erlaubt, in Sicherheit zu leben.
Er unterstreicht im Weiteren, dass alle Mitgliedsstaaten, indem sie die Charta der Vereinten Nationen annehmen, sich verpflichtet haben gemäß Artikel 2 der Charta zu handeln.
1. Er bekräftigt, dass die Einhaltung der Prinzipien der Charta es erfordert, dass ein gerechter und dauerhafter Frieden im Nahen Osten errichtet wird, welcher die Anwendung der beiden folgenden Prinzipien umfassen sollte:

a) Rückzug israelischer Streitkräfte aus während des jüngsten Konfliktes besetzten Gebieten,
b) Einstellung jeglicher kriegerischer Erklärung oder jeglichen kriegerischen Zustands sowie Respektierung und Anerkennung der Souveränität, der territorialen Integrität und der politischen Unabhängigkeit jeglichen Staates der Region und dessen Recht in Frieden innerhalb sicherer und anerkannter Grenzen frei von Drohungen oder Gewaltakten zu leben.

Aus dem Zehnpunkteprogramm der PLO 1974

Der Palästinensische Nationalrat beschließt Folgendes:

1. Die Haltung der PLO bezüglich der Resolution 242 geht dahin, dass diese die nationalen Rechte unseres Volkes auslöscht und die Sache unseres Volkes als ein Flüchtlingsproblem behandelt. Deshalb wird ein Eingehen auf diese Resolution auf dieser Grundlage auf jeder Ebene arabischer und internationaler Verhandlungen, einschließlich der Genfer Konferenz, zurückgewiesen.

2. Die PLO wird mit allen Mitteln, zu denen vor allem der bewaffnete Kampf zählt, für die Befreiung des palästinensischen Bodens und die Errichtung einer nationalen, unabhängigen und kämpfenden Autorität auf jedem Teil des zu befreienden palästinensischen Landes kämpfen.

3. Die PLO wird gegen jeden Plan für die Errichtung eines palästinensischen Staates kämpfen, dessen Preis die Anerkennung des Feindes, Versöhnung, sichere Grenzen, der Verzicht auf das nationale Recht und die Aberkennung des historischen Rechtes unseres Volkes auf seine Rückkehr und sein Recht auf die Bestimmung seines Schicksals auf seinem nationalen Boden beinhaltet...

Quelle: Archiv der Gegenwart, 20. Juni 1974, 18765.

Bewegung in den Grundsatzpositionen

Nach langwierigen diplomatischen Bemühungen schien ein gewisser Durchbruch zu gelingen, als am 13. Dezember 1988 der PLO-Führer Arafat vor der UN-Vollversammlung einen eigenen Friedensplan vorlegte und seine Bereitschaft zum Frieden mit Israel bekundete.

3032328L

Damit rückte er von der Position der Vernichtung Israels ab. Mit Hinweis auf die terroristische Vergangenheit des PLO-Chefs lehnte Israel ein Einlenken allerdings ab.

Trotzdem wurde die UNO-Resolution 242 vom inzwischen gegründeten „Palästinensischen Nationalrat“ 1988 in Algier anerkannt. Da hierin das Existenzrecht aller Staaten in der Nahostregion festgeschrieben ist, galt dies auch als Anerkennung des israelischen Staates.

„Verschwinde“

Quelle: Deutsches Allgemeines Sonntagsblatt, aus: DER SPIEGEL, Nr. 6/1988

1. **Stellen Sie den Kerngehalt der UN-Resolution Nr. 242 sowie des 10-Punkte-Programms der PLO dar. Wo sehen Sie Gemeinsamkeiten, an welcher(n) Stelle(n) unüberbrückbare Gegensätze in den Positionen?**
2. **Warum kam es weder zu einer Annahme der UN-Resolution Nr. 242 durch Israel noch durch die PLO?**
3. **Was bedeutet die Verhandlungsdevise „Land gegen Frieden“ in der Krisenregion Nahost?**
4. **Nehmen Sie Stellung zu der Behauptung: „Ohne gerechte Lösung des Palästinenserproblems gibt es keine Ruhe in Nahost.“**

Wer ist die Hamas? 7

Die palästinensische Untergrundorganisation Hamas kämpft mit allen Mitteln gegen den Staat Israel sowie gegen den Ausgleich zwischen palästinensischen und israelischen Interessen. „Hamas“ ist eine arabische Abkürzung und steht für „Bewegung des islamischen Widerstands“. Die 1987 gegründete Vereinigung ist eng mit dem Palästinenser-Aufstand in den israelischen Gebieten verknüpft, der im Dezember 1987 unter der Bezeichnung Intafada begonnen hatte. Während die Palästinensische Befreiungsorganisation (PLO) von Jassir Arafat einen Schwenk zur Anerkennung des Staates Israel vollzog, um dafür Autonomierechte im Gazastreifen und im Westjordanland einzuhandeln, bekräftigte die Hamas-Führung ihre Aufrufe zur Gewalt. Die meisten Anschläge werden vom bewaffneten Hamas-Arm, der Gruppe Essedin el Kassam, verübt. Der Name dieser Gruppe geht auf einen arabischen Scheich zurück, der 1935 im Kampf gegen die britische Mandatsmacht fiel. Die Hamas-Charta ruft die Palästinenser zum Heiligen Krieg („Dschihad“) auf. „Jeder Jude“ und jeder jüdische Siedler in den besetzten Gebieten wird als „Zielscheibe“ bezeichnet und „soll getötet werden“. Der Nahost-Konflikt sei nicht ein Kampf zwischen Israeli und Arabern, sondern zwischen „Islam und Judentum“. Jeder Verzicht auf den „heiligen Boden“ ist ein Glaubensverstoß. AFP

aus: Süddeutsche Zeitung, 26. Februar 1996

8 Unter Führung von Isaak Rabin kam danach Bewegung in die Nahost-Politik. Die Autonomie der Palästinenser wurde zum Schlüssel für den Friedensprozess. Nach der Ermordung des israelischen Ministerpräsidenten eroberten die Konservativen die Führung. Durch mehrere sich anschließende palästinensische Gewalttaten kam der Friedensprozess 1997 zum Erliegen.

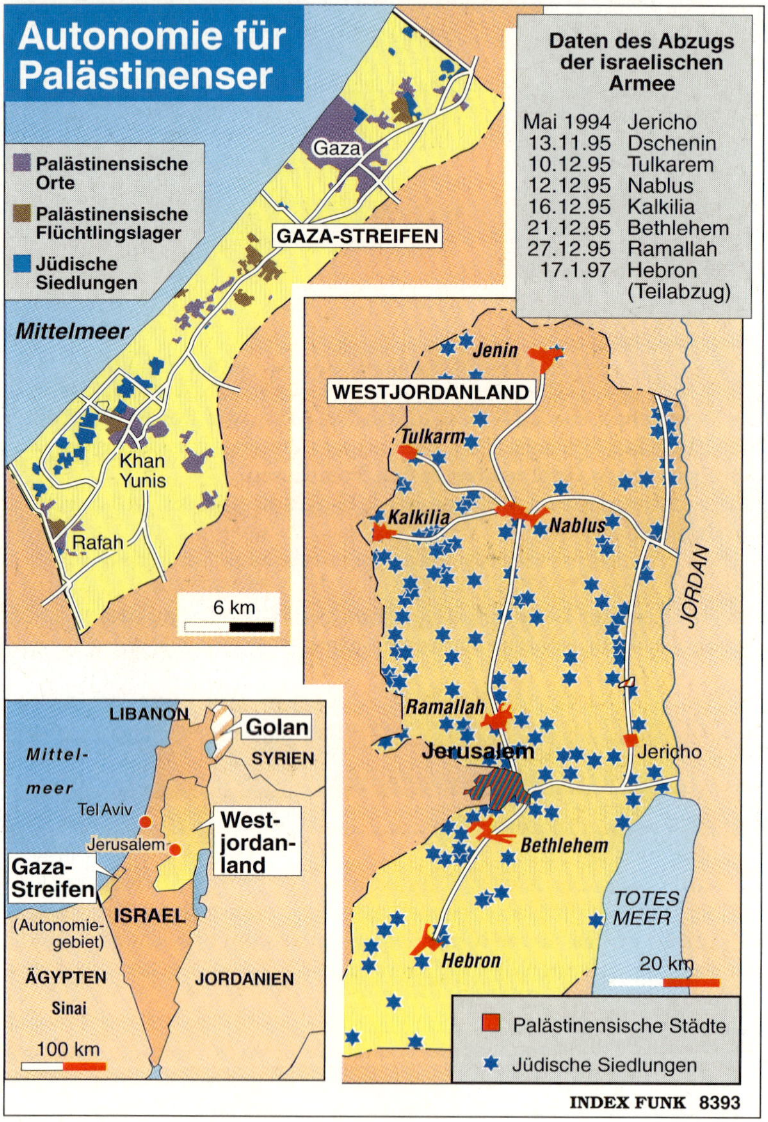

3032330L

3 Internationale Zusammenarbeit

3.1 EUROPA ist (wird) eins

Was ist EUROPA und wie weit sind wir mit der Einigung?

1

Wie gelb ein Käse in Europa aussehen darf

Von WILHELM HADLER

Brüssel – Der Stoff heißt E 131 oder Patentblau Römisch fünf. Er sorgt dafür, dass gelber Käse weiß wird. Zwar ist er nicht gesundheitsschädlich, doch soll er aus Molkereiprodukten verbannt werden – allein die Dänen kämpfen in Europa für die weitere Zulassung von E 131, als hinge davon die Existenz ihrer Volkswirtschaft ab. Sie brauchen den Farbstoff, um Feta-Käse zu imitieren.

Feta-Käse wird traditionell aus Schaf- oder Ziegenmilch hergestellt. Er findet jedoch auch als billigeres Kuhmilch-Produkt zunehmend Absatz. Das Problem nun ist, dass Kühe, die auf frischen Wiesen grasen, Karotin in den Magen bekommen. Ihr Käse wird gelblich.

Nach dem Papier der Brüsseler Kommission liegt das Gelb des Surrogats „zwischen Quark (leuchtend weiß) und Butter (blassgelb oder cremefarben)". Echter Feta ist, so die Experten, „viermal weniger gelb als Butter oder Margarine und identisch mit der Farbe des Quarks".

Die Griechen jedenfalls haben Angst vor der dänischen Konkurrenz. Sie kämpfen daher für die Reinheit ihres Produktes. Verbündete haben sie vor allem in Rom gefunden, wo man sich zunehmend um den ebenfalls weißen Mozzarella sorgt.

Die Dänen wiederum machen geltend, es gehe ihnen gar nicht um den europäischen Markt, sondern um den im Mittleren Osten. Tatsächlich exportieren sie 1992 rund 82 000 Tonnen ihres Feta vor allem nach Persien. Die Behörden in Teheren wollen jedoch plötzlich keine Ware mehr ins Land lassen, die nicht auch im Herstellungsland zum Verbrauch freigegeben ist.

Eine Lösung ist sehr schwierig, weil derartige Beschlüsse nur mit qualifizierter Mehrheit im Ministerrat getroffen werden können. Die Partner fürchten, dass bei einem Entgegenkommen an die Dänen der politische Kompromiss über den gesamten Rechtsbereich der Lebensmittel-Zusatzstoffe ins Wanken gerät. Die Dänen wurden also überstimmt, aber durch eine Protokollerklärung wieder beruhigt. Danach wollen Rat und Kommission nicht müde werden, nach Lösungen für den dänischen Feta zu suchen.

aus: DIE WELT, 15. November 1993

Quizidee: Sind Sie ein Europäer? Oder: Was wissen wir von Europa?

2

Fertigen Sie ein Kärtchen nach folgendem Muster an und notieren Sie darauf drei Fragen, die Sie im Zusammenhang mit europäischen Problemstellungen am wichtigsten finden:

QUIZKARTE

Frage 1 zum Thema:
„Seit wann besteht Europa und wer gehört dazu?"
Beispiel: Wann wurde die EWG gegründet?

Frage 2 zum Thema:
Wie funktioniert die Zusammenarbeit? („Europäische Organe")
Beispiel: Welche Aufgabe hat ein/e Europakommissar/in?

Frage 3 zum Thema:
„Europa aktuell"
Beispiel: Wie heißt das europäische Zahlungsmittel?

Vorgehensweise: Es empfiehlt sich, dass Sie selbst passende Antworten auf Ihre eigenen Fragen haben, denn nur dann können Sie die Antworten der anderen beurteilen.

Phase 1: Alle Kärtchen werden gemischt und in einen Karton gelegt. Daraus zieht jeder Schüler eine Karte.

Phase 2: Die Fragen werden einzeln bearbeitet (selbstverständlich ist auch eine Zusammenarbeit möglich). Dabei soll auf vorhandene Unterlagen (Bücher, Broschüren, schulische Lexika usw.) zurückgegriffen werden.

Phase 3: Auswertung/Lösung. Ergebnisse werden vorgetragen, offene Fragen unter Heranziehung geeigneter evtl. nach zu beschaffener Materialien zu lösen versucht.

3 Wozu brauchen wir Europa?

Politische und wirtschaftliche Einigung auf dem Prüfstand

Optimismus ⇔ **Skepsis**

Optimismus:

Die Zeit der Kleinstaaterei ist vorbei. Europa kann nur vereint gegen die übrigen Weltmächte bestehen und politisch ernst genommen werden, wenn es an einem Strang zieht. So wie die Thüringer, Mecklenburger, Bayern, Friesen, Hessen und alle anderen friedlich miteinander in Deutschland leben, ohne jeweils ihre eigene Identität aufzugeben, so können auch die verschiedenen Nationen Europas friedlich in einer gemeinsamen politischen Organisation miteinander leben ...

In Europa sollen die Unterschiede zwischen den Menschen gar nicht aufgehoben werden. Aus Bayern sollen keine Bretonen oder Sizilianer gemacht werden. Alle sollen ihre Muttersprache, ihre eigene Kultur, ihre liebgewonnenen Gebräuche erhalten.

„Einheit in Vielfalt" ist das Motto der EU. Europa muss in der Weltpolitik mit einer Stimme sprechen, um Einfluss zu haben und bei der Bewältigung internationaler Probleme mitwirken zu können.

Skepsis:

Die politischen Systeme und die politische Vergangenheit, aber auch die Mentalität der Menschen sind zu verschieden als dass man glauben könnte, dass eine echte politische Einigung überhaupt möglich ist.

Die Staaten werden auf lange Zeit wie „aneinandergeklebt" wirken, weil die Einigung keine echte Verschmelzung, sondern nur ein künstlicher politischer Zusammenschluss ist. Der Holländer wird ebenso wie der Deutsche, Franzose oder Italiener weiter national und nicht europäisch denken... Die Kulturen sind zu unterschiedlich, als dass man glauben könnte, man könne ein gemeinsames Denken über Europa stülpen.

Wegfallende Grenzkontrollen werden die Kriminalität verstärken, weil es leichter ist, sich der Polizei zu entziehen. Und es wird immer mehr Menschen geben, die sich auf legale oder illegale Weise die verschiedenen Gesetze zu nutze machen.

3032332L

Optimismus	**Skepsis**
Nehmen wir das Beispiel der Flugzeugindustrie. Wo stände Airbus in einem Europa mit Grenzen und Zollschranken? Wer benutzt heute noch einen in Europa hergestellten Walkman, Fotoapparat oder CD-Player? Die Deutschen haben ebenso wie die Italiener, Franzosen, Briten und Niederländer versucht, alleine ihren Weg zu gehen – und sind vor der geschlossenen fernöstlichen Konkurrenz gescheitert.	Was hat Europa bisher gebracht? Scharenweise haben die Unternehmer Deutschland verlassen, um anderswo billiger zu produzieren. Also hat der Wegfall der Grenzen auch erhebliche Nachteile für unsere gesamte Wirtschaft.
Ist es nicht super, als Europäer in Frankfurt ins Flugzeug zu steigen und nach Mallorca zu fliegen, ohne dass auch nur einmal der Reisepass kontrolliert wird? In Amerika hat man doch auch nicht an der Grenze zu jedem Bundesstaat Grenzkontrollen wie im Mittelalter. Und welcher Schwerverbrecher oder Mafiaboss hatte denn mit den bisherigen Grenzkontrollen irgendein Problem?	Nichts gegen Europa, aber wollen die anderen nicht nur an unser Geld? Deutschland ist stark genug, einen eigenen Weg zu gehen und sich nicht von solchen Ländern abhängig zu machen, die bisher nichts auf die Beine gestellt haben.
	Macht doch die Grenzen noch weiter auf, dann können alle in das „Wirtschaftswunderland“ kommen und uns die Arbeitsplätze streitig machen …
Freizügigkeit bedeutet, dass man überall in Europa einen Arbeitsplatz suchen kann. Was ist eigentlich so schlimm daran, dass jetzt schon tausende von Bauarbeitern aus Deutschland eine Arbeitsstelle in Holland haben, weil dort die Konjunktur boomt…	Fünfzig Jahre lang war die DM die härteste Währung der Welt. Warum hat man sich das alles mit dem Euro nehmen und kaputtmachen lassen? Von einer harten Mark hätte die Wirtschaft und das Volk viel mehr gehabt.
Es ist nicht möglich, auf nationaler Ebene nach Belieben vorzugehen, ohne sich um seinen Nachbarn zu kümmern. Man kann die Stahlindustrie, die weltweit in einer Absatzkrise steckt, z. B. nicht umordnen, wenn die Produktionsquoten in den einzelnen Ländern nicht aufeinander abgestimmt sind.	Nur aus Wettbewerbsgründen versucht ja auch niemand, dass sich die ganze Welt vereint. Die deutschen Unternehmen hätten die Kraft, allein wettbewerbsfähig zu bleiben.
Maßnahmen, wie z. B. Arbeitszeitverkürzungen oder die Bekämpfung von Umweltverschmutzungen, können die Wettbewerbsfähigkeit eines Landes gefährden, wenn in anderen Ländern nicht dieselben Auflagen gemacht werden.	Die Deutschen werden als „Zahlmeister“ für Europa benötigt. Ein Land, welches jährlich mehr als 20 Milliarden Mark in den gleichen europäischen Topf bezahlt, aus dem z. B. allein Spanien pro Jahr etwa 12 Mrd. DM bekommt, darf sich über Kritik an der Richtigkeit des Europagedankens nicht wundern.

4 Stationen der Einigung – von der EWG über die EG zur EU

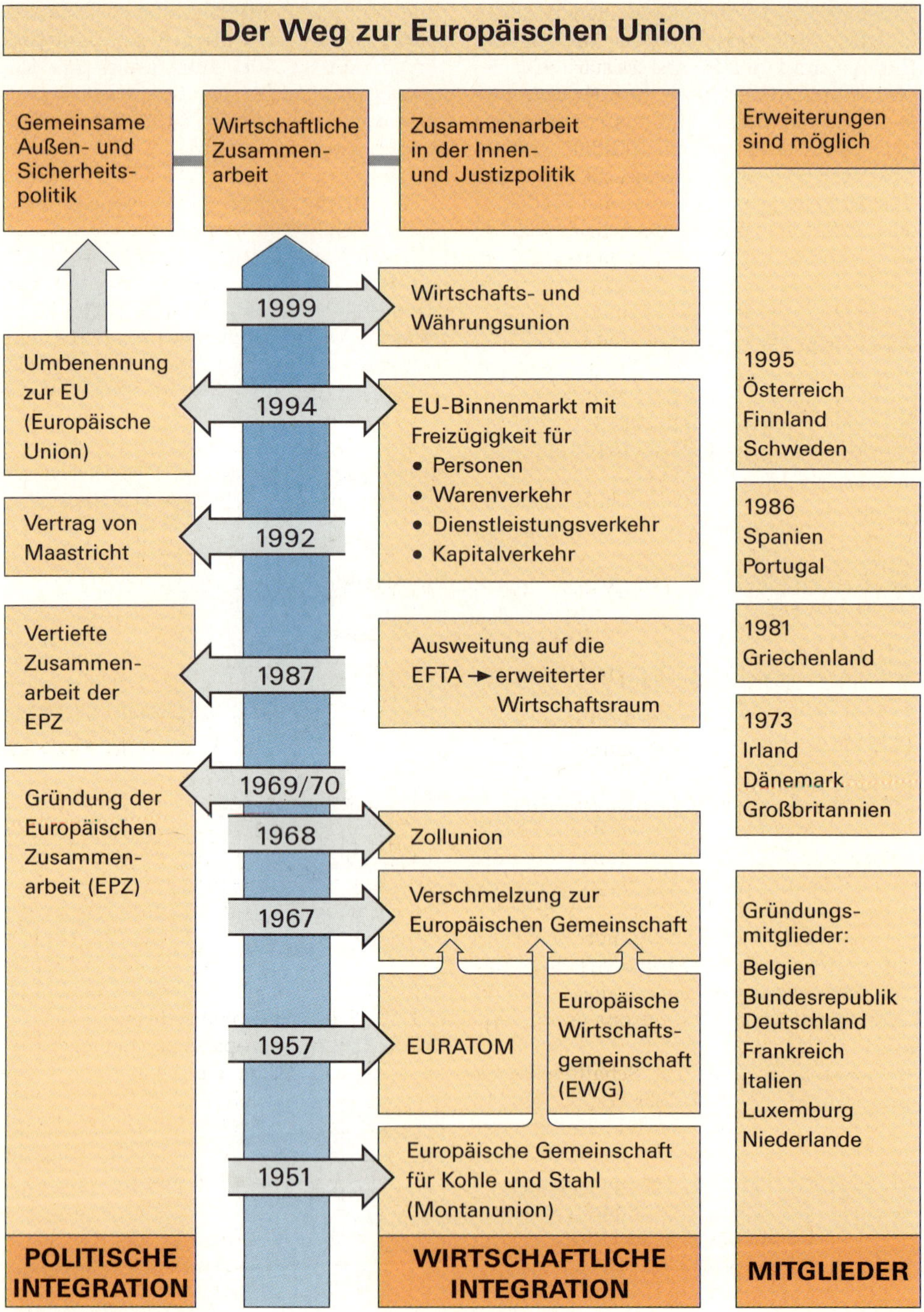

3032334L

Die Idee eines geeinten Europas hat eine lange Tradition. Immer wieder in der Geschichte gab es Menschen, die von einem friedlichen Zusammenleben der Völker Europas träumten. Besonders stark war dieser Wunsch in den Zeiten von Kriegen und Niederlagen, so auch nach den Zerstörungen im Ersten und Zweiten Weltkrieg. Nach 1945 war die Friedenssehnsucht der Europäer so groß geworden, dass das Ziel: „Nie wieder Krieg auf europäischem Boden" in allen Ländern einhellige Zustimmung fand. Ein Mittel dazu sollte die Verschmelzung der einzelnen Wirtschaften zu einem gemeinsamen Markt sein. Dahinter stand die Überzeugung, dass Staaten, die miteinander Handel treiben, Verträge abschließen und Kontakte der Menschen über die Grenzen hinaus fördern, nicht wieder bereit sein werden aufeinander zu schießen.
1951 unternahmen Frankreich, Italien, Belgien, Luxemburg, Niederlande und die Bundesrepublik Deutschland den ersten Schritt zur Verwirklichung des großen Ziels. Sie schlossen sich zur **Europäischen Gemeinschaft für Kohle und Stahl** (EGKS) zusammen. Kohle und Stahl galten damals als die wichtigsten Industrien überhaupt. In diesem, auch als „Montanunion" bezeichneten Bündnis, wollte man die beiden „Schlüsselindustrien" unter einer gemeinsamen Aufsicht stellen. Das eigentliche Gründungsdatum für die EG ist der 25. März 1957. Mit der Unterzeichnung der „Römischen Verträge" schlossen sich die sechs Gründernationen zur Europäischen Wirtschaftsgemeinschaft zusammen. In den Jahren darauf wurden die Handelshemmnisse zwischen den Mitgliedern nach und nach beseitigt. Das Europa der Sechs erlebte einen starken wirtschaftlichen Aufschwung. Die EG wurde zunehmend für andere Länder attraktiv.

Auf dem Weg in die „VSE" („Vereinigte Staaten von Europa") 5

Januar 2001, 2002 oder?

Die politische Union ist erreicht!

Aus der Antrittsrede des Präsidenten der EG nach dessen Wahl durch das Europäische Parlament:
„Meine sehr verehrten Damen und Herren, mit dem heutigen Tag sind wir unserem gemeinsamen Ziel, der Schaffung einer politischen Union Europas, ein großes Stück näher gekommen.
Es war ein schwieriger Weg hierhin, weil es in den Köpfen der Menschen viele verschiedene Vorstellungen darüber gab, wie die Vereinigten Staaten von Europa einmal aussehen sollten.
Manchen schwebte die Schaffung eines europäischen Zentralstaates vor, in dem alle Entscheidungen für Europa in einem einzigen Zentrum beschlossen werden sollten. Andere wiederum wollten nur einen sehr losen europäischen Staatenbund, bei dem die Mitgliedstaaten nur gelegentlich und nur zu ihrem wirtschaftlichen Vorteil miteinander in Verbindung treten sollten.
Ich bin froh, dass keine dieser extremen Vorstellungen Wirklichkeit geworden ist. Vielmehr haben wir zu einer Staatengemeinschaft gefunden, die uns die Möglichkeit bietet, die großen Probleme der Europa- und Weltpolitik auf gesamteuropäischer Ebene zu behandeln. Dazu zähle ich vor allem die Sicherung des Friedens, die Bemühungen um Abrüstung, den Schutz der Natur und die Bekämpfung von Armut und Unterdrückung, vor allem in den Ländern der Dritten Welt. Vorbei sind die Zeiten, da man uns vorwerfen konnte, die EG sei wirtschaftlich ein Riese, aber politisch ein Zwerg.
Anderseits hat Europa seine vielfältige Kultur erhalten, haben die Menschen in den Regionen nicht weniger, sondern mehr Mitbestimmungsmöglichkeiten in der Politik erhalten. In Sachsen, Bayern, in der Toskana, in Schottland und in Katalonien können die Betroffenen selbst über die Pflege ihrer Tradition, Kultur, Sprache und über die Erziehung ihrer Kinder entscheiden. Sie können innerhalb unserer demokratischen Gemeinschaft ihre Stimme erheben, um ihre landestypischen Interessen zu vertreten. Wir haben

nach dem Grundsatz gehandelt, dass in einem Europa der Regionen die Probleme dort gelöst werden sollen, wo die Menschen leben und davon betroffen sind; also die Probleme einer Stadt vor Ort mit den Bürgern, die Probleme eines Bundeslandes oder einer Region, Fragen, die nur einen einzelnen Mitgliedstaat etwas angehen, in der gewählten Volksvertretung des Mitgliedstaates selbst. Aber die großen Aufgaben Europas werden nun in Einrichtungen entschieden, die auch die Möglichkeiten besitzen, die politischen Vorstellungen europaweit durchzusetzen. Mit seinem Recht zur Wahl des Europäischen Parlamentes kann jeder Bürger diese Politik beeinflussen.

Im europäischen Binnenmarkt gelten Zeugnisse überall in Europa. Jeder Hochschulabsolvent, der in einem Land zur Ausübung seines Berufes befähigt ist, darf überall in der EG arbeiten.

Im europäischen Binnenmarkt besitzen Arbeitnehmer die gleichen Rechte und Pflichten. Ein Kfz-Meister aus Rostock kann in Süditalien eine Autowerkstatt eröffnen, wenn er das möchte.

Auszubildende haben es da etwas schwieriger. Zu unterschiedlich sind (noch) die Ausbildungsgänge in Europa geregelt. Ein deutscher Dachdeckerlehrling wird anders ausgebildet als ein irischer; eine deutsche Industriekauffrau anders als eine italienische.

Allerdings gilt auch hier: Wer eine Ausbildung abgeschlossen hat, kann dahin gehen, wo er arbeiten und leben will.

Deutsche Schüler und Schülerinnen werden sich zunehmend daran gewöhnen, von englischen, französischen, italienischen Lehrern unterrichtet zu werden. Deutsche werden im Ausland lehren. Übrigens „Ausland“: Im europäischen Binnenmarkt wird es nur noch Inländer geben, keine Ausländer.

Auszüge aus: ZEITLUPE, Hrsg. Bundeszentrale für politische Bildung, Heft Nr. 27 „EUROPA“, Oktober 1991, Seiten 20 und 22.

6 Ein „Preis“ für Europa – der EURO

Ab 1. Januar 2002 wird der EURO als gemeinsame europäische Währung eingeführt. Für alle, die dabei sind, heißt es dann Abschied zu nehmen vom vertrauten Geld – auch von der DM.

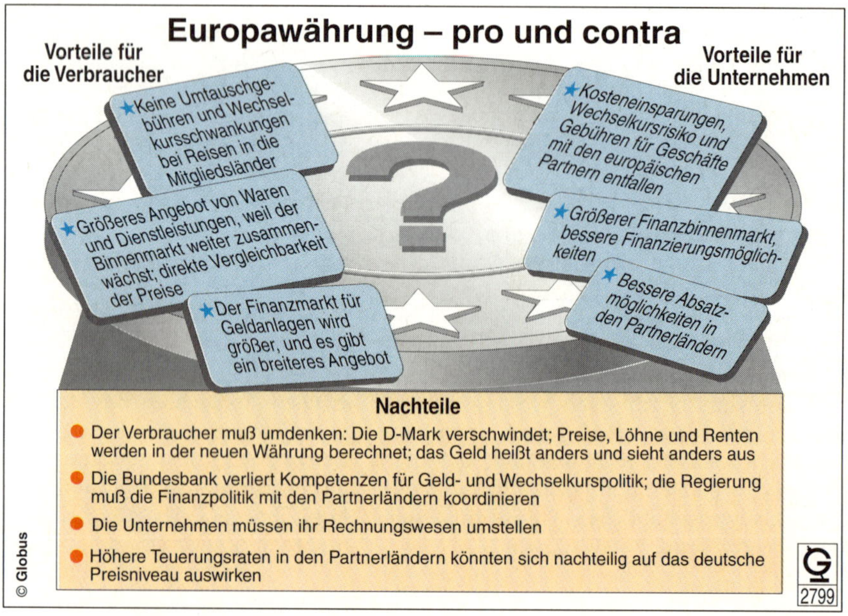

3032336L

Der EURO kommt – die DM geht

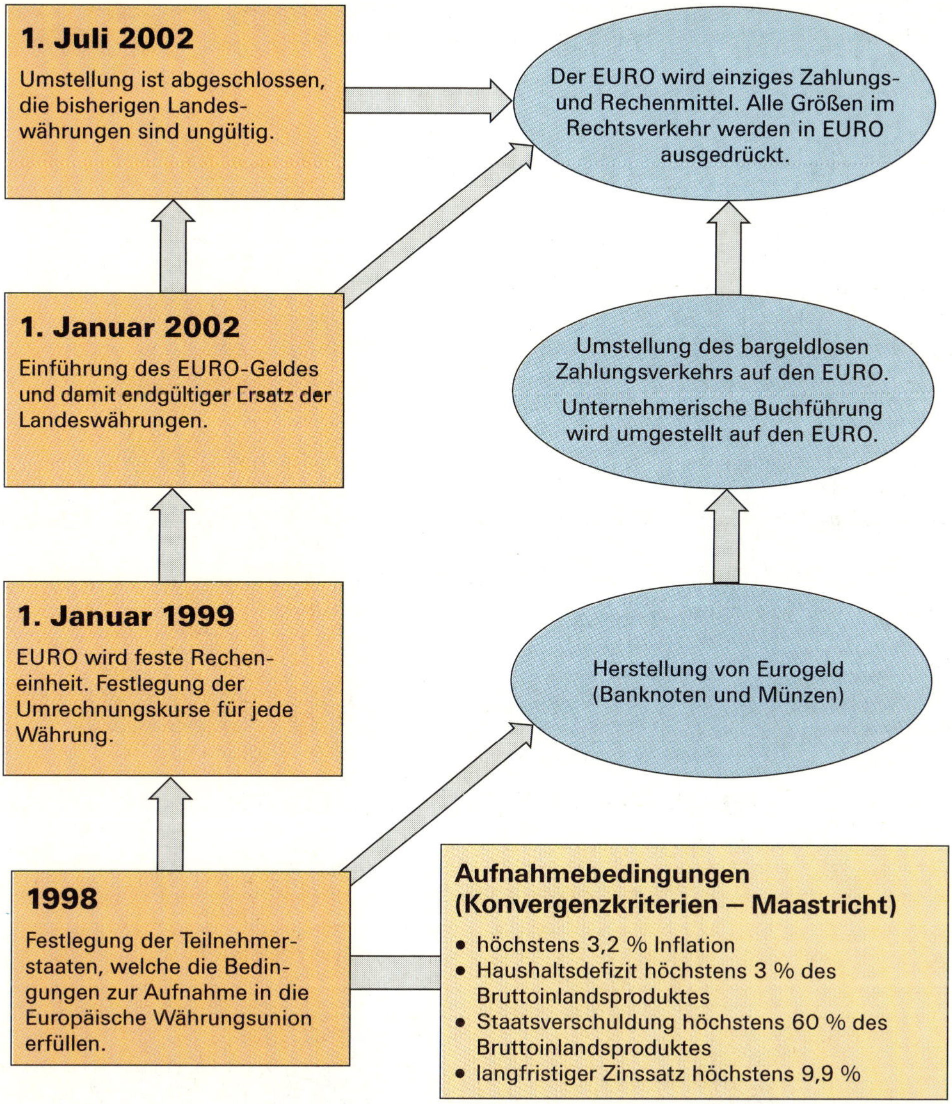

7 Die Organe der EU

Um politische Entscheidungen treffen zu können, braucht man staatliche Einrichtungen, so genannte „Institutionen“, die mit bestimmten Rechten und Pflichten ausgestattet sind. Die Institutionen der EG arbeiten gemeinsam an der Aufgabe, den Einigungsprozess in konkreten Einzelschritten zu verwirklichen.

Die wichtigsten staatlichen Einrichtungen der Gemeinschaft sind:

- die Europäische Kommission in Brüssel (EG-Kommission)
- der Ministerrat in Brüssel
- das Europäische Parlament in Straßburg
- der Rat der Regierungschefs (Europäischer Rat)
- der Europäische Gerichtshof in Luxemburg.

Um die Aufgaben und die Zusammenarbeit dieser Institutionen zu verstehen, können wir uns die EG als einen Bus vorstellen, der halbvoll besetzt mit Menschen aus zwölf verschiedenen Ländern in Richtung Europa fährt; weitere Passagiere können einsteigen. In jedem Bus muss es einen Motor geben. Er hat die Aufgabe, das Fahrzeug anzutreiben, es zu bewegen und zu beschleunigen. Diese **Aufgabe des Motors übernimmt in der EG die Europäische Kommission,** die ihren Sitz in Brüssel hat. Die wichtigste Aufgabe der Kommission ist es, Ideen zu entwickeln, Vorschläge zu machen und voranzutreiben, um die Zusammenarbeit in Europa zu verstärken. Die Kommission besteht zurzeit aus 17 Kommissaren, zwei Briten, zwei Deutschen, zwei Franzosen, zwei Italienern, zwei Spaniern und je einem

3032338L

Mitglied für die übrigen Länder. Diese 17 Personen werden von den Regierungen der einzelnen Mitgliedstaaten für vier Jahre ernannt. Der Kommission stehen etwa 10000 Mitarbeiter zur Verfügung, die in ihren verschiedenen Abteilungen ständig neue Vorschläge für europäische Politik erarbeiten. In Brüssel werden so jährlich bis zu 1000 Vorschläge für neue europäische Gesetze vorgelegt. Sie reichen von den Bestimmungen zur Sauberhaltung des Trinkwassers bis zur Bekämpfung von Hungersnöten in der Dritten Welt.

Die Kommission entscheidet nicht, aber sie treibt den Bus Europa an. In unserem Bild ist die Europäische Kommission der Motor. Ohne einen Fahrer kann unser Bus nicht in Richtung Europa fahren. In jedem Fahrzeug trifft der Fahrer die wichtigsten Entscheidungen und trägt große Verantwortung. **Die Rolle des Fahrers in unserem Bus übernimmt der Ministerrat in Brüssel,** weil er das wichtigste Entscheidungsorgan der Gemeinschaft ist. Er verabschiedet europäische Gesetze, die für alle Mitgliedstaaten verbindlich sind. Der Ministerrat besteht aus fünfzehn Personen, wobei die Besetzung wechselt. Je nach den zu behandelnden Themen setzt er sich aus den fünfzehn Landwirtschafts-, Außen- oder Finanzministern der Mitgliedsländer zusammen. Wichtige Entscheidungen muss er einstimmig treffen; bei einigen genügt die Mehrheit.

Das Europäische Parlament wird seit 1979 von den Bürgern der EU in allgemeinen Wahlen alle fünf Jahre direkt gewählt. Für jedes Land wird die Zahl der Abgeordneten unter Berücksichtigung der Einwohnerzahl festgelegt. Im Vergleich zu den nationalen Parlamenten der einzelnen Mitgliedstaaten hat das Europäische Parlament jedoch nur begrenzte Rechte. **In unserem Bus muss man sich das Europäische Parlament als die mitreisenden Abgeordneten vorstellen.** Es kontrolliert den richtigen Lauf des Motors (also die Europäische Kommission); berät und kritisiert zuweilen auch den Fahrer (also den Ministerrat). Ein direktes Entscheidungsrecht hat das Europäische Parlament nicht. Allerdings: Es kann den Motor austauschen (nämlich die EU-Kommission mit Zwei-Drittel-Mehrheit zum Rücktritt zwingen) und es entscheidet, wofür das zur Verfügung stehende Fahrgeld ausgegeben wird (es besitzt das „Haushaltsrecht“).

Die Mitfahrer im Bus sind über alle Vorgänge auf der Fahrt nach Europa genauestens informiert. Da sie sich kompetent fühlen und das Volk repräsentieren, möchten sie gerne einmal das Steuerrad der Gemeinschaft übernehmen, und so wirbt und kämpft das Europäische Parlament in Straßburg auch um eine Ausweitung seiner Rechte.

Mindestens zweimal im Jahr treffen sich die Staats- und Regierungschefs der einzelnen Länder zusammen mit ihren Außenministern und dem Präsidenten der Europäischen Kommission. Sie bilden den Europäischen Rat. Wenn sie zusammenkommen, ist in den Nachrichten von einem „europäischen Gipfeltreffen“ die Rede. Der Europäische Rat legt die grundlegende Richtung für das weitere Zusammenwachsen der Staaten Europas fest. **In unserem Bild ist der Europäische Rat der Wegweiser.**

Fehlt noch eine Polizei, die aufpasst, dass auf der Fahrt nach Europa die vereinbarten Regeln nicht verletzt werden. **Diese Rolle der Polizei übernimmt der Europäische Gerichtshof in Luxemburg.** Er besteht aus 13 Richtern, die von den Mitgliedsregierungen für sechs Jahre ernannt werden und die mit ihren Entscheidungen die Mitgliedsländer zur Einhaltung der europäischen Gesetze zwingen können.

aus: ZEITLUPE, Hrsg. Bundeszentrale für politische Bildung, Heft Nr. 27 „EUROPA“, Oktober 1991, Seite 13.

8 Kongress „Europa“ - ein Rollenspiel

Im Haushalt 1997 gab die EU zur Förderung und Unterstützung der Landwirtschaft ca. 85 Milliarden Mark aus. Bezogen auf jede/n Bürger/in der Gemeinschaft sind das etwa 250 DM pro Jahr oder ca. 70 Pfennig pro Tag!

Unter dem Stichwort „AGENDA 2000“ wird versucht, eine europäische Konzeption für die Entwicklung und Förderung der Landwirtschaft zu erstellen. Dabei geht es darum, einerseits möglichst vielen Betrieben die Existenzgrundlage zu erhalten, andererseits aber auch in einem stärkeren Maße marktwirtschaftliche Gesichtspunkte zu berücksichtigen. Dass hier viel Zündstoff enthalten ist, dürfte klar sein.

Es kristallisieren sich folgende Positionen heraus:

1. Zuschüsse müssen weiter fließen	2. Zuschüsse müssen verringert werden	3. Zuschüsse müssen eingestellt werden
Die landwirtschaftlichen Erzeugerkosten sind in den einzelnen Ländern sehr unterschiedlich. Ohne Abnahmegarantien oder Mindestpreise wären ganze Länder wettbewerbsunfähig. Wenn die Europäische Union ihre Förderungen streichen würde und auch die einzelnen Staaten wegen des einheitlichen europäischen Rechts keine Ausgleichszahlungen leisten dürften, wäre die Sie allein sichern die Existenz von vielen Millionen landwirtschaftlicher Familien bedroht. Kein Staat und auch nicht die EU kann es sich leisten, einen ganzen Berufsstand mit einer so lebenswichtigen Aufgabe und einer so langen Tradition ins soziale Abseits zu befördern. Außerdem bringen in großem Umfang brachliegende Flächen auch das ökologische Gleichgewicht ins Schwanken.	Die Produktivität der Landwirtschaft hat in den letzten Jahren gerade in den Industrienationen stark zugenommen. Moderne Maschinen und intensive Düngung ermöglichen heute Erträge, die früher unmöglich gewesen wären. Kein Betrieb kann es sich aber leisten, auf Dauer mehr zu produzieren als absetzbar ist. Die Förderung der Massenproduktion durch Subventionen oder Garantiezahlungen sollte daher gestoppt werden. Die Zuschüsse müssen bei Wein, Olivenöl, Roggen und Weizen, aber auch bei Schweine- und Rindfleisch drastisch gekürzt werden. Gefördert werden sollte eine qualitätsbewusste und okologieorientierte Produktion. Für Landwirte muss es interessant sein, „Klasse statt Masse“ zu produzieren. Dazu zählt z.B. auch die Förderung artgerechter Tierhaltung.	Die DDR und die Sowjetunion scheiterten wirtschaftlich nicht zuletzt daran, dass sie ihre gesamte Wirtschaft massiv subventionierten. Diese Politik kostete viel Geld und verschwendete wertvolle Ressourcen. Auch die EU kann es sich nicht leisten, hunderttausende unrentabler landwirtschaftlicher Betriebe künstlich am Leben zu erhalten. Die Finanzzuweisungen müssen nach und nach ganz eingestellt werden. Derjenige Betrieb, der sich auf die Nachfrage einstellt, wird überleben. Natürlich werden hier kleine Bauernhöfe Probleme haben, wenn sie nicht eine Lücke finden und ein Produkt anbieten, welches „seinen“ Markt hat. Aber der „Tante-Emma-Laden“ um die Ecke gehört auch der Vergangenheit an. Ein gewisser Schutz für Kleinbetriebe ergäbe sich auch, wenn Massentierhaltungen und Transporte quer durch Europa zu den Schlachthöfen verboten würden.

3032340L

Rollenspiel

Nachfolgend sind 12 Rollenkarten abgedruckt. Sie geben unterschiedliche Meinungen zum Thema „Agrarpolitik“ wider. Vor Spielbeginn ziehen alle Teilnehmer eine Rollenkarte. Spielen mehr Teilnehmer mit, werden einige Rollen doppelt besetzt.

① **Jede/r Teilnehmer/in macht sich mit seiner/ihrer Rolle vertraut und liest den Lösungsvorschlag noch einmal in aller Ruhe durch.**

② **Die einzelnen Mitspieler suchen sich die europäischen Partner/innen, die ein gleiches oder ähnliches Interesse vertreten. Bei 12 Spielern kommen so 3 Gruppen mit jeweils 4 Teilnehmern zusammen.**

③ **Die Gruppen arbeiten („tagen“) und versuchen weitere Argumente für ihre Position zu finden.**

④ **Alle Teilnehmner/innen nehmen in einer großen Runde („Plenum“) Platz. Ein/e Spielleiter/in übernimmt die Leitung der Diskussion.**

⑤ **Die wichtigsten Ergebnisse werden in einer Wandzeitung oder an der Tafel zusammengefasst.**

1

Name: Allen Mc Lane
Beruf: Schäfer
Land: Irland

Mein Land ist wunderschön, aber sehr arm. Alle Menschen, die in der Landwirtschaft arbeiten, können keine andere Existenz finden. In der Industrie gibt es nur wenige Arbeitsplätze. Vom Tourismus können wir nicht leben. Wenn man eine politische Einheit haben will, muss man auch für einen angeglichenen Wohlstand sorgen. Wenn man den Menschen die Existenzbasis entzieht, funktioniert das nicht.

Ich bin eindeutig für die Lösung Nr. 1

2

Name: Carlo Chianti
Beruf: Hotelbesitzer
Land: Italien

Die EU kann mir gerne die Preise für die Zimmer erstatten, die nicht belegt sind. Dann baue ich ganz schnell noch ein Hotel dazu und werde reich ohne zu arbeiten. So geht das nicht. Natürlich habe ich Verständnis dafür, dass es nicht für jeden Landwirt einfach ist, sich umzustellen. Deshalb sollte man in jedem Falle sehr strenge Maßstäbe an Subventionen anlegen.

Ich bin mit Vorbehalten für die Lösung Nr. 2

3

Name: Marlis Gonzales
Beruf: Plantagenbesitzerin
Land: Spanien

Wir bauen auf ca. 50 ha Wein an, ernten mit modernen Maschinen und haben eine eigene Vermarktung. Wenn die Kleinbauern der Umgebung das nicht können, sollen sie uns ihre Güter verkaufen, aber nicht fordern, dass sie Geld von der EU bekommen. Wer zahlt denn die Subventionen? Und wenn die Deutschen so hohe Löhne haben, dass sie nicht wettbewerbsfähig sind, ist das nicht unser, sondern ihr Problem!

Ich bin ganz klar für die Lösung Nr. 3

4

Name: Heinz Zimmermann
Beruf: Landwirt
Land: Deutschland

Alle verdienen jedes Jahr mehr, nur der Landwirt soll mit Preisen aus den Fünfzigerjahren auskommen. Gegen die süd- und osteuropäischen Billiglöhne haben wir keine Chance. Der Maschineneinsatz bei uns verschlingt viel Geld. Ohne Subventionen ginge ich pleite.

Wir müssen uns mit unserer Landwirtschaft – ähnlich wie mit den Kohlegruben – auch ein Stück nationaler Unabhängigkeit bewahren.

Ich sehe keine andere Lösung als Nr. 1

5

Name: Sabrina Gouda
Beruf: Käseherstellerin
Land: Holland

Wir beliefern ganz Europa mit Salat, Tomaten, Gemüse und Käse. Wir zahlen in die EU-Kasse und die Landwirtschaft erhält davon einen Teil zurück. Das ist in Ordnung.

Es kann doch keiner sagen, dass bei Millionen hungernder Menschen auf der Welt das Ziel darin bestehen kann, weniger als möglich zu produzieren. Sollen sie doch die hier nicht absetzbaren Produkte denen zur Verfügung stellen.

Ich bin für die Lösung Nr. 1

6

Name: Sören Aalburg
Beruf: Biobauer
Land: Dänemark

Wir stellen nur biologisch einwandfreie Produkte her. Das erfordert sehr viel Handarbeit und wenig Düngung. die Erträge sind geringer, aber die Kunden kommen von weit her. Wir müssten ein besseres Vermarktungsnetz aufziehen. Dafür fehlt aber das Geld.

Hier muss die EU ganz gezielt helfen, denn wir entlasten mit unserer gesunden Produktion letztlich sogar noch die Sozialkassen. Daran denkt oft gar keiner!

Ich bin für die Lösung Nr. 2

Name: Steve Owens Beruf: Banker Land: Großbritannien	7
Geld ist zu wertvoll, als dass man es mit vollen Händen ausgibt. Die europäische Landwirtschaftspolitik handelt unklug, wenn sie mit der Gießkanne Subventionen ausschüttet. Subventionen gehören ganz abgeschafft, da sie auf Dauer keine Wettbewerbsfähigkeit bringen. Landwirt sollten sich mit ihren Banken in Verbindung setzen, um für eine Umstrukturierung günstige Kredite zu bekommen. Ich bin für die Lösung Nr. 3	

Name: Salomon Ochavi Beruf: Spediteur Land: Griechenland	8
Ich habe als Lkw-Fahrer angefangen und besitze heute meinen eigenen Fuhrpark. Natürlich gehört ein bisschen Glück dazu, aber man kann sich nicht auf Dauer auf geschenktes Geld verlassen. Wenn überhaupt, sollte man die Subventionen nur als einmalige Starthilfe geben. Außerdem sollte überlegt werden, ob die zugeflossenen Gelder nicht zurückzuzahlen sind, wenn sich die Lage gebessert hat. Ich bin für die Lösung Nr. 2	

Name: Vanessa Eldin Beruf: Börsenmaklerin Land: Luxemburg	9
Die Börsenkurse steigen, weil Unternehmen Gewinne machen. Wo aber kein Anreiz dazu besteht, weil man sich auf Subventionen verlassen kann, bewegt sich nichts. Stellen Sie sich vor, die Autoindustrie würde munter am Bedarf vorbeiproduzieren und ständig nach staatlicher Hilfe rufen, wenn die Rentabilität oder Dividende nicht mehr stimmt. Je mehr sich der Staat einmischt, desto weniger läuft im Wettbewerb. Ich bin für die Lösung Nr. 3	

Name: Francoise Sharon Beruf: Restaurantbesitzerin Land: Frankreich	10
Es ist ja schön und gut, dass z.B. die Kartoffeln oder der Champagner teuer wird, wenn die Ernte schlechter ist. Der Gast im Restaurant möchte aber all die guten Sachen, die die Natur bietet, zu einem erschwinglichen Preis konsumieren. Aus der Massentierhaltung biete ich nichts an. Deshalb halte ich es für wichtig, diejenigen zu unterstützen, die vernünftig produzieren und für unsere Gesundheit höhere Kosten in Kauf nehmen. Warum sollten nur noch Reiche gut und gesund essen gehen können? Ich bin für die Lösung Nr. 2	

Name: Fritz Meier Beruf: Einzelhändler Land: Deutschland	11
Die Deutschen zahlen Milliardenbeträge in die EU, um damit die Wettbewerbsfähigkeit der anderen Staaten zu fördern. Und dann sollen wir dulden, dass im Gegenzug die Landwirtschaft bei uns platt gemacht wird. Kommt gar nicht infrage! Ich bin für die Lösung Nr. 1	

Name: Pierre Dulcar Beruf: Pralinenhersteller Land: Belgien	12
In Belgien arbeiten nur 5% der Erwerbstätigen in der Landwirtschaft. Dieser unbedeutende Wirtschaftsfaktor verschlingt über zwei Drittel der EU-Einnahmen. Das kann doch nicht wahr sein. Für meine Pralinen kaufe ich den Zucker da, wo er am günstigsten ist. Ob er aus Europa oder Kuba kommt, ist doch egal. Oder glauben Sie, dass der Verbraucher auch nur einen Pfennig mehr bezahlt, wenn er weiß, dass ich einen deutschen Zuckerrübenbauern unterstützt habe? Für mich gibt es nur die Lösung Nr. 3	

in Anlehung an: Zeitlupe, a. a. O., Seite 24

9 Persönlich FIT für Europa

Viele Jugendliche fragen: Wie nutze ich persönlich die Chancen, die mir das vereinte Europa bieten wird?
Wie mache ich mich fit?
Wenn Jugendliche die fünf folgenden Verhaltensregeln beachten, kann es für sie nur von Vorteil sein ....

1. Solide Berufsausbildung

Sie bietet die wichtigste Garantie dafür, dass man überall in Europa einen Arbeitsplatz findet und dass man der Konkurrenz durch Mitbewerber gewachsen ist. Qualifizierte Prüfungsergebnisse werden wichtig sein. Noch entscheidender aber werden die Antworten auf die folgenden Fragen sein:
Nahezu jede(r) Techniker(in), Facharbeiter(in), Kaufmann/Kauffrau, Arbeitnehmer (in) in Dienstleistungsberufen ist heute europaweit einsetzbar.
Qualifizierte Jobs sind immer „Euro-Jobs!“

 3032342L

2. Fremdsprachenkenntnisse

Auch beim Fortschreiten des Einigungsprozesses wird Europa ein Kontinent mit vielen Sprachen bleiben. Welcher Däne, Ire, Andalusier oder Sizilianer wollte seine Muttersprache verlieren? Von den siebzig Sprachen Europas (und abgesehen von den unzähligen Dialekten) werden Englisch, Französisch, Spanisch, Italienisch, Russisch und Deutsch die am häufigsten gesprochenen sein. Man tut gut daran, neben der Muttersprache gute Kenntnisse in mindestens einer, besser zwei dieser Sprachen zu besitzen.
Keine Angst: Es kommt nicht immer darauf an, dass man eine Fremdsprache fließend beherrscht. Oft genügt es schon, wenn man ein Telefongespräch führen kann oder sich irgendwie in einem anderen Land zurechtfindet. Im Ausland imponiert jeder Versuch eines Fremden, sich der jeweiligen Landessprache zu bedienen, und Gespräche, bei denen man die Arme und Beine zur Hilfe nehmen muss, sind trotz allem erfolgreich.

3. Wissen über Europa – Verständnis für andere Kulturen

Jedes Land unterscheidet sich von anderen in den Lebensgewohnheiten der Menschen, der Sitten und Gebräuche. Deutsche reichen sich die Hand zur Begrüßung, Briten tun dies in der Regel nicht, Franzosen, die miteinander gut bekannt sind, küssen sich auf die Wange. Allerdings würde es auf Befremden stoßen, wenn ein deutscher Gast seinem französischen Gesprächspartner spontan um den Hals fällt. Wer in ein anderes Land reist, sollte sich vorher immer mit dessen Geschichte, Kultur und Tradition beschäftigen.
Einfühlsame Menschen, die sich auf die Mentalität ihrer ausländischen Freunde einstellen können, werden mehr Erfolg haben als die berüchtigten Elefanten in den Porzellanläden.

4. Auslandsaufenthalte

Reisen bildet und Reisen bringt Menschen einander näher.
Jugendliche sollten die vielfältigen Möglichkeiten vom Schüleraustausch bis zur privaten Ferienreise nutzen. Für das Reisen gilt: Ein vierzehntägiger Aufenthalt in einem Clubghetto an irgendeiner europäischen Küste – nur unter Landsleuten – bringt uns die fremden Menschen und Kulturen nicht näher, sondern fördert oft die nationale Überheblichkeit. Wer von Reisen profitieren will, sollte auf die Menschen in einem anderen Land zugehen.

5. Bereitschaft, ständig Neues zu lernen

Heute verändert sich die Welt um uns herum in einem rasanten Tempo. Neue Chancen tun sich auf; neue Probleme kommen hinzu. Wer heute glaubt nichts mehr hinzulernen zu müssen, begibt sich selbst auf das Abstellgleis und versteht sehr schnell die Welt nicht mehr.
Die europäische Geschichte seit 1945 und – vor allem – die fast unglaublichen Veränderungen der letzten Jahre auf diesem Kontinent, sind der Beweis dafür, wie schnell sich die Welt dreht.

aus: ZEITLUPE, Hrsg. Bundeszentrale für politische Bildung, Heft Nr. 27 „EUROPA“, Oktober 1991, Seite 24.

3.2 Die Vereinten Nationen

Unmittelbar nach Beendigung des 2. Weltkrieges schlossen sich am 26. Juni 1946 aus der gesamten Welt 51 Staaten zusammen und gründeten die Organisation der Vereinten Nationen (United Nations, UN).

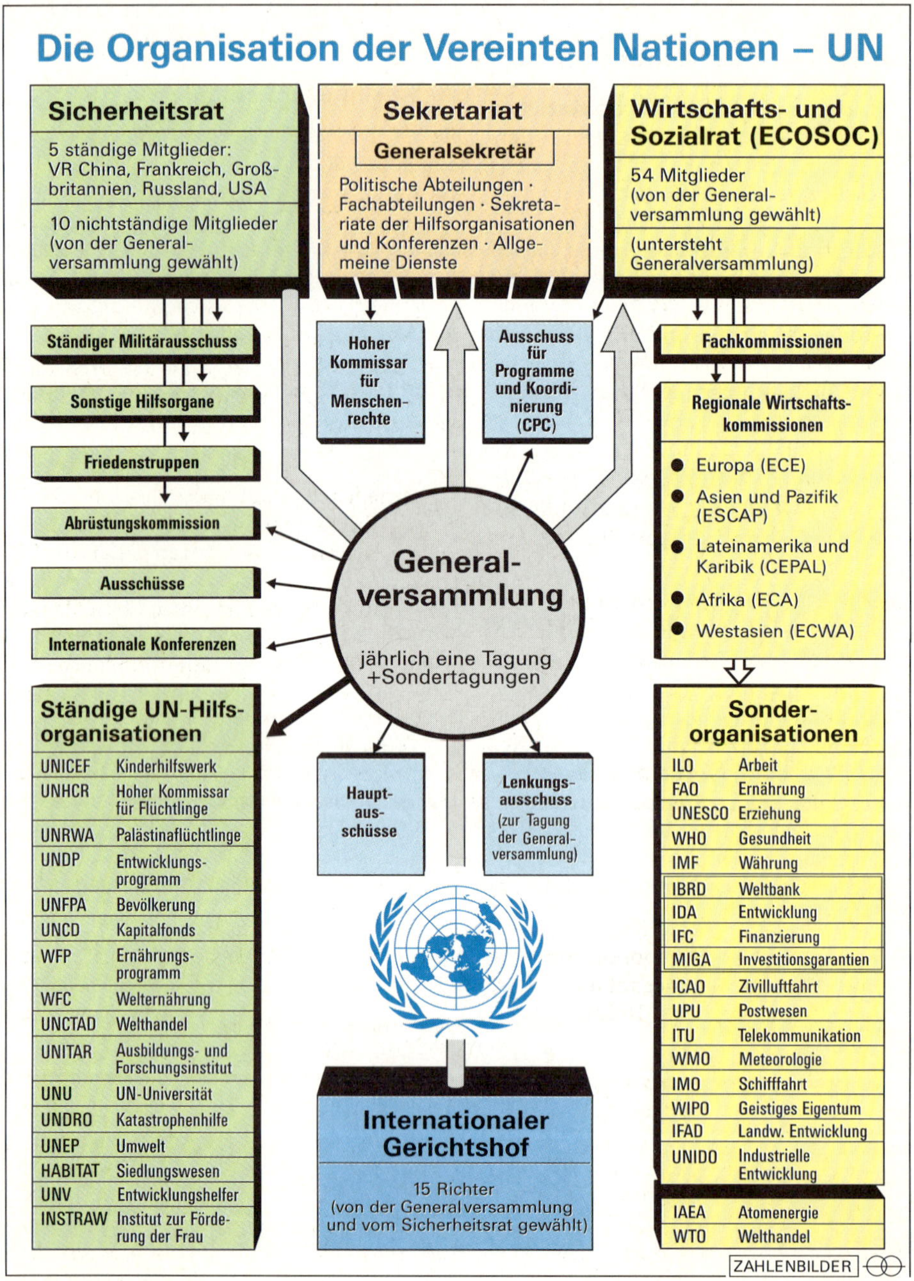

 615 120

Freundschaftliche Beziehungen sollten zwischen den Mitgliedsländern aufgebaut und gepflegt werden. Auf der Grundlage der Selbstbestimmung und gegenseitiger Achtung verfolgen die Vereinten Nationen bis heute eine internationale Zusammenarbeit zwischen den Völkern. Die Lösung wirtschaftlicher, sozialer, kultureller und menschlicher Probleme sollte die Grundlage für einen dauerhaften Weltfrieden sein.

Heute gehören den Vereinten Nationen über 150 Staaten an.

Charta der Vereinten Nationen (Präambel)

Wir, die Völker der Vereinten Nationen, sind fest entschlossen

- künftige Geschlechter vor der Geißel des Krieges zu bewahren, die zweimal zu unseren Lebzeiten unsagbares Leid über die Menschheit gebracht hat,
- unseren Glauben an die Grundrechte des Menschen, an Würde und Wert der menschlichen Persönlichkeit, an die Gleichberechtigung von Mann und Frau sowie von allen Nationen, ob groß oder klein, erneut zu bekräftigen,
- Bedingungen zu schaffen, unter denen Gerechtigkeit und die Achtung vor den Verpflichtungen aus Verträgen und anderen Quellen des Völkerrechts gewahrt werden können,
- den sozialen Fortschritt und einen besseren Lebensstandard in größerer Freiheit zu fördern, **und für diese Zwecke**
- Duldsamkeit zu üben und als gute Nachbarn in Frieden miteinander zu leben, unsere Kräfte zu vereinen, um den Weltfrieden und die internationale Sicherheit zu wahren,
- Grundsätze anzunehmen und Verfahren einzuführen, die gewährleisten, dass Waffengewalt nur noch im gemeinsamen Interesse angewendet wird, und internationale Einrichtungen in Anspruch zu nehmen, um den wirtschaftlichen und sozialen Fortschritt aller Völker zu fördern –

haben beschlossen, in unserem Bemühen um die Erreichung dieser Ziele zusammenzuwirken.

Dementsprechend haben unsere Regierungen durch ihre in der Stadt San Fransisko versammelten Vertreter, deren Vollmachten vorgelegt und in guter und gehöriger Form befunden wurden, diese Charta der Vereinten Nationen angenommen und errichten hiermit eine internationale Organisation, die den Namen „Vereinte Nationen“ führen soll.

Von den Vereinten Nationen wurde 1948 eine „Allgemeine Erklärung der Menschenrechte“ formuliert. Sie gehören zu den wichtigsten Aufnahmebedingungen in die Gemeinschaft:

Allgemeine Erklärung der Menschenrechte der Vereinten Nationen 1948

Art. 1 Alle Menschen sind frei und gleich an Würde und Rechten geboren. Sie sind mit Vernunft und Wissen begabt und sollen einander im Geiste der Brüderlichkeit begegnen.

Art. 2 Jeder Mensch hat Anspruch auf die in dieser Erklärung verkündeten Rechte und Freiheiten ohne irgendeine Unterscheidung, wie etwa nach Rasse, Farbe, Geschlecht, Sprache, Religion, politischer und sonstiger Überzeugung, nationaler oder sozialer Herkunft, nach Eigentum, Geburt oder sonstigen Umständen.

Art. 3 Jeder Mensch hat das Recht auf Leben, Freiheit und Sicherheit der Person.

Art. 4 Niemand darf in Sklaverei oder Leibeigenschaft gehalten werden.

Art. 5 Niemand darf der Folter oder grausamer, unmenschlicher oder erniedrigender Behandlung oder Strafe unterworfen werden.

Art. 6 Jeder Mensch hat überall Anspruch auf Anerkennung als Rechtsperson.

Art. 7 Alle Menschen sind vor dem Gesetze gleich und haben ohne Unterschied Anspruch auf gleichen Schutz durch das Gesetz.

Art. 8 Jeder Mensch hat Anspruch auf wirksamen Rechtsschutz vor den zuständigen innerstaatlichen Gerichten gegen alle Handlungen, die seine ihm nach der Verfassung oder nach dem Gesetz zustehenden Grundrechte verletzen.

Art. 9 Niemand darf willkürlich festgenommen, in Haft gehalten oder des Landes verwiesen werden.

Art. 10 Jeder Mensch hat in voller Gleichberechtigung Anspruch auf ein der Billigkeit entsprechendes und öffentliches Verfahren vor einem unabhängigen und unparteiischen Gericht.

Art. 11 Jeder Mensch, der einer strafbaren Handlung beschuldigt wird, ist solange als unschuldig anzusehen, bis seine Schuld in einem öffentlichen Verfahren nachgewiesen ist.

Art. 12 Niemand darf willkürlichen Eingriffen in sein Privatleben, seine Familie, sein Heim oder seinen Briefwechsel noch Angriffen auf seine Ehre und seinen Ruf ausgesetzt werden.

Art. 13 Jeder Mensch hat das Recht auf Freizügigkeit und freie Wahl seines Wohnsitzes innerhalb eines Staates.

Art. 14 Jeder Mensch hat das Recht, in anderen Ländern vor Verfolgung Schutz zu suchen und zu genießen. Dieses Recht kann jedoch im Falle einer Verfolgung wegen nicht politischer Verbrechen nicht in Anspruch genommen werden.

Art. 15 Jeder Mensch hat Anspruch auf eine Staatsangehörigkeit. Niemandem darf seine Staatsangehörigkeit willkürlich entzogen noch ihm das Recht versagt werden, seine Staatsangehörigkeit zu wechseln.

Art. 16 Heiratsfähige Männer und Frauen haben ohne Beschränkung durch Rasse, Staatsangehörigkeit oder Religion das Recht, eine Ehe zu schließen und eine Familie zu gründen.

Art. 17 Jeder Mensch hat allein oder in Gemeinschaft mit anderen Recht auf Eigentum. Niemand darf willkürlich seines Eigentums beraubt werden.

Art. 18 Jeder Mensch hat Anspruch auf Gedanken-, Gewissens- und Religionsfreiheit; dieses Recht umfaßt die Freiheit, seine Religion oder seine Überzeugung allein oder in Gemeinschaft mit anderen, in der Öffentlichkeit oder privat, durch Lehre, Ausübung, Gottesdienst und Vollziehung von Riten zu bekunden.

Art. 19 Jeder Mensch hat das Recht auf freie Meinungsäußerung; dieses Recht umfaßt die Freiheit, Meinungen unangefochten anzuhängen und Ideen mit allen Verständigungsmitteln ohne Rücksicht auf Grenzen zu suchen, zu empfangen und zu verbreiten.

Art. 20 Jeder Mensch hat das Recht auf Versammlungs- und Vereinigungsfreiheit zu friedlichen Zwecken. Niemand darf gezwungen werden, einer Vereinigung anzugehören.

Quelle: Schulfernsehen Hessen, Lerneinheit Grundrechte, S. 32 ff., Wiesbaden 1980

1. **Fassen Sie die Grundgedanken der Charta der Vereinten Nationen zusammen.**
2. **Die „Allgemeine Erklärung der Menschenrechte“ wurde 1948 von den Vereinten Nationen verabschiedet. Zeigen Sie inhaltliche Gemeinsamkeiten zum Grundgesetz auf.**

3032346L

Sachwortverzeichnis

F

G

H

I

3032350L

Bildquellen

Klaus Arndt 95
Associated Press, Frankfurt/Main 301
Fritz Behrendt 129
Peter Bensch 243, 245
Bergmoser & Höller Verlag, Aachen 132
Ekko Busch 288
Romulus Candea 120
Deutsche Bundesbank, Geldmuseum 169
Deutsche Presse-Agentur, Frankfurt/Main 46, 176, 188, 204, 206, 207, 208 (2), 210 (3), 212 (2), 214, 271, 272, 302, 303
GLOBUS Infografik GmbH, Hamburg 15, 31, 39, 40, 45, 62, 119, 123, 125, 127, 128, 135, 141, 144, 147 (2), 150, 155, 161, 162, 195, 204, 213, 214, 218, 277, 282, 289, 290, 314, 327, 330, 336
Horst Haitzinger 124 (1), 130, 149, 163, 164, 166 (2), 292, 300 (1), 307
Walter Hanel 80, 140, 248, 260, 273, 290
Hessischer Minister für Landwirtschaft, Forsten und Naturschutz 151, 152
Hessischer Rundfunk, Sonderredaktion „Aktion gegen Ausländerfeindlichkeit“ 66
Katholische Nachrichten-Agentur, Frankfurt/Main 36, 274
H. E. Köhler 272, 313
Egon Körbi 165
Peter Leger © Haus der Geschichte, Bonn 19, 119, 121, 205, 209
Gerhard Mester 63, 298
Mordillo 44
Felix Mussil 234, 246
Klaus Pielert 124 (1), 300 (1), 320
Thomas Plaßmann © Agentur Baaske, München 22
Presse- und Informationsamt der Bundesregierung, Bonn 52, 218, 252
Bildarchiv Preußischer Kulturbesitz, Berlin 179 (u.), 184
Erich Schmidt Verlag, Berlin 71, 84, 228, 344
Rudolf Schöppers 144
Jürgen Seidel, Köln 109
Michael Seifert, Hannover 138
SOAK-Verlag, Wunstorf 34
Der Spiegel, Hamburg 131, 155
Jules Stauber 14, 87 (2)
Pressefoto Peter Strack 211 (3)
Süddeutscher Bilderdienst, München 179 (o.) 180, 183, 186, 187, 198
Jürgen Tomicek 65, 312
Ullstein-Bilderdienst, Berlin 175, 185, 189, 193, 202
Jupp Wolter 41, 107, 110, 112, 125, 300 (1), 307 (2), 316
Zeitbild-Verlag GmbH, Bonn 160
Ingenieurbüro für Kartographie Joachim Zwick, Gießen 325

Illustrationen: Delia Henss

3032352L